CW00825876

1 MONTH OF
FREE
READING

at

www.ForgottenBooks.com

By purchasing this book you are eligible for one month membership to ForgottenBooks.com, giving you unlimited access to our entire collection of over 1,000,000 titles via our web site and mobile apps.

To claim your free month visit:

www.forgottenbooks.com/free467240

* Offer is valid for 45 days from date of purchase. Terms and conditions apply.

ISBN 978-0-484-25387-1
PIBN 10467240

This book is a reproduction of an important historical work. Forgotten Books uses
state-of-the-art technology to digitally reconstruct the work, preserving the original format
whilst repairing imperfections present in the aged copy. In rare cases, an imperfection in
the original, such as a blemish or missing page, may be replicated in our edition. We do,
however, repair the vast majority of imperfections successfully; any imperfections that
remain are intentionally left to preserve the state of such historical works.

Forgotten Books is a registered trademark of FB &c Ltd.
Copyright © 2018 FB &c Ltd.
FB &c Ltd, Dalton House, 60 Windsor Avenue, London, SW19 2RR.
Company number 08720141. Registered in England and Wales.

For support please visit www.forgottenbooks.com

Vorwort.

„Das Werk Bismarcks in seinen Briefen dargestellt", so könnte ich kurz das hier vorliegende Buch betiteln. Es enthält eine chronologische Sammlung von amtlichen und privaten Schreiben des Fürsten Bismarck aus den letzten 40 Jahren, die das Werk des Staatsmannes, an dem er seit dem Jahre 1849 als Abgeordneter, als Gesandter, als Minister und Kanzler gearbeitet hat, in einer Auswahl von Schriftstücken von seiner Hand darlegt und so die mannigfaltig vorhandenen Sammlungen seiner öffentlichen Reden und privaten Unterredungen in einem wesentlichen Stücke ergänzt. Aus der bekannten vierbändigen Urkunden-sammlung aus der Frankfurter Zeit, aus dem bei Gelegen-heit des Prozesses gegen den Grafen Arnim zuerst mit-getheilten Briefwechsel zwischen diesem und dem Fürsten Bismarck, aus den verschiedenen, die „amtlichen Kund-gebungen und halbamtlichen Aeußerungen" des leitenden Staatsmannes aufführenden Büchern von L. Hahn, aus einer Reihe von Memoiren u. s. w. haben zwar die Zei-tungen Einzelnes seiner Zeit dem größeren Publikum zu-gänglich gemacht, aber doch nicht auf längere Zeit für

das Gedächtniß und in systematischer Reihenfolge für das
Nachschlagen fixiren können. Auch Privat- und Familien-
briefe, die oft durch eine einzelne Hindeutung auf die
Zeitverhältnisse schätzenswerthe Züge zur Beleuchtung der
Situation und der Politik des Statsmannes liefern und
den öffentlichen Urkunden als gelegentlicher Kommentar
dienen, haben durch die Zeitungen ihren Weg in die
Oeffentlichkeit gefunden. Eine chronologische Zusammenstellung solcher amtlichen und nicht öffentlichen, dienstlichen
und intimen Schriftstücke, die einen Ueberblick über die gesammte politische Thätigkeit und Denkweise des Fursten
Bismarck gewähren, erschien dem Herausgeber als eine
verdienstliche Ausfüllung einer fühlbaren Lücke in der
Bismarck-Literatur, die dem deutschen Volke eine willkom-
mene Gabe sein dürfte. Da, wo es zum Verständnisse der
Schriftstücke nöthig ist, finden sich historische Erläuterungen;
sie sind bestimmt, zumal für die frühere Periode der
Bismarckschen Thätigkeit, das Interesse der heutigen Generation zu beleben.

Ein zweiter demnächst erscheinender Band ist bestimmt,
während der hier vorliegende das Werk Bismarcks in allgemeinen Zugen vorführt, dasselbe mehr specialisirt und
wiederum in chronologisch geordneten Schriftstücken aus der
Feder des Staatsmannes darzulegen.

Berlin, am Sedantage 1889.

Der Herausgeber.

Inhalts=Verzeichniß.

	Seite
An den Stadtverordneten-Vorsteher Mens zu Rathenow, 30. September 1849	3
An denselben, 4. October 1849	5
An H. Wagener, Berlin, 7. Juni 1850	6
An denselben, 21. October 1850	7
An denselben, 7. November 1850	8
An seine Gemahlin, 18. Mai 1851	9
An den Minister von Manteuffel, 26. Mai 1851	10
An H. Wagener, 3. Juni 1851	14
An seine Gemahlin, 3. Juli 1851	15
An dieselbe, 8. Juli 1851	18
An Herrn von Manteuffel, 6. September 1851	19
An denselben, November 1851	21
An seine Gemahlin, 1. Mai 1852	23
An dieselbe, 3. Mai 1852	24
An dieselbe, 16. Juni 1852	24
An Herrn von Manteuffel, 11. Juni 1852	25
An denselben, 19. Juni 1852	26
An denselben, 30. Mai 1853	27
An Frau von Arnim (ohne Datum)	39
An Herrn von Manteuffel, 8. December 1854	41
An denselben, 1. Januar 1855	42
An denselben, 13. April 1855	45
An denselben, 7. November 1855	47
An denselben, 16. Februar 1856	48
An denselben, 26. April 1856	49

	Seite
An seine Gemahlin, 26. November 1856	63
An Herrn von Manteuffel, 4. Februar 1857	64
An denselben, März 1858	73
An denselben, 14. März 1858	90
Adressat ungenannt, 2. April 1858	92
An seine Schwester, 12. November 1858	95
An dieselbe, 10. December 1858	98
An seine Gemahlin, 1859	99
An den preußischen Minister des Auswärtigen, Freiherrn von Schleinitz, 12. Mai 1859	99
An einen preußischen Diplomaten, 1. Juli 1859	106
An seine Gemahlin, 2. Juli 1859	107
An einen preußischen Diplomaten, 3. Februar 1860	108
An seine Gemahlin, 16. Juni 1860	109
Adressat ungenannt, 22. August 1860	110
Adressat ungenannt, 18. September 1861	113
Adressat ungenannt, 2. October 1861	116
An seine Schwester, 17./5. Januar 1862	116
An seine Gemahlin, 7. März 1862	118
An dieselbe, 17. Mai 1862	119
An dieselbe, 23. Mai 1862	119
An dieselbe, 25. Mai 1862	120
An dieselbe, 31. Mai 1862	121
An dieselbe, 1. Juni 1862	121
An seine Schwester, 16. Juni 1862	122
An seine Gemahlin, 9. September 1862	123
An dieselbe, 12. September 1862	123
An dieselbe, 7. October 1862	123
An seine Schwester, 10. October 1862	124
An John Lothrop Motley, April 1863	124
An denselben, 25. Mai 1863	126
An seine Gemahlin, 13. Juli 1863	128
An dieselbe, 17. Juli 1863	128
An dieselbe, 19. Juli 1863	129
An dieselbe, 28. Juli 1863	129
An dieselbe, 2. August 1863	130

	Seite
An dieselbe, 12. August 1863	130
An den Gesandten Freiherrn von Werther in Wien,	
13. August 1863	131
An denselben, 14. August 1863	134
An seine Gemahlin, 28. August 1863	137
An dieselbe, 4. September 1863	139
An dieselbe, 1. November 1863	139
Adressat ungenannt, 16. Mai 1864	140
An seine Gemahlin, 20. Juli 1864	142
An dieselbe, 22. Juli 1864	142
An dieselbe, 27. Juli 1864	143
An dieselbe, 6. August 1864	144
An dieselbe, 1. September 1864	145
An dieselbe, 11. September 1864	145
An dieselbe, 6. October 1864	146
An dieselbe, 12. October 1864	147
An den preußischen Gesandten, Freiherrn von Werther in	
Wien, 22. Februar 1865	147
An seine Gemahlin, 12. Juli 1865	155
An dieselbe, 13. Juli 1865	156
An dieselbe, 4. August 1865	156
An dieselbe, 14. August 1865	157
An André von Roman, 26. December 1865	159
An den Gesandten Herrn von Werther in Wien, 26. Ja-	
nuar 1866	
An die Schleswig-Holstein'sche Ritterschaft, 2. März 1866	166
An die Vertreter Preußens bei den deutschen Regierungen,	
24. März 1866	168
An Marquis Wielopolski, Warschau, 14. Mai 1866 . .	174
An die Vertreter Preußens bei den deutschen Regierungen,	
27. Mai 1866	176
An die Vertreter Preußens an den fremden Höfen,	
4. Juni 1866	179
An die Vertreter Preußens im Auslande, 16. Juni 1866	184
An seine Gemahlin, 1. Juli 1866	187
An dieselbe, 2. Juli 1866	187

	Seite
An dieselbe, 9. Juli 1866	188
An dieselbe, 11. Juli 1866	189
An dieselbe, 3. August 1866	190
Brief von Fritz Reuter an Bismarck, 12. September 1866	190
Herrn von Werther, Wien, 14. April 1867	191
An die Gesandten des Norddeutschen Bundes, 7. September 1867	194
Guiseppe Mazzini an den Grafen Usedom, 17. November 1867	196
Graf Usedom an Mazzini, 19. November 1867	198
Antwort des Auswärtigen Amtes in Berlin	199
Antwort Mazzinis, 28. November 1867	200
General von Roeder, Bern, 23. März 1869	203
Herrn von Arnim, Rom, 26. Mai 1869	204
An den Fürsten Puttbus, Rügen, 17. November 1869	206
Herrn von Arnim, Rom, 5. Januar 1870	207
An denselben, 13. März 1870	209
An denselben, Rom, 20. Juli 1870	211
An die Vertreter des Norddeutschen Bundes bei den deutschen und anderen Regierungen, 18. Juli 1870	211
An dieselben, 19. Juli 1870	216
An dieselben, 29. Juli 1870	218
An den König, 3. September 1870	223
An die Gemahlin, 3. September 1870	228
An die Vertreter des Norddeutschen Bundes bei den fremden Regierungen, 13. September 1870	230
An dieselben, 16 September 1870	233
An dieselben, 27. September 1870	236
An dieselben, 1. October 1870	241
An Herrn Kern, Minister des Schweizer Bundes, Paris, 20. October 1870	242
An den Botschafter Graf Bernstorff in London, 28. October 1870	245
Herrn von Schweinitz, Wien, 14. December 1870	250
Herrn Kern, Minister des Schweizer Bundes, Paris, 17. Januar 1871	252

Seite

An den Fürsten Bismarck, 18. April 1871 258
An den Geschäftsträger Grafen von Tauffkirchen, 17. April
   1871 260
An den Reichskanzler Fürsten von Bismarck, Durchlaucht,
   21. April 1871 260
An denselben, 10. Mai 1871 261
Graf Frankenberg, Berlin, 19. Juni 1871 261
An den Fürsten Bismarck, 21. Juni 1871 262
Fürst Bismarck an den Grafen Tauffkirchen 22. Juni 1871 263
Der Geschäftsträger an Fürst Bismarck 23. Juni 1871 . 263
An denselben, 23. Juni 1871 264
An denselben, 27. Juni 1871 265
Graf Tauffkirchen, Rom, 30. Juni 1871 267
Der Geschäftsträger an Herrn von Thile, 22. Juli 1871 . 270
An den Reichskanzler Fürsten von Bismarck, Durchlaucht,
   22. Juli 1871 271
Graf Arnim, Paris, 7. December 1871 273
An denselben, 13. Februar 1872 276
An denselben, 28. April 1872 277
An den Kaiser, 5. December 1872 279
An den Grafen Arnim in Paris, 20. December 1872 . . 280
An denselben, 2. Februar 1873 287
An den Kaiser, 14. April 1873 291
C. V. Regnier an Fürst Bismarck, 22. September 1874 . 294
Graf Arnim, Paris, 23. December 1873 296
An Carlyle, England, 2. December 1875 300
Staatsminister von Bülow, 15. December 1877 301
An denselben, 21. December 1877 303
An Fürst Bismarck, 19. October 1878 305
An den Bundesrath, Berlin, 15. December 1878 . . . 307
An den Geheimen Commissionsrath Günther, Berlin,
   19. Dezember 1878 316
Herrn v. Pfretzschner, München, 2. Januar 1879 . . . 317
Herrn Jaacks in Pöls, 5. Januar 1879 318
An das Stadtverordneten-Collegium, Barmen, 20. Ja-
   nuar 1879 319

   Seite

An die Aeltesten der Magdeburger Kaufmannschaft, April 1879 319
Freiherrn von Thüngen, Roßbach, 16. April 1879 . . . 320
Herrn Oberbürgermeister Becker, Cöln, 17. April 1879 . 322
Herrn Oberbürgermeister Hache in Essen, 1. August 1879 . 322
Sr. Durchlaucht dem Fürsten von Bismarck, Reichskanzler 2c.,
    Berlin, 29. Februar 1880 323
Herrn v. Bauszuern, Pest, 5. März 1880 326
Dem Kaiserlichen Botschafter Prinzen Heinrich VII. Reuß,
    Wien, 20. April 1880 327
An den Herausgeber der Kyffhäuser-Zeitung, 17. Sep-
    tember 1881 333
Herrn Hugo Oberhummer, Kaufmann, München, 3. Ja-
    nuar 1882 334
An Leopold v. Ranke, 13. Februar 1882 335
An den Vorsitzenden des Samstag-Abend-Kränzchens in
    Oberstedten bei Bad Homburg, 13. April 1882 . . 335
An den Altenburgischen Bauernverein, April 1882 . . . 337
An den Vorsitzenden des Westfälischen Handwerkervereins,
    Bäckermeister Scheffer, Münster, 22. Juli 1882 . . 337
An den conservativen Provinzialverein Neumünster, 12. Sep-
    tember 1882 339
An Gebrüder Carl und Adolf Müller, Cassel, 4. October 1882 339
An die Osnabrücker Handelskammer, 18. December 1882 . 340
An den Bauer Harroß in Oberlind, 11. März 1884 . . 341
An Graf Münster, London, 10. Juni 1884 342
An den französischen Botschafter in Berlin, Baron de Courcel,
    13. September 1884 346
An denselben, 30. September 1884 348
An den evangelischen Arbeiterverein zu Herne, 4. Novem-
    ber 1884 349
An die Fischereicompagnie Neuharlingersiel, 20. Novem-
    ber 1884 350
An das Lehrercollegium des Berliner Gymnasiums zum
    Grauen Kloster, 25. December 1884 350
An die Lehrer des Stuttgarter Polytechnikums, 7. Fe-
    bruar 1885 351

Seite

Dankschreiben für die Glückwünsche zum siebzigsten Geburts-
tage, 3. April 1885 351
An Herzog Ernst von Sachsen-Coburg-Gotha, 4. April 1885 352
An den Verein der Christlich-Socialen in Bochum, 16. Juni
1885 353
Sr. Durchlaucht dem Fürsten Otto v. Bismarck, dem Groß-
kanzler des Deutschen Reichs, Gruß 354
Antwort des Fürsten Bismarck, 13. Januar 1886 . . . 356
An Pfarrer von Ranke, 27. Mai 1886 358
An den Bürgermeister Herrn Blüthgen, Hochwohlgeboren,
Schönebeck, 25. Juli 1886 358
An Crispi, Rom, 6. März 1888 359
An Graf Solms, Botschafter in Rom, 6. März 1888 . . 360
An Heinrich von Sybel, 28. April 1888 360
An das Komitee für die Emin Pascha-Expedition, Berlin,
15. August 1888 361
An den Grafen v. Hatzfeld, Botschafter in London, 21. Oc-
tober 1888 361
An denselben, 22. October 1888 . . . . . . , . . . 363
An den Oberbürgermeister Georgi in Leipzig, 2. No-
vember 1888 366
An den Oberstaatsanwalt Hamm, Köln, 6. November 1888 366
An den Decan der theologischen Facultät zu Gießen,
22. November 1888 367
An Raja Sir F. Madava Rau, 16. März 1889 367
Dr. Hans Stiegel in Krems, 2. April 1889 368
An Dr. Fabri, 5. Juni 1889. 368

Nachtrag.

An Freiherrn v. Beust, 10. October 1862 370
An John Lothrop Motley, London, 19. September 1869 . 372
An denselben, 10. October 1869 374

Herr von Bismarck-Schönhausen war weder im Frühjahr 1848 nach Frankfurt zum Parlament, noch nach Berlin in die konstituirende Nationalversammlung gewählt worden. Als letztere am 5. Dezember 1848 aufgelöst war, trat Herr von Bismarck im Wahlbezirk des West-Havellandes als Kandidat für die zweite Kammer auf. Mit geringer Majorität gewählt, trat er in dieselbe bei ihrer Eröffnung am 26. Februar 1849 ein. Bald darauf traf aus Frankfurt a. M. eine Deputation von 34 Abgeordneten, mit dem Präsidenten Simson an der Spitze, in Berlin ein, um dem Könige die Kaiserkrone anzubieten. In der zweiten Kammer stellten Rodbertus und Genossen einen dringenden Antrag auf Anerkennung der Reichsverfassung. Herr von Vincke forderte die Minister auf, den Augenblick nicht vorübergehen zu lassen, in dem die Geschicke ganz Deutschlands in Preußens Hand gelegt wären. Graf Brandenburg sprach sein: „Niemals, niemals, niemals!" Herr von Bismarck trat auf des Ministers Seite. „Die Frankfurter Krone mag sehr glänzend sein, aber das Gold, welches ihrem Glanze Wahrheit verleiht, soll erst durch das Einschmelzen der preußischen Krone gewonnen werden." „Glauben Sie nicht, meine Herren," fragte Bismarck, „daß die Männer des Umsturzes bald mit dem Reichswappen vor den neuen Kaiser treten und zu ihm sagen werden: Glaubst Du, daß Dir der Adler geschenkt sei? — Die Einheit, welche achtundzwanzig terrorisirte Regierungen wollen, scheint mir nicht diejenige zu sein, welche Preußen anstreben muß. Preußen ist im Stande, dem übrigen Deutschland Gesetze zu geben, und ehe ich zugebe, daß der König von Preußen Vasall des Herrn Simson werde, will ich lieber, daß Preußen Preußen bleibe."

Die Kammer nahm die Verfassung mit 175 gegen 159 Stimmen an und wurde am 27. April aufgelöst. Am Tage darauf erfolgte die förmliche Ablehnung der Kaiserkrone Seitens Preußens. Bei den Neuwahlen zur zweiten Kammer wurde Bismarck im alten Wahlkreise wiedergewählt. Die neue Kammer sollte abermals sich mit der deutschen Frage beschäftigen. Diese war inzwischen in das Stadium der Radowitz'schen Unions- bestrebungen gerückt. Preußen machte Anstalt, dem deutschen Volke für das Scheitern der vom Frankfurter Parlament be- rathenen Reichsverfassung einen Ersatz zu bieten.

Es schloß mit Hannover und Sachsen den Dreikönigsbund (28. Mai 1849). Dies sollte der Anfang zu einem engeren Bundesstaat, der Union, sein. Die Seele dieser Bestrebungen und ihr Vertreter in der Kammer war der redegewandte General von Radowitz, erst als Regierungsbevollmächtigter, später kurze Zeit als Minister des Aeußern.

Die Regierung legte der Kammer das zwischen Preußen, Sachsen und Hannover abgeschlossene Bündniß vor. Herr von Bismarck sah in dem Unionsgedanken, durch welchen Preußen den Beschlüssen einer Reichsversammlung unterworfen, das preußische Ministerium zu einer unter dem Reichsministerium stehenden Provinzialbehörde gemacht werden sollte, eine Schwächung der preußischen Macht und konnte sich bei einer Unionsverfassung, welche aus den Beschlüssen des von der Demokratie der Kleinstaaten beherrschten Unterhauses hervorging, kein starkes Königthum denken. Daher erklärte er sich zwar bereit, für die Regierungsvorlage zu stimmen, sprach sich aber gegen alle weiteren Anträge aus, insbesondere den Antrag Camphausen's, die Unionsverfassung nach ihrer Annahme durch das Erfurter Parlament für rechtsbeständig zu erklären.

An den Stadtverordneten-Vorsteher Meus zu Rathenow.

Berlin, 30. September 1849.

Ew. Wohlgeboren

danke ich ergebenst für das gefällige Schreiben vom gestrigen Tage und beehre mich, in der Kürze Nachstehendes darauf zu erwidern. Der Camphausen'sche Antrag hat, auch wenn er von der zweiten Kammer ebenso sollte angenommen werden wie von der ersten, in seiner jetzigen Gestalt noch keinen praktischen Effekt. Um den zu erlangen, müßte er in Gestalt eines der Regierung von den Kammern vorzu-schlagenden Gesetzentwurfs formulirt werden, und in dieser von beiden Kammern, also auch nochmals von der ersten, angenommen, und Sr. Majestät zur Genehmigung em-pfohlen werden. Man sagt hier, daß der Antrag von der Gotha-Gagern'schen Partei herrühre, und, vielleicht ohne Wissen des Herrn Camphausen selbst, darauf berechnet gewesen sei, Zwiespalt zwischen der Regierung und den Kammern zu säen. Dieser Zweck ist aber als verfehlt an-zusehen. Das Ministerium ist zuerst durch die Erklärung seines Kommissars, des Grafen Bülow, in eine falsche Stellung gerathen, der, im Widerspruch mit seinen In-struktionen, die Sache für eine offene Frage Namens der Regierung erklärte. Die Minister hatten in Folge dessen die Absicht, in der Montagssitzung diese Ansicht zu des-avouiren und sich gegen den Antrag auszusprechen; in Folge des unerwartet großen Enthusiasmus, den die Rede des Herrn von Radowitz in einer Richtung erzeugte, welche im Grunde nicht die der Minister ist, wurden sie besorgt, und beschlossen, gute Miene zum bösen Spiel zu machen, indem sie die Sache als Vertrauensvotum aufzunehmen er-klärten und ihr dadurch eine veränderte Auslegung gaben.

Ich weiß indeß, daß die Annahme trotzdem den Ministern sehr unlieb war; sie hatten gehofft, die Kammern würden ihnen die Hand bieten, um ihnen auf einen mehr preußischen Standpunkt zu verhelfen; die Sache ist aber schief gegangen, hauptsächlich weil die persönlichen Ansichten der beiden Regierungskommissarien von Bülow und von Radowitz von denen des Ministeriums abweichen und sich in den betreffenden Reden auf Kosten der ministeriellen Wünsche in den Vordergrund gedrängt haben.

Ich glaube übrigens aus Gründen, die namentlich in dem Wunsche Sachsens und Hannovers liegen, von der Sache loszukommen, noch nicht mit Bestimmtheit an den Zusammentritt eines Reichstags auf Grund des Drei-Königs-Entwurfes, werde aber jedenfalls gegen den Camphausen'schen Antrag stimmen, falls er bei uns eingebracht wird, da es mir zu gefährlich erscheint, einer Reichsversammlung, deren Zusammensetzung wir noch gar nicht beurtheilen können, die möglicherweise bei der Abneigung der konservativen Landbewohner, nochmals zu wählen, eine demokratische Majorität haben kann, die alleinige Entscheidung über die künftige Gestaltung unseres Vaterlandes zu überlassen, und dann entweder unser Ministerium ohne die Unterstützung preußischer Kammern dem Andrang des vermeintlichen deutschen Volkswillens gegenüberzustellen, oder zu gewärtigen, daß dann schon ein ganz anderes Ministerium die Stelle des jetzigen eingenommen hat, welches die ihm übertragene Machtvollkommenheit im antipreußischen Sinne mißbrauchen könnte.

Der Fehler des Ministeriums in dieser Sache ist lediglich Mangel an Selbstvertrauen, bis zur Schüchternheit, seine Richtung ist unverändert.

Ich muß mich heut leider hierauf beschränken und bitte Sie nur noch unter Versicherung meiner aufrichtigen Hochachtung mich unseren gemeinschaftlichen Freunden zu empfehlen. Wenn sich mehr Stoff zur Mittheilung gesammelt haben wird, so werde ich sehr gern bereit sein, Sie ferner schriftlich au fait der Sachen zu halten, auch Ihnen gelegentlich persönlich in Rathenow Auskunft zu geben.

2.

An denselben.

Berlin, 4. Oktober 1849.

In der deutschen Sache sagen sich Sachsen und namentlich Hannover mit wachsender Entschiedenheit von dem Drei-Königsbunde los, und unsere Regierung steht noch zögernd mitten inne zwischen dem Wunsche, den einmal durch Herr von Radowitz'schen Einfluß betretenen Weg ohne offenen Widerruf zu verlassen, und dem Bedürfniß, eine neue Zentralgewalt für die Angelegenheiten von ganz Deutschland hergestellt zu sehen. Dem Steuerverweigerungsrecht ist eine Hälfte der Gefahr durch Annahme des Mäke'schen Amendements genommen, und bis jetzt ist die Regierung fest entschlossen, in die Streichung des § 108 nicht zu willigen. Unser Unglück in der Kammer ist und bleibt der Ehrgeiz der Parteiführer. Wer über ein Dutzend Stimmen disponirt, betrachtet sich als den rechtmäßigen Erben eines Portefeuilles und findet, daß sein Vorgänger, der jetzige Minister, schon viel zu lange im Amte ist. An diesen Führern hängt eine große Menge von Leuten, die glauben, bei einem Wechsel der Minister wenigstens mit einer Präsidentenstelle bedacht zu werden.

Leben Sie wohl, und empfehlen Sie mich Ihren Freunden.

2*

Herr v. Bismarck nahm auch eine Wahl lu das Volkshaus zu Erfurt an, welches in den Monaten März und April 1850 tagte. Er sprach daselbst gegen die Unionsverfassung.

☙

An H. Wagener, Berlin.

Schönhausen, 7. Juni 1850.

Ich führe hier ein bodenlos faules Leben: rauchen, lesen, spazieren gehen und Familienvater spielen, von Politik höre ich nur aus der Kreuzzeitung, so daß ich durchaus keine Gefahr heterodoxer Ansteckung laufe; mir bekommt diese idyllische Einsamkeit sehr wohl, ich liege im Grafe, lese Gedichte, höre Musik und warte, daß die Kirschen reif werden; es soll mich nicht wundern, wenn dieses Schäfer-leben meinen nächsten politischen Leistungen in Erfurt (??) oder Berlin eine Färbung verleiht, die an Beckerath und an laue, blüthenschwangere Sommerlüfte erinnert. Das Preßgesetz habe ich nicht gelesen, dazu wird bei der Dis-kussion noch Zeit sein; ich weiß daher nicht, ob ich Ihren Tadel ganz theile . . . Der Fehler liegt meines Erachtens weniger in dem zu starken Einfluß der Beamten, als in ihrer Beschaffenheit; ein Staat, der sich von einer Bureau-kratie, wie die unsere, nicht durch einen heilsamen Gewitter-sturm losreißen kann, ist und bleibt dem Untergange ge-weiht; denn ihm fehlen die geeigneten Werkzeuge zu allen Funktionen, die einem Staate obliegen, nicht bloß zur Ueberwachung der Presse. Ich kann nicht leugnen, daß mir einige Chalif-Omar'sche Gelüste beiwohnen, nicht nur zur Zerstörung der Bücher außer dem christlichen „Koran", sondern auch zur Vernichtung der Mittel, neue zu erzeugen; die Buchdruckerkunst ist des Antichristen auserlesenes Rüst-zeug, mehr als das Schießpulver, welches, nachdem es urſprünglich der Haupthebel, wenigſtens der ſichtbarſte, zum Umſturz natürlicher politiſcher Ordnung und zum Etabliſſement des ſouveränen rocher de bronze war, jetzt mehr den Charakter einer heilſamen Arzenei gegen die von ihm ſelbſt hervorgerufenen Uebel annimt, wenn es auch einigermaßen in die Apotheke jenes Arztes gehört, der den Geſichtskrebs durch Amputation des Kopfes heilte. Dieſes ſelbige Mittel auf die Preſſe anzuwenden, iſt mehr ein Phantaſieſtück in Callot's Manier . . . Die Bureau= kratie aber iſt krebsfräßig an Haupt und Gliedern, nur ihr Mugen iſt geſund, und die Geſetzexkremente, die ſie von ſich giebt, ſind der natürlichſte Dreck von der Welt. Mit dieſer Bureaukratie, inkluſive Richterſtand, können wir eine Preßverfaſſung haben, wie die Engel, ſie hilft uns doch nicht durch den Sumpf. Mit ſchlechten Geſetzen und guten Beamten (Richtern) läßt ſich immer noch re= gieren, bei ſchlechten Beamten aber helfen uns die beſten Geſetze nichts.

An denſelben.

Schönhauſen, 2⟨1⟩. Oktober 1850.

Schon wieder ein Brief von mir, und zwar, um meinen heute früh in größter Eile, ſchlaftrunken, bei war= tendem Poſtboten geſchriebenen zu widerrufen. Ich komme nicht am freitag nach Berlin; ich bin zur Jagd, und ſonderbarerweiſe ſchon tagszuvor nach Letzlingen befohlen, und da ich ohnehin noch ungewiß bin, ob ich von dem Geſchworenenweſen in Magdeburg loskomme, ſo habe ich zugeſagt, obſchon mich die Sehnſucht nach frau und Kind faſt umbringt . . . Irgend etwas außerhalb meiner Jagd= paſſion liegt wahrſcheinlich vor, denn ich gehöre nicht zu den gewöhnlichen Jagdnachbarn und bin nicht, wie dieſe,

für eine Jagd, sondern für die ganze Zeit und den Tag
vorher befohlen. Ich habe mich seit Erfurt sogar nicht
um die Politik ernsthaft bekümmert, daß ich schlecht bestehen
werde, wenn man mich etwa katechisiren sollte. Ich muß
mir erst noch Ansichten anschaffen, ehe ich vor hohen
Herren von Fach auftreten kann: augenblicklich bin ich
harmlos unwissend und nebelhaft, wie ein Krefelder
Sammetweber, und kann Jeden, der mich fragt, nur auf
die Leitartikel des Organs einer kleinen, aber mächtigen
Partei verweisen, die ich bis dahin nochmals gründlich
durchlesen will, für den Fall, daß ich den advocatus dia-
boli bezüglich der Kanonisirung des St. Radowitius zu
spielen berufen sein sollte. Mir fehlt jetzt nur der nöthige
Zorn im Leibe, der dem natürlichen und rechtmäßigen
Respekt die Wage halten muß, wenn man bei solchen
Gelegenheiten sprechen soll, was man in feinem Groß-
vaterstuhl denkt. Ich werde meine Galle vorher aufzuregen suchen ... Bitte, sagen Sie dem „Zuschauer“ nichts
von Letzlingen, wenn er es nicht anderweit erfährt.
S. M. denkt sonst, ich stehe mit diesem bösartigen Blatte
in Verbindung.

Herr von Radowitz, welcher mit dem Kriege gegen Oesterreich nicht durchdringen konnte, trat am 3. November 1850 von
der Regierung zurück.

An H. Wagener, Berlin.

Reinfeld, 7. November 1850.

Ich bin vorgestern Abend bei Lesung Ihres Montags-
blattes vor Freude auf meinem Stuhl rund um den
Tisch geritten, und manche Flasche Sekt ist diesseits des

Gollenberges auf die Gesundheit des Herrn von Radowitz getrunken; zum erstenmal fühlt man Dank gegen ihn und wünscht ihm ohne Groll glückliche Reise. Mir selbst ist das Herz recht frei geworden und ich fühle ganz mit Ihnen; lassen Sie jetzt Krieg werden, wo und mit wem man will, und alle preußischen Klingen werden hoch und freudig in der Sonne blitzen; mir ist wie ein Alp vom Herzen gefallen, wenn auch Heydt und Ladenberg, die wir glaubten mit verdaut zu haben, mir saner wieder aufstoßen.

Herr von Bismarck trat als preußischer Gesandter in den am 20. Mai 1851 wiederhergestellten Bundestag in Frankfurt a. M. ein. Während seines siebenjährigen Aufenthalts daselbst fungirten als österreichische Bundespräsidialgesandte nach einander Graf Thun, Freiherr von Prokesch, Graf Rechberg. Herr von Bismarck trat zuerst als Rath bei der preußischen Bundestags-Gesandtschaft ein, bis er am 18. August der Nachfolger des Herrn von Rochow wurde.

An seine Gemahlin.

Frankfurt, 18. Mai 1851.

Es sind lauter Lappalien, mit denen die Leute sich quälen, und diese Diplomaten sind mir schon jetzt mit ihrer wichtigthuenden Kleinigkeitskrämerei viel lächerlicher, als der Abgeordnete der II. Kammer im Gefühl seiner Würde. Wenn nicht äußere Ereignisse zutreten, und die können wir superklugen Bundestagsmenschen weder leiten noch vorherbestimmen, so weiß ich jetzt ganz genau, was wir in einem zwei oder fünf Jahren zu Stande gebracht

haben werden, und will es in 24 Stunden zu Staude
bringen, wenn die anderen nur einen Tag lang wahr-
heitsliebend und vernünftig sein wollen. Ich habe nie
daran gezweifelt, daß sie alle mit Wasser kochen; aber
eine solche nüchterne, einfältige Wassersuppe, in der auch
nicht ein einziges Fettauge zu spüren ist, überrascht mich.
Schickt den Schulzen X. oder Herrn v. P arsky aus dem
Chausseehause her, wenn sie gewaschen und gekämmt sind,
so will ich in der Diplomatie Staat mit ihnen machen.
In der Kunst, mit vielen Worten gar nichts zu sagen,
mache ich reißende Fortschritte, schreibe Berichte von vielen
Bogen, die sich nett und rund wie Leitartikel lesen, und
wenn Manteuffel, nachdem er sie gelesen hat, sagen kann,
was drin steht, so kann er mehr wie ich. Jeder von uns
stellt sich, als glaubte er vom anderen, daß er voller Gedanken und Entwürfe stecke, wenn er's nur aussprechen
wollte, und dabei wissen wir alle zusammen nicht um ein
Haar besser, was aus Deutschland werden wird, als Dut-
ken Sommer. Kein Mensch, selbst der böswilligste Zweif-
ler von Demokrat, glaubt es, was für Charlatanerie und
Wichtigthuerei in dieser Diplomatie hier steckt.

An den Minister von Manteuffel.

Frankfurt, 26. Mai 1851.

Ew. Excellenz ertheilten mir bei meiner Abreise die Erlaubniß, Ihnen gelegentlich in vertraulicher Weise über
meine hiesigen Wahrnehmungen Bericht zu erstatten. Sowohl die bisherige Geschäftsstille am Bundestage, als auch
die Zurückhaltung, welche ich, den Weisungen Ew. Excellenz entsprechend, einstweilen in amtlichen Beziehungen
mir zur Regel gemacht habe, schränken mich dabei auf

das Gebiet der Perſönlichkeiten ein, die ich bisher kennen
gelernt habe.

Thun trägt in seinem Aeußeren etwas von burſchikoſem
Weſen zur Schau, gemiſcht mit einem Anflug von Wiener
roué. Die Sünden, die er in letzter Eigenſchaft begehen
mag, ſucht er durch ſtrenge Beobachtung der Vorſchriften
der katholiſchen Kirche in ſeinen oder doch in den Augen
der Gräfin aufzuwiegen. Er ſpielt auf dem Klub bis
4 Uhr Morgens Hazard (macao), tanzt von 10—5 Uhr
ohne Pauſe und mit ſichtlicher Leidenſchaft, genießt dabei
reichlich kalten Champagner und macht den hübſchen Frauen
der Kaufmannſchaft mit einer Oſtentation den Hof, die
glauben läßt, daß es ihm ebenſoſehr um den Eindruck
auf die Zuſchauer als um das eigene Vergnügen zu thun
iſt. Unter dieſer äußerlichen Richtung birgt Graf Thun,
ich will nicht ſagen eine hohe politiſche Thatkraft und
geiſtige Begabung, aber doch einen ungewöhnlichen Grad
von Klugheit und Berechnung, die mit großer Geiſtes-
gegenwart aus der Maske harmloſer Bonhomie hervortritt,
ſobald die Politik in's Spiel kommt. Ich halte ihn für
einen Gegner, der jedem gefährlich iſt, der ihm ehrlich vertraut, anſtatt ihm mit gleicher Münze zu zahlen. Wie
ich höre, iſt Graf Thun, in Beobachtung der löblichen
Disziplin, welche der öſterreichiſchen Diplomatie eigen iſt,
gewiſſenhaft bemüht, das treueſte Organ der Abſichten des
Fürſten Schwarzenberg zu ſein, und beweiſt in dieſer Beziehung eine nachahmenswerthe Genauigkeit und Pflicht-
treue. Wenn ich mir bei der Neuheit meiner Erfahrungen
ein Urtheil erlauben darf, ſo iſt aber von den öſterreichiſchen Staatsmännern aus der Schwarzenberg'ſchen
Schule niemals zu erwarten, daß ſie das Recht aus dem
alleinigen Grunde, weil es das Recht iſt, zur Grundlage
ihrer Politik nehmen oder behalten werden, ihre Auf-
faſſung ſcheint mehr die eines Spielers zu ſein, der die

Chancen wahrnimmt, in ihrer Ausbeutung zugleich Nahrung
für Eitelkeit sucht und zu letzterem Behufe die Drapirung
der kecken und verachtenden Sorglosigkeit eines eleganten
Kavaliers aus leichtfertiger Schule zu Hilfe nimmt. Man
kann von ihnen mit jenem herabstürzenden Dachdecker
fagen: „ça va bien, pourvu que cela dure." Die Gräfin
Thun ist eine junge hübsche Frau von gutem Ruf, geb.
Gräfin Lambert; sie sieht meiner Schwester ähnlich und ist
streng katholisch. Beide Gatten haben eine Färbung vom
Tschechenthum; sie spricht mit ihren Kindern und Mägden
nur böhmisch. Der zweite bei der österreichischen Gesandtschaft ist der Baron Kell von Nellenburg, ein geschickter
Publizist, wie man sagt; er ist gegen 50 Jahre alt, zu
Zeiten Dichter, sentimental, weint leicht im Theater, ist
äußerlich gutmüthig und zuthulich und trinkt mehr, als er
vertragen kann. Er soll Unglück in der Familie gehabt
haben. Der eigentliche Faiseur der K. K. Gesandtschaft
scheint der Baron Brenner zu sein, ein großer hübscher
Mann von etwa 40 Jahren, der früher, und bis er hier
angestellt wurde, in Italien Einfluß auf die Gestaltung der
österreichischen Politik geübt haben soll. Er macht den
Eindruck eines geistig bedeutenden und unterrichteten
Mannes, gilt für ultramontan, was ihn nicht abhält, dem
schönen Geschlechte zu huldigen und in diesfälligen Bemühungen auch in die mittleren Schichten der hiesigen
Gesellschaft hinabzusteigen. Gegen Herren, in specie auch
gegen die unsrigen, beobachtet er eine vornehme Zurückhaltung. Der General von Schmerling ist ein ele-
ganter General und scheint seine bevorzugte Stütze in dem
Baron Rzikowsky, Major im Ingenieurcorps, zu finden,
einem sehr klugen, gebildeten und liebenswürdigen Officier,
zu dem ich wünschte, daß wir ein preußisches Gegenstück
in der zweiten oder dritten Stelle der Militärkommission
hätten. Ueber unser hiesiges Subalternpersonal sind mir

mehrfache Verdächtigungen, besonders von österreichischer
Seite, zugegangen; ich habe indessen bisher noch nicht einmal Vermuthungen über den Grund oder Ungrund; besonders behauptet Graf Thun und auch Graf Goltz
(preußischer Diplomat, später Botschafter in Paris), daß
irgend einer unserer Beamten Verbindungen mit der
„Konstitutionellen" und der „Kölner Zeitung" haben müsse,
wie sich aus Einzelheiten in deren Inhalt mit Sicherheit
abnehmen lasse. Goltz hat sich hier gesellschaftlich eine
sehr gute Stellung geschaffen, namentlich ist er persönlich
in dem österreichischen Zirkel gern gesehen. Ich habe mich
von neuem überzeugt, daß er ein sehr fähiger Geschäftsmann ist, und es thut mir leid, daß er seine Stellung zu
Ew. Excellenz durch seine persönliche Gereiztheit verdorben
hat. Ich glaube, daß er, wenn er auf bestimmte Bedingungen sein Wort gäbe, es halten würde, und daß
hierin die Möglichkeit liegt, seine bedeutenden Fähigkeiten
nutzbar zu verwenden. Seine jähe Leidenschaftlichkeit wird
er insofern zähmen, daß er es über sich vermöchte, seine
Bitterkeiten in sich zu verschließen; aber soweit sein Auftreten amtlich ist, nehme ich von ihm an, daß er halten
würde, was er verspricht. Abgesehen von dem Salon der
Frau von Vrints, in welchem auch von den Damen hoch
und hitzig gespielt wird, hat die hiesige Geselligkeit nur
am vorigen Freitag ein Lebenszeichen von sich gegeben,
wo bei Lord Cowley ein Zauberfest zu Ehren der Königin
Viktoria stattfand. Die Herzogin-Wittwe von Raffau (geb.
Prinzessin von Württemberg) war mit ihrer unverheiratheten
Tochter dort; letztere tanzte mit allen vertretenen Mächten,
nur mit keinem Preußen. Die hiesige Diplomatie ist eine
springlustige; nicht nur Thun, sondern der mehr als fünfzig-
jährige Tallenay (französischer Gesandter) und der Vertreter Belgiens, Graf Briey, sowie Lord Cowley selbst
tanzten und nahmen an einem zweistündigen Cotillon als

ordentliche Mitglieder Theil. Die Räume waren mit den Farben aller deutschen Staaten sehr bunt dekorirt, und dem englischen Wappen=Transparent gegenüber hing das des deutschen Bundes: Der Doppeladler ohne Krone.

An H. Wagener, Berlin.

Frankfurt, 3. Juni 1851.

Haben Sie nicht Zeit, mir einmal zu schreiben, überhaupt mit mir zu correspondiren? Man ist hier auf einem verlorenen Posten, wo man nichts als offizielle Nachrichten erhält, und die sehr unvollständig; alle Berliner Freunde waren bei meiner Abreise sehr freigebig mit Versprechungen, aber faul im Schreiben, und Sie sind vielleicht der Einzige, dem es wirklich an Zeit dazu fehlt. Man versauert hier und hat nichts zu thun, bis jetzt wenigstens nicht. Ich habe vor acht Tagen meiner Erbitterung in einigen Redensarten Luft gemacht ... Ist der Brief nicht in Ihre Hände gelangt? Das ist es, was mich beunruhigt; aus der Korrespondenz mit meiner Frau sind mir schon drei Briefe verloren gegangen; werden sie beim Oeffnen beschädigt, so unterschlägt man sie kaltblütig ... Ich langweile mich hier unglaublich; der einzige Mann, der mir hier gefällt, ist Schele, der hannoversche Gesandte. Die Oesterreicher sind intrigant unter der Maske burschikoser Bonhomie und suchen uns bei kleineren Formalien zu übertölpeln, worin bis jetzt unsere einzige Beschäftigung besteht. Die von den kleinen Staaten sind meist karikirte Zopf=diplomaten, die sofort die Bericht=Physiognomie aufstecken, wenn ich sie nur um Feuer zur Cigarre bitte und Blick und Wort mit Regensburger Sorgfalt wählen, wenn sie den Schlüssel zum A . . . . . fordern. Die enteute cor-

diale zwischen Oesterreich und Bayern zeigt sich hier als
sehr gelockert, wenn es nicht verabredete Komödie ist, was
kaum glaublich erscheint. Beneidenswerth ist die Disciplin, welche in Oesterreich und seinen Vertretern alles,
was vom Kaiser bezahlt wird, nach gleichem Takt sich bewegen läßt. Bei uns singt jeder seine eigene Melodie,
verleumdet den Anderen und schreibt Spezialberichte nach
Berlin, wir haben hier mindestens drei Zivil- und zwei
Militärdiplomaten neben einander. Ueber meinen Chef
mag ich mich schriftlich nicht äußern; wenn ich hier selbst-
ständig werden sollte, so werde ich mein Feld von Unkraut
säubern, oder urplötzlich wieder nach Hause gehen.

Glauben Sie an die Festigkeit unserer inneren Politik
auf ihren neuen Wegen? Aus Ihren Artikeln spricht kein
volles Vertrauen . . . Mir ist noch nicht zu Muthe, als
ob ich hier lange bleiben würde; ich fühle mich hier ziemlich
ad acta gelegt und meiner Freiheit ohne Zweck beraubt,
wenn es nicht sehr bald anders wird.

Der Ihrige v. B.

P. S. Morgen ist eine Bundestagssitzung. Vermuthlich kommt die hessische Sache zum ersten Mal vor mit allgemeinen Redensarten. Die Hessen erwarten, daß ihnen
der Bundestag die gebratenen Tauben mit vormärzlicher
Sauce in den Mund schieben wird.

An seine Gemahlin.

Frankfurt, 3. Juli 1851.

Vorgestern habe ich mit vielem Dank Deinen Brief und
die Nachricht von Euer aller Wohlsein erhalten. Ver-
giß aber nicht, wenn Du mir schreibst, daß die Briefe
nicht bloß von mir, sondern von allerhand Postspionen ge-

lefen werden, und tobe nicht zu fehr gegen einzelne Perfonen darin, denn das wird alles fofort wieder an den
Mann gebracht und auf meine Rechnung geschrieben; außerdem thuft Du den Leuten Unrecht. Ueber meine Ernennung oder Nichternennung weiß ich gar nichts, als
was man mir bei meiner Abreife fagte; alles andere find
Möglichkeiten und Vermuthungen. Das Schiefe in der Sache
ift bisher nur das Stillschweigen der Regierung mir gegenüber, indem es billig wäre, mich nachgerade wiffen zu
laffen, und zwar amtlich, ob ich mit Frau und Kind im
nächften Monat hier oder in Pommern wohnen werde.
Sei vorfichtig in Deinen Reden gegen alle dort ohne Ausnahme, nicht bloß gegen X., namentlich in Urtheilen über
Perfonen, denn Du glaubft nicht, was man in diefer Art
erlebt, wenn man erft einmal Gegenftand der Beobachtung
wird; fei darauf gefaßt, daß hier oder in Sansfouci mit
Sauce aufgewärmt wird, was Du etwa in den Baffalken
oder in der Badehütte flüfterft. Verzeihe, daß ich fo er-
mahnend bin, aber nach Deinem letzten Briefe muß ich
etwas die diplomatifche Heckenscheere zur Hand nehmen.
Wenn die † † † und andere Leute in unferem Lager
Mißtrauen fäen können, fo erreichen fie damit einen der
Hauptzwecke ihrer Briefdiebftähle. Vorgeftern war ich zu
Mittag in Wiesbaden bei † † † und habe mir mit einem
Gemifch von Wehmuth und altkluger Weisheit die Stätten
früherer Thorheit angefehen. Möchte es doch Gott gefallen, mit feinem klaren und ftarken Weine dies Gefäß
zu füllen, in dem damals der Champagner einundzwanzig-
jähriger Jugend nutzlos verbraufte und fchale Reigen zurück-
ließ. Wo und wie mögen † und Miß † † jetzt leben, wie
viele find begraben, mit denen ich damals liebelte, becherte
und würfelte, wie hat meine Weltanfchauung doch in den
vierzehn Jahren feitdem fo viele Wandlungen durchgemacht,
von denen ich immer die gerade gegenwärtige für die

rechte Gestaltung hielt, und wie vieles ist mir jetzt klein, was damals groß erschien, und wie vieles jetzt ehrwürdig, was ich damals verspottete! Wie manches Laub mag noch an unserem inneren Menschen ausgrünen, schatten, rauschen und werthlos welken, bis wieder vierzehn Jahre vorüber sind, bis 1865, wenn wir's erleben! Ich begreife nicht, wie ein Mensch, der über sich nachdenkt und doch von Gott nichts weiß oder wissen will, sein Leben vor Verachtung und Langeweile tragen kann. Ich weiß nicht, wie ich das früher ausgehalten habe; sollte ich jetzt leben, wie damals, ohne Gott, ohne Dich, ohne Kinder, — ich wüßte doch in der That nicht, warum ich dies Leben nicht ablegen sollte, wie ein schmutziges Hemde; und doch sind die meisten meiner Bekannten fo und leben. Wenn ich mich bei dem Einzelnen frage, was er für Grund bei sich haben kann, weiter zu leben, sich zu mühen und zu ärgern, zu intrigiren und zu spioniren, ich weiß es wahrlich nicht. Schließe nicht aus diesem Geschreibsel, daß ich gerade besonders schwarz gestimmt bin, im Gegentheil, es ist mir, als wenn man an einem schönen Septembertage das gelbwerdende Laub betrachtet; gesund und heiter, aber etwas Wehmuth, etwas Heimweh, Sehnsucht nach Wald, See, Wüste, Dir und Kindern, alles mit Sonnenuntergang und Beethoven vermischt. Statt dessen muß ich nun langweilige † † besuchen und endlose Ziffern über deutsche Dampfkorvetten und Kanonenjollen lesen, die in Bremerhafen faulen und Geld fressen. Ich möchte gern ein Pferd haben, aber allein mag ich nicht reiten, das ist langweilig, und die Gesellschaft, die hier mitreitet, ist auch langweilig, und nun muß ich zu Rochow und zu allerhand — in's und — off's, die mit der Großfürstin Olga hier sind.

2

An dieselbe.

Gestern und heute wollte ich gern an Dich schreiben, kam aber vor allem Geschäftswirrwarr nicht eher dazu, als jetzt spät am Abend, wo ich von einem Spaziergang zurückkomme, auf dem ich in reizender Sommernachtluft, Mondschein und Pappelblättergeschwirr den Aktenstaub des Tages abgestreift habe. Am Sonnabend bin ich mit Rochow und Lynar Nachmittags nach Rüdesheim gefahren, da nahm ich mir einen Kahn, fuhr auf den Rhein hinaus und schwamm im Mondschein, nur Nase und Augen über dem lauwarmen Wasser, bis nach dem Mäusethurm bei Bingen, wo der böse Bischof umkam. Es ist etwas seltsam Träumerisches, so in stiller, warmer Nacht im Wasser zu liegen, vom Strome langsam getrieben und den Himmel mit Mond und Sternen, und seitwärts die waldigen Berg= gipfel und Burgzinnen im Mondlicht zu sehen und nichts als das leise Plätschern der eigenen Bewegung zu hören; ich möchte alle Abend so schwimmen. Dann trank ich sehr netten Wein und saß lange mit Lynar rauchend auf dem Balkon, der Rhein unter uns. Mein kleines Testament und der Sternenhimmel brachten uns auf christliche Ge= spräche, und ich rüttelte solange an der Rousseau'schen Tugendhaftigkeit seiner Seele, ohne etwas anderes zu er= reichen, als daß ich ihn zum Schweigen brachte. Er ist als Kind mißhandelt von Bonnen und Hauslehrern, ohne seine Eltern recht kennen zu lernen, und hat auf Grund ähnlicher Erziehung ähnliche Ansichten aus der Jugend mitgebracht als ich, ist aber befriedigter darin als ich je= mals war. Am anderen Morgen fuhren wir mit dem Dampfschiff nach Koblenz, frühstückten dort eine Stunde und kehrten auf demselben Weg nach Frankfurt zurück, wo wir Abends eintrafen. Ich unternahm die Expedition

eigentlich in der Absicht, den alten Metternich auf Jo=
hannisburg zu besuchen, der mich hat einladen lassen, aber
der Rhein gefiel mir so, daß ich lieber spazieren fuhr
nach Koblenz und den Besuch verschob. Wir haben ihn
damals auf der Reise unmittelbar nach den Alpen und
bei schönstem Wetter gesehen; an diesem frischen Sommer=
morgen und nach der staubigen Langeweile von Frankfurt
ist er wieder in meiner Achtung gestiegen. Ich ver=
spreche mir rechten Genuß davon, mit Dir ein paar
Tage in Rüdesheim zu sein, der Ort ist so still und länd=
lich, gute Leute und wohlfeil, und dann nehmen wir uns
ein kleines Ruderboot und fahren gemächlich hinab, be=
steigen den Niederwald und diese und jene Burg und
fahren mit dem Dampfschiff zurück. Man kann des Morgens
früh hier abgehen, acht Stunden in Rüdesheim, Bingen,
Rheinstein u. s. w. bleiben und Abends wieder hier sein.
Meine Ernennung hier scheint nun doch sicher zu sein.

An Herrn von Manteuffel.

6. September 1851.

Ich habe, seit ich die Ehre hatte, Sie hier zu sehen,
zwar die Geschäfte übernommen, aber es hat seit
meiner Einführung eine weitere Sitzung des Bundestags
noch nicht stattgefunden. Die Ausschußverhandlungen sind
an sich weniger bedeutsam und werden eine Geduldprobe
durch das Verfahren in denselben.
. . . Graf Thun präsidirt, und da er die eingehen=
den Piessen nicht vorher liest, so lernt er sie erst dadurch
kennen, daß er sie dem Ausschusse buchstäblich von Anfang
bis zu Ende vorliest, eine Operation, welche mitunter bei
einer einzigen Piesse, zum Beispiel einem 30—40 Bogen=

seiten starken Bericht über das Rechnungswesen der Flotte, voller Ziffern und Belegen, mehrere Stunden dauert, während welcher der Graf mit beneidenswerther Lunge liest, Herr von Schele einschläft, Herr von Nostiz unter dem Tisch ein Buch ʲ liest und General Xylander neben mir neue und phantastische Lafetten-Konstruktionen auf ein Löschblatt zeichnet. Dieses Vorlesen ist nur das Mittel, zu erfahren, wovon das Aktenstück handelt . . . Ich muß überhaupt die Klage meines letzten Briefes wiederholen, daß Graf Thun bemüht ist, die Präsidialbefugnisse, gestützt auf Besitz und faktisches Uebergreifen, ungebührlich zu erweitern. Remonstrationen dagegen, nimmt er mit Heftigkeit auf. Er ist gescheidter und geschäftskundiger, als ich glaubte, aber in der That in seiner äußerlichen Politur unfertiger, als man seinem Herkommen nach annehmen sollte. Gegen Herrn von Schele wurde er gestern im Ausschuß so heftig, daß dieser mich beauftragte, ihn zu fordern, ich zog indessen vor, den Vermittler zu machen und die Sache beizulegen, obschon eine anderweite Entwickelung ohne Zweifel pikanter gewesen wäre. Mir hat er auf meinen ersten Besuch im Mai eine Karte geschickt, seitdem ist er niemals wieder bei mir gewesen und hat meine zahlreichen Besuche, auch die officiellen, nie erwiedert. Wenn ich in Geschäften zu ihm komme, so läßt er mich im Vorzimmer warten, um mir dann zu sagen: er habe eben einen sehr interessanten Besuch eines englischen Zeitungscorrespondenten gehabt. Selbst mit Herrn von Rochow machte er es nicht anders; Wentzel sagt mir, daß er mit Herrn von Rochow zusammen 20 Minuten dort antichambrirt habe. Er steht nie von seinem Sitze auf, um Jemand zu empfangen, bietet auch keinen Stuhl an, während er selbst sitzen bleibt und stark raucht. Ich theile Eurer Excellenz dies nur zu Ihrer Erheiterung mit: ich beobachte dieses seltene Exemplar von

Diplomat mit der Ruhe des Naturforschers und schmeichle mir, zu feiner gesellschaftlichen Glättung wenigstens in feiner Haltung mir gegenüber schon einiges beigetragen zu haben, ohne daß unser gegenseitiges Verhältniß den freundschaftlichen und vertraulichen Charakter verloren hat. Unbequemer wird der geschäftliche Verkehr aber allerdings durch die Nothwendigkeit, jenem Benehmen gegenüber die Würde der amtlichen Stellung zu wahren.

An denselben.

Frankfurt, November 1851.

Bei Gelegenheit einer Besprechung mit Graf Thun habe ich heute früh, in der Form einer rein privaten Expectoration, ihm die nach meinem Dafürhalten unausbleiblichen beklagenswerthen Folgen entwickelt, welche die aggressive Politik Oesterreichs gegen den Zollverein nach sich ziehen müsse. Er antwortete mir mit dem Tone freundschaftlicher Offenheit ungefähr folgendes: Die unverhältnißmäßigen Opfer, welche Preußen in dem Vertrage vom 7. September gebracht habe, sei der beste Beweis, daß es sich bei demselben weniger um die commerzielle, als um die politische Bedeutung handle. Wenn ich annehme, daß er ein ebenso guter Oesterreicher sei, als ich Preuße, so werde ich natürlich finden, daß er es billige, wenn seine Regierung Alles daran setze, um zu verhindern, daß Oesterreich in noch schrofferer Weise als früher vom Zollverein, von einer neuen, das ganze übrige Deutschland umfassenden Corporation, ausgeschlossen werde. In Wien sei man weit davon entfernt, den Zollverein zerstören zu wollen, nur müsse derselbe Basen annehmen, die einen Beitritt Oesterreichs, wenn nicht sofort ermöglichten,

doch anbahnten. Den Zweck, die Zoll= und Handels=
gesetzgebung auf den Bund zu übertragen, gestand er ein
und fand ihn ganz natürlich für Oesterreich; auch leugnete
er keineswegs, Hock mit entsprechenden Aufträgen an die
westdeutschen Höfe entsendet zu haben; er bedauerte, daß
Preußen in dem Bunde nur ein Polizei= und Militär=In=
stitut wolle. Ein überwiegender Einfluß Oesterreichs in
Deutschland liege in der Natur der Dinge, so lange Oester=
reich sich ohne Selbstsucht Deutschland hingebe; breche es
die letztere Bedingung, so werde Preußen an Oesterreichs
Stelle treten; halte es jene Bedingung, so sei Preußens
Aufgabe eine gleiche, mit Oesterreich gemeinsame Hin=
gabe für die Interessen der Gesammtheit. So lange das
gegenseitige Verhältniß nicht frei von particularistischer
Eifersucht sei, könne das jetzige gute Einvernehmen nicht
ein Friede, sondern nur ein Waffenstillstand genannt wer=
den. Er sprach wie Posa und entwickelte großdeutsche
Schwärmerei; ich vervollständigte seinen Ideengang dahin,
daß danach die Existenz Preußens und noch weiter der
Reformation ein bedauerliches factum sei; wir Beide
könnten es aber nicht ändern und müßten nach Thatsachen,
aber nicht nach Idealen rechnen, und ich bäte ihn zu über=
legen, ob die Resultate, die Oesterreich auf den Hock'schen
Wegen wirklich erreichen werde, die Annehmlichkeit des
preußischen Bündnisses aufwiegen würden; denn ein Preu=
ßen, welches, wie er sich ausdrückte, „der Erbschaft Fried=
rich des Großen entsagte", um sich seiner wahren provi=
dentiellen Bestimmung als Reichs=Erzkämmerer hingeben
zu können, bestehe in Europa nicht, und ehe ich zu einer
derartigen Politik zu Haufe riethe, würde eine Entscheidung
durch den Degen vorhergehen müssen. Er verglich Preu=
ßen mit einem Manne, der einmal das Loos von 100 000
Thalern gewonnen hat und seinen Haushalt auf die jähr=
liche Wiederkehr dieses Ereignisses einrichte. Ich erwiderte

ihm, wenn diese Ansichten in Wien so klar wären, wie bei
ihm, so sähe ich allerdings voraus, daß Preußen nochmals
in die bewußte Lotterie werde setzen müssen; ob es gewinnen werde, stehe bei Gott. Diese Unterhaltung wurde
im Ganzen in mehr scherzhaftem Tone geführt und verlor
nicht den Character objectiver freundschaftlicher Betrachtung; bei mir hat sie aber die Ueberzeugung befestigt, daß
Oesterreich die Bedeutung unseres Bündnisses oder unserer
Abneigung empfinden muß, ehe es den Werth davon ein-
sehen oder nach dieser Einsicht handeln wird. Thun ist
stets in seinen Meinungen das Daguerrotyp seines Chefs
und ich zweifle nicht, daß letzterer seine Politik in dem
Sinne gegen Thun entwickelt hat, wie dieser heute gegen
mich. Ich darf Eure Excellenz wohl bitten, von dem
Vorstehenden keinen Gebrauch zu machen, der Graf Thun
unangenehm sein oder zu seiner Kenntniß kommen könnte,
da er sonst die, ich möchte sagen, jugendliche Offenheit
bereuen würde, mit der er zu sprechen pflegt, wenn ich
den Ton von Cavalier gegen Cavalier anschlage, und er
gerade bei gefühlvoller Laune ist, was ihn nicht hindert,
bei anderen Gelegenheiten wieder bauernschlau und insi-
diös zu sein. Mündlich werde ich mir einen detaillirteren
Bericht erlauben.

An seine Gemahlin.

Berlin, 1. Mai 1852.

Es liegt etwas recht Demoralisirendes in der Kammer-
luft, die besten Leute werden eitel, ohne daß sie es
merken, und gewöhnen sich an die Tribüne, wie an ein
Toilettenstück, mit dem sie vor dem Publikum sich produ-
ciren. Verzeih' diesen politischen Erguß.

An dieſelbe.

Berlin, 3. Mai 1852.

Ich habe es hier recht herzlich ſatt und ſehne mich nach dem Tage der Abreiſe. Die Kammerintriguen finde ich über die Maßen ſchal und unwürdig; wenn man immer darin lebt, ſo täuſcht man ſich darüber und hält ſie für Wunder was. Wenn ich von Frankfurt unbefangen her= komme, ſo iſt mir, wie einem Nüchternen, der unter Be= trunkene geräth. Ich wollte, ſie ſchickten mich nach Kon= ſtantinopel, da braucht man doch nicht alle Augenblicke herzureiſen.

⚓

Fürſt Felix Schwarzenberg iſt todt; Graf Buol tritt an ſeine Stelle, und Graf Thun wird in Frankfurt durch Herrn von Prokeſch abgelöſt. Herr von Bismarck geht in außerordentlicher Miſſion nach Wien (in Zollvereins=Angelegenheiten).

⚓

An ſeine Gemahlin.

Wien, 16. Juni 1852.

. . . Im Geſchäft herrſcht große Flauheit: die Leute haben entweder nicht das Bedürfniß, ſich mit uns zu arrangiren, oder ſetzen es bei uns in höherem Grade vor= aus, als es vorhanden iſt. Ich fürchte, die Gelegenheit der Verſtändigung geht ungenützt vorüber, das wird bei uns einen böſen Rückſchlag üben, denn man glaubt, einen ſehr verſöhnlichen Schritt durch meine Sendung gethan zu haben, und ſie werden ſobald nicht wieder einen herſchicken, der ſo geneigt iſt, ſich zu verſtändigen und dabei ſo freie Hand hat wie ich. Verzeih', daß ich Dir Politik ſchreibe, aber weſſen das Herz voll iſt u. ſ. w., ich trockne ganz auf geistig in diesem Getriebe, und ich fürchte, ich bekomme noch einmal Geschmack daran.

(Wenige Tage darauf schrieb Herr von Bismarck: „Eben erhielt ich eine telegraphische Depesche aus Berlin; sie enthielt nur vier Buchstaben: Rein.")

An Herrn von Manteuffel.

Wien, 11. Juni 1852.

..... Graf Grünne hat persönlich sehr viel Liebenswürdigkeit für mich, ist aber in politischen Gesprächen sehr zurückhaltend. Daß er in Staatsgeschäften keinen Einfluß auf den Kaiser habe, wie Manche mir in Wien sagten, halte ich für falsch. Schon die Art, wie er mit den Ministern verkehrt, läßt fast auf eine leitende Stellung schließen.

..... Vorgestern Abend war ich bei dem Fürsten Metternich; seine Geistesfrische, sowie Gesicht und Gehör haben seit vorigem Sommer sehr abgenommen, wenn er nicht am Morgen auders ist, als am Abend. Was er außer Erzählungen aus der Vergangenheit spricht, hat nicht immer Zusammenhang und verständlichen Schluß. Graf Rechberg lernte ich dort kennen; ich hatte ihn anders gedacht; seine brillentragende Erscheinung hält etwa die Mitte zwischen Robert Goltz und dem Hofdrucker Decker, und er sieht mehr wie ein Kammergerichtsrath aus, als wie ein Diplomat und Graf Rechberg. Er war sehr entgegenkommend und mittheilend für mich, und gefällt mir sonst gut; aber auch er glaubt, der deutsche Bund würde durch eine offizielle Adoption der schwarzrothgoldenen Farbe Kräfte gewinnen und solche der Demokratie entziehen. Er geht nicht nach Konstantinopel, weil man sich geweigert hat, ihm das dortige korrumpirte Subaltern-Personal — Testa u. s. w. — zu opfern ...

..... Auf dem Diner bei Lord Westmoreland sah
ich gestern den Grafen Buol. Er hatte offenbar noch
keine genügende Antwort von Pest, obschon der Telegraph
in drei Stunden communizirt, denn er war in sichtlicher
Verlegenheit, was er mit mir sprechen sollte, und schwankte
zwischen Ausweichen und Annähern, bis er entschieden auf
mich zuging und mich fragte, ob ich schon einmal in Wien
gewesen sei. Gewiß ist es Verlegenheit und Unentschlossen-
heit, was ihn in den Ruf abstoßender und anglomaner
Steifheit gebracht hat. Eigenthümlich finde ich, daß er
mit keiner Silbe davon spricht, ob und welche Schritte er
gethan hat, um die Befehle des Kaisers über mich einzuholen, und daß er nach zwei Tagen meinen offiziellen
Antrittsbesuch noch nicht erwidert hat. Fürst Schwarzenberg hat, wie ich höre, den Gesandten niemals Gegen-
besuche gemacht. ...

An denselben.

Wien, 19. Juni 1852.

Vom Kaiser höre ich von den jüngeren Herren, daß er
Alles mit einem für seine Jahre seltenen Maßhalten
treibt, bis auf seine Regentenpflichten und gelegentlich die
Jagd. Er strengt seinen Körper übermäßig mit Tanzen,
Reiten und Schlafentbehren an. Er steht um 4 Uhr auf,
arbeitet rastlos, spricht mit jedem Beamten nur über sein
Fach, schneidet in der Beziehung übergreifende Rathschläge,
sowie Fragen schnell ab, läßt die eigene selbstständige Ent-
scheidung formell und materiell überall ostensibel in den
Vordergrund treten und giebt sie kurz und entschieden.
Die eigene angespannte Pflichterfüllung läßt ihn die gleiche
Anstrengung als etwas sich von selbst Verstehendes bei
Anderen voraussetzen, und Mangel darin setzt ihn in Er-
staunen. Dabei ist er niemals barsch in der Form. Ge-

rühmt wird feine große Wahrheitsliebe. Die vorstehenden Urtheile sind weiblichen Ursprungs, aber von guter Quelle.

(Nachdem Herr von Bismarck in Ofen zur kaiserlichen Tafel geladen, schreibt er:

Die Persönlichkeit des Kaisers macht mir einen sehr guten Eindruck; er faßt schnell auf, urtheilt sicher und besonnen und hat eine zutrauenerweckende Einfachheit und Offenheit in seinem Wesen.)

An denselben.

Frankfurt, 30. Mai 1853.

Ich erlaube mir, nachstehend einige vertrauliche Bemerkungen über die Persönlichkeit meiner Collegen für den Fall zu machen, daß es Eure Excellenz interessiren sollte, von denselben Kenntniß zu nehmen.

Herr von Prokesch dürfte hinreichend in Berlin bekannt sein, um weitere Andeutungen über seine Persönlichkeit unnöthig zu machen, indeß kann ich nicht umhin, zu bemerken, daß die Ruhe und Leichtigkeit, mit welcher er falsche Thatsachen aufstellt, oder wahre bestreitet, meine in dieser Beziehung ziemlich hochgestellten Erwartungen noch übertrifft und ihre Ergänzung findet in einem überraschenden Grade von Kaltblütigkeit im Fallenlassen eines Gegenstandes oder Veränderung der Front, sobald das Falsum, von welchem er ausgeht, unausweichbar zur Anerkennung gebracht wird. Nöthigenfalls deckt er einen solchen Rückzug durch ein Aufbrausen sittlicher Entrüstung, oder durch einen oft sehr persönlichen Angriff, mit welchem er die Discussion auf ein neues und heterogenes Gebiet überträgt. Seine hauptsächlichen Waffen in dem kleinen Kriege, welchen ich da, wo die Interessen divergiren, mit ihm führen muß, sind: 1) passiver Widerstand, d. h. die Verschleppung der Sachen,

durch welche er mir die Rolle eines unruhigen und nach
der Natur der Sachen oft kleinlichen Mahners zuschiebt,
und 2) beim Angriff das fait accompli anscheinend unbedeutender Uebergriffe der Präsidialmacht, die gewöhnlich
so berechnet sind, daß die Zurückweisung von meiner Seite
den Charakter eines Aufsuchens von Streitpunkten oder
einer silbenstechenden Kritik annehmen muß. Es ist danach
kaum möglich für mich, ihm gegenüber nicht den Schein
der Unverträglichkeit auf mich zu ziehen, wenn ich nicht
die Interessen Preußens in einem Maße vergeben will,
welches aus jeder Nachgiebigkeit Anlaß zur Steigerung
entnehmen würde. Noch in den letzten Tagen war ich genöthigt, ihn wegen eigenmächtigen Aufnehmens einer Anleihe von 67 000 fl. für den Festungsbau zur Rede zu
stellen, bei welcher Gelegenheit er sich auf „Hunderte" von
Präcedenzfällen, von denen er mir jedoch keinen einzigen
namhaft zu machen wußte, berief. Demnächst behauptete
er, daß eine gewisse discretionäre Gewalt für das Präsidium zur Geschäftsführung unerläßlich sei, daß in Zeiten
des Grafen Münch Niemand gewagt haben würde, über
dergleichen Kleinigkeiten eine Erinnerung zu machen, und
daß es zur Erhaltung eines guten Einvernehmens zwischen
uns und Oesterreich nicht beitragen könne, wenn jede Handlung des Präsidenten einer übelwollenden Recension von
Seiten des preußischen Gesandten ausgesetzt sei. Meine
Widerlegung dieser Auffassungen veranlaßte ihn zu der
Aeußerung, daß meine Führung des Präsidiums von Niemand in allen Details geprüft worden sei, um sich zu überzeugen, ob sie nicht ebenfalls zu Ausstellungen Gelegenheit
gebe, und daß er einer etwaigen Beschlußnahme der Bundesversammlung mit der Gewißheit entgegensähe, daß letztere
das Verfahren des Präsidiums nicht desavouiren werde.
Sollte dies dennoch der Fall sein, so werde er die „Kleinig-
keit der erwachsenen Zinsen" aus eigener Tasche bezahlen.

Ich erwiderte, daß mir der letztere Weg eine erfreuliche
und die einzig angemessene Lösung der entstandenen
Schwierigkeit zu sein scheine, und ich, wenn der Herr Prä=
sidialgesandte es mir gestatten wolle, mich lieber an den
Kosten zur Beseitigung der Sache persönlich betheiligen
wolle, als dieselben zur amtlichen Verhandlung bringen,
da ich kaum erwarten könne, daß meine Regierung ge=
neigt sein würde, an Zinszahlungen für eine unmittelbar
nach einer Sitzung, allein vom Präsidium, ohne Wissen
der übrigen Gesandten, aufgenommene Anleihe Theil zu
nehmen. Die Geringfügigkeit des betreffenden Objekts
gewähre uns aber dabei eine große Erleichterung zur Be=
seitigung eines Präzedenzfalles, dessen Wiederholung die
betreffenden Regierungen, falls es ohne Monitum passirte,
leicht in ausgedehnterem Maße gewärtigen könnte. Ich
behielt mir schließlich eine amtliche Erklärung für den Zeit=
punkt vor, wo die Sache offiziell zu meiner Kenntniß ge=
langen würde, was bisher nur durch Privatmittheilungen
des Geheimen Regierungsrathes Crüger geschehen sei.
Ich habe mit Rücksicht auf den Besuch Seiner Majestät
des Königs in Wien und auf die Möglichkeit, daß poli=
tische Folgen sich an denselben knüpfen, sowohl in diesem
wie in anderen ähnlichen und gleichzeitigen Fällen es ver=
mieden, amtlich, und mit derjenigen Entschiedenheit, zu
welcher das Sachverhältniß mich berechtigen konnte, den
Präsidialgesandten in seine Schranken zurückzuweisen, und
bin gleichzeitig bemüht gewesen, die Diskussion in das
Geleise freundschaftlicher Verständigung zurückzuführen, so
oft Herr von Prokesch dasselbe verließ.

Den bayerischen Gesandten Herrn von Schrenk rechne
ich zu den besten Elementen der Versammlung, sowohl
seiner Befähigung als seinem Charakter nach. Er ist ein
gründlicher und fleißiger Arbeiter, dabei practisch in seinen
Auffassungen und Urtheilen, wenn auch seine mehr juristische

Bildung und Denkungsweise ihn mitunter rechthaberisch macht und einem leichteren Fortgang der Geschäfte hemmend entgegentritt. Im amtlichen Verkehr ist er offen und gefällig, so lange sein in der That hochgesteigertes und sehr reizbares Nationalgefühl geschont wird, eine Schwäche, welcher Rechnung zu tragen ich mir besonders angelegen sein lasse.

Unser sächsischer College, Herr von Nostiz, flößt mir weniger Vertrauen ein. Er hat im Grunde eine, wie mir scheint, althergebrachte Hinneigung zu Preußen und seinem politischen System, welche unter Anderem aus einem mehr nationalistischen als orthodoxen Protestantismus und der Furcht vor ultramontanen Bestrebungen ihre Nahrung zieht. Ich glaube aber, und es sollte mir lieb sein, wenn ich ihm Unrecht thäte, daß ihm im Ganzen persönliche Interessen höher stehen, als politische, und die Geschmeidigkeit seines Charakters gestattet ihm, die letzteren unter einem jeden für die ersteren zuträglichen Lichte aufzufassen. Seine Vermögensverhältnisse hängen, abgesehen von seinen Gehaltsbezügen, noch dadurch mit seiner hiesigen Stellung zusammen, daß er hier ein eigenes, von ihm bewohntes Haus besitzt, für welches er vor 1848 einen erheblichen Kaufpreis gezahlt und dessen seit fünf Jahren betriebene Vermiethung sich als unthunlich bewiesen hat. Sein politisches Verhalten ist daher durch den Wunsch bedingt, jedenfalls in seiner amtlichen Stellung zu verbleiben, und bei der jetzigen Richtung der sächsischen Regierung hat allerdings Oesterreich mehr Gelegenheit, ihn in seiner Stellung zu befestigen, als Preußen. Dieser Umstand hindert Herrn von Nostiz zwar nicht, jede auffällige Verletzung Preußens zu vermeiden, soweit es seine Instruktionen zulassen, aber er bildet mit seiner großen Arbeitskraft, Intelligenz und langen Erfahrungen die wirksamste Stütze aller Bestrebungen Oesterreichs in der Bundesverſammlung. Er hat ein beſonderes Geſchick in Abfaſſung von Referaten und Anträgen über bedenkliche Streitfragen, in welchen er dem Vortrage eine anſcheinend vermittelnde Färbung zu geben weiß, ohne daß den Intereſſen Oeſter- reichs, ſobald der anſcheinend unbeſtimmten Faſſung die richtige Auslegung zu Hilfe kommt, irgend etwas vergeben würde. Erſt wenn ſeine Vorträge die Grundlage ſpäterer Verhandlungen werden, ſtellt es ſich gewöhnlich heraus, daß der eigentliche Zweck, zu dem ſie verfaßt wurden, in ſcheinbar abſichtsloſen beiläufigen Worten niedergelegt iſt. Wenn in Dresden ein Revirement in preußiſchem Sinne einträte, würde die wichtige perſönliche Unterſtützung, welche Herr von Noſtiz vermöge ſeines Verſtandes und ſeiner Erfahrungen und des durch beide erworbenen An- ſehens zu leiſten vermag, mit derſelben Sicherheit für Preußen in die Wagſchale fallen, wie jetzt für Oeſterreich, falls nicht ein zu ſtarkes Band in dem Umſtande liegt, daß einer ſeiner Söhne in der öſterreichiſchen Marineſchule erzogen wird, ein anderer bereits Offizier in kaiſerlichen Dienſten iſt.

Für Hannover iſt Herr von Bothmer ſeit ein paar Tagen hierher zurückgekehrt; zu meinem Bedauern höre ich aber von ihm, daß ſein längeres Verbleiben hier auf keine Weiſe geſichert iſt. Er iſt nicht nur ein gerader und Vertrauen erweckender Charakter, ſondern auch der ein- zige unter meinen Collegen, der Unabhängigkeit genug beſitzt, um mir bei nothwendig werdenden Reclamationen gegen das Präſidium einen mehr als paſſiven Widerſtand zu leiſten.

Das Gegentheil von ihm ſtellt ſich in Herrn von Reinhard dar; wenn Herr von Bothmer in ſeinen Arbeiten gründlich, klar und objectiv iſt, ſo tragen die des württem- bergiſchen Geſandten den Stempel der Oberflächlichkeit und Verworrenheit. Sein Ausſcheiden aus der Bundesver-

fammlung dürfte für uns als ein großer Gewinn zu betrachten fein. Ich weiß nicht, ob fein Abgang von Berlin
mit Umständen verknüpft gewefen ist, welche nachhaltige
Abneigung gegen Preußen in ihm zurückgelaffen haben,
oder ob verworrene politische Theorien, über welche er
leichter und mit mehr Vorliebe als über praktische Geschäfte sich ausspricht, ihn an die Schädlichkeit des preußischen Einfluffes in Deutschland glauben laffen; jedenfalls
aber übersteigt die Antipathie gegen uns das Maß, welches
man bei feinem Landesherrn nach der politischen Lage
Württembergs voraussetzen darf, und habe ich Grund anzunehmen, daß er feinen Einfluß auf feine Instructionen
und feine Thätigkeit, soweit sie von ersteren unabhängig
ist, principiell zum Nachtheil Preußens geltend macht. In
der Discussion über die Rastatter Frage glaube ich fogar
annehmen zu müssen, daß er auf eigene Verantwortung
ein Verhalten beobachtete, von dem er nicht wünschen
kann, daß es zur perfönlichen Kenntniß Sr. Majestät des
Königs kommt. In feinem Benehmen gegen mich perfönlich liegt nichts, was auf eine derartige Gefinnung zu
schließen berechtigen würde, und nur selten kommt in der
Discussion ein Moment, in welchem, gemäßigt durch eine
gewiffe Furchtfamkeit, die verhaltene Bitterkeit gegen
Preußen durchbricht. Beiläufig bemerkt ist er Derjenige,
der zu den Sitzungen stets als letzter und zu spät erscheint
und in denselben durch Mangel an Aufmerksamkeit und
demnächstiges mißverständliches Eingreifen in die Discussion zu weiter zeitraubenden Wiederholungen Anlaß giebt.
   Der badische Gefandte, Herr von Marschall, ist nicht
ohne Verstand und geschäftliche Brauchbarkeit, aber forg-
fältig bemüht, die Verantwortung für ein felbstständiges
Urtheil von sich abzuwenden und in der unzweifelhaftesten
Sache einen mittleren Standpunkt zu finden, von welchem
aus es möglich wäre, beiden Theilen Recht oder doch

einem Unrecht zu geben; muß es aber sein, so neigt auch er, sei es aus verwandtschaftlichen Rücksichten, sei es wegen stärkerer Scheu seiner Regierung vor Wien als vor Berlin, mehr auf die Seite Oesterreichs, als auf die unsere. Eine Unterstützung gegen das Präsidium, wie beispiels= weise bei Behandlung der Geschäftsordnung, für welche er Referent ist, habe ich schwerlich von ihm zu erwarten.

Unser Kurfürstl. College, Herr von Trott, nimmt an den Geschäften so wenig Antheil als möglich, befaßt sich namentlich nicht mit Referaten und Mitwirkung in Aus= schüssen und ist vielfach abwesend unter Substitution des Vertreters von Darmstadt. Er zieht den Aufenthalt auf dem Lande und die Jagd der Betheiligung an den Ver= sammlungen vor und macht mehr den Eindruck eines jovialen und wohlbeliebten Gutsbesitzers, als eines Ge= sandten. Er beschränkt sich darauf, kurz und genau nach seiner Instruction abzustimmen, und wenn letztere von dem Minister Hassenpflug ohne Ausnahme nach den Weisungen Oesterreichs eingereicht wird, so scheint es mir, daß eine persönliche Unterstützung durch Herrn von Trott Oester= reich oder den Staaten der Darmstädter Coalition ebenso wenig zu Gute kommt, als uns, eine Parteilosigkeit, welche dem hessischen Gesandten durch seine Abneigung gegen Geschäfte und, wie ich gern glaube, durch das Wider= streben seiner an sich ehrlichen Natur gegen das Intriguen= system ebenso sehr erleichtert wird, wie durch seine in früheren Zeiten unzweifelhafte Sympathie für die Interessen Preußens.

Ein feindseligeres Element finden wir in dem Groß= herzogl. Hessischen Gesandten Freiherrn v. Münch=Belling= hausen. Wenn derselbe schon durch seine verwandtschaft= lichen Verhältnisse mit dem früheren Präsidialgesandten gleichen Namens an die Interessen Oesterreichs geknüpft ist, so wird sein Antagonismus gegen Preußen noch er=

heblich geschärft durch starken und, wie ich glaube, auf=
richtigen Eifer für die katholische Kirche. Im Privatverkehr
ist er ein Mann von angenehmen formen, und kann ich
über sein amtliches Verhalten insofern nicht klagen, als
ich einen Hang zur Intrigue oder Unaufrichtigkeit über
das Maaß der von der antipreußischen Politik seiner Re=
gierung gebotenen Zurückhaltung hinaus nicht wahrge=
nommen habe. Im übrigen ist er ein natürlicher Gegner
der preußischen Politik überall, wo diese mit Oesterreich
und der katholischen Kirche nicht Hand in Hand geht,
und kann ich den Eifer, mit welchem er seine Meinung
mir gegenüber nicht selten in der Diskussion vertrat, nur
für einen Beweis der Aufrichtigkeit seiner politischen Ueber=
zeugung halten. Eine Anomalie ist es jedenfalls, daß ein
protestantischer und augenblicklich mit den katholischen
Bischöfen in Konflikt stehender Souverän durch Herrn
von Münch beim Bunde vertreten wird. Ebensowenig
kann den rheinbündischen Tendenzen des Herrn v. Dalwigk
und des Prinzen Emil von Hessen die politische Auffassung
des Herrn von Münch entsprechen, welche mehr der fo=
genannten großdeutschen, in Preußen durch die Reichens=
perger und andere vertretene Richtung angehört. Herr
von Münch war ein lebhafter Vertheidiger der bis zum
vorigen Herbst auf dem Bundespalais stehenden schwarz=
roth=goldenen fahne und des nationalen Elements in der
übrigens von ihm bekämpften Bewegung von 1848.

Herr von Bülow, der Vertreter Dänemarks, ist einer
der gescheidtesten Köpfe in der Versammlung, und ich be=
dauere, daß die Stellung des Staates, den er vertritt, ihm
nicht gestattet, erheblicheren Antheil an den laufenden
Geschäften zu nehmen. Die Haltung der österreichischen
Politik entspricht natürlich den Wünschen des Cabinets von
Kopenhagen mehr als die unserige, indessen beobachtet
Herr von Bülow in allen nicht dänischen fragen eine

parteilose Zurückhaltung, wie denn auch die meisten der
zwischen Preußen und Oesterreich obwaltenden Streitfragen
von einer Natur sind und aus einer Zeit stammen, daß
Dänemark die Betheiligung daran prinzipiell vermeidet
und die Abstimmungen des Herrn von Bülow gewöhnlich
nur eben eine stereotyp gewordene Verwahrung der Rechte
seines Allergnädigsten Herrn und die Erklärung enthalten,
daß er noch ohne Instruktion sei. Die Verhandlungen
sowohl am Bunde, als in der Augustenburger Angelegen=
heit haben mir Gelegenheit gegeben, Herrn von Bülow
als einen gewandten und einsichtsvollen Geschäftsmann
kennen zu lernen, dem sowohl im offiziellen, wie im
Privatverkehr ein angenehmes und gefälliges Benehmen
eigen ist.

Zu unseren treuesten Bundesgenossen gehört Herr
von Scherff, der sich für seine Person ganz den preußischen
Interessen hingiebt, auch einen Sohn in unserem Militär=
dienst hat; er ist ein erfahrener und selbst bis zur Aengst=
lichkeit vorsichtiger Geschäftsmann. Die letztere Eigenschaft
sowie die Natur des Einflusses, den Seine Majestät der
König der Niederlande auf die Bundesinstruktionen übt,
verhindern ihn oft, mir in den Sitzungen diejenige Unter=
stützung zu gewähren, welche ich andernfalls von ihm er=
fahren würde. Außerhalb der Sitzungen habe ich stets
mit Vertrauen auf ihn zählen können, wenn ich seinen
Rath in Anspruch genommen habe, oder wenn es sich
darum handelte, mir mit seinem Einflusse auf einen anderen
oder mit einzuziehenden Erkundigungen zu Hülfe zu kommen.
Bei Sr. K. H. dem Prinzen von Preußen steht Herr
von Scherff und dessen Familie mit Recht in besonderer
Gnade.

An seinem Nachbar in der Sitzung, dem Freiherrn
von Fritsch, habe ich nichts zu wünschen, als daß seine
Macht, die preußische Politik zu unterstützen, seinem Willen

gleichkommen möchte. Er ist seiner Politik nach ein ehe-
maliger Gothaer, dabei aber ein aufrichtiger, achtungs-
werther Mann; die Instruktionen seiner Höfe sind mit
einer Hingebung, die unsere lebhafte Dankbarkeit verdient,
in allen wichtigen Fragen dahin gerichtet, sich dem preußischen Votum anzuschließen, und würde diese Unterstützung
noch werthvoller werden, wenn Herrn von Fritsch in
höherem Grade das Bewußtsein beiwohnte, seinen Ueberzeugungen Geltung verschaffen zu können.

Nassau und Braunschweig werden durch den Freiherrn
von Dungern vertreten, einen inoffensiven Charakter, der
weder durch seine persönlichen Fähigkeiten, noch durch politisches Ansehen einen Einfluß in der Bundesversammlung
ausübt. Wenn der Gegensatz, welcher in den meisten Fragen
zwischen der Haltung Braunschweigs und Nassau besteht,
sich in den meisten Fällen zu Gunsten der nassauischen,
d. h. der österreichischen Ansicht löst, so sind hierauf zwar
einerseits die verwandtschaftlichen Beziehungen des Herrn
von Dungern und seiner Gemahlin zu Familien, die im
österreichischen Interesse stehen, und die größere persönliche
Scheu des Gesandten, der zwei Söhne im österreichischen
Militärdienst hat, vor den Ressentiments Oesterreichs, als
vor denen Preußens nicht ohne Einfluß; hauptsächlich aber
liegt der Fehler in dem Umstande, daß Braunschweig durch
einen Diener des Herzogs von Nassau vertreten wird, der
sich hier in der unmittelbarsten Nähe seines von österreichischen Einflüssen beherrschten Hofes befindet, mit Braunschweig aber wohl nur so nothdürftig Beziehungen unter-
hält, daß dieselben kaum als ein Aequivalent der 5000 fl.,
welche Se. Hoheit der Herzog Wilhelm zu dem Gehalt
desselben zugiebt, betrachtet werden können.

Der mecklenburgische Gesandte, Herr v. Oertzen, recht-
fertigt in allen Beziehungen den Ruf eines ehrenwerthen
Mannes, unter dem ich ihn schon vor seiner jetzigen Stel-

lung gekannt habe. In der erſten Zeit nach dem Wieder=
zuſammentritt des Bundestages war bei ihm, wie bei einer
großen Anzahl ſeiner Landsleute, eine Hinneigung zu Oeſter=
reich nicht zu verkennen; es ſcheint mir aber unzweifelhaft,
daß ſeine zweijährige Beobachtung der Mittel, welche die
öſterreichiſche Politik durch das Organ des Präſidiums hier
zur Anwendung bringt, in der ehrliebenden Natur des
Herrn von Oertzen, ungeachtet auch er einen Sohn im
öſterreichiſchen Heere hat, eine Reaction erzeugt hat, die
mich auf ihn perſönlich vollſtändig und auf ſeine politiſche
Unterſtützung inſoweit zählen läßt, als es ſeine Inſtruc=
tionen, über deren Natur ich im Ganzen nicht klagen kann,
nur immer geſtatten. Jedenfalls kann ich bei ihm unter
allen Umſtänden auf ein offenes und ehrliches Verfahren
rechnen. Er bearbeitet als Referent vorzugsweiſe die
Bentink'ſche und andere Reclamationsſachen mit vieler
Gründlichkeit, wenn ich auch ſeine Anſichten nicht immer
theilen kann. Seine Haltung bei den Discuſſionen iſt jeder=
zeit ruhig und vermittelnd.

Der Vertreter der 15. Curie iſt Herr von Eiſendecher,
ein Mann, deſſen freundliches Entgegenkommen, verbunden
mit Witz und Lebhaftigkeit in der Unterhaltung, für ihn
einnimmt. Er war früher ein avancirter Gothaer, und es
ſcheint, daß dieſe Färbung übergegangen iſt in eine lebhafte
Sympathie für Ausbildung des Bundes als ſtarke einheit=
liche Centralgewalt, indem er auf dieſem Wege durch Hilfe
Oeſterreichs einen Erſatz zu finden meint für die fehl=
geſchlagenen Einheitsbeſtrebungen im preußiſchen Sinne.
Dem Vernehmen nach iſt die Curialverfaſſung von der Art,
daß beide Anhalt und beide Schwarzburg, wenn ſie unter
ſich einig ſind, Oldenburg überſtimmen.

Mit mehr Einfachheit und ohne Motivirung legt der
Vertreter der 16. Curie, Freiherr von Holzhauſen, ſeinen
Einfluß für Oeſterreich in die Wagſchale, man ſagt von

ihm, daß er sich keine Instructionen in den meisten Fällen, auch wenn er vollkommen Zeit hat, sie einzuholen, selbst mache und etwaigen Reclamationen feiner Committenten durch Stillschweigen oder durch eine geschickte Benutzung der großen Anzahl der Mitglieder der Curie und des Mangels an Verbindung unter denselben zu begegnen weiß. Dazu kommt, daß die meisten der kleinen Fürsten für ihre föderale Diplomatie den Aufwand nicht machen mögen, der zu einer regelmäßigen und eingerichteten Canzlei und Correspondenz erforderlich sein würde, und daß sie mit den verwendbaren Mitteln, falls ihnen Herr von Holzhausen, der nach dem Abgange des Freiherrn von Strombeck als Mindestfordernder die Stelle erhielt, den Dienst kündigt, schwerlich einen fo stattlichen Vertreter, wie dieses wohl= habende, mit mehreren Großkreuzen und dem Titel eines Wirklichen Geheimen Raths geschmückte Mitglied der ältesten Frankfurter Patrizierfamilie für sich würden gewinnen können. Die nächsten Verwandten des Herrn von Holz= hausen, der selbst unverheirathet und kinderlos ist, sind im Dienste Oesterreichs. Außerdem weist der ungewöhnlich stark ausgebildete Familienstolz dieses Herrn mit feinen ganzen Erinnerungen in das mit der Herrlichkeit des heiligen römischen Reichs eng verknüpfte reichsstädtische Patriziat zurück, und die ganze Stellung Preußens scheint ihm eine revolutionäre Usurpation, welche den wesentlichen Antheil an der Zerstörung der Privilegien derer von Holzhausen hat. Sein großes Vermögen läßt annehmen, daß die Bande, welche ihn an Oesterreich knüpfen, nur die ehrgeizigen Bestrebungen, wie etwa das Verlangen nach einem Kaiser= lichen Orden oder nach der Erhebung der Familie in den österreichischen Grafenstand sind, nicht aber pecuniäre Interessen, wenn man nicht etwa den Besitz erheblicher Summen Metalliques als folche ansehen muß.

Was die Gesandten der freien Städte anbelangt, so

treten ihre Perſonen bei dem öfteren Wechſel weniger con=
ſequent hervor, beſonders wenn man die Vielſeitigkeit der
Factoren, welche zur Ertheilung der Inſtructionen mit=
wirken, in Anſchlag bringt. Gegenwärtig hier ſind die
Herren Kirchenpauer für Hamburg und Harnier für
Frankfurt.

Von allen Bundestagsgeſandten ſind den diesſeitigen
Intereſſen ihrer perſönlichen Anſicht nach nur die Herren
von Fritſch, von Scherff und von Oertzen ergeben. Erſterer
folgt dabei zugleich den Inſtructionen der von ihm ver=
tretenen Regierung. Für Oeſterreich dagegen ſind perſönlich
ſicher, ohne daß man von den Regierungen, welche ſie ver=
treten, ein Gleiches behaupten kann, die Herren von Eiſen=
decher, v. Holzhauſen und v. Dungern in betreff Braun=
ſchweigs. Außer dieſen ſchließen ſich Oeſterreich der In=
ſtruction ihrer Regierungen gemäß faſt immer an: Herr
von Noſtiz, Herr von Reinhard, Herr von Münch, Herr
von Trott, der jedoch gemäßigter als ſein College für
Darmſtadt auftritt, und Herr von Dungern für Naſſan.
Eine theils unabhängigere, theils vermittelnde Stellung
nehmen ein die Herren ven Schrenk, von Bothmer, von
Bülow, von Marſchall und die Vertreter der freien Städte,
doch ſind auch bei der Haltung dieſer öſterreichiſche In=
fluenzirungen nicht ſelten bemerkbar.

An Frau von Arnim.

Frankfurt, (ohne Datum).

Während ich genöthigt bin, in der Sitzung einen ganz
unglaublich langweiligen Vortrag eines hochgeſchätzten
Collegen über die anarchiſchen Zuſtände in Ober=Lippe an=
zuhören, dachte ich darüber nach, wie ich dieſen Moment

utilisiren könnte, und als hervorragendstes Bedürfniß meines
Herzens stellte sich ein Erguß brüderlicher Gefühle heraus.
Es ist eine sehr achtungswerthe, aber wenig unterhaltende
Tafelrunde, die mich hier an einem grünbehangenen, etwa
20 Fuß im Durchmesser haltenden, kreisrunden Tische, im
Parterre des Taxisschen Palais, mit Aussicht auf Garten
umgiebt. Der durchschnittliche Schlag ist etwa der von
R. R. und Z. in Berlin, die haben ganz bundestäglichen Pli.

Ich jage ziemlich fleißig, auf Jagden, wo der Einzelne 6 bis 15 Hafen und einige Fasanen schießt, seltener
einen Rehbock oder Fuchs, und mitunter ein Stück Roth-
wild in bedeutender Entfernung sieht. Die Zeit dazu habe
ich dadurch gewonnen, daß ich sehr viel fauler bin, als
im vorigen Jahre, weil mein Fleiß in Berlin kein Resultat
findet.

Manteuffel ist nicht mehr so liebenswürdig wie früher,
er hört auf alle möglichen erlogenen Klatschereien, und
läßt sich immer einreden, ich strebte nach seiner Erbschaft,
während ich froh bin, wenn man mich da läßt, wo ich
bin. Ich gewöhne mich daran, im Gefühle gähnender
Unschuld alle Symptome von Kälte zu ertragen und die
Stimmung gänzlicher Wurschtigkeit in mir vorherrschend
werden zu lassen, nachdem ich den Bund allmählich mit
Erfolg zum Bewußtsein des durchbohrenden Gefühls seines
Nichts zu bringen, nicht unerheblich beigetragen zu haben
mir schmeicheln darf. Das bekannte Lied von Heine:
„O Bund, du Huund, du bist nicht gesund" u. s. w., wird
bald durch einstimmigen Beschluß zum Nationalliede der
Deutschen erhoben werden.

Um den Orient kümmert sich hier Niemand; mögen
die Russen oder die Türken in die Zeitungen setzen, was
sie wollen, man glaubt hier weder an Land- noch See-
gefechte, und bestreitet die Existenz von Sinope, Kalafat
und Scheffetil.

Endlich hat Darmstadt zu lesen aufgehört, und ich
stürze gerührt in Deine Arme und wünsche Dir ein frohes
fest. Viele Grüße an Oscar.

Dein treuer Bruder
v. B.

In dem Krimkriege von 1854—1855 hatte Herr von Bismarck
die in Berlin bestehende Neigung, mit Oesterreich gemeinsame
Sache gegen Rußland zu machen und es mit den Westmächten
zu halten, zu bekämpfen. Am 2. Dezember 1854 schloß Oesterreich mit den Westmächten ein Bündniß, ohne seine deutschen
Bundesgenossen, die ihm schon vollständig als Vasallen erschienen,
auch nur zu befragen.

An Herrn von Manteuffel.

Frankfurt, 8. Dezbr. 1854.

Die unbefriedigten Gefühle, welche ich gegen Herrn
von Gerlach geäußert habe, entsprangen weniger aus
einem Urtheil über das, was durch Euer Excellenz innerhalb der durch die Allerhöchste Willensmeinung gezogenen
Grenzen geschehen konnte, vielmehr mit dieser Begrenzung
selbst konnte sich mein preußischer Ehrgeiz nicht befreunden.
Ich bescheide mich aber mit einer Herzenserleichterung und
nehme die Situation, wie sie ist, nicht wie ich wünschte,
daß sie wäre. Dazu hilft mir in diesem Falle nicht nur
die Vorstellung, die ich von dem Verhältnisse zu meinem
König und Herrn habe, sondern auch die Ueberzeugung,
daß der König persönlich in diesen und vielen anderen
Dingen weiser ist, als ich, und außerdem die Reife des
Urtheils vor mir voraus hat, welche eine langjährige und
unmittelbare Betheiligung an der großen Politik Europas

verleihen muß. Ich beschwichtige mit dieser Betrachtung
die Sorgen, welche mir aufsteigen und welche ich nicht
tilgen kann, wenn ich auch als Diener und Unterthan den
Willen Seiner Majestät nicht zu beurtheilen, sondern ohne
Rückhalt auszuführen habe. Meine hauptsächliche Be=
sorgniß ist, daß wir allmählich durch den Strom der Er=
eignisse zu einem Krieg gegen Rußland im österreichischen
Interesse geführt werden könnten. Ich gehöre nicht zu
denen, welche die russischen Interessen mit den unseren
identifiziren; im Gegentheil, Rußland hat viel an uns
verschuldet; auch mit der Revolution, wenigstens mit der
eigenen und mit der deutschen, werden wir ohne Rußland
fertig, wenn wir wollen. So ernst ein Krieg mit letzterem
auch für uns sein mag, würde ich doch nicht dagegen zu
rathen versuchen, wenn dabei ein würdiger Kampfpreis
für uns in Aussicht stände. Mir schwebt nur der Ge=
danke als Schreckbild vor, daß wir die Anstrengungen
und Gefahren im Dienste Oesterreichs übernehmen könnten,
für dessen Sünden der König so viel Nachsicht hat, als
ich mir von unserem Herrn im Himmel für die meinigen
wünsche.

An denselben.

Frankfurt, 1. Januar 1855.

Ich kann nur bei meiner schon früher berichteten Ueber=
zeugung beharren, daß das wirksamste Mittel zur
Wiedergewinnung des Friedens und zur Erhaltung unseres
europäischen Einflusses in dem Drucke liegt, den wir, wenn
wir wollen, auf Oesterreich üben können. Noch immer halte
ich es für wahrscheinlich, daß die Kriegspartei in Wien
den Ausschlag bei den letzten Entschlüssen des Kaisers
Franz Joseph geben wird, wenn Oesterreich dabei Gefahr

laufen muß, sich von Preußen verlassen zu sehen, nament=
lich aber, wenn man in Wien veranlaßt wird, an die
Möglichkeit einer feindlichen Haltung Preußens zu denken.
Selbst in Paris und London glaubt man, daß die active
Beihilfe Oesterreichs im entscheidenden Momente von den
Entschließungen Preußens abhänge, und meiner Ansicht
nach haben wir nur dann Aussicht, auf die Entschließungen
der Westmächte Einfluß zu üben, wenn wir in Paris und
London das Bewußtsein, daß der Schlüssel zur Mitwirkung
Oesterreichs in unseren Händen liegt, und daß wir nöthigen=.
falls entschlossen sind, ihn furchtlos zu benutzen, deutlich
zu erkennen geben. So lange dies nicht geschieht, zweifle
ich nicht, daß unsere Bemühungen, welche weder von An=
erbietungen, noch von Drohungen begleitet sind, bei den
westlichen Cabinetten eine kühle und uns lediglich nach
Wien und auf den Beitritt zum 2. December verweisende
Aufnahme finden werden. Nachdem man sich Oesterreichs
einmal versichert hat, wird man diesen Vortheil nicht auf=
geben und sich Oesterreich durch Separatabschlüsse mit
uns nicht wieder entfremden, wenn wir nicht entweder
Anerbietungen machen, welche weiter gehen als die öster=
reichischen, oder den Beweis liefern, daß Oesterreichs Ent=
schließungen in letzter Instanz von uns, die unsrigen aber
nicht von Oesterreich abhängen. Bisher hoffen die West=
mächte, unsere Cooperation zu gewinnen, ohne uns einen
Einfluß auf ihre eigenen Entschließungen zu gestatten. Sie
rechnen übermäßig viel auf die Wirkung der öffentlichen
Meinung in Preußen und auf die Herrschaft einer unbe=
stimmten Angst vor sogenannter Isolirung und vor einem
Kriege mit den drei Contrahenten vom 2. December.
Ohne mit diesen Besorgnissen rechnen zu wollen, darf ich
es doch für zweifellos halten, daß unsere Bestrebungen
nur dann irgend welchen Einfluß auf das Verhalten jener
drei Mächte üben können, wenn unsere Agenten in Wien,

Paris und Loudou die Ueberzeugung zu erwecken wissen,
daß wir von jedem Anflug derartiger Besorgnisse voll=
kommen frei sind, und daß der Entschluß bei uns feststeht,
unsere Unabhängigkeit und unsere Stellung als Großmacht
nöthigenfalls auch mit den desperatesten Mitteln und An=
strengungen gegen Jedermann zu vertheidigen. So un=
motivirt und gefährlich es auch sein würde, wenn wir
uns zu Rußland in nähere Beziehungen als bisher ein=
ließen, so glaube ich doch, daß es unserem Einfluße auf
den Verlauf der Dinge nur förderlich sein würde, wenn
man im Westen unseren Anschluß an Rußland und wenn
man in Wieu unsere engere und über den 2. December
hinausgehende Verbindung mit dem Westen nicht gänzlich
in das Reich der Unmöglichkeiten zählen dürfte. Nur so
weit, als man fürchtet, nimmt man Rücksicht auf uns, und
wenn man in London überzeugt ist, daß wir es keinenfalls
wagen, mit Rußland zu gehen, und andererseits in Wieu,
daß wir es niemals übers Herz bringen würden, unsere
Beziehungen zu Oesterreich einem intimen Verhältniß zum
Westen mit derselben Entschlossenheit zu opfern, die man
in Wieu in diesem Punkte zu besitzen scheint, so wird man
auch stets geneigt sein, den Willen Preußens nur in zweiter
Linie zu berücksichtigen, und die in diesem Augenblicke
vorauszusehende Weigerung der Westmächte, sich mit uns
in einen abgesonderten Vertrag einzulassen, wird die über=
müthige Sicherheit, mit welcher Oesterreich uns behandelt,
nur erhöhen. Unerwähnt kaun ich dabei nicht lassen, daß
die Wahl des Herrn von Usedom zu der Mission nach
London sowohl im österreichischen Lager, als in dem der
Mittelstaaten eine erhebliche Beängstigung hervorbrachte,
es möchte hierin der Anfang eines Systems liegen, nach
welchem Preußen, wenn es sich einmal genöthigt fände,
sich mit den Westmächten zu verbinden, auch den nach
nationaler Einheit strebenden deutschen Liberalismus

wieder um fich fammeln werde. Es liegt in diefer Er=
fcheinung wenigftens ein fingerzeig über die Drohungen,
mit welchen man in Wieu und anderen deutfchen Haupt=
städten furcht erwecken kann, wenn es nöthig erfcheint.

An denfelben.

frankfurt, 13. April 1855.

Ich weiß nicht, ob inzwifchen die Lage der Dinge in
Wieu durchfichtiger geworden ift; hier haben die
friedensgläubigen die Oberhand. Man nimmt an, daß die
Sendung von Drouyn de L'Huys allein den Zweck habe,
Gewißheit über Oefterreich zu erlangen, und daß England
bei Anwefenheit des Minifters in London fich nur für den
fall der Theilnahme Oefterreichs zur fortfetzung des Krieges
bereit gezeigt habe. Beide Seemächte würden demgemäß
Alles aufbieten, von Oefterreich ein beftimmtes Ja oder
Rein zu erhalten. Die meiften meiner Kollegen glauben
nun, daß Oefterreich auch den angefetzten Daumenfchrauben
gegenüber nicht fofort nein, aber keinenfalls ja fagen, und
daß danu England entfchieden darauf dringen werde, den
fruchtlofen Anftrengungen der Seemächte ein Ende durch
den frieden zu machen. Es ift das alles Conjectur und
vielleicht fchon ein überwundener Standpunkt. Der Haupt=
gegenftand der Aufmerkfamkeit find augenblicklich die fran=
zöfifchen feftfetzungen in und bei Conftantinopel. Ich habe
mir fchon in einem früheren Schreiben erlaubt, der Mög=
lichkeit zu gedenken, daß Louis Napoleon nach der Krim
geht, von dort, angefichts der Unmöglichkeit einer Einnahme
Sebaftopols, feine Truppen nach Conftantinopel zurückführt,
wo er die inzwifchen gefchickten Referveu vorfindet und da=
durch factifch zum Herrn der Hauptftadt und des Bosporus
wird. Wenn auch nicht fofort ein lateinifches Kaiferthum

damit auferstände, so liegen doch im Gefolge einer dergestalt gewonnenen Position viele Möglichkeiten, welche
Frankreich das Mißlingen der Krim-Unternehmung können
vergessen lassen und gleichzeitig einem Zuge abenteuerlicher
Romantik entsprechen, welche der Kaiserin Eugenie in noch
stärkerem Grade als ihrem Gemahl eigen sein dürfte. Wag-
halsig und barock wäre eine solche Politik, aber gerade
darin finden Personen aus der Umgebung des kaiserlichen
Paares einen Grund für die Glaublichkeit. Ohne Bundesgenossen wäre bei der größten Donquixoterie nicht daran
zu denken und weder England noch Rußland könnten die
Verbündeten einer französischen Occupation des Bosporus
sein. Vielleicht aber Oesterreich, wenn es den Muth dazu
hätte; vielleicht allerdings auch Rußland, wenn es darin
zuerst den Bruch der westlichen Alliance und danu eine
krankhaft gespreizte und deshalb schnell vorübergehende
Position Frankreichs sehen würde. Ich kann es nicht übel-
nehmen, wenn Ew. Excellenz darüber lächeln, daß ich
ernsthaft von diesen bodenlosen Phantasien spreche; aber
nach Allem, was ich über Louis Napoleon's Character im
Laufe der letzten Jahre durch Leute, die ihn seit einem
halben Menschenalter kennen, gehört habe, ist der Reiz,
gerade das zu thun, was Niemand erwartet, beinahe
krankhaft in ihm und wird von der Kaiserin täglich ge-
nährt. Ein alter, ruhiger französischer Diplomat sprach
vor Kurzem in demselben Sinne zu mir und sagte: cet
homme va nous perdre, il finira par faire sauter la France
pour un de ces caprices que l'impératrice débite à son
déjeuner, il faudrait leur faire un enfant, pour les rendre
raisonnables. Auffallend ist die Art, wie sogar einige österreichische Blätter das Verhalten der Franzosen in Con-
stantinopel besprechen; sie paßt durchaus nicht in die Acten
vom 2. December.

An denselben.

Frankfurt, 7. November 1855.

Gestern Abend besuchte mich der Frhr. v. d. Pfordten auf seiner Rückreise nach München. Die Unterredung mit ihm bestätigte meine Voraussetzung, daß man in Paris nichts von alledem vernachlässigt haben werde, was dem Selbstgefühl des bayrischen Ministers wohl thun konnte. Er bezeichnete mir als den hauptsächlichsten Inhalt seiner Besprechungen mit dem Kaiser der Franzosen und den dortigen politischen Persönlichkeiten die Interessen Griechenlands, für dessen Schicksale die Theilnahme des bayerischen Königshauses lebhafter als jemals angeregt sei. Im Uebrigen bemerkte er, daß seine Meinung von der Stabilität der dermaligen Zustände Frankreichs durch seinen Pariser Aufenthalt sehr erhöht worden sei. Er glaubte sogar, daß die Thronfolge für den Fall des Ablebens des jetzigen Kaisers durchaus gesichert sei, wenn auch nicht für den Prinzen Napoleon, so doch jedenfalls für ein Mitglied der Familie Bonaparte, dessen Bezeichnung entweder von dem Testament des Kaisers oder von den nach dem Tode sofort zusammentretenden Marschällen abhängen werde. Meiner Ansicht nach dürfte der letztere modus procedendi eventualiter die bedenklichsten Keime der Zwietracht zu Tage bringen. Herr von der Pfordten sprach mit großer Anerkennung von dem glänzenden Verstande, welchen der Prinz Napoleon im Gespräche mit ihm entwickelt habe, und fügte hinzu, daß dieselbe Anerkennung und Ueberzeugung von der Sicherheit der Thronfolge dieses Prinzen in den Kreisen, mit welchen er verkehrt habe, allgemein sei. Meine eigenen Eindrücke aus Paris widersprechen dem, und habe ich namentlich in den militärischen Kreisen hohen und niederen Grades viele Beweise der Abneigung gegen die Person dieses Thronfolgers erhalten, welche sich fogar unter den Offizieren der nächsten Umgebung des Kaifers in den ftärkften Ausdrücken Luft machte, namentlich bei Gelegenheit eines Diners, welches einer Jagd in Fontainebleau folgte und bei welchem der Wein die Zunge löfte. Im Uebrigen war der Minifter von der Pfordten durchdrungen von der aufrichtigen, friedlichen Gefinnung, welche gegenwärtig das französische Cabinet, namentlich den Kaifer felbft, befeele.

⚜

An denfelben.

Frankfurt, 16. Februar 1856.

Ew. Excellenz Schreiben vom 14. habe ich mit um fo lebhafterem Danke erhalten, als es mir einen Be-weis giebt von dem perfönlichen Wohlwollen, mit welchem Ew. Excellenz auf meine Auffaffungen auch dann eingehen, wenn fie von den Jhrigen abweichen. Ich darf hoffen, daß unfer Allergnädigfter Herr in demfelben Sinne einen excès de zèle, der lediglich die Wärme der Theilnahme an dem Anfehen meines Monarchen und meines Landes zur Grundlage hat, nachfichtiger aufnehmen werde, als den entgegengefetzten Fehler einer ftumpfen Blafirtheit in diefer Beziehung. Von dem Augenblicke an, wo die Sache entfchieden war, habe ich mein Beftreben darauf gerichtet, fie im Sinne der Allerhöchften Intentionen mit demfelben Eifer durchzuführen, den ich der Realifation meiner eigenen Pläne gewidmet haben würde, und es gehört zu den Zielen meines Ehrgeizes, mir das Lob perfönlich zu verdienen, welches der „Preußischen Disciplin" im Allgemeinen durch den Lauf der Gefchichte erworben ift. Unter den gegen-wärtigen Verhältniffen wird mir die dabei etwa erforder-liche Refignation durch die Thatfache erleichtert, daß den

Entschließungen Sr. Majestät und den Rathschlägen, welche
Ew. Excellenz derselben unterbreiten, neben der zur Ent=
scheidung berechtigenden Stellung, die reifere politische Er=
fahrung und der übersichtlichere Standpunkt zur Seite ist,
welchen gegenüber ich bei der selbstverständlichen Identität
des Zieles, nach dem wir streben, mein eigenes Urtheil
gern gefangen nehme.

An denselben.

Frankfurt, 26. April 1856.

Ew. Excellenz kann ich zwar seit der Zeit, wo ich die
Ehre hatte, Sie hier zu sehen, nichts Neues von hier
berichten, doch ist das Alte und Bekannte wichtig genug,
um mich auf Ihre Nachsicht rechnen zu lassen, wenn ich
es nochmals versuche, meine Ansichten über unsere politische
Lage zusammenhängender zu formuliren, als ich bei münd=
licher Besprechung dazu im Staude war. Ohne mich in
gewagte Conjecturen über die muthmaßliche Dauer des
neuen Friedens auszulassen, darf ich doch als ein Symptom
des geringen Vertrauens zu derselben das besorgliche
Unbehagen hervorheben, mit welchem die meisten euro=
päischen Cabinete in die Zukunft blicken, auch nachdem
der Friede gesichert ist. Alle die Großen wie die Kleinen
suchen sich einstweilen in Erwartung der Dinge, welche
kommen können, die Freundschaft Frankreichs zu erhalten,
und der Kaiser Napoleon, so neu und so schmal anscheinend
auch die Grundlagen seiner Dynastie in Frankreich selbst
sind, hat die Wahl unter den zu seiner Disposition stehenden
Bündnissen. Es scheint nicht, daß die auffälligen Be=
mühungen Orlow's den Apfel schon vom Baume ge=
schüttelt haben, aber wenn er reif ist, fällt er von selbst

und die Russen werden zur rechten Zeit die Mütze darunter
halten. Auch den acte de soumission des Grafen Buol,
das Streben Oesterreichs nach der Ehre, der erste Rhein-
bundstaat zu sein, wenn nur Preußen dadurch der zweite
oder dritte wird, scheint der Kaiser Napoleon lediglich mit
zurückhaltender Höflichkeit aufgenommen zu haben. Die
officiöse „Wiener Presse" giebt aber deshalb die Hoffnung
auf eine katholische Ligue mit Frankreich nicht auf und
preist einstweilen den Voltairianer Kaunitz als den ersten
Staatsmann Oesterreichs, weil er es mit Frankreich gehalten hat. Die deutschen Mittelstaaten sind nach wie vor
bereit, sich derjenigen der deutschen Großmächte zu fügen,
welche die meiste Aussicht auf Frankreichs Beistand hat,
und den letzteren zu suchen, wenn die Umstände es räthlich
erscheinen lassen. Nicht minder legt England Werth auf
die Fortdauer der guten Beziehungen zu Frankreich und
die etwas mürrisch gewordene Ehe der beiden Westmächte
wird wohl so hastig nicht geschieden werden. Der Bruch
zwischen ihnen ist für beide das Kostspieligste und Gefähr-
lichste, was ihnen passiren kann; der Krieg hat die französische Flotte großgezogen und in etwaigem Kampfe mit
ihr muß England darauf gefaßt sein, zugleich gegen
Amerika und Rußland seine Kräfte zu zersplittern. Auch
der dermalige Zustand der englischen Landmacht empfiehlt
die Erhaltung des westlichen Bündnisses, und der Verdruß
über den „französischen Frieden" und was daran hängt,
wird sich einstweilen wohl nicht einmal in Neckereien
gegen Frankreich Luft machen. Ebenso dürfte Louis Napoleon vorderhand durch den Zustand seiner Finanzen und
durch die Besorgniß vor Verlegenheiten im Innern in
Schach gehalten sein. Sollte er einen Bruch mit England
voraussehen, so wird er ohne Zweifel vorher thun, was
er kann, um das französische Nationalgefühl gegen das
„perfide Albion" wieder so zu montiren, daß englische

Verſuche, Unruhen zu erregen, an ihm abgleiten wie Waſſer von der Ente.

Es iſt kaum anzunehmen, daß Louis Napoleon den Krieg jemals um des Krieges willen ſuchen wird und daß ihn der Ehrgeiz des Eroberers ſtimulirt. Es läßt ſich er= warten, daß er den Frieden vorzieht, ſo lange er ihn mit der Stimmung der Armee und alſo mit der eigenen Sicherheit verträglich findet; für den Fall, daß er hier= nach des Krieges bedürfen ſollte, denke ich mir, daß er ſich eine Frage offen hält, welche jederzeit eine nicht allzu muthwillige und ungerechte Veranlaſſung zu handeln liefern kann. Hierzu eignet ſich die italieniſche Frage jetzt vorzugsweiſe. Die Krankheit der dortigen Zuſtände, der Ehrgeiz Sardiniens, die bonapartiſchen und muratiſtiſchen Reminiscenzen, die corſiſche Landsmannſchaft, bieten dem älteſten Sohn der römiſchen Kirche Anknüpfungspunkte. Der Haß gegen die Fürſten und die Oeſterreicher ebnet ihm die Wege, während er in Deutſchland von unſerer räuberiſchen und feigen Demokratie gar keinen und von den Fürſten erſt dann Beiſtand zu erwarten hätte, wenn er ohnehin der Stärkere wäre. Wenn der Krieg ſelbſt nun auch nicht in ſo naher Ausſicht ſteht, wie trübe Pro= pheten behaupten, ſo werden ſich doch wahrſcheinlich neue politiſche Gruppen bilden, deren Bedeutung und Einfluß ſchließlich auf dem Hintergedanken der Möglichkeit eines Krieges unter einer beſtimmten Conſtellation von Bünd= niſſen beruht. Eine nähere Verbindung Frankreichs mit Rußland in dieſem Sinne iſt gegenwärtig zu natürlich, als daß man ſie nicht erwarten ſollte; es ſind dieſe beiden diejenigen unter den Großmächten, welche nach ihrer geographiſchen Lage unter ihren politiſchen Zielen die wenigſten Elemente der Gegnerſchaft in ſich tragen, da ſie ſo gut wie keine nothwendig collidirende Intereſſen haben. Bisher hat die Feſtigkeit der heiligen Allianz und

die Abneigung des Kaisers Nikolaus gegen die Orleans
beide in der Entfremdung von einander erhalten, aber der
jetzt beendete Krieg sogar wurde ohne Haß geführt und
diente mehr den inneren, als den auswärtigen Bedürf-
nissen Frankreichs. Nachdem die Orleans beseitigt, der
Kaiser Nikolaus todt und die heilige Allianz gesprengt ist,
sehe ich nichts, was den natürlichen Zug jener beiden
Staaten zu einander hemmen sollte, und die Liebens-
würdigkeiten, welche sie mit einander austauschen, sind
mehr ein Beweis der vorhandenen Sympathie, als ein
Mittel, dieselbe zu erwecken.

Zur Zeit des Fürsten Schwarzenberg war viel von
dem Plane die Rede, Oesterreich mit Rußland und Frankreich gegen Preußen und England zu verbinden. Bei der
gegenwärtigen Stimmung der Russen gegen Oesterreich
und bei den gesteigerten Ansprüchen Frankreichs auf Einfluß
in Italien läßt sich nicht annehmen, daß Oesterreich von
Hause aus berufen sein werde, als Dritter im Bunde zu
figuriren, obschon es ihm an dem guten Willen dazu nicht
fehlen dürfte. Oesterreich wird vielmehr die Gefahren,
welche aus dem Zusammenhalten Rußlands und Frankreichs
für das übrige Europa entstehen können, zu theilen haben,
und muß sie durch rechtzeitige Opfer abwenden, indem es
etwa Concessionen in Italien gegen Vortheile in Deutschland macht, oder es muß sich durch Bündnisse zur Abwehr
stärken. Ich glaube, daß es den ersteren Ausweg vorzieht,
indem es vielleicht gleichzeitig Rußlands Vertrauen durch
einen Personalwechsel im Ministerium wieder zu gewinnen
sucht. Von unserem und englischem Beistande wird Oesterreich sich nur im äußersten Nothfalle abhängig machen
wollen. Wenn es sich auch bestreben sollte, uns durch neue
Verträge für seine auswärtigen Besitzungen einstehen zu
lassen, so glaube ich doch nicht, daß es von solchem Vertrage einen anderen Gebrauch machen würde, als ihn auf

dem Felde der Diplomatie, so gut und so lange, als es
geht, zum eigenen Vortheil und zu unserem Nachtheil
figuriren zu lassen. Wenn ich auch annehmen wollte, daß
der Hochmuth und der Haß dem Wiener Cabinet gestatten,
um den Beistand Englands zu bitten und die Kaiserlichen
Erblande durch Preußen geschützt zu sehen, so ist es doch
zu vorsichtig, um, selbst im Bündniß mit uns und England,
den Kampf gegen Frankreich und Rußland ernstlich auf=
zunehmen, wenn es sich irgendwie per fas et nefas ver=
meiden läßt. Es wird die Partei der Germanen für zu
schwach halten, um mit ihr zu gehen, und wie mir scheint,
nicht mit Unrecht. Wenn sich abwarten ließe, daß in einem
derartigen Kriege Preußen, Oesterreich, der deutsche Bund
und England ihre vollen Kräfte ehrlich, innig und ver=
trauensvoll zusammenwirken ließen, so wäre es Feigheit,
am Siege zu zweifeln. So aber stehen die Sachen nicht.
Ich will annehmen, daß England entschlossen zu uns steht
und daß es ihm trotz der französischen, russischen und etwa
der amerikanischen, vielleicht auch der dänischen und hol=
ländischen Flotten gelingt, sich einer Invasion zu erwehren,
die See siegreich zu behaupten, die Nord= und Ostseeküsten
vor den uns feindlichen Flotten zu schützen, auch gelegent=
lich mit 10= oder 20 000 Mann die französischen Küsten zu
harrassiren. Es würde das meine Erwartungen über=
treffen, aber der Continentalkrieg gegen die Landheere
Frankreichs und Rußlands würde der Hauptsache nach auf
den Schultern Deutschlands ruhen. Die vier letzten Armee=
korps des Bundesheeres haben an sich nicht die Kriegs=
tüchtigkeit der Armee einer Großmacht, und wie viel da=
von auf unserer Seite stehen würde, das könnte nur der
Erfolg lehren. Auf der Basis von Rußland, Oesterreich
und Preußen würde der Bund ziemlich zusammenhalten,
weil er an den schließlichen Sieg der ersteren, mit oder
ohne Mittelstaaten glaubte. In einem so fraglichen Falle

aber, wie ein Krieg nach Osten und Westen zugleich,
würden die Fürsten au fur et à mesure, daß sie nicht in
der Gewalt unserer Bajonette wären, sich durch Neu=
tralitätsverträge sichern, wenn sie nicht gegen uns im Felde
erscheinen.

Ich kann versichern, daß kaum unter meinen Collegen
Jemand ist, der für den Fall einer ernsthaften Gefahr,
wie sie in dem Bündniß Frankreichs mit Rußland oder
mit Oesterreich läge, den Bundesverträgen irgendwelchen
Werth beilegt. Von den dirigirenden Ministern von Bayern,
Württemberg, Baden, Darmstadt, Naffau habe ich es im
vorigen Jahre zur vollsten Evidenz erfahren können, daß
sie es für ihre ehrliche Pflicht halten, den Bund aufzu=
geben, wenn das Interesse oder gar die Sicherheit des
eigenen Fürsten und Landes am Bunde gefährdet wäre.
Manche der Fürsten mögen den besten Willen haben; aber
von welchen läßt sich wohl erwarten, daß sie, gegen den
Rath ihrer Minister, gegen die Bitten ihrer Unterthanen,
ihr Land den Drangsalen des Krieges preisgeben und ihre
Schlösser bis zur Wiedereroberung mit dem Aufenthalt
im preußisch=österreichischen Lager vertauschen! Sie werden
sich leicht überzeugen, daß die Pflichten gegen ihre Unter=
thanen höher stehen, als die gegen den Bund; daß so
mächtige Herren, wie die Kaiser von Rußland und Frank=
reich, sie schließlich nicht fallen lassen werden, und daß im
allerschlimmsten Falle Oesterreich und Preußen sich gegen=
seitig nichts gönnen und weder Bayern im Rieder Vertrag,
noch die Rheinbundstaaten überhaupt 1813 und 1814 zu
kurz kamen. Der Rheinbund hatte feine Lasten, aber die
für einen Fürsten besonders verdrießliche constitutionelle
Unbequemlichkeit war wenigstens nicht darunter und jeder
beglückte feine Unterthanen in feiner Weise, wenn er nur
die nöthigen Truppen an Frankreich lieferte. Diese Dienst=
barkeit hatte ihre schätzbaren Fleischtöpfe und war für die

fürsten nicht so beschwerlich, daß sie, um sich ihr zu entziehen, Land und Leute hätten aufs Spiel setzen und wie
jener Kaiser in Bürger's Gedicht („In Hitz' und in Kälte,
im Kriegesgezelte, bei Schwarzbrot und Wurst, bei Hunger
und Durst") um ihre und Deutschlands Freiheit hätten
werben sollen. Daß die Nachfolger der Rheinbundfürsten
eine wesentlich andere Gesinnung nicht belebt, davon habe
ich, in aller Devotion vor den Mitgliedern des durchlauchtigsten Bundes, für meine Person mich in den letzten
Jahren hinreichend überzeugen können, und nicht blos die
Furcht vor dem Verlust der gewohnten fürstlichen Existenz,
nicht blos die Leidenscheu, auch die saeva habendi cupido
mancher ziemlich kleinen Herren wird am Tage der Prüfung den Bund zum Fall bringen. Mit einer Million
Soldaten der heiligen Allianz im Rücken mag der Bund
haltbar genug aussehen; wie die Sachen jetzt liegen, besteht
er aber nach meiner pflichtmäßigen Ueberzeugung eine
wirkliche Gefahr von außen nicht. Es bedarf, um das Ausland darüber aufzuklären, gar keiner Reisen v. d. Pfordtens
und Beust's nach Paris und keiner Minister wie Dalwigk;
es bedarf auch keiner besonderen Verführung, die Ratten
aus dem Hause zu locken, wenn es den Einsturz droht.
Die fremden Gesandten hier hören es mit sarkastischer
Höflichkeit an, wenn gelegentlich von „Bundeskrieg" im
großen Stile gesprochen wird, und wir Bundestagsgesandten
bedürfen der Ernsthaftigkeit der römischen Auguren von
guter Schule, um unsere Bundeskriegsverfassung mit ge-
höriger Gründlichkeit zu revidiren.

Es wäre vielleicht früher auch nicht anders gewesen,
wenn die heilige Allianz früher zerfallen wäre; daß aber
jetzt die innere Morschheit des Bundes so zur Anschauung
und zum Bewußtsein bei Aus- und Inland gekommen ist,
das danken wir insbesondere dem Verhalten Oesterreichs in
den beiden letzten Jahren, wie es im Decembervertrage

und in der Note vom 14. Januar seinen Culminationspunkt
fand. Der Bund könnte sich auch ohne einen Verfassungs=
bruch aus einem Kriege seiner Großmächte frei halten,
wenn ein Drittel des Plenums (etwa Frankfurt, Nassau,
Luxemburg, Großherzogthum Hessen, Baden, Württem=
berg, Bayern) der Kriegserklärung nicht zustimmten. Aber
das wagen sie nicht, sie votiren lieber und lassen uns
danu nach Bedürfniß sitzen. Können wir nun nöthigen=
falls im Bunde mit Oesterreich uns gegen Osten und
Westen wehren, wenn dem letzteren wahrscheinlich Sar=
dinien, die belgische Armee und ein Theil des deutschen
Bundes zutritt? Wenn alles wäre, wie es sein sollte, so
würde ich daran nicht verzweifeln; aber der Kaiser Franz
Josef ist nicht in demselbigen Maaße Herr seiner Länder und
seiner Unterthanen, wie unser allergnädigster Herr. Oester=
reich ist in der Offensive nicht zu verachten; es mag mehr
als 200 000 Mann guter Truppen außer Landes verwen=
den können und noch genug zu Haufe behalten, um seine
Italiener, Magyaren und Slawen nicht aus dem Auge zu
lassen. Auf der Defensive aber, im eigenen Lande von
Osten und Westen angegriffen, halte ich das heutige
Oesterreich für schwach und leicht kaun auf den ersten
glücklichen Stoß des Gegners ins Innere das ganze künst=
liche Bauwerk des centralisirten Schreiberregiments von
Bach und Buol wie ein Kartenhaus zusammenfallen.
Aber wenn ich auch von dieser Gefahr absehe, so
liegt die größere darin, daß die Seele eines preußisch=
österreichischen Bündnisses auch in der größten gemeinsamen
Gefahr das Gegentheil von alledem sein würde, was ein
Bündniß fest macht. Gegenseitiges politisches Mißtrauen,
militärische und politische Eifersucht, der Argwohn des
Einen, daß der Andere in Separatverträgen mit dem
Gegner, bei gutem Glück die Vergrößerung des Bundes=
genossen zu hindern, bei schlechtem sein eigenes Heil zu

sichern suchen werde; das Alles würde zwischen uns jetzt
stärker, lähmender sein als in irgend einem schlecht assor-
tirten Bündnisse der Vergangenheit. Kein General würde
dem anderen den Sieg gönnen, bis es zu spät wäre. Wir
haben in unserer Geschichte die Verträge von Vossem und
St. Germain, die Erinnerung an unser Schicksal auf dem
Wiener Kongreß, welche uns berechtigen, gegen die Erfolge österreichischer Bundesgenossenschaft mißtrauisch zu
sein, und die Politik der beiden letzten Jahre beweist uns,
daß die welschen Praktiken in Wien nicht aus der Uebung
gekommen sind. Vielleicht würde man uns Garantien
durch einen Personalwechsel geben wollen, nachdem Buol
ohnehin Glauben und Vertrauen bei allen Cabineten ein-
gebüßt hat, aber die traditionelle Politik Oesterreichs und
seine Eifersucht gegen uns würde damit nicht beseitigt sein
und ich könnte dem alten Fuchse im neuen Pelze ebenso
wenig trauen, wie bisher im räudigen Sommerhaar.
Nach der Wiener Politik ist einmal Deutschland zu eng
für uns beide; so lange ein ehrliches Arrangement über
den Einfluß eines jeden in Deutschland nicht getroffen und
ausgeführt ist, pflügen wir beide denselben streitigen Acker
und so lange bleibt Oesterreich der einzige Staat, an den
wir nachhaltig verlieren, von dem wir nachhaltig gewinnen
können.

Durch das Concordat und was daran hängt, ist die
historisch nothwendige Reibung neu geschärft und die Verständigung neu erschwert. Wir haben auch ohne das aber
eine große Zahl streitender Interessen, die Keiner von
uns aufgeben kann, ohne auf die Mission, an die er für
sich glaubt, zu verzichten, und die durch diplomatische Correspondenz im Frieden nicht entwirrt werden können. Selbst
der schwerste Druck von außen, die dringendste Gefahr
der Existenz beider vermochte 1813 und 1849 das Eisen
nicht zu schmieden. Der deutsche Dualismus hat seit

1000 Jahren gelegentlich, seit Karl V. in jedem Jahr=
hundert regelmäßig durch einen gründlichen inneren Krieg
feine gegenseitigen Beziehungen regulirt und auch in diesem
Jahrhundert wird kein anderes als dieses Mittel die Uhr
der Entwickelung auf ihre richtige Stunde stellen können.
Ich beabsichtige mit diesem Raisonnement keineswegs, zu
dem Schluß zu gelangen, daß wir jetzt unsere Politik
darauf richten sollen, die Entscheidung zwischen uns und
Oesterreich unter möglichst günstigen Umständen herbei=
zuführen. Ich will nur meine Ueberzeugung aussprechen,
daß wir in nicht zu langer Zeit für unsere Existenz gegen
Oesterreich werden fechten müssen, und daß es nicht in
unserer Macht liegt, dem vorzubeugen, weil der Gang
der Dinge in Deutschland keinen anderen Ausweg hat.

Ist dies richtig, was allerdings mehr Frage des
Glaubens, als des Beweisens bleibt, so ist es auch für
Preußen nicht möglich, die Selbstverleugnung so weit zu
treiben, daß wir die eigene Existenz einsetzen, um die In=
tegrität von Oesterreich zu schützen, und zwar in einem
meines Erachtens hoffnungslosen Kampfe. Unter den
Schwächen, mit welchen unsere Seite in diesem Kampfe
behaftet sein würde, habe ich obenein derjenigen nicht
erwähnt, welche in den eigenen Verhältnissen Englands
liegen. Seit der Reformbill hat die „erbliche Weisheit"
der früheren Tage noch nicht wieder die Leidenschaften
eines ungeordneten Parteigetriebes lichten können, und
wo Zeitungsartikel mehr zu bedeuten haben als staats=
männische Erwägungen, da ist es mir nicht möglich, Ver=
trauen zu gewinnen. Die insularische Sicherheit macht
es England leicht, einen continentalen Bundesgenossen je
nach dem Bedürfniß der britischen Politik zu halten oder
sitzen zu lassen, und ein Ministerwechsel reicht zur Be=
wirkung und Rechtfertigung des Revirements hin, wie
Preußen das im siebenjährigen Kriege erlebt hat. Die

gegenseitige Abneigung und die gleichmäßige Arroganz
Oesterreichs und Englands, der politische und religiöse
Gegensatz werden ein Bündniß beider vielfach lockern und
lahmlegen, und wenn wir wirklich gegen ein französisch-
russisches Bündniß siegreich bleiben, wofür hätten wir
schließlich gekämpft? Für die Erhaltung des österreichischen
Uebergewichts in Deutschland und der erbärmlichen Verfassung des Bundes, dafür können wir doch unmöglich
unsere letzte Kraft ein- und unsere Existenz aufs Spiel
setzen. Wollten wir aber in dieser Beziehung Aenderung
zu unseren Gunsten in Gemeinschaft mit Oesterreich durchsetzen, so würde es uns gehen wie 1815, und Oesterreich
würde seine Verträge von Ried und Fulda zur rechten
Zeit abgeschlossen haben und am Eude vom Liede sich
durch Verträge mit dem Gegner in die Lage bringen,
uns wie damals den Kampfpreis nach Belieben zuzu-
messen. Jedes Mittel wird jetzt wie früher recht sein,
um Preußen nicht zu einer höheren Geltung in Deutschland gelangen zu lassen und uns unter dem Druck der
dermaligen geographischen Lage und einer ungünstigen
Bundesverfassung zu erhalten. Wenn ich hier Eventualitäten und Phantasiebilder ausmale, welche sich vielleicht niemals realisiren, so will ich damit vorzugsweise
nur meine Behauptung rechtfertigen, daß Oesterreich selbst
die Chancen eines deutsch-preußisch-englischen Bündnisses
gegen Rußland und Frankreich nicht acceptiren wird, weil
sie zu unsicher, zu schwach sind. Wenn es also wahr ist,
was man hier erzählt, daß Oesterreich schon in München
Garantieverträge wegen Italiens angeregt habe, daß es
bei uns Aehnliches beabsichtige, daß Graf Buol zu diesem
Zwecke Hannover und Dresden besucht habe, so glaube
ich nicht, daß dem der Gedanke zu Grunde liegt, Deutsch-
laud fest um sich zu schaaren und danu einer Welt in
Waffen zu trotzen, sondern das Wiener Cabinet wird

unſere und andere etwaige Zuſicherungen diplomatiſch
ausbeuten, um ſich mit Frankreich und, wenn es ſein kann,
mit Rußland beſſere Bedingungen einer Verſtändigung
auf unſere Koſten zu verſchaffen. Es wird den Don Juan
bei allen Cabinetten ſpielen, wenn es einen ſo ſtämmigen
Leporello wie Preußen mißbrauchen kann, und getreu
dieſer Rolle wird es ſtets bereit ſein, ſich auf unſere
Koſten aus der Klemme zu ziehen und uns darin zu
laſſen. Bleibt Friede, ſo wird es uns aus Dankbarkeit
für unſere bundesfreundliche Geſinnung im Punkte der
Solidarität der deutſchen Intereſſen beim Worte zu halten
ſuchen, um uns den Zollverein aus der Hand zu winden;
wird Krieg, ſo wird es ſich durch alle in ſeiner Taſche
befindlichen Garantieverträge nicht abhalten laſſen, ſich
mit ebenſoviel Geſchwindigkeit als Sicherheit auf der Seite
anzudrängen, wo es die beſte Ausſicht hat auf Herrſchaft
in Deutſchland, deren es bei ſeiner dermaligen germani=
ſirenden Zentraliſation mehr als früher bedarf.

Ich bin überzeugt, daß jene Gerüchte von Garantie=
verträgen ihren Urſprung nur in etwaigem guten Willen
Oeſterreichs haben; letzteres kann ſelbſt nicht glauben, daß
wir oder Bayern uns zu einem ſo durchaus einſeitigen
Geſchäfte in einem Augenblicke hergeben werden, wo die
Situation noch völlig unklar, keine Gefahr indizirt, keine
Gruppirung gebildet iſt. Wir würden ja damit nichts er=
reichen, als, gebunden an einen ſo unberechenbaren und
übelwollenden Paſſagier, wie Oeſterreich, in das unbe=
kannte Land der Zukunft hineinzugreifen. Im Jahre 1851,
beſonders zu Anfang, lagen die Gefahren eines Debor=
direns der Revolution aus Frankreich und Italien noch
näher, und es war eine Solidarität der Monarchien gegen
dieſe Gefahr vorhanden, welche unſern Maivertrag ganz
natürlich herbeiführte. Eine ähnliche Situation würde erſt
wieder daſein, wenn das franzöſiſche Kaiſerthum geſtürzt

wäre. So lange es steht, handelt es sich nicht um Abwehr der Demokraten, sondern um Cabinetspolitik, bei der
die Interessen Oesterreichs eben nicht mit den unsrigen zusammenfallen. Ein ähnlicher Vertrag zum Schutze Italiens
jetzt abgeschlossen, würde nur den Effect einer vorzeitigen
Provokation Frankreichs und einer Abkühlung Rußlands
gegen uns haben. Das läge ganz in Oesterreichs Inter=
effe, und man würde in Wien schon dafür sorgen, daß
die Thatsache in Petersburg und Paris nicht unbekannt
bliebe; die Schuld der Indiscretion würde dann obendrein
auf uns geschoben. In allem aber, was Oesterreich ohne
uns zu thun die Luft und die Fähigkeit hat, würde es sich
durch den besten Garantievertrag Preußens und Deutsch=
lands nicht irre machen lassen. Hat es doch den Aprilvertrag von 1854 zu nichts anderem benutzt, als um ihn
in seinem Interesse moussiren zu lassen, uns schlecht zu behandeln und eine ebenso doppelzüngige als unweise Politik
zu betreiben; den Decembervertrag aber heimlich abzu-
schließen und es mit jedem anderen je nach eigenem Vortheil zu halten, hat es sich durch unsere Garantie nicht
hindern lassen. Wäre der Kalkül des Grafen Buol nicht
an dem Thronwechsel in Rußland und der in Wien offenbar unerwarteten Nachgiebigkeit des Kaisers Alexander
gescheitert, so hätten wir Oesterreichs Dank gegen uns für
den Aprilvertrag wohl noch anders kennen gelernt, als in
dem heimlichen Widerstande gegen unsere Zuziehung zu
den Conferenzen.

Meines Dafürhaltens ist unsere Lage, als die eines
gesuchten Bundesgenossen, eine günstige, so lange neue
politische Gruppirungen sich noch nicht zu scharf zeichnen,
so lange ihre Thätigkeit eine diplomatische bleibt und ein
gutes Vernehmen mit den einen nicht den Bruch mit den
andern involvirt. Käme es aber zur Verwirklichung einer
russisch-französischen Allianz mit kriegerischen Zwecken, so

können wir, meiner Ueberzeugung nach, nicht unter den Gegnern derselben sein, weil wir da wahrscheinlich unter- liegen, vielleicht pour les beaux yeux de l'Autriche et de la diète uns siegend verbluten würden. Um uns jede Chance offen zu halten, scheint für den Augenblick ja nichts erforderlich, als vielleicht etwas mehr kostenlose Freundlich- keit gegen Louis Napoleon und Ablehnung jedes Ver- suches, uns gratuitement und vor der Zeit an das Schlepp- tau eines anderen zu fesseln. Bei der Ratification des Friedens wird ohne Zweifel ein Ordensaustausch der Souveräne stattfinden, und es würde für uns wohl nicht von praktischem Nutzen sein, wenn wir uns von dieser wohlwollenden Demonstration Paris gegenüber ausschlössen oder uns erheblich später als andere dazu herbeiließen. Es ist gewiß, daß Louis Napoleon an seinem neuen Hofe und nach seinen persönlichen Dispositionen das Eingehen oder Ausbleiben dieses Freundschaftsbeweises höher an- schlägt, als die Träger alter Kronen pflegen. Verzeihen Ew. Excellenz, daß ich soviel Conjecturalpolitik über Krieg und Bündnisse mache, die noch in das Gebiet der Träume gehören; aber ich muß die Eventualitäten in das Gebiet meiner Betrachtungen ziehen, um meine Ansicht von der Gegenwart zu motiviren. Ew. Excellenz werden es viel- leicht als ein Glück ansehen, daß der Postschluß mich nöthigt, diesen unbescheiden langen Brief hier abzubrechen, obschon mich noch ein Residuum meiner Betrachtungen über die unerschöpfliche Frage kitzelt, Ihre Geduld noch ferner in Anspruch zu nehmen. So aber will ich nur hinzusetzen, daß Rechberg noch immer nicht aufstehen kann, in Folge eines Schlages, welchen er vom Pferde unseres französischen Col- legen erhielt, als er vorigen Mittwoch mit diesem und mir ausritt. Wenn er abergläubisch ist, so kann er ein politisches Augurium darin sehen.

An seine Gemahlin.

frankfurt, 26. November 1856.

Ich habe eine Aufforderung, im Herrenhause zu er=
scheinen, bekommen, nach deren Inhalt ich zweifelhaft
bin, ob Se. Majestät in der That, wie es darin geschrieben
steht, mich in Person, oder nur seine unterthänigen Herren
und Diener en bloc dort zu sehen wünschen. Im letzteren
falle würde ich mich nicht für berufen erachten, meine
wichtigen Geschäfte und den Kamin im rothen Cabinet
verwaisen zu lassen, um bei Halle im Schnee sitzen zu
bleiben und demnächst unter der Rubrik von „Volk, Edel-
leute, Häscher und Priester" den Effect des großen Ensemble
im weißen Saale mit einer Kostümnuance zu beleben. Ich
erwarte noch eine Antwort aus Berlin darüber, ob ich als
Decoration oder als Mitspieler verlangt werde, im letzteren
falle würde ich Sonnabend früh in Berlin eintreffen.

Ueber den Kaiser Napoleon läßt sich ausführlich Herr von
Bismarck in einem Schreiben aus dem Jahre 1857 aus. Es ist
zum Verständniß vorher zu bemerken, daß König friedrich
Wilhelm IV., dessen Politik stets von legitimistischen Tendenzen
abhängig war, eine tiefe Abneigung gegen Louis Napoleon
empfand und von keiner freundlichen Annäherung an frankreich
hören wollte. Der erste seiner damaligen Vertrauten, General
von Gerlach, machte davon Herrn von Bismarck Mittheilung,
als dieser einmal eine solche Annäherung empfohlen hatte, und
der Gesandte säumte nicht, hierauf eine umfassende Antwort in
der folgenden Ausführung zu geben.

An Herrn von Manteuffel.

Frankfurt, 4. Februar 1857.

Einer der hauptsächlichsten Gründe der Abneigung, auf welche eine nähere Verbindung mit Frankreich bei uns stößt, liegt in der Auffassung, daß der Kaiser Napoleon der hauptsächliche Repräsentant der Revolution und mit ihr identisch sei, und daß ein Compromiß mit der Revolution ebensowenig in der äußeren wie in der inneren Politik zulässig sei. In den auswärtigen Beziehungen ist es nicht möglich, den letzten Grundsatz in der Weise durchzuführen, daß die äußersten davon abgeleiteten Consequenzen noch immer jede andere Rücksicht durchbrechen sollen, und außerdem ist es nicht richtig, die Revolution gerade in dem gegenwärtigen Kaiser der Franzosen ausschließlich zu verkörpern. Die nächste Anleitung dazu giebt die ins Auge fallende Illegitimität des Ursprungs feiner Herrschaft. Aber wie viel Existenzen giebt es in der heutigen politischen Welt, welche mit voller Continuität im Rechte wurzeln? Spanien, Portugal, Brasilien, alle amerikanischen Republiken, Belgien, Holland, die Schweiz, Griechenland, Schweden, das noch heute mit Bewußtsein in der Revolution von 1688 fußende England können ihre dermaligen Rechtszustände auf keinen legitimen Ursprung zurückführen. Selbst für das Terrain, welches die deutschen Fürsten, theils Kaiser und Reich, theils ihren Mitständen, den Standesherren, theils ihren eigenen Landständen abgewonnen haben, läßt sich kein vollständig legitimer Besitztitel nachweisen.

Ein Princip kann man aber nur insoweit als ein allgemein durchgreifendes anerkennen, wenn es sich unter allen Umständen und zu allen Zeiten bewahrheitet, und der Grundsatz: quod ab initio vitiosum, lapsu temporis convalescere nequit (was von Anfang an fehlerhaft oder

verderblich, kann nicht im Laufe der Zeit gesund werden)
bleibt der Doctrin gegenüber richtig, wird aber durch die
Bedürfnisse der Praxis unaufhörlich widerlegt.

Die meisten der oben berührten Zustände sind ein-
gealtert, wir haben uns an sie gewöhnt und deshalb ihre
revolutionäre Geburt vergessen. Aber auch danu, wenn
sie noch nicht diesen Grad von Verjährung hätten, stieß
man sich früher nicht an ihrer revolutionären Natur.
Cromwell wurde von den europäischen Potentaten „Herr
Bruder" genannt und seine Freundschaft gesucht, wenn sie
nützlich erschien. Mit den Generalstaaten waren die ehr-
barsten Fürsten im Bündniß, bevor sie von Spanien anerkannt wurden; Wilhelm von Oranien und seine Nachfolger in England hatten, auch während die Stuarts noch
prätendirten, nichts an sich, was unsere Vorfahren von
den intimsten Beziehungen mit ihnen abgehalten hätte; den
Vereinigten Staaten haben wir schon in dem Haager Vertrage von 1785 ihren revolutionären Ursprung verziehen.
In neuester Zeit hat unser Hof den Besuch des Königs
von Portugal empfangen, und mit dem Hause Bernadotte
hätten wir uns verschwägert, wären nicht zufällige Hindernisse eingetreten.

Wann und nach welchen Kennzeichen haben alle diese
Mächte aufgehört, revolutionär zu sein? Es scheint, daß
man ihnen die illegitime Geburt verzeiht, sobald wir keine
Gefahr von ihnen besorgen, und daß man sich alsdann
auch nicht principiell daran stößt, wenn sie fortfahren, ohne
Buße, ja, mit Rühmen sich zu ihrer Wurzel im Unrecht zu
bekennen.

Es scheint nicht, daß vor der französischen Revolution
ein Staatsmann auf den Gedanken gekommen ist, die Beziehungen seines Laudes zu anderen Staaten lediglich dem
Bedürfniß unterzuordnen, von Berührungen mit revolutionären Erscheinungen frei zu bleiben, und doch waren die

Grundsätze der amerikanischen und englischen Revolution, abgesehen von dem Maße des Blutvergießens und von dem nach dem Nationalcharakter verschiedenen Unfug, der mit der Religion getrieben wurde, ziemlich dieselben wie diejenigen, welche die Unterbrechung der Continuität des Rechtes in Frankreich herbeiführten. Auch auf die revolutionären Erscheinungen von 1789 wird das Princip nicht überall ebenso rigoros angewendet, wie bezüglich Frankreichs.

Die gegenwärtigen Rechtszustände in Oesterreich und die politische Richtung der dort leitenden Persönlichkeiten, das Prosperiren der Revolution in Portugal, Spanien, Belgien, Dänemark, das offene Bekennen und Propagandiren der revolutionären Grundideen von Seiten der englischen Regierung und das Bethätigen derselben noch in dem Neuenburger Conflict, das alles hält uns nicht ab, die Beziehungen des Königs, unseres Herrn, zu den Monarchen jener Länder nachsichtiger zu beurtheilen, als diejenigen zu Napoleon III.; die unfürstliche Herkunft des letzteren thut ohne Zweifel viel dabei, aber sie ist in Schweden von noch frischerem Datum, ohne dieselben Consequenzen zu haben. Die Revolution muß daher in Frankreich noch besondere Eigenthümlichkeiten haben; liegen dieselben nun gerade in der Familie Bonaparte? Diese hat weder die Revolution in die Welt gebracht, noch würde die Revolution beseitigt oder nur unschädlich gemacht, wenn man gedachte Familie ausrottete. Die Revolution blühte 1830 bis 1848 recht im Vollen, ohne daß dabei von den Bonaparten die Rede war; sie ist viel älter als das geschichtliche Auftreten dieser Familie und viel breiter in ihren Grundlagen als Frankreich. Wenn man ihr einen irdischen Ursprung anweisen will, so wäre auch der nicht in Frankreich, sondern eher in England zu suchen oder noch früher in Deutschland oder in Rom, je nachdem man die Auswüchse der Reformation oder die der römischen Kirche nebst der Einführung römischer Rechtsanschauungen in die germanische Welt als schuldig ansehen will.

Der erste Napoleon hat damit begonnen, die Revolution für seinen Ehrgeiz zu benutzen, und hat sie später mit falschen Mitteln und ohne Erfolg zu bekämpfen gesucht; er wäre sie gewiß gern aus seiner Vergangenheit los gewesen, nachdem er ihre Frucht für sich gepflückt hatte. Gefördert wenigstens hat er sie nicht in dem Grade wie die drei Louis vor ihm durch Einführung des Absolutismus unter Louis XIV., durch die Unwürdigkeiten der Regentschaft unter Louis XV., durch die Schwäche Louis XVI., der am 14. September 1791 bei Annahme der Verfassung die Revolution als beendet proclamirte; fertig war sie allerdings ohne Napoleon geworden. Das Haus Bourbon hat auch ohne Philippe Egalité mehr für die Revolution gethan, als alle Bonaparten.

Der Bonapartismus ist eine Folge, aber nicht der Schöpfer der Revolution. Auch die ungerechten Eroberungskriege sind kein eigenthümliches Attribut der Familie Bonaparte und des nach ihr benannten Regierungssystems. Legitime Erben alter Throne führen dergleichen auch; Louis XIV. hat nach seinen Kräften nicht weniger heidnisch in Deutschland gewirthschaftet, als Napoleon, und wenn letzterer mit seinen Anlagen und Neigungen als Sohn Ludwigs XVI. geboren wäre, so würden wir deshalb schwerlich Ruhe vor ihm gehabt haben; der Trieb zum Erobern ist England, Nordamerika, Rußland und anderen nicht minder eigen, als dem napoleonischen Frankreich. Sobald sich Macht und Gelegenheit, ihn zu befriedigen, zusammenfanden, ist es auch bei den legitimsten Monarchien schwerlich die Bescheidenheit oder Gerechtigkeitsliebe, welche ihm Schranken setzt. Bei Napo-

leon III. scheint er als Instinct nicht zu dominiren. Derselbe ist kein Feldherr und im großen Kriege, mit großen
Erfolgen oder Gefahren könnte es kaum fehlen, daß die
Blicke der Armee, die Stütze seiner Herrschaft, sich mehr
auf einen glücklichen General, als auf den Kaiser rich=
teten. Er wird daher den Krieg nur suchen, wenn er
sich durch innere Gefahren dazu genöthigt glaubt. Eine
solche Nöthigung würde aber für den legitimen König
von Frankreich, wenn er jetzt zur Regierung käme, von
Hause aus vorhanden sein. Der Eroberungssucht ist der
jetzige Kaiser der Franzosen nicht verdächtiger, als mancher andere, und den Makel ungerechten Ursprungs theilt
er mit vielen der bestehenden Gewalten, so daß er nicht
aus diesem Grunde als ausschließlicher Repräsentant
der Revolution, als vorzugsweises Object der Feindschaft
gegen dieselbe betrachtet werden kann. Die inneren Zustände Frankreichs unter ihm stehen ohne Zweifel innerhalb des Gebietes revolutionärer Erscheinungen; aber der
Bonapartismus unterscheidet sich dadurch von der Republik, daß er nicht das Bedürfniß hat, seine Regierungs-
grundsätze zu propagandiren.

Selbst der erste Napoleon hat den Ländern, welche
nicht mittel= oder unmittelbar zu Frankreich geschlagen
wurden, seine Regierungsform nicht aufzudrängen versucht, man ahmte sie im Wetteifer freiwillig nach. Fremde
Staaten mit Hilfe der Revolution zu bedrohen, ist seit
einer ziemlichen Reihe von Jahren das Gewerbe Englands, und wenn Louis Napoleon ebenso gewollt hätte,
wie Palmerston, so würden wir auch in Neapel schon
einen neuen Ausbruch erlebt haben. Der französische
Kaiser würde durch Ausbreitung revolutionärer Institutionen bei seinen Nachbarn Gefahren für sich selbst
schaffen; er wird vielmehr bei seiner Ueberzeugung von der
Fehlerhaftigkeit der heutigen Institutionen Frankreichs

feftere Grundlagen als die der Revolution im Interesse seiner
Herrschaft und seiner Dynastie allmählich zu gewinnen
suchen. Ob er das kann, ist freilich eine andere Frage;
aber er ist keineswegs blind für die Mangelhaftigkeit und
die Gefahren des bonapartistischen Regierungsssystems,
denn er spricht sich selbst darüber aus und beklagt sich.
Die jetzige Regierungsform ist für Frankreich nichts Will-
fürliches, was Louis Napoleon einrichten und ändern
könnte; sie war für ihn ein Gegebenes und ist vielleicht
die einzige Methode, nach der Frankreich, auf lange Zeit
hin, regiert werden kann. Für alles andere fehlt die Grundlage entweder im Nationalcharakter oder sie ist zerschlagen
und verloren gegangen. Heinrich V. selbst würde, wenn er
jetzt auf den Thron gelangte, wenn überhaupt, auch nichts
anderes beginnen können. Louis Napoleon hat die revolutionären Zustände des Landes nicht geschaffen; die
Herrschaft auch nicht in Auflehnung gegen eine recht-
mäßig bestehende Obrigkeit gewonnen. Wenn er sie jetzt
niederlegen wollte, so würde er Europa in Verlegenheit
setzen, und man würde ihn ziemlich einstimmig bitten, zu
bleiben, und wenn er sie an den Herzog von Bordeaux
cedirte, so würde sie dieser ohne fremde Hülfe sich nicht
erhalten können.

Der Kaiser Napoleon vermag sich keinen anderen
Ursprung zu geben, als er hat; daß er aber im Besitz
der Herrschaft dem Princip der Volkssouveränität faktisch
zu huldigen fortführe und von dem Willen der Massen
das Gesetz empfinge, wie das jetzt in England mehr und
mehr üblich ist, kann man von ihm nicht sagen.

Es ist menschlich natürlich, daß die Unterdrückung
und schändliche Behandlung unseres Landes durch Napoleon I. in allen, die es erlebt haben, einen unauslösch-
lichen Eindruck hinterlassen hat, und daß in deren Augen
das böse Princip, welches in Gestalt der Revolution die

Throne und das bestehende Recht gefährdet, sich allein mit der Person und dem Namen dessen identificirt, den man „l'heureux soldat héritier de la révolution" nannte, aber es scheint damit dem Napoleon doch zu viel aufge= bürdet zu werden, wenn man gerade in ihm und nur in ihm die Revolution personificirt und aus diesem Grunde die Proscription über ihn aussprechen, und es wider die Ehre erklären will, mit ihm zu verkehren. Was gerade die französische Revolution für uns als etwas Besonderes und mehr als andere analoge Erscheinungen feindseliges betrachten läßt, liegt weniger in der Rolle, welche die Familie Bonaparte etwa ferner spielen könnte, als in der örtlichen und zeitlichen Nähe der Ereignisse und in der Größe und Kriegsfähigkeit des Landes, welches von ihnen bewegt wird; deshalb sind sie gefährlicher, aber es scheint deshalb noch nicht verwerflicher, mit Bona= partes in Beziehung zu stehen, als mit anderen von der Revolution erzeugten Existenzen oder mit Regierungen, welche die Principien der Revolution freiwillig bei sich durchführen, wie Oesterreich, und für deren Verbreitung thätig sind, wie England. Nachdem Louis Napoleon von uns als Souverän eines benachbarten Landes officiell an= erkannt ist, kann es in keiner Weise ehrenrührig erscheinen, mit ihm in diejenigen Beziehungen zu treten, welche der Lauf der politischen Ereignisse mit sich bringt. Diese Be= ziehungen mögen an sich nichts Wünschenswerthes sein, aber wenn wir auch schließlich andere Intimitäten erstre= ben wollten, so wird auch das kaum möglich sein, ohne durch die Wirklichkeit oder den Schein der Freundschaft mit Frankreich hindurchzugehen. Nur durch dieses Mittel können wir Oesterreich nöthigen, auf den überspannten Ehrgeiz der Schwarzenbergischen Pläne zu verzichten und nur durch dieses Mittel können wir eine weitere, Deutsch= laud gänzlich auflösende Entwickelung der directen Bezie=

hungen der deutschen Mittelstaaten zu Frankreich hemmen.
Auch England wird anfangen, zu erkennen, wie wichtig
ihm die Allianz Preußens ist, sobald es fürchten muß, sie
an Frankreich zu verlieren. Also auch, wenn wir uns
an Oesterreich und England anlehnen wollen, müssen
wir bei Frankreich anfangen, um jene zur Erkenntniß zu
bringen.

Es ist wahrscheinlich, daß über kurz oder lang, jeden=
falls sobald Erkaltung zwischen Frankreich und England
eintreten sollte, eine französisch-russische Allianz aus dem
jetzigen décousu der europäischen Zustände hervorgeht,
ohne daß wir es hindern können. Mit dieser Eventualität
müssen wir rechnen und uns darüber klar machen, welche
Stellung wir vorkommenden Falls zu derselben einnehmen
wollen; ein passives Abwarten der Ereignisse, ein Be=
streben, uns von der Berührung durch dieselben fern zu
erhalten, ist in der Mitte Europas nicht durchzuführen, der
Versuch dazu kann leicht ebenso beklagenswerthe Folgen
haben, wie die unentschlossene Planlosigkeit, welche die
Signatur der preußischen Politik 1805 war, und wenn wir
uns nicht auf die Rolle des Hammers vorbereiten, so bleibt
leicht nur die des Amboß übrig. Verhältnißmäßig schwach
werden wir in jeder Verbindung mit anderen Großmächten
erscheinen, so lange wir eben nicht stärker sind, als wir
sind. Oesterreich und England werden, wenn wir mit
ihnen im Bunde sind, ihre Ueberlegenheit über uns auch
nicht zu unserem Vortheil geltend machen; wir haben auf
dem Wiener Congreß gesehen, daß gerade die Interessen
dieser beiden Mächte sich den unserigen am meisten ent=
gegenstellten. Oesterreich kann nicht wollen, daß wir in
Deutschland an Bedeutung gewinnen, und England kann
uns weder unsere industrielle noch eine maritime Entwicke=
lung in Handel und Flotte gönnen. In der Politik thut
Niemand etwas für den Andern, wenn er nicht zugleich

fein Intereſſe findet; die Richtung aber, in welcher Oeſterreich und die deutſchen Mittelſtaaten gegenwärtig ihr Intereſſe verfolgen, iſt mit den Aufgaben, welche für Preußen
Lebensaufgaben ſind, ganz incompatibel und eine Gemein-
ſchaftlichkeit deutſcher Politik gar nicht möglich, ſolange
Oeſterreich nicht ein beſcheideneres Syſtem uns gegenüber
adoptirt, wozu bis jetzt wenig Ausſicht iſt.

Wie aber auch die Parteinahme Preußens bei einer
neuen Geſtaltung der Allianzen in Europa ausfallen möge,
nach jeder Richtung hin empfiehlt es ſich, die gegenwärtigen Werbungen Frankreichs um unſere Freundſchaft nicht
abzuweiſen, ſondern umgekehrt dem Vorhandenſein inti-
merer Beziehungen zwiſchen beiden Regierungen einen für
alle Cabinette erkennbaren Ausdruck zu geben. Als einen
ſolchen bietet ſich vorzugsweiſe ein Beſuch des Kaiſers
Napoleon in Preußen dar.

Der Bericht, den Herr von Bismarck über die Lage
Preußens im deutſchen Bunde erſtattete, und der in der
Poſchingerſchen Sammlung den Titel trägt: „Denkſchrift über
die Nothwendigkeit der Jnaugurirung einer ſelbſtändigen
preußiſch-deutſchen Politik," ſtammt aus der Zeit, wo Herr von
Bismarck, zum peußiſchen Geſandten in Petersburg ernannt, im
Begriff war, Frankfurt zu verlaſſen. Dieſer Bericht hat wegen
ſeines Umfanges in den eingeweihten Kreiſen den Namen des
„Kleinen Buches" erhalten. Im März 1858 geſchrieben, wurde
er zunächſt an den Miniſter Freiherr von Manteuffel geſandt.
Nach der Neubildung des Miniſteriums erhielt der Miniſter
von Auerswald eine Abſchrift.

An denselben.

Berlin, März 1858.

Bis zum Jahre 1848 wurde der Deutsche Bund, welches auch die theoretischen Ansprüche an ihn sein mochten, thatsächlich doch nur als ein Schutzverein der deutschen Regierungen gegen Krieg und Revolution behandelt. Oesterreich ließ damals im Allgemeinen die preußische Politik in Deutschland gewähren und nahm als Kaufpreis für diese Concession die Unterstützung Preußens in europäischen Fragen entgegen, in Deutschland begnügte sich das Wiener Cabinet, nach Möglichkeit dafür zu sorgen, daß Preußen den ihm überlassenen Spielraum nur innerhalb gewisser Grenzen nutzbar mache. Zu diesem Behuf wurde insbesondere der Geschäftskreis des Bundes auf wenige und verhältnißmäßig unwichtige Angelegenheiten beschränkt; das Widerspruchsrecht und die Unabhängigkeit der einzelnen Regierungen aber mit Schonung gepflegt; Angelegenheiten, über welche Oesterreich und Preußen nicht einverstanden waren, gelangten nicht zur Verhandlung; eine aus den Protokollen ersichtliche Meinungsverschiedenheit beider Großmächte gehörte zu den Seltenheiten; ein offener Streit ihrer beiden Vertreter in den Sitzungen war etwas Unerhörtes und wurde als Gefahr für das Bestehen des Bundes unter allen Umständen vermieden. Auch mit kleineren Bundesregierungen, wenn sie nicht etwa einer Begünstigung liberaler Bestrebungen verdächtig waren, wurde lieber Jahre lang verhandelt, als daß man ihnen durch Majoritätsbeschlüsse Zwang angethan hätte.

Der Gedanke, daß wichtige Meinungsverschiedenheiten durch Majoritätsbestimmungen am Bunde zur Entscheidung gebracht werden könnten, lag so fern, daß das Wiener Cabinet den Präsidialgesandten nur mit langen Unter-

brechungen in Frankfurt anwesend sein, und die Vertretung der österreichischen Interessen auf Jahr und Tag
in den Händen des preußischen Gesandten ließ. Es begnügte sich damit, dem letzteren in der Person des noch
fungirenden königl. sächsischen Gesandten einen Beobachter
zur Seite zu stellen. Die Führung des Präsidiums durch
Preußen, sowie die lange Dauer der ungestörten Einigkeit
beider Cabinette in Betreff der Bundesangelegenheiten
haben nicht wenig dazu beigetragen, die Ueberlegenheit
des Präsidiums in der Bundesversammlung auszubilden.

Ein ganz anderes Bild gewähren die Verhandlungen
am Bundestage seit der Reactivirung im Jahre 1851.
Der Fürst Schwarzenberg nahm den Plan auf, die Hegemonie über Deutschland, zu welcher Preußen durch die
constituirenden Versammlungen und die Unionsversuche
nicht hatte gelangen können, für Oesterreich durch die
Mittel zu gewinnen, welche demselben die bestehende
Bundesverfassung darbietet. Der Gedanke lag nahe,
nachdem Oesterreichs innere Organisation eine Richtung
genommen hatte, in welcher dauernde Erfolge nur durch
Anlehnung an Deutschland, behufs der Kräftigung des
verhältnißmäßig wenig zahlreichen deutschen Elements im
Kaiserstaat, erreicht werden konnten. Die Durchführung
des Planes war möglich, wenn es Oesterreich gelang,
sich der Majorität am Bunde auf die Dauer zu versichern,
demnächst die Competenz des Bundes und seiner Majoritätsbeschlüsse zu erweitern, und wenn Preußen die Macht
oder der Wille fehlte, erfolgreichen Widerstand zu leisten.
Der Augenblick war für eine solche Conception ein sehr
günstiger.

Oesterreich konnte, nach seinen intimen Beziehungen
zu Rußland, auf dessen Unterstützung für seine deutsche
Politik rechnen und hatte mit dem in Frankreich neu entstehenden Kaiserthum Verbindung angeknüpft, welche gegen

das Lebensende des Fürsten Schwarzenberg Besorgnisse
vor einer engen Allianz der drei Kaiser im Gegensatz zu
Preußen und England hervorriefen.

Die große Mehrzahl der deutschen Regierungen, er=
schreckt durch die Revolution und die aus derselben ent=
springende Gefahr, einen Theil ihrer Souveränität an
Preußen zu verlieren, lehnte sich bereitwillig an Oester=
reich an. Letzteres konnte die fast ohne Ausnahme noch
heute fungirenden Bundestagsgesandten der im Jahre
1850 hier zusammentretenden Regierungen ziemlich selb=
ständig ernennen, und suchte dazu solche Männer aus,
welche durch ihre Personalverhältnisse und ihre Ver=
gangenheit an das österreichische Interesse gekettet waren.
Oesterreich durfte der Majorität in der Bundesversamm=
lung auf längere Zeit hinaus sicher sein. Die Erinnerung
an die Erlebnisse von 1848—1850 hatte die Besorgnisse
vor preußischer Oberherrschaft, welche an und für sich in
der geographischen Lage der meisten Bundesstaaten im
Verhältniß zu Preußen begründet ist, frische Nahrung ge=
geben, und die Eifersucht, mit welcher das zweihundert=
jährige Wachsen des preußischen Königshauses einen
großen Theil der anderen deutschen Fürsten erfüllt, wirkt
bei diesen in derselben Richtung, wie die Furcht vor
Preußens Machtvergrößerung auf ihre Kosten . . .

Der heute fest an Oesterreich haltende Minister von
Hügel erzählte beim Antritt seiner Stellung, daß Graf
Buol ihm auf bescheidene Gegenvorstellungen erwidert
habe: Die deutschen Regierungen müßten sich daran ge=
wöhnen, daß nur Oesterreich das Recht zu einer auswär=
tigen Politik habe; es werde für Württemberg rathsam
sein, sich das stets gegenwärtig zu halten; je früher
Württemberg das lerne, desto besser. Dem sächsischen
Gesandten von Könneritz sagte Graf Buol bei derselben
Gelegenheit, daß Oesterreich „auf die Kleinen drücken

werde, bis dem Herrn von Beust der Athem zum Wider=
spruch ausgehe". Durch die geheime Circulardepesche
vom 14. Januar 1855 erklärte Oesterreich allen deutschen
Regierungen, daß es ihm auf Sprengung des Bundes zur
Durchführung der Wiener Politik nicht ankomme, und for=
derte die einzelnen auf, unabhängig von und eventuell im
Widerspruch mit den Bundesbeschlüssen in ein separates
Kriegsbündniß mit Oesterreich zu treten, als dessen Re=
sultat den sich dem Anschließenden, nach Maßgabe der
Truppenzahl, die sie dem Kaiser von Oesterreich zur Dis=
position stellen würden, Vortheile verheißen wurden, die
nur auf Kosten der nicht beitretenden Genossen des deut=
schen Bundes gewährt werden konnten.

Wenn Preußen in analogen Fällen nur den mäßigsten
Versuch zu einem ähnlichen Verfahren mit den deutschen
Bundesgliedern gemacht hätte, so würde die Entrüstung
der mittelstaatlichen Regierungen über bundeswidrige, an=
maßliche und gewaltthätige Separatbestrebungen und über
die verletzende Form derselben noch heute nicht besänftigt
sein, während Oesterreich über die Staatsmänner und Re=
gierungen, welche es beleidigt und mißhandelt hat, seinen
Einfluß längst wiedergewonnen hat und über ihre Stim=
men am Bunde disponirt.

Im Besitz der Macht, die Majoritätsbeschlüsse der
Bundesversammlung ziemlich sicher herbeizuführen, jeden=
falls solche, welche unwillkommen sind, verschleppen und
hindern zu können, hat Oesterreich sein Bestreben natürlich
darauf gerichtet, den Wirkungskreis des ihm dienstbaren
Instruments zu erweitern. Es ist zu diesem Behuf erfor=
derlich, mehr und wichtigere Gegenstände als vor 1848
in den Kreis der Bundesgesetzgebung zu ziehen, dann
aber auch bei der Beschlußnahme über dieselben das Wi=
derspruchsrecht der einzelnen und der Minoritäten zu be=
seitigen und für Majoritätsbeschlüsse eine erweiterte Com=

petenz zu gewinnen. Mit diesem Bestreben geht das der
meisten Bundesstaaten, ganz abgesehen von dem Einflusse,
welchen Oesterreich auf sie übt, vermöge ihrer eigenen
Interessen vollständig Hand in Hand.

Die kleinen und Mittelstaaten haben keinen Beruf,
einer Kräftigung des Bundes auf Kosten der einzelnen
Regierungen abhold zu sein; sie finden in dem Bundesverhältnisse allein die Garantie ihrer Existenz und ihre
Minister gewinnen durch dasselbe ein Piedestal, von welchem herab sie über die Angelegenheiten Deutschlands
und Preußens, ja selbst in der europäischen Politik, lauter
mitreden können, als es zulässig wäre, wenn sie mit den
großen Verhältnissen der Weltpolitik in unmittelbare Beziehungen treten sollten. In der Bundesversammlung
spricht jeder von ihnen eben so laut und hat ebensoviel
Stimmrecht wie Preußen, und insoweit sie zusammenhalten, geben sie den Ausschlag in den schon so häufig
vor ihr forum gezogenen Streitigkeiten Preußens und
Oesterreichs. Es ist nicht zu verwundern, wenn sie sich
für die Befestigung und Ausbildung eines Instituts mit-
interessiren, in welchem sie mit einem vergleichungsweise
so geringen Aufwande nicht nur Sicherheit, sondern einen
Zuwachs von politischer Wichtigkeit erlangen . . .

Mit der Reactivirung des Bundes ist daher das
Princip der Schonung Preußens in den Verhandlungen
des Bundes, der vorgängigen Verständigung zwischen
Berlin und Wien über wichtigere Gegenstände von
Oesterreich aufgegeben worden. Letzteres sucht vielmehr
Meinungsverschiedenheiten dadurch zu erledigen, daß es
die Majoritäten, auf die es jederzeit zählen kann, gegen
Preußen ins Gefecht führt und durch den Druck derselben
die volle oder theilweise Nachgiebigkeit Preußens er-
zwingt. Es verliert das Bewußtsein, mit Preußen um
die Hegemonie von Deutschland zu kämpfen, in keinem

Momente; es ist sich über seinen Zweck vollkommen klar, seiner Mittel sicher und zu rücksichtsloser Benutzung derselben dergestalt entschlossen, daß es keiner Art von Conflict mit Preußen ausweicht.

Es kleidet seine Forderungen zwar in bundesfreundliche Worte, betreibt sie aber mit der consequenten Entschiedenheit, welche Preußen nur die Wahl läßt, sich zu fügen oder in anhaltendem Streit zu leben.

So oft Preußen bei seiner abweichenden Ansicht verharrt, wird ihm in der Diplomatie und in der Presse die Schuld der deutschen Uneinigkeit aufgebürdet, und diese Beschuldigungen nehmen die Färbung einer Anklage wegen Störung des Friedens im Bunde und Untergrabung seiner Institute an, sobald die allezeit bereite Majorität im Bunde Oesterreich zur Seite steht. Es kann daher nicht fehlen, daß die Thätigkeit des preußischen Gesandten am Bunde seit sieben Jahren eine selten unterbrochene Kette von Kämpfen gegen österreichische Zumuthungen bildet, bei denen die Parteilichkeit der Mittelstaaten und ihrer Vertreter stets bereit ist, Preußen die Schuld aufzubürden, das Sachverhältniß zu diesem Behuf zu entstellen und mit Oesterreich zu stimmen.

Diese Verhältnisse sind seither noch durch den Umstand erschwert worden, daß Oesterreich zum Vorsitz in einer Versammlung, wo die streitigen Interessen von 35 souveränen Staaten discutirt werden, wo die Stellung Oesterreichs als Partei und als Präsidialmacht eine besonders delicate ist, also zu einem Posten, der neben großer Geschäftskunde einen besonders hohen Grad von Ruhe erfordert, nach einander drei Männer ernannt hat, dereu leichte Erregbarkeit bekannt war.

Ebensowenig wie der Charakter der Personen, durch welche Oesterreich seine Sache im Bunde gegen Preußen verfechten läßt, hat die Wahl der Waffen, dereu es sich

dabei bedient, dazu beigetragen, den Verhandlungen eine
bundesfreundliche und versöhnliche Färbung zu erhalten.
An Versuchen der Ueberlistung, wie sie die Tradition der
Diplomatie seit Jahrhunderten mit sich bringt, und zu
welchen dem Präsidium der Besitz des Actenmaterials und
der Initiative in den Verhandlungen erhöhte Leichtigkeit
gewährt, an Entstellung der Thatsachen, an Verdächtigung
der Personen hat es nicht gefehlt, selbst amtliche Fälschungen von Acten über schriftliche Verabredungen zwischen
den Regierungen haben dem Freiherrn von Prokesch officiell
constatirt werden können.

Diese Kämpfe begannen am Bunde sofort nach ihrer
Wiederbeschickung desselben durch Preußen. Ihr erster
Gegenstand betraf die Anerkennung der ohne Preußen
geführten Verhandlungen. Demnächst ließ eine aus fast
allen Regierungen bestehende Majorität sich bereit finden,
gegen Preußen den ungerechten Ansprüchen Oesterreichs
in Betreff der Flotten- und der Liquidationsfrage ihren
Beistand zu leisten. An der Flotte beanspruchte Oesterreich
volles Recht, ohne Beiträge leisten zu wollen, und den
Forderungen aus der allgemeinen Liquidation entzog es
sich unter der Behauptung, daß seine italienischen und
ungarischen Kriege Bundeskriege gewesen seien, für die
es ein Recht auf Schadloshaltung habe.

An diese Streitigkeiten schlossen sich diejenigen über
die Zollfrage an; die damals bestehende Erneuerung des
Zollvereins bot den Anknüpfungspunkt zu einer Agitation,
vermöge dereu in diplomatischen Actenstücken und in der
Presse der Bund für die Zukunft als der allein berechtigte und fruchtbare Förderer der öffentlichen Wohlfahrt,
jede preußische Bestrebung auf diesem Gebiete aber als
ein gemeinschädlicher Particularismus geschildert wurde.

Wenn es Oesterreich gelingt, seine Aufnahme in den
Zollverein durchzusetzen, so ist allerdings das Verlangen,

die Zoll- und Handelsgesetzgebung in Zukunft auf Grund
des Artikels XIX der Bundesacte am Bunde zu verhandeln, nicht leicht mehr auf die Dauer zurückzuweisen.

Nach den heutzutage von den bedeutendsten Bundesregierungen verfochtenen Ansichten über die Berechtigung
der Majoritätsbeschlüsse stünde kein rechtliches Hinderniß
im Wege, diese Angelegenheit direct und auf die Dauer
zum Gegenstande der beschließenden Thätigkeit des Bundestages zu machen, nachdem die etwaigen Einwendungen
gegen die Competenz der Majorität durch eine Schluß-
fassung im engen Rathe beseitigt wären . . .

Mit welcher zweifelfreien Entschiedenheit das Wiener
Cabinet den ihm angewiesenen Bahnen folgt, läßt sich
auf dem Schauplatz der europäischen Politik ebenso deutlich
erkennen, wie in den Verhandlungen am Bundestage.
Auch dort ist der Weg der gütlichen Verständigung und
der Bewerbung um die Sympathien Preußens nicht mehr
derjenige, auf welchem Oesterreich sich der Unterstützung
der norddeutschen Großmacht zu versichern bestrebt ist.
Selbst in solchen Fragen, wo sein Interesse unbetheiligt
oder gar mit preußischem identisch war, hat es keine Anstrengung gescheut, um das Ansehen Preußens zu beeinträchtigen und seiner Politik Hemmungen zu bereiten. Die
Theilnahme an der Pariser Conferenz, bei welcher es sich
der Hauptsache nach nur um einen Ehrenpunkt handelte,
wurde von keiner Macht eifriger hintertrieben, als von
Oesterreich, um durch den Ausschluß Preußens aus dem
Rathe der Großmächte das preußische Ansehen in den
Augen Deutschlands herabzudrücken. In der Neuenburger
Frage waren die Gegner Preußens zugleich die natürlichen
Feinde Oesterreichs, aber der Wunsch, Preußen nicht zur
Entfaltung seiner Kriegsmacht in Süddeutschland und nicht
zur befriedigenden Erledigung einer Ehrensache gelangen
zu lassen, war in Wien stärker als die Abneigung gegen

die schweizer Demokratie und als die Sorge um deren
Einwirkung auf Italien. Das Wiener Cabinet suchte
gegen den Marsch preußischer Truppen durch Süddeutschland Bundesbeschlüsse zu Stande zu bringen und wurde
in diesem Bestreben von Sachsen gefördert. Es würde
ohne Zweifel auch für diesen Ausdruck seiner Gesinnungen
gegen Preußen eine Majorität erlangt haben, wenn der
Einfluß Frankreichs ihm nicht damals bei den Mittelstaaten
zu Gunsten Preußens die Wage gehalten hätte.

Die dänische Frage ist von Oesterreich, so lange es
möglich war, ausgebeutet worden, um Preußen in der
deutschen Presse der Lauheit, bei den europäischen Cabinetten der Heftigkeit anzuklagen.

Wenn hiernach keine Aussicht ist, daß Oesterreich und
seine Bundesgenossen sich freiwillig entschließen, ihrer
Politik gegen Preußen eine andere Richtung zn geben, so
fragt es sich, ob Preußen dem gegenüber in seiner bisherigen Haltung auf die Dauer verharren kann.

Daß die im Bunde dominirenden Elemente auf Zustände hinarbeiten, welche Preußen nicht acceptiren kann,
ist gewiß. Preußen kann nicht auf den Anspruch der
Gleichstellung mit Oesterreich verzichten, die Rolle der
zweiten deutschen Macht aufrichtig und definitiv übernehmen und sich gleich jedem anderen deutschen Bundes-
staate der Herrschaft der Majoritätsbeschlüsse, welche der
Bund unter Oesterreichs Führung zu fassen für gut findet,
unterordnen.

In einer solchen Stellung würde Preußen als Aequivalent für Verzichtleistung auf seine Selbständigkeit nicht
einmal die Genugthuung haben, den von dem Gesammt-
organ des Bundes auf die einzelnen Staaten zu übenden
Einfluß mit den übrigen sechzehn von Oesterreich präsi-
dirten Stimmen gleichmäßig zu theilen, weil auch durch
seine Unterwerfung die meisten der Ursachen nicht beseitigt

würden, welche ihm eine Stellung in der Minorität und der Majorität eine antipreußische Haltung zuweisen. Eine derartige Gestaltung des Bundesverhältnisses hat auch nicht in der Absicht der Stifter des Bundes gelegen, denn eine europäische Großmacht konnte demselben nicht mit der Voraussetzung beitreten, daß ein wesentlicher Theil ihrer eigenen Gesetzgebung und Politik von den Mehrheits-beschlüssen dieses Bundes abhängig werden solle, in welchem sie sich mit einem Siebzehntel des Stimmrechts begnügt und auf jeden Antheil an dem Vorsitz verzichtet hat.

Oesterreich kann die Betheiligung an einem solchen Bunde einstweilen durchführen, weil es die Majorität des-selben beherrscht. Preußen hat diesen Vortheil nicht. Wenn es demnach den ihm feindlichen Principien, welche sich im Schooße des Bundes entwickeln, bisher nicht offen entgegen-tritt, sondern sogar den Schein bewahrt, ihnen auch seinerseits zu huldigen, so beruht dieses Verhalten ohne Zweifel auf dem Bewußtsein, daß es thatsächlich nicht so ganz leicht sein wird, die Monarchie Friedrichs des Großen unter ein Collegium von siebzehn Bundestagsgesandten zu mediati-siren. Eine näher liegende Gefahr ist aber die, daß Preußen in ein formelles Zerwürfniß mit der Bundes-gewalt geräth, indem die Majorität Beschlüsse faßt, welche Preußen nicht anzuerkennen vermag, ohne Schaden an seiner Selbständigkeit zu leiden. Die bundesfreundlichste Nachgiebigkeit hat ihre Grenzen, und in Verhandlung mit Oesterreich ist jede Concession die Mutter einer neuen Forderung. Wenn die Sachen so weiter gehen, wie in der letzten Zeit, und namentlich im Sinne der Depesche des Grafen Buol über Rastatt vom 7. März 1858 und im Sinne des Majoritätsbeschlusses vom 25. Februar 1858 die gegnerischen Operationen fortgesetzt werden, so kann der Moment nicht mehr fern sein, wo Preußen die Majo-rität der Ueberschreitung ihrer Befugnisse und die Majo-

rität Preußen der Auflehnung gegen gültige Bundes=
beschlüsse anklagen wird, beide sich also gegenseitig des
Bundesbruches beschuldigen.

Preußen in diese Lage zu versetzen, ist vielleicht das
Ziel der Politik seiner Gegner; wie und wenn eine solche
Situation demnächst von ihnen weiter auszubeuten wäre,
das wird von den Constellationen der europäischen Politik
abhängen, je nachdem dieselben es als thunlich erscheinen
lassen, gegen Preußen mit mehr oder weniger Dreistigkeit
aufzutreten.

Eine solche Situation, zumal, wenn der Moment ihres
Eintretens nicht zu berechnen ist, kann jedenfalls unbequem
genug werden, um zur Anwendung von Vorbeugungs=
mitteln aufzufordern, insbesondere wenn diese Mittel zu=
gleich dahin führen, Preußens selbstständiges Ansehen und
seinen Einfluß auf Deutschland zu kräftigen.

Preußen würde dadurch seinem deutschen Berufe
keineswegs untreu werden, es würde sich nur von dem
Druck losmachen, mit dem die Fiction seiner Gegner auf
ihm lastet, daß „Bundestag" und „Deutschland" identische
Begriffe seien, und daß Preußens deutsche Gesinnungen
nach dem Maße seiner Fügsamkeit unter die Majorität der
Bundesversammlung zu beurtheilen seien. Seine deutschen
Gesinnungen unabhängig vor der Bundesversammlung zu
bethätigen, hat kein Staat in dem Maße den Beruf und
die Gelegenheit wie Preußen, und es vermag dabei zu=
gleich den Beweis zu liefern, daß Preußen für die mitt=
leren und kleineren Staaten mehr Wichtigkeit hat, als eine
Mehrheit von neun Stimmen für Preußen. Die preußi=
schen Interessen fallen mit denen der meisten Bundesländer,
außer Oesterreich, vollständig zusammen, aber nicht mit
denen der Bundesregierungen, und es giebt nichts Deut=
scheres, als gerade die Entwickelung richtig verstandener
preußischer Particularinteressen. Eben deshalb steht ihnen

aber die in der Bundesversammlung allein vertretene
Politik der Mehrzahl der Regierungen entgegen, weil gerade die Existenz und Wirksamkeit der 33 Regierungen
außer Preußen und Oesterreich das hauptsächliche, wenn
auch legalberechtigte Hinderniß der kräftigen Entwicklung
Deutschlands sind. Preußen würde aber für die Erfüllung
seiner Aufgabe in Deutschland erst volle Freiheit erlangen,
wenn es aufhörte, erheblichen Werth auf Sympathien der
mittelstaatlichen Regierungen zu legen.

Alle Anstrengungen, dieselben zu gewinnen, bleiben
für immer erfolglos, und jede Rücksichtnahme auf ihre
Wünsche und Empfindlichkeit ist für Preußen eine nutzlose
Selbstbeschränkung . . .

Die Lage Preußens wäre vielleicht eine bessere, wenn
der Bund gar nicht existirte; diejenigen näheren Beziehungen zu den Nachbarn, deren Preußen bedarf, hätten sich
deshalb doch unter Preußens Leitung gebildet. Nachdem
er aber besteht, und der Mißbrauch seiner Institution gegen
Preußen mit Aussicht und Erfolg versucht wird, kann
Preußens Aufgabe nur sein, alle unzweifelhaften Bundes-
pflichten in Krieg und Frieden, — und zwar treu zu erfüllen, aber jede Entwickelung der Bundesgewalt auf
Kosten der Unabhängigkeit des einzelnen, welche über den
strikten Wortlaut der Verträge hinausgeht, abzuschneiden.
Diejenigen, welche unter einem „bundesfreundlichen" Verhalten Preußens nichts anderes, als dessen möglichst weit
getriebene Unterwerfung unter den durch das Präsidium
und die Majorität ausgedrückten Willen der übrigen
Bundesgenossen verstehen, werden allerdings in eine lebhafte Verstimmung gerathen, wenn sie gewahr werden,
daß Preußen sich ihren Schlingen entzieht und das Maß
seiner freien Selbstbeschränkung fernerhin nur dem wirklichen Inhalte der Bundesverträge entnehmen will. Un-
abweisliche Interessen, die einzige Grundlage haltbarer

Beziehungen auch zwischen den deutschen Staaten, werden aber bald beweisen, daß die Verstimmten sich in das Unvermeidliche fügen, und dieselben Regierungen, welche jetzt bemüht sind, Preußen zu majorisiren, werden sich entschließen, Preußens Einverständniß zu suchen, sobald sie sich überzeugt haben, daß die Haltung Preußens nicht auf einer vorübergehenden Verstimmung, sondern auf festen und definitiven Entschließungen, auf einer wohl überlegten Erkenntniß der eigenen Interessen beruht.

Praktischer würden sich die Consequenzen einer solchen Haltung im Bunde dahin gestalten, daß Preußen sich auf keine „Vereinbarungen" und sonstige Beschlüsse, zu denen Stimmeneinhelligkeit erforderlich ist, einläßt, und daß es den ersten Versuch, einen Majoritätsbeschluß ohne streng verfassungsmäßige Competenz zu fassen, offen als ein Attentat gegen die Bundesverfassung bezeichnet und sich an die letztere auch seinerseits nur insoweit gebunden erklärt, als sie von der anderen Seite genau beachtet wird . . .

In demselben Maße, wie die preußische Regierung der österreichischen zu erkennen gäbe, daß sie den Bundestag nicht als exclusives Organ der deutschen Interessen ansieht, daß sie deshalb entschlossen ist, Preußen nicht in der Majorität der Bundesversammlung aufgehen zu lassen, daß sie durch den Bund nichts weiter als die Erfüllung der vertragsmäßigen Bundespflicht betreiben werde, in demselben Maße werden sich auch vor dem Auge Deutschlands die Umrisse Preußens wieder in ihrer natürlichen Größe und Bedeutung abzeichnen.

Die leitende Stellung, welche Preußen vor 1848 einnahm, beruhte nicht auf der Gunst der Mittelstaaten und der Bundesversammlung, sondern auf der Thatsache, daß Preußen in allen Richtungen staatlicher Entwickelung den Vorsprung nahm, daß alles, was specifisch Preußisch war, in den übrigen Bundesstaaten als mustergültig anerkannt und nach Kräften erstrebt wurde. Die Ueberstürzung dieses Entwickelungsganges in der revolutionären Zeit, das dadurch erweckte Mißtrauen der deutschen Regierungen hat nothwendig starke Rückschritte in dem Aufschwunge des preußischen Einflusses zur Folge gehabt. Die durch den Rückschlag der Bewegung erfolgte Abschwächung der vor 1848 so gewaltigen Macht der öffentlichen Meinung und die Neuheit des österreichischen Auftretens als Mitbewerber machen es heutzutage schwer, die Strecke, um welche Preußen auf seinem Wege zurückgekommen ist, wieder einzubringen. Dennoch aber bleibt dieser Weg der einzige, um die Stellung zu gewinnen, deren Preußen zur Erfüllung seiner staatlichen Aufgaben bedarf, und seine Ueberlegenheit an Mitteln auf diesem Gebiete ist, im Vergleich mit Oesterreich und den anderen deutschen Staaten, noch immer bedeutend. Die Sicherheit, daß Se. Majestät der König von Preußen auch dann noch Herr im Lande bleibe, wenn das gesammte stehende Heer aus demselben herausgezogen würde, theilt kein anderer continentaler Staat mit Preußen, auf ihr aber beruht die Möglichkeit, einer den Anforderungen der heutigen Zeit zusagenden Entwickelung des öffentlichen Lebens näher zu treten, als es andere Staaten können. Der Grad politischer Freiheit, welcher zulässig ist, ohne die Autorität der Regierung zu beeinträchtigen, ist in Preußen ein viel höherer als im übrigen Deutschland. Preußen vermag seiner Landesvertretung und seiner Presse ohne Gefahr auch im Bereich rein politischer Fragen einen freieren Spielraum zu gewähren als bisher. Es hat bis 1848 unter einer fast unumschränkten Regierung sich das Ansehen der intellectuellen Spitze von Deutschland zu erringen und zu erhalten gewußt und würde auch jetzt unabhängig von seiner inneren Verfassung dies vermögen. Nothwendig ist dazu nur, daß sein innerer Zustand ein solcher sei, der den Eindruck des einmüthigen Zusammenwirkens im Innern auch thatsächlich fördert. Ist die heutige Verfassung Preußens eine definitive Einrichtung, so muß auch die feste Geschlossenheit der Regierungsorgane in sich und ihr Einklang mit der Landesvertretung in einem solchen Grade erreicht werden, daß die Gesammtkraft Preußens nicht durch Reibungen im Innern, vermöge einander zuwiderlaufender Strömungen, theilweise gebrochen wird, sonst kann sie nach außen hin, wenigstens im Frieden, nicht den dominirenden Eindruck auf Deutschland ausüben, welcher ihr sicher ist, wenn sie ungeschwächt zur Wirkung gelangt.

Die königliche Gewalt ruht in Preußen auf so sicheren Grundlagen, daß die Regierung sich ohne Gefahr durch eine belebtere Thätigkeit der Landesvertretung sehr wirksame Mittel der Action auf die deutschen Verhältnisse schaffen kann. Es ist bemerkenswerth, welchen Eindruck in ganz Deutschland es gemacht, daß die sächsischen Kammern sich in jüngster Zeit mit der Erörterung der Bundespolitik und der Stellung Sachsens zum Bunde beschäftigt haben. Wie viel mächtiger würde dieser Eindruck gewesen sein, wenn im Schoße der preußischen Kammern eine analoge Discussion stattgefunden hätte. Wenn Preußen seine deutsche Politik, seine Stellung zum Bunde, die Schwierigkeiten, welche es in derselben zu überwinden hat, die Bestrebungen seiner Gegner offen diskutiren ließe, so würden vielleicht wenige Sitzungen des preußischen Landtages hinreichen, um den Anmaßungen der Majoritätsherrschaft am Bunde ein Ende zu machen.

Die gerade für Preußen specifisch nothwendige Bundespolitik kann durch die Publicität und durch öffentliche Besprechungen nur an Kraft gewinnen. In der Presse vermag die Wahrheit sich in der Unklarheit, welche durch die Fälschungen der besoldeten Blätter herbeigeführt wird, nicht Bahn zu brechen, so lange nicht der preußischen

Preſſe zur Beſprechung der geſammten Bundesverhältniſſe
das volle Material und der größtmögliche Grad von
freiheit gewährt wird. Wenn Preußen eine vom Bunde
unabhängige Poſition einnimmt, ſo wird es vermöge der
ihm innewohnenden Schwerkraft der natürliche Cryſtalli-
ſationspunkt für ſolche Verbände, welche ſeinen Nachbar-
ſtaaten eben ſo ſehr Bedürfniß ſind, als ihm ſelbſt. Dieſes
Syſtem der freien, auf Kündigung geſchloſſenen Vereine
durch Verſtändigung außerhalb des Bundes iſt das Gebiet, auf welchem Preußen, unbehindert durch das Präſidium Oeſterreichs und der Majoritätstheorien der Bundesverſammlung, ſeinen politiſchen und Verkehrsbedürf-
niſſen genügen kann. In ſolchen Verbindungen ſteht ihm
das ganze Gewicht ſeiner Größe und ſeine Eigenſchaft
als rein deutſcher Staat, die Gleichartigkeit ſeiner Bedürfniſſe und ſeines Entwickelungsganges mit der übrigen
deutſchen Bevölkerung unvermindert zur Seite. Die benachbarten Bundesſtaaten werden ſich deshalb auch her-
beilaſſen, Einigungen mit Preußen auf dieſem Wege zu
ſuchen, wenn ſie erſt feſt überzeugt ſind, daß Preußen ſich
am Bunde, von welchem ſie bisher noch günſtigere Er-
gebniſſe für ſich erwarten, auf dergleichen unter keinen
Umſtänden einläßt. Sie werden dabei um ſo entgegen-
kommender und leichter zu behandeln ſein, je mehr ſie erkennen, daß Preußen entſchloſſen iſt, in allen Beziehungen
lieber die Unbequemlichkeiten ſeiner zeriſſenen Lage zu ertragen, als von ihnen ſich das Geſetz für ſein eigenes
Verhalten und ſeine eigenen Intereſſen geben zu laſſen,
denn dieſe Unannehmlichkeiten ſind für die meiſten von
ihnen, und namentlich für Sachſen, Braunſchweig, beide
Heſſen, Naſſau, vermöge ihrer Kleinheit, ihrer binnen-
ländiſchen Lage und ihrer Grenzverhältniſſe zu Preußen
viel ſchwerer auf die Dauer zu ertragen, als für Preußen
ſelbſt, mag es ſich dabei um Zollgemeinſchaft, um Eiſen-

bahnanlagen, um gemeinsames Handels- und Wechselrecht, um Cartellconventionen, Posteinrichtungen, Papiergeld-fragen, Bankwesen oder irgend einen anderen der Gegen-stände handeln, welche die österreichische Präsidialpolitik und die Majoritätsstaaten der Bundesgesetzgebung all-mählich zu unterziehen beabsichtigen. Nur Hannover ist vermöge seiner Lage an der See und zwischen dem Osten und Westen Preußens im Verhältniß zu den übrigen deut-schen Staaten mit mehr Elementen für eine unabhängige Stellung Preußen gegenüber ausgestattet, und das Ein-verständniß mit ihm ein zwar nicht schlechthin nothwen-diges, aber doch ohne große Uebelstände zu entbehrender Schlußstein für das Gebäude einer selbstständigen preußisch-deutschen Politik.

Auf allen obengenannten Gebieten kann Preußen die Ausführung jeden Planes, über den es mit Hannover einig ist, ohne erhebliche eigene Unbequemlichkeiten in An-griff nehmen und den Anschluß anderer abwarten. Han-nover ist deshalb der einzige unter den deutschen Mittel-staaten, in Betreff dessen die deutsche Diplomatie Preu-ßens, ohne sich durch Schwierigkeiten und Mißerfolge irre machen zu lassen, unausgesetzt alle Anstrengungen und Geschicklichkeit zur Anwendung bringen sollte, um seinen guten Willen für Preußen zu gewinnen und sein Miß-trauen zu beruhigen.

Aber selbst, wenn dies nicht gelänge, hat Preußen von selbstständiger Benutzung der eigenen Kraft immer noch mehr zu hoffen, als von einer längeren Duldung der Bundespolitik seiner Gegner.

Bei keinem Theile des deutschen Volkes und bei we-nigen Staaten des Auslandes ist zugleich die Zufrieden-heit mit der eigenen Regierung, die Bereitwilligkeit, der-selben vertrauensvoll entgegenzukommen, in dem Maße wie in Preußen von dem Gefühle abhängig, daß dem

Lande eine selbstständige und angesehene Stellung nach außen hin gewahrt wird, und die Wahrnehmung, daß Preußen in Deutschland von Oesterreich überflügelt würde, daß bayerische und sächsische, hessische und württembergische Majoritäten irgend welchen bestimmenden Einfluß auf Preußen wider dessen Willen mit Erfolg beanspruchen könnten, wäre selbst in der heutigen Zeit der materiellen Interessen für das preußische Volk ein schärferer Stachel zu gereizter Verstimmung, ein wirksameres Mittel zur Erregung von Unzufriedenheit, als die Mehrzahl wirklicher oder vermeintlicher Uebelstände im Innern, während umgekehrt der Preuße über jede Erhöhung seines Selbstgefühls gegenüber dem Auslande leicht dasjenige vergißt, was ihn an den inneren Zuständen verdrießt.

An denselben.

14. März 1858.

Meine bald siebenjährige Amtsthätigkeit hier ist, wie Ew. Excellenz wissen, ein ununterbrochener Kampf gegen Uebergriffe aller Art gewesen, gegen die unablässigen Versuche, den Bund auszubeuten als ein Instrument zur Erhöhung Oesterreichs, zur Verminderung Preußens. Oesterreich stellt uns niemals eine andere Wahl, als die zwischen widerstandsloser Ergebung in seinen Willen oder Streit mit allen Mitteln des Kampfes, und geben wir nicht nach, so erhebt es an den deutschen Höfen und in der Presse Klage über die von uns gestörte Einheit Deutschlands. Ich könnte mir dabei das Leben ebenso leicht machen, wie mein Vorgänger, und gleich den meisten meiner Kollegen durch einen mäßigen und äußerlich kaum bemerkbaren Grad von Landesverrath mir eine freundliche Geschäfts-

führung und das Lob eines verträglichen Collegen er-
kaufen. So lange ich mich dazu nicht herbeilasse, stehe
ich gegen jeden Angriff hier in erster Linie allein, da
meine Collegen, auch wenn sie Beruf dazu fühlten, nicht
wagen, mir beizustehen, und muß es mir gefallen lassen,
von Oesterreich und andern, ebenso wie jetzt Heimbruch,
als Sündenbock behandelt, als unverträglich denuncirt und
angeschwärzt zu werden.

Ich habe mich in der Kammer mit jedem Gegner,
auch mit dem rothesten Democraten, persönlich vertragen,
und hier komme ich noch in den Ruf eines Zänkers bei
allen, die nicht wissen, wie es hier hergeht. Ich will aber
das alles gern ertragen, so lange meine Nerven aushalten,
wenn ich nur auch ferner, wie bisher, durch Ew. Excellenz
Instructionen den Rücken gedeckt behalte und somit die
wirkliche Abwehr der Uebergriffe durch den ununterbrochenen Kampf erreicht wird. Wenn wir mit Oesterreich und den Bundesmajoritäten auf erträglichem Fuße
leben wollen, so ist das einzige Mittel dazu ein ernstes
Zurückweisen jeder ungerechten Zumuthung; weichen wir,
so ist jede Concession die Mutter neuer Ansprüche, bis
wir so an die Wand gedrängt werden, daß uns vielleicht
sehr zur ungünstigen Stunde die Wahl gestellt wird
zwischen radicalem Bruch oder vollständiger Unterwerfung
unter die Majoritätsbeschlüsse, die Oesterreich am Bunde
durchsetzt. In Sachen der holsteiner Officiere haben wir
Oesterreich durch Festigkeit zum vollständigen Nachgeben
genöthigt, und es wird uns auch in wichtigeren
Dingen gelingen, wenn wir unbeugsam sind. Wir müssen
Oesterreich zu einem Verhalten zwingen, bei dem die
Einigkeit mit uns ohne Verletzung unserer Würde und
Unabhängigkeit möglich bleibt. Die Ernennung eines
Gesandten in Wien von entschiedener Farbe und festem
Charakter würde viel dazu beitragen. Nochmehr Ein-

druck würde es machen, wenn wir bei uns der Preſſe ge-
ſtatteten und den Kammern Gelegenheit geben wollten,
ſich über deutſche Politik und Preußens Stellung dazu
freier auszuſprechen, auch wenn uns ſelbſt, d. h. der Regierung, nicht alle Tonarten gefallen, die dabei ange-
ſchlagen werden. Welche Aufmerkſamkeit haben in Deutſchland die mäßigen Berührungen der holſteiniſchen und der
Bundesreform-Frage in den kleinen ſächſiſchen Kammern
hervorgerufen. Wenn wir die Unbequemlichkeiten des
Landtages für das Innere tragen, ſo ſollten wir ihn auch
gelegentlich für unſere auswärtige Stellung ausnützen und
uns namentlich den antipreußiſchen Machinationen am
Bunde gegenüber ein Relief damit geben. Ich habe meiner
Feder längeren Lauf gelaſſen, als Euer Excellenz vielleicht Zeit haben, leſend zu verfolgen, und bitte um Ent-
ſchuldigung, wenn von dem, wovon das Herz voll iſt,
mein Tintenfaß überläuft.

❦

Adreſſat ungenannt.

Frankfurt a. M., 2. April 1858.

Ich bin mit Ihnen darüber einverſtanden, daß unſere
Stellung im Zollverein verpfuſcht iſt; ich gehe noch
weiter, indem ich feſt überzeugt bin, daß wir den ganzen
Zollverein kündigen müſſen, ſobald der Termin dazu gekommen iſt. Die Gründe dieſer Ueberzeugung ſind zu weit-
ſchichtig, um ſie hier zu entwickeln, und zu eng zuſammen-
hängend, um ſie einzeln zu nennen. Wir müſſen kündigen
auf die Gefahr hin, mit Deſſau und Sondershauſen allein
zu bleiben. Es iſt aber nicht zu wünſchen, daß letzteres
der Fall werde, oder doch, daß es lange dauere. Deshalb
müſſen wir in der noch laufenden Periode den anderen

Staaten den Zollverein angenehm, wenn es sein kann, zum
unentbehrlichen Bedürfniß machen, damit sie nach der Kündigung den Anschluß auf unsere Bedingungen suchen. Ein
Theil dieses Systems ist, daß man sie höhere Nettorevenüen
ziehen läßt, als sie selbst durch Grenzzölle ohne Preußen
sich würden verschaffen können. Ein anderer Theil ist der,
daß man ihnen nicht die Fortdauer eines Zollvereins mit
Preußen als sachlich unmöglich erscheinen läßt; das wird
aber, wenn neben den 28 Regierungen noch einige 50
ständische Körperschaften, geleitet von sehr particulären
Interessen, ein liberum veto ausüben. Fangen die preußischen Kammern damit an, so wird schon der Gleichheits-
schwindel der deutschen Regierungen nicht zugeben, daß
die übrigen zurückstehen: sie werden sich auch wichtig
machen wollen.

Ich glaube, daß wir in einem nach 1865 von Preußen
umzubildenden Zollverein, um diesen Klippen zu entgehen,
für die Ausübung des ständischen Zustimmungsrechtes in
Zollvereinssachen den Unionsprojecten von 1849 eine Einrichtung entnehmen, eine Art Zollparlament einrichten
müssen, mit Bestimmung für itio in partes, wenn die
Andern es verlangen. Die Regierungen werden schwer
daran gehen; aber wenn wir dreist und consequent wären,
könnten wir viel durchsetzen. Die in Ihrem Briefe ausgesprochene Idee, die preußischen Kammern, vermöge der
Vertretung aller deutschen Steuerzahler durch sie, zur Grundlage hegemonischer Bestrebungen zu machen, steht auf demselben Felde. Kammern und Presse könnten das mächtigste
Hülfsmittel unserer auswärtigen Politik werden. In dem
vorliegenden Falle, welches auch das Ergebniß der Abstimmung sein mag, müßte jedenfalls die Zollvereinspolitik,
der Schaden des Vereins für Preußen, die Nothwendigkeit
für uns, ihn zu kündigen, auf das eingehendste und
schärfste erörtert werden, damit die Erkenntniß darüber

sich Bahn bricht; Ihr Brief sollte als Artikel in der Kreuzzeitung stehen, anstatt hier auf meinem Tisch zu liegen.
Kammern und Presse müßten die deutsche Zollpolitik breit
und rückhaltslos aus dem preußischen Standpunkte discutiren; dann würde sich ihnen die ermattete Aufmerksamkeit Deutschlands wieder zuwenden, und unser Landtag für
Preußen eine Macht in Deutschland werden. Ich wünschte
den Zollverein und den Bund, nebst Preußens Stellung zu
beiden in unsern Kammern dem Sezirmesser der schärfsten
Kritik unterzogen zu sehen; davon kann der König, seine
Minister und deren Politik, wenn sie ihr Handwerk verstehen, nur Vortheil haben. Aber ich wünschte doch als
Resultat einer solchen Discussion, die Vorlage mit geringer
Majorität angenommen zu sehen. Denn es handelt sich
im nächsten Augenblick für den Zollverein mehr darum,
deutsche Regierungen an die Fleischtöpfe desselben zu fesseln,
als Sympathien ihrer Unterthanen zu gewinnen. Die
letzteren sind machtlos, und in Betreff ihrer erreicht eine
kräftige, sachverständige und ehrliebende Debatte dasselbe,
wie die Zufälligkeit eines Abstimmungsresultates. . . .

Als der Prinz-Regent von Preußen im Herbst 1858 die
Stellvertretung seines erkrankten Bruders mit eigener Verant-
wortlichkeit übernommen hatte, entließ er das Ministerium
Manteuffel und berief ein liberales Ministerium mit dem
Fürst Anton von Hohenzollern an der Spitze.

An seine Schwester.

Frankfurt, 12. November 1858.

Dein Brief war mir eine unverhoffte Freude; in der Adresse sah er ganz wie einer von Johanna aus, und ich wunderte mich, wie die nach der Uckermark gekommen wäre. Ich bin nicht eher zum Antworten gekommen, theils Geschäfte, Erkältung, Jagd, nahmen meine Zeit in Anspruch, theils wußte ich selbst nicht, was ich Dir über die neue Erscheinung am politischen Himmel schreiben sollte, was ich nicht auch über den Kometen hätte sagen können. Eine interessante Erscheinung, deren Eintritt mir unerwartet, deren Zweck und Beschaffenheit mir noch unbekannt ist. Doch die Laufbahn des Kometen berechneten unsere Astronomen ziemlich genau, und das dürfte ihnen in Betreff des neuen politischen Siebengestirnes schwer werden. Johanna ist heut früh mit den Kindern hier eingetroffen, Gott sei Dank gesund, aber nicht heiter. Sie ist niedergedrückt von allen politischen Aengsten, die man ihr in Pommern und Berlin eingeflößt hat, und ich bemühe mich vergebens, ihr die gebührende Heiterkeit einzuflößen. Es ist der natürliche Verdruß der Hausfrau auch dabei im Spiel, wenn es zweifelhaft wird, ob man in einem eben mit Mühe und Kosten neu eingerichteten Hause bleiben wird. Sie kam mit dem Glauben hier an, daß ich den Abschied sofort nehmen würde. Ich weiß nicht, ob man ihn mir nicht unaufgefordert giebt, oder mich so versetzt, daß ich ihn anstandshalber nehmen muß. Bevor ich es aber freiwillig thue, will ich doch erst abwarten, daß das Ministerium Farbe zeigt.

Wenn die Herren die Fühlung der conservativen Partei beibehalten, sich aufrichtig um Verständigung und Frieden im Innern bemühen, so können sie in unseren auswärtigen Verhältnissen einen unzweifelhaften Vorzug

haben, und das ist mir viel werth; denn wir „waren
heruntergekommen und wußten doch selber nicht wie". Das
fühlte ich hier am empfindlichsten. Ich denke mir, daß
man den Fürsten gerade deshalb an die Spitze gestellt
hat, um eine Garantie gegen eine Parteiregierung und
gegen Rutschen nach links zu haben. Irre ich mich darin,
oder will man über mich lediglich aus Gefälligkeit für
Stellenjäger disponiren, so werde ich mich unter die
Kanonen von Schönhausen zurückziehen und zusehen, wie
man in Preußen auf linke Majoritäten gestützt regiert,
mich auch im Herrenhause bestreben, meine Schuldigkeit zu
thun. Abwechselung ist die Seele des Lebens und hoffentlich
werde ich mich um 10 Jahr verjüngt fühlen, wenn ich
mich wieder in derselben Gefechtsposition befinde, wie
48—49. Wenn ich die Rollen des Gentleman und des
Diplomaten nicht mehr mit einander verträglich finde, so
wird mich das Vergnügen, oder die Last ein hohes Gehalt mit Anstand zu depensiren, keine Minute in der Wahl
beirren. Zu leben habe ich nach meinen Bedürfnissen,
und wenn mir Gott Frau und Kinder gesund erhält, wie
bisher, so sage ich: „vogue la galère", in welchem Fahr-
wasser es auch sein mag. Nach 30 Jahren wird es mir
wohl gleichgültig sein, ob ich jetzt Diplomat oder Land-
junker spiele, und bisher hat die Aussicht auf frischen,
ehrlichen Kampf, ohne durch irgend eine amtliche Fessel
genirt zu sein, gewissermaßen in politischen Schwimm-
hosen, fast ebensoviel Reiz für mich, als die Aussicht auf
ein fortgesetztes Regime von Trüffeln, Depeschen und
Großkreuzen. Nach Neune ist alles vorbei, sagt der
Schauspieler. Mehr als diese meine persönlichen Empfin-
dungen kann ich Dir bisher nicht melden, das Räthsel
steht auch mir noch ungelöst gegenüber. Eine besondere
Freude habe ich einstweilen am Bunde; alle die Herren,
die noch vor sechs Monaten meine Abberufung als Er-

forderniß der deutschen Einheit verlangten, zittern jetzt bei
dem Gedanken, mich hier zu verlieren." * * winkt als
Schreckbild 48er Reminiscenz, und sie sind wie ein Tauben-
schlag, der den Marder merkt, so verängstigt von Demokratie, Barrikaden, Parlament und * *. — * * sinkt mir
gerührt in die Arme und sagt mit krampfhaftem Hände-
druck: „wir werden wieder auf ein Feld gedrängt werden." Der Franzose natürlich, aber selbst der Engländer
sieht uns für Brandstifter an, und der Russe fürchtet, daß
der Kaiser an unserm Beispiel in seinen Reformplänen
irre werden würde. Ich sage allen natürlich: „Nur
ruhig Blut, die Sache wird sich schon machen," und habe
ich die Genugthuung, daß sie antworten: „Ja, wenn Sie
hier blieben, da hätten wir eine Garantie, aber * * !"
Wenn dem nicht die Ohren in diesen Tagen frankfurtisch
klingen, so hat er kein Trommelfell. Er ist hier in acht
Tagen aus einem achtbaren liberal Conservativen in der
Einbildung seiner eventuellen Collegen zu einem brand-
roth getigerten Helfershelfer von Kinkel und d'Ester
degradirt. Der Bamberger Diplomat spricht von einer
continentalen Assecuranz gegen preußische Brandstiftung.
Dreikaiserbündniß gegen uns und neues Olmütz mit
„thatsächlichen Operationen". Kurz, es fängt an, weniger
langweilig in der politischen Welt zu werden. Meine
Kinder rufen: „Pietsch kommt"; in der Freude, daß ich
einen Schönhauser Diener dieses Namens habe, und es
scheint, daß die Ankunft dieses Pietsch und des Cometen
in der That nicht ohne Vorbedeutung war. Lebe wohl,
mein sehr Geliebtes, und grüße Oskar; er soll nur die
Ohren nicht hängen lassen, es ist doch alles Kaff.

7

An dieselbe.

Frankfurt, 10. Dezember 1858.

Johanna wird Dir geschrieben haben, wie wir Kinder-krankheiten durchmachten, und mir steckt seit Wochen Erkältung und Magenkatarrh im Leibe; ich weiß nicht, ob viel oder wenig schlafen, Diät oder Unmäßigkeit, Stuben-sitzen oder Jagd mir helfen oder schaden; ich wechsele mit alledem aus Gesundheitsrücksichten ab. Ueber meine Ver-setzung oder Entlassung ist wieder alles still; eine Zeit lang schien mir Petersburg ziemlich sicher, und ich hatte mich mit dem Gedanken so vertraut gemacht, daß ich eigentlich Enttäuschung fühlte, als es hieß, daß ich hier bleiben würde. Es wird hier wohl schlechtes Wetter, politisches, geben, welches ich recht gern im Bärenpelz bei Caviar und Elennjagd abwarte. — Unser neues Cabinet wird vom Auslande noch immer mit Mißtrauen betrachtet, nur Oesterreich wirft ihm mit schlauer Berechnung den Köder seines Lobes hin, während ** unter der Hand vor uns warnt, dasselbe thuu gewiß seine Collegen an allen Höfen. Die Katze läßt das Mausen nicht. Endlich werden die Minister doch Farbe zeigen müssen; das Schimpfen auf die Kreuzzeitung thut's auf die Dauer nicht. Ich werde im Winter schwerlich nach Berlin kommen, sehr schön wäre es, wenn Ihr uns hier besuchen wolltet, ehe ich an der Rewa „kalt gestellt" werde. —

Herr von Schleinitz nahm Herrn von Bismarck wegen seiner Sympathien für Frankreich und Italien von Frankfurt fort und versetzte ihn nach Petersburg. Im Januar 1859 erhielt Herr von Bismarck diese Ernennung.

An seine Gemahlin.

Petersburg, 1859.

Bis halb 4 habe ich heut früh geschrieben, da ging die Sonne auf und ich zu Bett, und heut wieder vor 9 bis jetzt in der Tinte; in ½ Stunde geht's Schiff; * * segelt hinter mir. Ich habe 3 Tage hintereinander nach Zarskoe= Selo müssen, kostet immer den ganzen Tag; beim Kaiser aß ich neulich in den Kleidern von vier verschiedenen Leuten, weil ich nicht auf Frack gefaßt war, ich sah sehr sonderbar aus. Man ist hier sehr gut für mich, in Berlin aber intriguirt Oesterreich und alle lieben Bundesgenossen, um mich hier wegzubringen, und ich bin doch so artig. Wie Gott will, ich wohne eben so gern auf dem Lande.

An den preußischen Minister des Auswärtigen, Freiherrn v. Schleinitz.

Petersburg, 12. Mai 1859.

Aus den acht Jahren meiner Frankfurter Amtsführung habe ich als Ergebniß meiner Erfahrungen die Ueber= zeugung mitgenommen, daß die dermaligen Bundesein= richtungen für Preußen eine drückende, in kritischen Zeiten eine lebensgefährliche Fessel bilden, ohne uns dafür die= selben Aequivalente zu gewähren, welche Oesterreich, bei einem ungleich größeren Maaße eigener freier Bewegung, aus ihnen zieht. Beide Großmächte werden von den Fürsten und Regierungen der kleineren Staaten nicht mit gleichem Maaße gemessen. Die Auslegung des Zweckes und der Gesetze des Bundes modificirt sich nach den Be= dürfnissen der österreichischen Politik. Ich darf mich Ew. 2c.

Sachkenntniß gegenüber der Beweisführung durch detail-
lirtes Eingehen auf die Geschichte der Bundespolitik seit
1850 enthalten und beschränke mich auf die Nennung der
Rubriken von der Wiederherstellung des Bundestages, der
deutschen Flottenfrage, der Zollstreitigkeiten, der Handels-,
Preß- und Verfassungsgesetzgebung, der Bundesfestungen
Rastatt und Mainz, der Neuenburger und der orientalischen Frage. Stets haben wir uns derselben compacten
Majorität, demselben Anspruch auf Preußens Nachgiebigkeit gegenüber befunden. In der orientalischen Frage
erwies sich die Schwerkraft Oesterreichs der unserigen fo
überlegen, daß selbst die Uebereinstimmung der Wünsche
und Neigungen der Bundesregierungen mit den Bestrebungen Preußens ihr nur einen weichenden Damm ent-
gegenzusetzen vermochte. Fast ausnahmslos haben uns
damals unsere Bundesgenossen zu verstehen gegeben oder
selbst offen erklärt, daß sie außer Staude wären, uns den
Bund zu halten, wenn Oesterreich seinen eigenen Weg
gehe, obschon es unzweifelhaft ist, daß das Bundesrecht
und die wahren deutschen Interessen unserer friedlichen
Politik zur Seite ständen; dies war wenigstens damals die
Ansicht fast aller Bundesfürsten. Würden diese den Bedürfnissen oder selbst der Sicherheit Preußens jemals in
ähnlicher Weise die eigenen Neigungen und Interessen
zum Opfer bringen? Gewiß nicht, denn ihre Anhänglichkeit an Oesterreich beruht überwiegend auf falschen Interessen, welche beiden das Zusammenhalten gegen Preußen, das Niederhalten jeder Fortentwickelung des Einflusses und der Macht Preußens als dauernde Grundlage
ihrer gemeinschaftlichen Politik vorschreiben. Ausbildung
des Bundesverhältnisses mit österreichischer Spitze ist das
natürliche Ziel der Politik der deutschen Fürsten und ihrer
Minister; sie kann in ihrem Sinne nur auf Kosten Preußens erfolgen und ist nothwendig nur gegen Preußen ge-

richtet, so lange Preußen sich nicht auf die nützliche Aufgabe beschränken will, für seine gleichberechtigten Bundesgenossen die Assecuranz gegen zu weitgehendes Uebergewicht Oesterreichs zu leisten und das Mißverhältniß seiner
Pflichten zu seinen Rechten im Bunde, ergeben in die
Wünsche der Majorität, mit nie ermüdender Gefälligkeit
zu tragen. Diese Tendenz der mittelstaatlichen Politik
wird mit der Stetigkeit der Magnetnadel nach jeder vorübergehenden Schwankung wieder hervortreten, weil sie
kein willkürliches Product einzelner Umstände oder Personen darstellt, sondern ein natürliches und nothwendiges
Ergebniß der Bundesverhältnisse für die kleineren Staaten
bildet. Wir haben kein Mittel, uns mit ihr innerhalb
der gegebenen Bundesverträge dauernd und befriedigend
abzufinden.

Seitdem unsere Bundesgenossen vor neun Jahren
unter der Leitung Oesterreichs begonnen haben, aus dem
bis dahin unbeachteten Arsenal der Bundesgrundgesetze
die Principien ans Tageslicht zu fördern, welche ihrem
Systeme Vorschub leisten können, seitdem die Bestimmungen,
welche nur eine Deutung im Sinne ihrer Stifter haben
konnten, soweit sie von dem Einverständnisse Preußens und
Oesterreichs getragen werden, einseitig zur Bevormundung
preußischer Politik auszubeuten versucht wurden, haben
wir unausgesetzt das Drückende der Lage empfinden
müssen, in welche wir durch die Bundesverhältnisse und
ihre schließliche historische Entwickelung versetzt worden
sind. Wir mußten uns aber sagen, daß in ruhigen und
regelmäßigen Zeiten wir das Uebel durch geschickte Behandlung wohl in seinen Folgen abzuschwächen, aber nichts
zu seiner Heilung zu thun vermochten; in gefahrvollen
Zeiten, wie es die jetzigen sind, ist es zu natürlich, daß die
andere Seite, welche sich im Besitz aller Vortheile der
Bundeseinrichtungen befindet, gern zugiebt, daß manches

Ungehörige geschehen sei, aber im „allgemeinen Interesse" den Zeitpunkt für durchaus ungeeignet erklärt, um vergangene Dinge und „innere" Streitigkeiten zur Sprache zu bringen. Für uns aber kehrt eine Gelegenheit, wenn wir die jetzige unbenutzt lassen, vielleicht nicht so bald wieder, und wir sind später von neuem auf die Resignation beschränkt, daß sich in regelmäßigen Zeiten nichts an der Sache ändern läßt.

Seine Königliche Hoheit der Prinz-Regent haben eine Haltung angenommen, welche den ungetheilten Beifall aller derer hat, denen ein Urtheil über preußische Politik beiwohnen kann und die sich dasselbe nicht durch Parteileidenschaften getrübt haben. In dieser Haltung sucht ein Theil unserer Bundesgenossen durch unbesonnene und fanatische Bestrebungen uns irre zu machen. Wenn die Staatsmänner von Bamberg so leichtfertig bereit sind, dem ersten Anstoß des Kriegsgeschreies der urtheilslosen und veränderlichen Tagesmeinung zu folgen, so geschieht das vielleicht nicht ganz ohne tröstende Hintergedanken an die Leichtigkeit, mit der ein kleiner Staat im Fall der Noth die Farbe wechseln kann. Wenn sie sich dabei aber der Bundeseinrichtungen bedienen wollen, um eine Macht wie Preußen ins Feuer zu schicken; wenn uns zugemuthet wird, Gut und Blut für die politische Weisheit und den Thatendurst von Regierungen einzusetzen, denen unser Schutz unentbehrlich zum Existiren ist; wenn diese Staaten uns den leitenden Impuls geben wollen, und wenn sie als Mittel dazu bundesrechtliche Theorien in Aussicht nehmen, mit dereu Anerkennung alle Autonomie preußischer Politik aufhören würde — danu dürfte es meines Erachtens an der Zeit sein, uns zu erinnern, daß die Führer, welche uns zumuthen, ihnen zu folgen, anderen Interessen dienen, als preußischen, und daß sie die Sache Deutschlands, welche sie im Munde führen, so verstehen, daß sie nicht zugleich

die Sache Preußens sein kann, wenn wir uns nicht auf=
geben wollen.

Ich gehe vielleicht zu weit, wenn ich die Ansicht
äußere, daß wir jeden rechtmäßigen Anlaß, welchen unsere
Bundesgenossen uns bieten, ergreifen sollten, um zu der=
jenigen Revision unserer gegenseitigen Beziehungen zu
gelangen, deren Preußen bedarf, um in geregelten Be=
ziehungen zu den kleineren deutschen Staaten dauernd
leben zu können. Ich glaube, wir sollten den Handschuh
bereitwillig aufnehmen und kein Unglück, sondern einen
Fortschritt der Krisis zur Besserung darin sehen, wenn eine
Majorität in Frankfurt einen Beschluß faßt, in welchem
wir eine Ueberschreitung der Competenz, eine willkürliche
Aenderung des Bundeszweckes, einen Bruch der Bundes=
verträge finden. Je unzweideutiger die Verletzung zu
Tage tritt, desto besser. In Oesterreich, Frankreich, Ruß=
land finden wir die Bedingungen nicht leicht wieder so
günstig, um uns eine Verbesserung unserer Lage in
Deutschland zu gestatten, und unsere Bundesgenossen sind
auf dem besten Wege, uns vollkommen gerechten Anlaß
dafür zu bieten, auch ohne daß wir ihrem Uebermuthe
nachhelfen. Sogar die Kreuzzeitung wird, wie ich aus
der Sonntagsnummer ersehe, stutzig bei dem Gedanken,
daß eine Frankfurter Majorität ohne Weiteres über die
preußische Armee disponiren könnte. Nicht blos an diesem
Blatte habe ich bisher mit Besorgniß die Wahrnehmung
gemacht, welche Alleinherrschaft sich Oesterreich in der
deutschen Presse durch das geschickt angelegte Netz seiner
Beeinflussung geschaffen hat, und wie es diese Waffe zu
handhaben weiß. Ohne dieselbe wäre die sogenannte
öffentliche Meinung schwerlich zu dieser Höhe montirt
worden; ich sage die sogenannte, denn das wirkliche Gros
der Bevölkerung ist niemals für den Krieg gestimmt, wenn
nicht die thatsächlichen Leiden schwerer Bedrückung es

gereizt haben. Es ist so weit gekommen, daß kaum noch
unter dem Mantel allgemeiner deutscher Gesinnung ein
preußisches Blatt sich zu preußischem Patriotismus zu bekennen wagt. Die allgemeine Piepmeierei spielt dabei
eine große Rolle, nicht minder die Zwanziger, die Oesterreich zu diesem Zwecke niemals fehlen. Die meisten
Correspondenten schreiben für ihren Lebensunterhalt, die
meisten Blätter haben die Rentabilität zu ihrem Haupt-
zweck, und an einigen unserer und anderer Blätter vermag
ein erfahrener Leser leicht zu erkennen, ob sie eine Sub-
vention Oesterreichs wiederum erhalten haben, sie bald
erwarten, oder sie durch drohende Winke herbeiführen
wollen.

Ich glaube, daß wir einen erheblichen Umschlag in
die Stimmung bringen könnten, wenn wir gegen die Ueber-
hebungen unserer deutschen Bundesgenossen die Saite selbstständiger preußischer Politik in der Presse anschlügen. Vielleicht geschehen in Frankfurt Dinge, welche uns den vollsten
Anlaß dazu bieten.

In diesen Eventualitäten kann sich die Weisheit unserer
militärischen Vorsichtsmaßregeln noch nach anderen Richtungen hin bethätigen und unserer Haltung Nachdruck geben.
Dann wird das preußische Selbstgefühl einen ebenso lauten
und vielleicht folgenreicheren Ton geben, als das bundestägliche. Das Wort „deutsch" für „preußisch" möchte ich
gern erst dann auf unsere Fahne geschrieben sehen, wenn
wir enger und zweckmäßiger mit unseren übrigen Landsleuten verbunden wären als bisher; es verliert von feinem
Zauber, wenn man es schon jetzt, in Anwendung auf den
bundestäglichen Nexus, abnützt.

Ich fürchte, daß Ew. . . . . mir bei diesem brieflichen
Streifzug in das Gebiet meiner früheren Thätigkeit ein
ne sutor ultra crepidam im Geiste zurufen, aber ich habe
auch nicht gemeint, einen amtlichen Vortrag zu halten,

sondern nur das Zeugniß eines Sachverständigen wider den Bund ablegen wollen. Ich sehe in unserem Bundes= verhältniß ein Gebrechen Preußens, welches wir früher oder später ferro et igui werden heilen müssen, wenn wir nicht bei Zeiten in günstiger Jahreszeit eine Kur dagegen vornehmen. Wenn heute lediglich der Bund aufgehoben würde, ohne daß man etwas Anderes an seine Stelle setzte, so glaube ich, daß schon auf Grund dieser negativen Er= rungenschaft sich bald bessere und natürlichere Beziehungen Preußens zu seinen deutschen Nachbarn ausbilden würden, als die bisherigen.

Der italienische Staatsmann Cavour hatte im Juli 1858 mit Napoleon die berühmte Zusammenkunft im Badeorte Plom= bières, wo die Pläne hinsichtlich Italiens festgestellt wurden. In der Presse der beiden Staaten wurde viel von der „Berech= tigung der Nationalitäten" und von der „Revision der Verträge" gesprochen. Oesterreich verstand diese Sprache und rüstete sich zum Krieg. Seine Truppen gingen am 29. April über den Ticino und damit war der Krieg eröffnet. In Petersburg sah man es als eine Strafe für die Treulosigkeit Oesterreichs an, wenn es jetzt dem französisch=sardinischen Bündniß allein gegen= überstand, und besorgte nur, daß Preußen sich zu einer bewaff= neten Hilfsleistung für Oesterreich fortreißen lassen könnte. Diese Besorgniß wurde von dem preußischen Gesandten in Petersburg getheilt, wenn auch aus anderen Gründen.

Die Stunde der Befreiung Deutschlands schien gekommen, aber die Kurzsichtigkeit der öffentlichen Meinung und der Irr= thum einzelner Politiker wollten, daß Preußen für Oesterreich kämpfe.

Preußen kam nicht dazu. Nach Ausbruch des Krieges erließ der Prinz=Regent den Befehl zur Mobilisirung der Armee und beantragte am 25. Juni die Mobilmachung der zwei süddeutschen Armeecorps, am 4. Juli auch die der sächsischen und hannöver= schen Corps, verlangte aber für Preußen den Oberbefehl über

die ganze deutsche Streitmacht und die unbeschränkte Verfügung
über dieselbe. Während hierüber vom Bund verhandelt wurde
und Oesterreich den Gegenantrag stellte, wonach zwar der Oberbefehl dem Prinzen von Preußen übertragen werden, dieser
aber denselben nicht in selbständiger Weise, sondern als ein
von den Instructionen und Befehlen des Bundestages, in
welchem Oesterreich das Wort führte, somit als ein von Oesterreich abhängiger General führen sollte, wurden am 11. Juli
in Villafranca die Friedenspräliminarien abgeschlossen. So
heftig war die Eifersucht Oesterreichs auf Preußen, daß es lieber
die Lombardei abtreten, als Preußen die selbständige Führung
der Bundesarmee überlassen wollte.

⚓

An einen preußischen Diplomaten.

Petersburg, 1. Juli 1859.

Ich danke Ihnen für Ihren Brief und hoffe, daß
Sie diesen ersten nicht den letzten sein lassen; in meiner
Theilnahme nehmen die frankfurter Verhältnisse noch
immer, nächst dem Drange der Gegenwart, die erste Stelle
ein, und ich bin erkenntlich für jede Nachricht von dort.
Unsere Politik finde ich bis jetzt correct; aber ich blicke doch
mit Sorge in die Zukunft; wir haben zu früh und zu
stark gerüstet und die Schwere der Last, die wir uns aufgebürdet, zieht uns die schiefe Ebene hinab. Man wird
zuletzt losschlagen, um die Landwehr zu beschäftigen, weil
man sich genirt, sie einfach wieder nach Hause zu schicken.
Wir werden dann nicht einmal Oesterreichs Reserve,
sondern wir opfern uns geradeswegs für Oesterreich, wir
nehmen ihm den Krieg ab. Mit dem ersten Schuß am
Rhein wird der deutsche Krieg die Hauptsache, weil er
Paris bedroht. Oesterreich bekommt Luft, und wird es
seine Freiheit benutzen, um uns zu einer glänzenden Rolle

zu verhelfen? wird es nicht vielmehr dahin streben, uns
das Maß und die Richtung unserer Erfolge so zuzu-
schneiden, wie es dem specifisch-österreichischen Interesse
entspricht? und wenn es uns schlecht geht, so werden die
Bundesstaaten von uns abfallen, wie welke Pflaumen im
Winde, und jeder, dessen Residenz französische Einquartirung
bekommt, wird sich landesväterlich auf das Floß eines neuen
Rheinbundes retten. Vielleicht gelingt es, eine gemein-
schaftliche Haltung der drei neutralen Großmächte zu
combiniren; wir sind nur schon zu kostspielig gerüstet, um
ebenso geduldig wie England und Rußland des Erfolges
warten zu können, und unsere Vermittelung wird schwerlich
die Cirkelquadratur einer für Frankreich und Oesterreich
annehmlichen Friedensbasis zu Tage fördern können. In
Wien ist die Stimmung angeblich sehr bitter gegen die
eigene Regierung und soll schon demonstrativ bis zum
Auspfeifen der Nationalhymne geworden sein. Bei uns
ist die Begeisterung für den Krieg anscheinend auch nur
mäßig, und es wird schwer sein, dem Volke zu beweisen,
daß der Krieg und seine Uebel unvermeidliche Nothwendigkeit ist. Der Beweis ist zu künstlich für das Verständniß
des Landwehrmannes.

An seine Gemahlin.

Petersburg, 2. Juli 1859.

Vor einer halben Stunde hat mich ein Courier mit
Krieg und Frieden geweckt. — Unsere Politik gleitet
mehr und mehr in das österreichische Kielwasser hinein,
und haben wir erst einen Schuß am Rhein abgefeuert, so
ist es mit dem italienisch-österreichischen Kriege vorbei und
statt dessen tritt ein preußisch-französischer auf die Bühne,

in welchem Oesterreich, nachdem wir die Last von seinen
Schultern genommen haben, uns so viel beisteht oder nicht
beisteht, als seine eigenen Interessen es mit sich bringen.
Daß wir eine sehr glänzende Siegerrolle spielen, wird es
gewiß nicht zugeben.

Wie Gott will! Es ist hier Alles doch nur eine Zeit-
frage, Völker und Menschen, Thorheit und Weisheit, Krieg
und Frieden, sie kommen und gehen wie Wasserwogen, und
das Meer bleibt. Es ist ja nichts auf dieser Erde, als
Heuchelei und Gaukelei, und ob nun das Fieber oder die
Kartätsche diese Maske vom Fleisch abreißt, fallen muß sie
doch über kurz oder lang, und danu wird zwischen einem
Preußen und einem Oesterreicher, wenn sie gleich groß
sind, doch eine Aehnlichkeit eintreten, die das Unterscheiden
schwierig macht; auch die Dummen und die Klugen sehen,
reinlich skelettirt, ziemlich einer wie der andere aus; den
specifischen Patriotismus wird man allerdings mit dieser
Betrachtung los, aber es wäre auch jetzt zum Verzweifeln,
wenn wir auf den mit unserer Seligkeit angewiesen wären.

An einen preußischen Diplomaten.

Hohendorf, 3. Februar 1860.

. . . Ich höre immer noch mit Vergnügen und mit
einem Anflug von Heimweh alle Nachrichten über Frankfurter Zustände und Personen, und beim Zeitungslesen be-
fällt mich oft der Trieb, kampflustig in die Sitzungen zu
eilen. Der Zug mit der Kriegsverfassung war vortrefflich,
nur weiter so offen und dreist mit unseren Ansprüchen
herausgetreten, sie sind zu berechtigt, um nicht schließlich,
wenn auch langsam, sich Anerkennung zu verschaffen, und
die von des Rheinbunds und der Bundesacte Gnaden

souveränen Kleinstaaten können ihren Particularismus auf die Dauer gegen den Strom der Zeit nicht halten. Es kann, wie meine Genesung, Stillstand und Rückschritt gelegentlich durchmachen, aber im Ganzen rückt es vorwärts, sobald wir muthig wollen und uns unseres Wollens nicht mehr schämen, sondern im Bunde, in der Presse und vor Allem in unseren Kammern offen darlegen, was wir in Deutschland vorstellen wollen und was der Bund bisher für Preußen gewesen ist: ein Alp und eine Schlinge um unseren Hals mit dem Ende in feindlichen Händen, die nur auf Gelegenheit zum Zuschnüren warten . . . Doch genug Politik.

Ich hoffe bald reisefertig zu sein, bin's vielleicht schon, meine Frau und die Aerzte drängen mich nach Süden, Heidelberg oder Schweiz; ich dränge nach Petersburg, um endlich im eigenen Haufe in Ruhe zu wohnen . . .

An seine Gemahlin.

Petersburg, 16. Juni 1860.

. . .: Uns geht es vor der Hand ziemlich gut, und mir besonders besser als in Deutschland, unberufen! Die Ruhe und Annehmlichkeit des häuslichen Lebens thun das ihre. 24 Grad im Schatten, aber immer kühle Nächte. Die Geschäfte gehen, Dank einem so liebenswürdigen Minister wie Gortschakoff, ohne Aerger, kurz cela va bien, pourvu que cela dure. Unsere Beziehungen mit hier sind ausgezeichnet, was auch die Zeitungen fabeln mögen.

Die Augsburger & Co. haben noch immer Angst, ich möchte Minister werden, und meinen dies durch Schimpfen über mich und meine französisch-russischen Gesinnungen zu hintertreiben. Viel Ehre, von den Feinden Preußens ge-

·

fürchtet zu werden. Uebrigens sind meine politischen Lieb-
habereien im Frühjahr bei Hof und Minister so genau ge-
siebt worden, daß man klar weiß, was daran ist, und wie
ich gerade im nationalen Aufschwung Abwehr und Kraft
zu finden glaubte. Wenn ich einem Teufel verschrieben
bin, so ist es ein teutonischer und kein gallischer. . . .'s
Lügenfabrik könnte mich viel wirksamer auf anderen Gebieten angreifen, als auf dem des Bonapartismus, wenn
sie an unserem Hofe, wie bei den Augsburgern, Eindruck
machen will . . .

Adressat ungenannt.

Petersburg, 22. August 1860.

. . . Der heimischen Politik bin ich ganz entrückt, da
ich außer Zeitungen fast nur amtliche Nachrichten erhalte,
die den Untergrund der Dinge nicht bloßlegen. Nach
ihnen haben wir in Teplitz nichts Definitives versprochen,
sondern unsere Leistungen für Oesterreich davon abhängig
gemacht, daß letzteres sein Wohlwollen für uns auf dem
Gebiet deutscher Politik zunächst praktisch bewähre; nachdem dies geschehen, werde es auf unsere Dankbarkeit
rechnen können. Damit wäre ich sehr zufrieden; eine
Hand wäscht die andere, und sehen wir die Wiener Seife
nur erst schäumen, so werden wir gerne die Wäsche erwidern. Indirecte Nachrichten, die von anderen Höfen
hierher gelangen, lauten allerdings anders. Wenn sie
richtig sind, so hätten wir zwar keinen schriftlichen Garantievertrag geschlossen, uns aber doch vermöge mündlichen
Wortes gebunden, Oesterreich unter allen Umständen dann
beizustehen, wenn es von Frankreich in Italien angegriffen
werde; sehe Oesterreich sich zum Angriff genöthigt, so sei
unsere Einwilligung erforderlich, wenn unser Beistand er-

wartet werden foll. Die Verfion klingt unverfänglicher,
als fie in der That fein würde. Hat Oefterreich die
Sicherheit, daß wir für Venedig eintreten werden, fo wird
es den Angriff Frankreichs zu provociren wiffen, wie denn
schon jetzt behauptet wird, daß Oefterreich feit Teplitz in
Italien dreift und herausfordernd auftrete. Seit der
Garibaldischen Expedition geht die Wiener Politik dahin,
es in Italien fo schlimm wie möglich werden zu laffen,
damit dann, wenn Napoleon felbft nöthig finden werde,
fich gegen die italienische Revolution zu wehren, allfeitig
eingeschritten und der frühere Zuftand annähernd herge=
ftellt werde. Diefe Rechnung mit und auf Napoleon kann
fehr trügen; wie es scheint, hat man fie deshalb feit
Teplitz aufgegeben und hofft auch gegen Napoleon zum
Ziel zu gelangen. Die unruhige, gereizte Leidenschaftlich=
keit der öfterreichischen Politik bringt auf beiden Wegen
den Frieden in Gefahr. — Was wird die Kammer zu
Teplitz, was zur Armeereorganifation fagen! In letzterer
werden natürlich alle Vernünftigen zur Regierung ftehen.
Der Eindruck der auswärtigen Politik wird fich aber erft
berechnen laffen, wenn man genauer weiß, was Teplitz
bedeutet. Ein wohlunterrichteter, aber ziemlich bonapar=
tiftischer Correfpondent schreibt mir aus Berlin: „Wir
find in Teplitz mit Wiener Gemüthlichkeit glänzend über
den Löffel barbiert, für nichts, nicht einmal ein Linfengericht,
verkauft. Gott gebe, daß er irrt!" — Bei Gelegenheit
von Bonapartiften fällt mir ein, daß gelegentliche An=
deutungen hierher gelangen, als würde von der Preffe —
Nationalzeitung, Magdeburger, Oftpreußische Zeitung und
dergleichen — ein fyftematischer Verleumdungsfeldzug
gegen meine Perfon geführt. Ich follte ruffisch-französische
Zumuthungen wegen einer Abtretung der Rheinlande gegen
Arrondirung im Innern offen unterftützt haben, ein zweiter
Borries fein und dergleichen. Ich zahle demjenigen

1000 Friedrichsd'or baar, der mir nachweisen kann, daß dergleichen russisch-französische Anerbietungen jemals von irgend jemand zu meiner Kenntniß gebracht seien. Ich habe in der ganzen Zeit meines deutschen Aufenthaltes nie etwas anderes gerathen, als uns auf die eigene und die im Fall des Krieges von uns aufzubietende nationale Kraft Deutschlands zu verlassen. Dieses einfältige Feder-vieh der deutschen Presse merkt gar nicht, daß es gegen das bessere Theil seiner eigenen Bestrebungen arbeitet, wenn es mich angreift. Als Quelle dieser Angriffe wird mir der Coburger Hof und ein Literat bezeichnet, der persönliche Rancune gegen mich hat. Wenn ich ein öster-reichischer Staatsmann oder ein deutscher Fürst und öster-reichischer Reactionär, wie der Herzog von Meiningen wäre, so würde unsere Kreuzzeitung mich so gut in Schutz genommen haben, wie letzteren; die Lügenhaftigkeit jener Verdächtigungen ist keinem unserer politischen Freunde un-bekannt. Da ich aber nur ein alter Parteigenosse bin, der obenein das Unglück hat, über manche ihm genau bekannte Dinge eigene Ansichten zu haben, so läßt man mich nach Herzenslust begeifern, und ich erfahre von der ganzen Sache hauptsächlich durch die officiöse Vertheidigung der Elberfelder Zeitung, die man mir einsendet. Es geht nichts über Ketzerrichter im eigenen Lager, und unter Freunden, die lange aus einem Topfe gegessen haben, ist man ungerechter, als gegen Feinde. Mir ist's recht, man soll sich nicht auf Menschen verlassen, und ich bin dankbar für jeden Zug, der mich nach innen zieht! —

Im Sommer 1861 hatte Bismarck in Baden-Baden eine Unterredung mit dem König. Beauftragt, seine Gedanken über die Aufgaben der preußischen Politik zu Papier zu bringen, überreichte er bald darauf dem König eine Denkschrift, über dereu Inhalt nichts Authentisches vorliegt. Es wird vermuthet, daß der Brief, welchen Bismarck am 18. September 1861 von Stolpmünde aus über die richtige Politik der conservativen Partei und über die deutsche Frage schrieb, den Inhalt jener Denkschrift in seinen wesentlichen Zügen wiedergab. Man hatte ihm das conservative Programm des „preußischen Volksvereins" zugeschickt, das aus dem Stil der negativen Fassung nicht hinaus- kam und die Solidarität der conservativen Interessen aller Länder einseitig betonte.

✣

Adreſſat ungenannt.

Stolpmünde, 18. September 1861.

In Betreff des conservativen Programms unterschreibe ich Ihre Ausstellungen vollständig. Die durchgehends negative Fassung der aufgestellten Sätze hätte von Haufe aus vermieden werden sollen. Mit der bloßen matten Defensive kann eine politische Partei nicht bestehen, viel weniger erobern, Terrain und Anhänger. — Den Schmutz der deutschen Republik behauptet jede Partei zu verab- scheuen, und die für jetzt praktisch zur Frage kommenden Gegner sind auch ehrlich bemüht, ihn nicht zu wollen, namentlich den Schmutz nicht. Eine so weit über das Bedürfniß des Momentes hinausgreifende Redeform sagt entweder gar nichts, oder verhüllt, was man nicht sagen will. Ich selbst bin zweifelhaft, ob der Verfasser des Programms nicht in der That auf dem reinen Würzburger Standpunkte steht. Wir haben unter unseren besten Freun- den fo viele Doctrinäre, welche von Preußen die ganz gleiche Verpflichtung zum Rechtsschutze in Betreff fremder Fürsten und Länder, wie in Betreff der eigenen Unter- thanen verlangen. Dieses System der Solidarität der

conservativen Interessen aller Länder ist eine gefährliche
fiction, so lange nicht die vollste, ehrlichste Gegenseitigkeit
in aller Herren Länder obwaltet. Isolirt von Preußen
durchgeführt, wird es zur Donquixoterie, welche unseren
König und seine Regierung nur abschwächt für die Durch=
führung der eigensten Aufgabe, den der Krone Preußen
von Gott übertragenen Schutz Preußens gegen Unrecht,
von außen oder von innen kommend, zu handhaben. Wir
kommen dahin, den ganz unhistorischen, gott= und recht=
losen Souveränetätsschwindel der deutschen Fürsten, welche
unser Bundesverhältniß als Piedestal benutzen, von dem
herab sie europäische Macht spielen, zum Schooßkind der
conservativen Partei Preußens zu machen. Unsere Regie=
rung ist ohnehin in Preußen liberal, im Auslande legi=
timistisch; wir schützen fremde Kronrechte mit mehr Be=
harrlichkeit als die eigenen, und begeistern uns für die
von Napoleon geschaffenen, von Metternich sanctionirten
kleinstaatlichen Souveränetäten bis zur Blindheit gegen
alle Gefahren, mit denen Preußens und Deutschlands Un=
abhängigkeit für die Zukunft bedroht ist, so lange der Un=
sinn der jetzigen Bundesverfassung besteht, die nichts ist
als ein Treib= und Conservirhaus gefährlicher und revo=
lutionärer Particularbestrebungen. Ich hätte gewünscht,
daß in dem Programm anstatt des vagen Ausfalles gegen
die deutsche Republik offen ausgesprochen wäre, was wir
in Deutschland geändert und hergestellt wünschen, sei es
durch Anstrebung rechtlich zu Staude zu bringender Aende=
rungen der Bundesverfassung, sei es auf dem Wege künd=
barer Associationen nach Analogie des Zollvereins und
des Koburger Militärvertrages. Wir haben die doppelte
Aufgabe, Zeugniß abzulegen, daß das Bestehende der
Bundesverfassung unser Ideal nicht ist, daß wir die noth=
wendige Aenderung aber auf rechtmäßigem Wege offen
anstreben und über das zur Sicherheit und zum Gedeihen

Aller erforderliche Maß nicht hinausgehen wollen. Wir
brauchen eine straffere Consolidation der deutschen Wehr=
kraft so nöthig, wie das liebe Brot; wir bedürfen einer
neuen und bildsamen Einrichtung auf dem Gebiete des
Zollwesens und einer Anzahl gemeinsamer Institutionen,
um die materiellen Interessen gegen die Nachtheile zu
schützen, die aus der unnatürlichen Configuration der deut=
schen inneren Landesgrenzen erwachsen. Daß wir diese
Dinge ehrlich und ernst fördern wollen, darüber sollten
wir jeden Zweifel heben. — Ich sehe außerdem nicht ein,
warum wir vor der Idee einer Volksvertretung, sei es
am Bunde, sei es in einem Zoll= und Vereinsparlament,
so zimperlich zurückschrecken. Eine Institution, die in jedem
deutschen Staate legitime Geltung hat, die wir Conservative
selbst in Preußen nicht entbehren möchten, können wir doch
nicht als revolutionär bekämpfen! Auf dem nationalen
Gebiete wurden bisher sehr mäßige Concessionen immer
noch als werthvoll anerkannt werden. Man könnte eine
recht conservative Nationalvertretung schaffen und doch
selbst bei den Liberalen Dank dafür ernten.

Der Lärm des Einpackens stört mich im Schreiben.
Für den Fall, daß Sie noch Gelegenheit haben, mich bei
unseren Freunden redend einzuführen, lege ich das Con=
cept bei, welches ich Ihnen vorlas; aber mit der Bitte,
den Wortlaut vor Oeffentlichkeit zu bewahren, da ich
nicht weiß, ob es dem Könige genehm ist, daß dieser auf
seinen Befehl flüchtig zu Papier gebrachte Inhalt einer
Unterredung mit Sr. Majestät ruchbar wird, nachdem
weitere Besprechungen, wie ich höre, daran geknüpft
worden sind . . . .

Adressat ungenannt.

Berlin, 2. October 1861.

Ich bin in Koblenz und hier nach Kräften für deutsche Politik thätig gewesen, und für die augenblickliche Stimmung nicht ganz ohne Erfolg. Ich schrieb Ihnen etwa am 19. v. M. von Stolpmünde nach Ihrer hiesigen Wohnung und legte in den Brief das Concept des kleinen Aufsatzes, den ich in Baden dem Könige gegeben hatte. Ich soll diese Arbeit näher ausführen; ist daher der Brief mit der Einlage schließlich, wie ich hoffe, in Ihre Hände gelangt, so bitte ich Sie, mir die Einlage nach Reinfeld schicken zu wollen, damit ich sie dort weiter verarbeite. Ich habe wahres Heimweh nach meiner Wohnung am Englischen Quai, mit dem beruhigenden Blick auf das Newa-Eis. Am 13. wird man wohl in Königsberg ein= treffen müssen . . .

An seine Schwester.

Petersburg, 17./5. Jan. 1862.

Du schreibst in Deinem Letzten von indiscreten Reden, die ** in Berlin geführt hat. Takt hat er nicht und wird er nie haben, für absichtlich feindlich gegen mich halte ich ihn nicht. Es passirt hier auch nichts, was nicht jeder wissen könnte. Wollte ich noch Carriere machen, so wäre es vielleicht gerade gut, wenn recht viel Nachtheiliges von mir gehört würde, dann käme ich wenigstens wieder nach Frankfurt, oder wenn ich 8 Jahre lang recht faul wäre und anspruchsvoll, das hilft. Für mich ist es damit zu spät, ich fahre deshalb fort, hausbacken meine Schuldig= keit zu thun. Ich bin seit meiner Krankheit geistig so matt geworden, daß mir die Spannkraft für beregte Ver=

hältniſſe verloren gegangen iſt. Vor drei Jahren hätte
ich noch einen brauchbaren Miniſter abgegeben, jetzt komme
ich mir in Gedanken daran vor wie ein kranker Kunſt=
reiter. Einige Jahre muß ich noch im Dienſt bleiben,
wenn ich's erlebe. In drei Jahren wird Kniephof pacht=
los, in vier Schönhauſen; bis dahin weiß ich nicht recht,
wo ich wohnen ſollte, wenn ich den Abſchied nähme. Das
jetzige Revirement der Poſten läßt mich kalt, ich habe eine
abergläubiſche Furcht, einen Wunſch deshalb auszuſprechen
und ihn ſpäter erfahrungsmäßig zu bereuen. Ich würde
ohne Kummer und ohne Freude nach Paris, Loudou gehen,
hierbleiben, wie es Gott und Sr. Majeſtät gefällt, der
Kohl wird weder für unſere Politik, noch für mich fetter,
wenn das eine oder das andere geſchieht. Johanna
wünſcht ſich nach Paris, weil ſie glaubt, daß den Kindern
das Klima beſſer wäre. Krankheiten kommen überall,
Unglücksfälle auch, mit Gottes Beiſtand überſteht man ſie
oder beugt ſich in Ergebung Seinem Willen, die Localität
thut dabei nichts. ** gönne ich jeden Poſten, er hat das
Zeug dazu. Ich wäre undankbar gegen Gott und Men=
ſchen, wenn ich behaupten wollte, daß es mir hier ſchlecht
ginge und für Aenderung beſtrebt wäre; vor dem Mini=
ſterium habe ich geradezu Furcht, wie vor kaltem Bade.
Ich gehe lieber auf jene vacanten Poſten oder nach Frank=
furt zurück, ſelbſt nach Bern, wo ich recht gern lebte. Soll
ich hier fort, ſo wäre es mir lieb, bald davon zu hören.
Am 1./15. Februar muß ich mich erklären, ob ich mein
Haus behalte, muß en cas que ſi Bauten und Repara=
turen bedingen, auch wären theuere Pferde und andere
Sachen zu verkaufen, was hier Monate erfordert und
Tauſende verlieren oder behalten macht. Ein Umzug im
Winter iſt kaum möglich. — Ich leſe nach einigen Störungen
den Brief über und finde, daß er einen hypochondri=
ſchen Eindruck macht; mit Unrecht, ich fühle mich weder

mißvergnügt, noch lebenssatt, und habe bei prüfendem Nachdenken keinen unbefriedigten Wunsch entdeckt, als den nach 10 Grad Kälte weniger und etwa fünfzig Visiten schon gemacht zu haben, die auf mir haften. Bescheidene Wünsche. Ich höre, daß man mich im Winter zum Land= tag zu erwarten meint. Es fällt mir nicht ein, ohne strikten Befehl des Königs nach Berlin zu kommen, es sei denn im Sommer auf Urlaub. Johanna und die Kinder gehen, wie ich denke, in etwa vier Monaten nach Deutschland ab, ich folge, fo Gott will, vier oder sechs Wochen später und kehre ebenso viel früher hierher zurück.

An seine Gemahlin.

Petersburg, 7. März 1862.

Von ** habe ich neulich einen Brief gehabt, er glaubt für hier bestimmt zu fein, würde aber lieber nach Paris gehen; mir stellt er Loudon in Aussicht, und ich habe mich mit dem Gedanken ziemlich vertraut gemacht. Prinzliche Briefe sprachen von ** Rücktritt und meiner Nachfolge; ich glaube nicht, daß es die Absicht ist, würde aber ablehnen, wenn's wäre. Abgesehen von allen poli= tischen Unzuträglichkeiten, fühle ich mich nicht wohl genug, für fo viel Aufregung und Arbeit. Diese Rücksicht macht mich auch bedenklich, wenn man mir Paris anböte; Loudon ist ruhiger. Wenn Klima und Kindergesundheit nicht wären, fo bliebe ich zweifellos am liebsten hier. Bern ist auch eine fixe Idee von mir; langweilige Orte mit hübscher Gegend sind für alte Leute entsprechend; mir fehlt dort alle Jagd, da ich das Klettern nach Gemsen nicht liebe.

An dieselbe.

Berlin, 17. Mai 1862.

Unsere Zukunft ist noch ebenso unklar wie in Petersburg. Berlin steht mehr im Vordergrund; ich thue
nichts dazu und nichts dagegen, triuke mir aber einen
Rausch, wenn ich erst meine Beglaubigung nach Paris
in der Tasche habe. Von Loudou ist im Augenblick gar
nicht die Rede, es kann sich aber wieder ändern. Heute
weihe ich erst Brandenburg ein, fahre dann nach **,
bei ** zu speisen. Aus den Ministerbesprechungen komme
ich den ganzen Tag nicht los und finde die Herren nicht
viel einiger untereinander, als ihre Vorgänger waren.

An dieselbe.

Berlin, 23. Mai 1862.

Aus den Zeitungen hast Du schon ersehen, daß ich nach
Paris ernannt bin; ich bin sehr froh darüber, aber
der Schatten bleibt im Hintergrund. Ich war schon so
gut wie eingefangen für das Ministerium; ich reise, so
schnell ich los komme, morgen oder übermorgen, nach
Paris. Aber ich kann unsere „unbestimmten" Sachen noch
nicht dahin dirigiren, denn ich muß gewärtigen, daß man
mich in wenig Monaten oder Wochen wieder herberuft
und hier behält. Ich komme vorher nicht zu Dir, weil
ich erst in Paris Besitz ergreifen will, vielleicht entdecken
sie einen andern Ministerpräsidenten, wenn ich ihnen erst
aus den Augen bin. Ich gehe auch nicht nach Schönhausen, alles in Sorge, daß man mich noch wieder fest-
hält. Gestern bin ich vier Stunden als Major umher-
geritten, wobei ich meine Ernennung für Paris aus dem
Sattel erhielt. Die Fuchsstute ist hier, und meine Freude

und Erholung im Thiergarten; ich nehme sie mit. Die
Bären sind gestern nach Frankfurt abgereist. Ich habe
alle Hände voll zu thun, um meine Abreise zu er=
möglichen.

An dieselbe.

Berlin, 25. Mai 1862.

Ich denke morgen, spätestens Dienstag, nach Paris auf=
zubrechen; ob auf lange, das weiß Gott; vielleicht
nur auf Monate oder Wochen. Sie sind hier alle verschworen
für mein Hierbleiben, und ich will recht dankbar sein, wenn
ich im Garten an der Seine erst einen Ruhepunkt gewonnen
und einen Portier habe, der für einige Tage niemand zu
mir läßt. Ich weiß noch nicht, ob ich unsere Sachen
überhaupt nach Paris schicken kann, denn es ist möglich,
daß ich schon wieder herberufen werde, ehe sie ankommen.
Es ist mehr ein Fluchtversuch, den ich mache, als ein
neuer Wohnsitz, an den ich ziehe. Ich habe sehr fest
auftreten müssen, um nur einstweilen hier aus dem Gasthofs=
warteleben loszukommen. Ich bin zu allem bereit, was
Gott schickt, und klage nur, daß ich von Euch getrennt
bin, ohne den Termin des Wiedersehens berechnen zu
können. Habe ich Aussicht, bis zum Winter in Paris zu
bleiben, so denke ich, daß Du mir bald folgst, und wir
richten uns ein, sei es auch auf kurze Zeit. Im Laufe des
Juni wird es sich hier entscheiden müssen, ob ich wieder
herkomme, vor Ende des Sommers Landtagssitzung, oder
länger und lange genug, um Euch überzusiedeln, in Paris
bleibe. Was ich kann, thue ich, daß Du nach P. kommst,
wenn es auch für kurze Zeit und ohne Einrichtung wäre,
damit Du es gesehen hast. Gestern war großes Militär=

diner, wo ich als Major figurirte, vorher Parade. Die Fuchsstute ist meine tägliche Freude im Thiergarten, aber für Militär nicht ruhig genug.

❦

An dieselbe.

Paris, 31. Mai 1862.

Mein Bleiben hier ist noch nicht gesichert, ehe das Ministerium nicht für Hohenlohe einen andern Präsidenten hat, und ehe Loudou nicht neu besetzt ist. Lebe wohl, grüße herzlich und schreibe.

❦

An dieselbe.

Paris, 1. Juni 1862.

Heute wurde ich vom Kaiser empfangen und gab meine Briefe ab; er empfing mich freundlich, sieht wohl aus, ist etwas stärker geworden, aber keineswegs dick und gealtert, wie man zu carikiren pflegt. Die Kaiserin ist noch immer eine der schönsten Frauen, die ich kenne, trotz Petersburg; sie hat sich eher emballirt seit 5 Jahren. Das Ganze war amtlich und feierlich, Abholung im Hofwagen mit Ceremonienmeister, und nächstens werde ich wohl eine Privataudienz haben. Ich sehne mich nach Geschäften, denn ich weiß nicht, was ich anfangen soll. Ich effe einstweilen im Café. Wie lange es dauert, weiß Gott. In 8 bis 10 Tagen erhalte ich wahrscheinlich eine telegraphische Citation nach Berlin, und dann ist Spiel und Tanz vorbei. Wenn meine Gegner wüßten, welche Wohlthat sie mir persönlich durch ihren Sieg erweisen würden,

und wie aufrichtig ich ihn ihnen wünsche! ** thäte dann
vielleicht aus Bosheit das Seinige, um mich nach Berlin
zu bringen. Du kannst nicht mehr Abneigung gegen die
Wilhelmstraße haben, als ich selbst, und wenn ich nicht
überzeugt bin, daß es sein muß, ſo gehe ich nicht. Den
König unter Krankheitsvorwänden im Stich zu laſſen,
halte ich für Feigheit und Untreue. Soll es nicht ſein, ſo
wird Gott die Suchenden ſchon noch einen Dummen auftreiben
laſſen, der ſich zum Topfdeckel hergiebt; ſoll es ſein, dann
voran! wie unſere Kutſcher ſagten, wenn ſie die Leine
nahmen. Im nächſten Sommer wohnen wir dann vermuthlich in Schönhauſen. Hurero! Ich gehe nun in mein
großes Himmelsbett, ſo lang wie breit, als einziges lebendes
Weſen im ganzen Stockwerk, ich glaube, auch im Parterre
wohnt niemand.

An seine Schwester.

Paris, 16. Juni 1862.

Mein Barometerſtand iſt noch immer auf veränderlich, wie
ſeit Jahr und Tag, und wird auch wohl noch lange
ſo bleiben, mag ich hier oder in Berlin wohnen. Ruhe
iſt im Grabe, hoffe ich wenigſtens. Seit meiner Abreiſe
habe ich über die miniſterielle Frage kein Wort aus Berlin
von irgend Jemand. ** Urlaub iſt abgelaufen und er
tritt nicht wieder ein, das wußte ich vorher. Ende Juni
warte ich in Ruhe ab; weiß ich dann noch nicht, was aus
mir wird, ſo werde ich dringlich um Gewißheit bitten,
damit ich mich hier einrichten kann. Habe ich Ausſicht,
bis zum Januar hier zu bleiben, ſo denke ich Johanna im
September zu holen, obſchon ein Etabliſſement auf 4 Monat
in eigener Häuslichkeit immer ſehr proviſoriſch iſt und unbehaglich.

An seine Gemahlin.

Luchon, 9. September 1862.

Von Berlin weiß ich gar nichts, habe seit 14 Tagen keine Zeitung gelesen, und mein Urlaub ist um. Ich erwarte in Toulouse einen Brief von **, und daß man mich nach Berlin citirt, ohne bestimmte Entscheidung.

☙

An dieselbe.

Toulouse, 12. September 1862.

Mein Urlaub ist um; ** schreibt, daß der König den 9. in Carlsruhe ist, nach Deinem Brief erst den 13. Es würde das Beste sein, wenn ich von hier den Urlaub auf weitere — Wochen nach Pommern erbitte, und in Paris die Antwort, sowie die Rückkehr des Königs nach Berlin erwarte, ehe ich reise; denn Gewißheit ist jetzt nöthig, oder ich nehme Knall und Fall meinen Abschied. Ich bin in dieser Minute noch nicht im Stande mich zu entschließen, ich will erst etwas spazieren gehen, dabei wird mir wohl einfallen, wie ich es machen muß.

☙

An dieselbe.

Berlin, den 7. October 1862.

Am Kammertisch mit einem Redner, der mir Sottisen sagt, auf der Tribüne vor mir, zwischen einer ab= gegebenen und einer abzugebenden Erklärung gebe ich Dir Nachricht von meinem Wohlbefinden. Arbeit ist viel, etwas müde, nicht genug Schlaf, aller Anfang ist schwer, mit Gottes Hilfe wird es besser werden, es ist ja auch so recht gut, nur das Leben auf dem Präsentirteller ist etwas unbehaglich. Ich sehe, daß ich verkehrt angefangen habe, hoffentlich nicht als böses Omen. Wenn Roon und die Fuchsstute nicht wären, so würde ich mir etwas vereinsamt vorkommen, obwohl ich nie allein bin . . .

❦

An seine Schwester.

Berlin, den 10. October 1862.

So gute Blutwurst aß ich nie und so gute Leber nur selten; mögen Deine Schlachtthaten an Dir gesegnet werden; ich frühstücke seit 3 Tagen daran. Koch Rimpe ist angelangt, und ich esse einsam im Hause, wenn nicht an Sr. M. Tafel. In Paris ging es mir gut, in Letzlingen schoß ich 1 Hirsch, 1 Sau, 4 Schaufler, 5 Spießer, 4 St. Damwild und pudelte doch gehörig, wenn auch nicht so viel wie meine Nachbarn. Die Arbeitslast wächst hier aber täglich. Heut von 8 bis 11 Diplomatie, von 11 bis $2^{1}/_{2}$ verschiedene streitsüchtige Ministerconferenzen, dann bis 4 Vortrag beim König, von $^{1}/_{4}$ bis $^{3}/_{4}$ Galopp im Regen bis Hippodrom, um 5 zur Tafel, von 7 bis jetzt 10 Uhr Arbeit aller Art, aber gesund und guten Schlaf, starken Durst!

❦

An John Lothrop Motley.

Berlin, April 1863.

Ich hasse die Politik, aber, wie Sie mit Recht sagen, wie der Krämer die Feigen; denn ich muß nichtsdestoweniger meine Gedanken vermehrt auf diese Feigen richten. Selbst in diesem Augenblicke, da ich Ihnen schreibe, sind meine Ohren voll von Politik. Ich bin nämlich verpflichtet,

besonders geschmacklose Reden aus dem Munde ungewöhn=
lich kindischer und aufgeregter Politiker zu hören. Wenn ich
daher einen Moment der Ruhe habe, so kann ich ihn in
der That nicht besser verwerthen, als indem ich Ihnen
Nachrichten von meinem Befinden gebe. — Ich hätte nie
gedacht, daß ich in reiferen Jahren genöthigt sein würde,
das unwürdige Geschäft eines parlamentarischen Ministers
zu betreiben. Als Gesandter, der ja auch nur Beamter
ist, hatte ich doch das Gefühl, ein Gentleman zu sein; als
parlamentarischer Minister ist man ein Helot. Ich bin
heruntergekommen — und ich weiß nicht wie . . .

Ich sitze wieder im Phrasenhause und höre die Leute
Unsinn reden. Alle diese Herren haben sich mit unseren
Verträgen mit Belgien einverstanden erklärt, trotzdem zanken
sich zwanzig Redner in der größten Heftigkeit, als ob Jeder
dem Anderen den Garaus zu machen gedächte; sie sind
nämlich nicht einig über die Gründe, weshalb sie derselben
Ansicht sind. Der richtige deutsche Streit um des Kaisers
Bart! — querelle d'Allemand! Ihr angelsächsischen Yankees
habt eigentlich etwas Aehnliches. Wißt Ihr wohl genau,
warum Ihr so heftigen Krieg gegen einander führt?
Sicher nicht Alle! Sie tödten sich con amore, und das ist
ihre Art, Geschäfte zu erledigen. Ihre Schlachten sind
blutig, unsere wortreich; diese Schwätzer können Preußen
sicher nicht regieren.

Nun herzlich Lebewohl. Ich kann eine so unortho=
graphische Sprache, wie die englische, nicht zu später Nacht=
zeit schreiben; aber bitte, lassen Sie recht bald wieder von
sich hören.

Ihre Handschrift sieht wie Krähenfüße aus, ist aber
sehr leserlich. Ist es mit der meinigen ebenso?

gez. v. Bismarck.

An denselben.

Berlin, 25. Mai 1863.

Jack mein Theurer! Wo zum Teufel steckst Du und was thust Du, daß Du mir nie eine Zeile schreibst? Ich arbeite wie ein Neger, und Du thust, wer weiß was ... Ich kann keine reguläre Correspondenz unterhalten. Es kommt oft vor, daß ich im Laufe von fünf Tagen nicht eine Stunde für einen Spaziergang erübrigen kann. Du alter fauler Knabe, was hält Dich denn ab, an Deine Freunde zu denken. Ich wollte gerade zu Bette gehen, da traf mein Auge das Deinige auf Deinem Porträt und ich verscheuchte den Schlaf, an „Ould Long Seyne" zu erinnern. Warum kommst Du nicht einmal nach Berlin?..

Laß die Politik zum Satan gehen und komme zu mir. Ich schwöre, der Union-Jack soll von meinem Haufe wehen, und Unterhaltung und das beste Glas Rheinwein Verdammung auf das Haupt der Rebellen gießen...

Dein

Bismarck.

Die Thatsache, daß das Ministerium Bismarck nicht bloß die Kammer und das ganze liberale Preußen, sondern auch den größten Theil des übrigen Deutschlands, und zwar Regierungen und Volk, gegen sich hatte, ermuthigte Oesterreich, einen diplomatischen Schachzug zu thun, durch welchen Preußens Macht auf lange Jahre hinein lahm gelegt werden sollte. König Wilhelm gebrauchte im Sommer 1863 die Badekur in Gastein. Bismarck befand sich im Juli in Karlsbad; gegen die Mitte des Monats reiste er nach Berlin zurück und von da über Nürnberg nach Salzburg, wo er mit dem König zusammentraf, um ihn nach Gastein zu begleiten. Am 2. August traf Kaiser Franz Joseph in Gastein ein und machte sofort dem König einen Besuch. Er theilte ihm vertraulich mit, daß er entschlossen sei,

den Reform- und Einheitsbestrebungen des deutschen Volkes
durch Einführung einer neuen Bundesverfassung entgegenzukommen und den Entwurf derselben den deutschen Fürsten,
welche sämmtlich auf den 16. August nach Frankfurt eingeladen
würden, zur Genehmigung vorzulegen. Zugleich übergab er ihm
eine Denkschrift, welche über Motive und Ziele dieses Projekts
näheres enthielt. Der König, überrascht über diese Eröffnung,
versprach, die Sache zu erwägen. Er berieth sich mit Bismarck,
und als der Kaiser am andern Vormittag wiederkam und seine
Einladung erneuerte, erklärte der König, daß es wohl zweckmäßig wäre, vor der Zusammenkunft der Fürsten Ministerconferenzen zu veranstalten und in diesen den österreichischen
Entwurf berathen zu lassen, was freilich zur Folge hätte, daß
der Fürstencongreß nicht vor October stattfinden könnte. Der
Kaiser, die Rathschläge Bismarcks darin erkennend, beschied
Nachmittags diesen zur Audienz, um ihn für seinen Plan zu
gewinnen, fand aber den preußischen Ministerpräsidenten unbeugsam, daher er nach wenigen Minuten die Audienz abbrach.
Abends reiste er ab, und eine Stunde darauf überreichte ein
kaiserlicher Flügeladjutant dem König, welcher geglaubt hatte,
die von ihm geäußerten Bedenken würden vom Kaiser in Erwägung gezogen, die officielle, vom 31. Juli datirte Einladung
nach Frankfurt auf den 16. August. Die Einladungsschreiben
an die andern deutschen Fürsten und Bürgermeister der freien
Städte gingen am 4. August von Wien ab. Die Antwort des
Königs Wilhelms lautete abschlägig.

Der der Fürstenversammlung in Frankfurt vorgelegte Entwurf der neuen Bundesverfassung stellte an die Spitze des
Bundes ein Directorium von fünf Fürsten, in welchem Oesterreich den Vorsitz führte, ließ den Bundestag für die Behandlung
der laufenden Geschäfte fortbestehen und wollte der Forderung
eines deutschen Parlaments durch eine Versammlung von Delegirten der Landtage der einzelnen Staaten entsprechen. Dieser
Entwurf wurde mit wenigen Modificationen fast einstimmig von
den Fürsten angenommen, scheiterte aber vollständig an der entschiedenen Weigerung Preußens. Bismarck verlangte für
Preußen ein Veto gegen jeden Bundeskrieg, welcher zur Ver-

theidigung nicht deutschen Gebietes unternommen werden sollte, die volle Gleichberechtigung mit Oesterreich im Vorsitz und in der Leitung der Bundesangelegenheiten und eine Volksvertretung, welche nicht aus Delegationen der Landtage, sondern aus direkten Wahlen nach Maßgabe der Bevölkerung der einzelnen Staaten hervorgehe, und deren Befugnisse jedenfalls ausgedehnter zu bemessen sein würden, als in der österreichischen Reformacte.

⁂

An seine Gemahlin.

Carlsbad, 13. Juli 1863.

Ich denke, mich morgen Abend nach Schwarzenberg und von da in die staubige Wilhelmstraße zu begeben, zwei Tage dort zu bleiben und entweder in Regensburg, oder in Salzburg wieder zum Könige zu stoßen und mit ihm nach Gastein zu gehen. Wie lange ich dort bleibe, wollen wir sehen. Ich werde mich noch oft nach den stillen Wäldern hier zurücksehnen, Aberg, Esterhazyweg, Hammer, Kehrwiederweg, Aich, und ich wußte immer glücklich alle Bekannte abzustreifen, oder mich bei Begegnungen ins Dickicht zu drücken. Heute habe ich fast den ganzen Tag gearbeitet.

⁂

An dieselbe.

Berlin, 17. Juli 1863.

Seit vorgestern Abend vegetire ich in unseren öden Räumen, erstickt unter der Lawine von Papieren und Besuchen, die auf mich einstürzten, sobald meine Ankunft bekannt wurde. Jetzt will ich eine halbe Stunde in den Garten und Dir nur noch dies Lebenszeichen geben. Gestern hatte ich ein russisches Zolldiner, heute ein französisches. Morgen fahre ich über Dresden-Prag-Pilsen nach Regensburg zum König zurück und bleibe mit ihm in Gastein.

☙

An dieselbe.

Nürnberg, 19. Juli 1863.

Das Reisen bekommt mir vortrefflich, sehr lästig ist es aber auf jeder Station wie ein Japanese angestaunt zu werden; mit dem Incognito und feinen Annehmlich-keiten ist es vorbei, bis ich dermaleinst gleich anderen vor mir verschollen sein werde, und irgend ein anderer den Vorzug hat, Gegenstand allgemeinen Uebelwollens zu sein. Ich wäre recht gern über Wien nach Salzburg gefahren, wo der König morgen ist; ich hätte unsere Hochzeitsreise nochmals durchgelebt; aber politische Bedenken hielten mich ab, die Leute hätten mir Gott weiß welche Pläne an-gedichtet, wenn ich dort mit ** zugleich angekommen wäre. Ich werde R. wohl gelegentlich in Gastein oder Salzburg sehen.

☙

An dieselbe.

Gastein, 28. Juli 1863.

Bei diesem Wetter läßt sich leben hier, nur möchte ich gar nichts zu thun haben, immer an den Höhen um-herschlendern, mich auf sonnige Bänke setzen, rauchen und die zackigen Schneespitzen durch das Glas ansehen. Ge-sellschaft ist wenig hier, ich lebe nur mit der Umgebung des Königs in Verkehr; mit der mich Mittag und Thee

täglich zusammenführen; die übrige Zeit reicht zum Ar=
beiten, Schlafen, Baden, Gehen kaum hin. Den alten * *
habe ich gestern Abend besucht; zugleich mit dem Kaiser,
der am 2. erwartet wird, kommt R. R. und wird mir
vorklagen, daß das Lügen der Fluch dieser Welt sei.

Ich höre eben, daß der König (dem es sehr wohl
geht, nur hat er sich am Hacken durchgegangen und muß
leider stillsitzen) den Feldjäger bis morgen zurückhält, und
mit der Post kommt dieser Brief wohl nicht früher, da er
durch das Oeffnen einen Tag verlieren würde. Ich lasse
ihn also liegen.

⚓

An dieselbe.

Gastein, 2. August 1863.

Wills Tag ist mit gutem Wetter von mir gefeiert, dem
Könige gemeldet, der sich nach dem Alter und dem
Fleiße seines Pathen erkundigte. Heute kommt der Kaiser,
alles flaggt und bekränzt sich, die Sonne scheint, und ich
bin noch nicht aus dem Zimmer gewesen, schreibe seit
drei Stunden, darum nur herzliche Grüße. Wenn ich
nicht über Berlin schreibe, so falle ich der hiesigen Post
in die Hände; ich schreibe zwar keine Geheimnisse, aber es
ist doch unbehaglich.

⚓

An dieselbe.

Gastein, 12. August 1863.

Mir geht es wohl, aber Courierangst in allen Rich=
tungen. Ich habe vorgestern 7000 Fuß hoch zwei
Gemsen geschossen, ganz gebraten, trotz der Höhe. Am

15. fahren wir von hier nach Salzburg, 16. Stuttgart,
17. Baden. Ich kann wegen der frankfurter Windbeuteleien
nicht vom König fort.

?

An den Gesandten Freiherrn von Werther in Wien.

Gastein, 13. August 1863.

Ew. 2c. übersende ich anliegend Abschrift eines Promemoria, welches Sr. Majestät dem Könige, unserm
allergnädigsten Herrn, von Sr. Majestät dem Kaiser von
Oesterreich in Gastein am Tage der Einladung nach
frankfurt übergeben worden ist, um die Gründe für diese
Einladung und die beabsichtigten Reformvorschläge selbst
darzulegen.

Dieses Aktenstück erhält sowohl durch seinen Inhalt,
wie durch die Art der Mittheilung eine so weitgreifende
Bedeutung, daß es nicht allein Gegenstand der ernstesten
Erwägung werden mußte, sondern auch das Bedürfniß
fernerer Aufklärung für uns dringend hervorruft.

Was uns in demselben ganz besonders hat überraschen
müssen, ist nämlich die Art, wie die Vorschläge zu einer
organischen Reform der Bundesverfassung durch Anschauungen motivirt werden, welche die Grundlage des
Bundesverbandes selbst in frage stellen.

Wir konnten nicht darauf gefaßt sein, die Bundesverträge, deren gewissenhafter Durchführung wir seit fast
einem halben Jahrhundert durch materielle Leistungen
und durch den Verzicht auf eine freiere Bewegung unserer
eigenen Politik so erhebliche Opfer zu bringen fortfahren,
von der Kaiserlichen Regierung als eine werthlose und
hinfällige Institution bezeichnet zu sehen. Das Promemoria enthält in dieser Beziehung Deductionen, welche zu

der Auffassung führen, als sehe Oesterreich das bisherige
Bundesverhältniß, deffen Zuftand als ein „schlechthin
chaotischer" bezeichnet wird, schon als gelöst an.

„Man denkt in der That" — so heißt es — „nicht
zu nachtheilig von diesem Zuftande, wenn man sich ein-
gefteht, daß die deutschen Regierungen schon jetzt nicht
mehr in einem feften gegenseitigen Vertrags-Verhältnisse
zusammenstehen, sondern nur noch bis auf Weiteres im
Vorgefühle naher Katastrophen neben einander fortleben."
Es wird angenommen, daß sich ein fortschreitender Proceß
der Abwendung von dem beftehenden Bund vollzogen
habe; es ift von Reften einer wankend gewordenen
Rechtsordnung die Rede, welchen der bloße Wunsch, daß
die morschen Wände den nächsten Sturm noch aushalten
mögen, die nöthige Festigkeit nimmermehr zurückgeben
könne, und es wird erklärt, „der Boden der Bundesverträge
schwanke unter den Füßen deffen, der sich auf ihn ftelle".

Wir find für die Mängel der Bundesverfassung niemals blind gewesen; aber wir haben bisher in unseren
Reformbeftrebungen diejenige Freiheit der Bewegung nicht
für zuläffig erachtet, welche aus der Vorausfetzung der
Hinfälligkeit der Bundesverträge erwachsen würde, und
wir haben es dem Intereffe Deutschlands und unserer
Bundesgenoffen nicht für dienlich gehalten, die Zerftörung
der beftehenden Rechtsordnung zu fördern, bevor deren
Erfatz durch neue und vollkommenere Schöpfungen sicher
geftellt ift. Die Kaiserliche Regierung nimmt an, daß es
„faft wie Ironie klingen müßte, wenn man diesen an sich
wahren Satz auf die deutschen Bundesverhältnisse anwenden
wollte", und sie ift dergeftalt von der Zerfahrenheit und
Haltlosigkeit der letzteren durchdrungen, daß ihr das Rüt-
teln an dem noch vorhandenen Beftande, selbft in dem
„freiwillig gewählten Augenblicke der Krisis und Gefahr"
unbedenklich erscheint.

Es hat der Kaiserlichen Regierung nicht entgehen können, daß diese Erklärungen, indem sie als wohlerwogene Ansicht des Bundes-Präsidialhofes den Genossen des deutschen Bundes amtlich eröffnet werden, an sich in Deutschland wie im Auslande die Ueberzeugung mächtig fördern müssen, daß „weder Oesterreich, noch Preußen, noch die übrigen deutschen Staaten sich mit irgend einem Grade von Vertrauen auf den Bund in seinem jetzigen Zustande stützen können".

Auf diesem Vertrauen aber beruht wesentlich das Ansehen des Bundes und die Möglichkeit, daß derselbe seinen ursprünglichen Zweck, Deutschland äußere und innere Sicherheit zu gewähren, erreiche.

Wir wissen nicht, welchen Ersatz für die „festen gegenseitigen Vertragsverhältnisse", in denen ihrer Ansicht nach die deutschen Regierungen schon jetzt nicht mehr zusammenstehen, die Kaiserliche Regierung anstrebt. Diese hat keine Verhandlungen mit uns darüber gepflogen, und das vorliegende Promemoria giebt in dieser Beziehung nur unvollkommene Andeutungen. Gelingt es aber nicht, anderweite Einrichtungen herzustellen, welche den Gegensatz der Partikular- und der Gesammt-Interessen Deutschlands angemessener als bisher vermitteln, so wird die Erschütterung des Vertrauens auf die Bundesverträge das einzige Ergebniß der Eröffnungen bleiben, welche die Kaiserliche Regierung ihren Bundesgenossen gemacht hat. Jedenfalls entnehmen wir für jetzt aus denselben das Recht und die Pflicht, Klarheit darüber zu verlangen, ob Oesterreich und die Staaten, welche auf die motivirte Einladung des Kaiserlichen Hofes an dem Kongresse in Frankfurt Theil nehmen, die vertragsmäßigen Bundes-pflichten rückhaltlos anerkennen oder nicht. Es ist einleuchtend, daß die Entscheidung hierüber von dem wesentlichsten Einfluß auf die maßgebenden Grundlagen unserer Gesammtpolitik sein muß.

Ew. 2c. ersuche ich daher ergebenst, in diesem Sinne
mit dem Kaiserlich österreichischen Herrn Minister der
auswärtigen Angelegenheiten zu sprechen und von ihm
eine offene und entscheidende Erklärung der Kaiserlichen
Regierung zu erbitten.

An den Preußischen Gesandten in Wien, Freiherrn von Werther.

Gastein, 14. August 1863.

Aus meinem Erlaß vom gestrigen Tage, das Promemoria betreffend, mit welchem die Einladung Sr. Maj.
des Königs nach Frankfurt a. M. motivirt worden war,
werden Ew. Excellenz entnehmen, daß es uns zunächst
auf die Erledigung von Fragen ankommt, ohne deren
befriedigende Beantwortung jedem Streben nach Reform
der Bundesverfassung unserer Ansicht nach der Boden
fehlen würde. Vorbehaltlich der hierüber zu gewinnenden
Aufklärung beehre ich mich, Ew. Excellenz einige Bemerkungen über den Inhalt und die Form der uns zugegangenen Eröffnungen mitzutheilen.

Nachdem der Kaiser Franz Joseph am 2. d. M. hier
eingetroffen war, nahm Se. Majestät bei einem am 3. statt-
findenden Besuche bei unserem Allergnädigsten Herrn
Gelegenheit zur Besprechung der deutschen Bundesverhältnisse unter Vorlage des Ew. Excellenz mit dem Erlaß
vom 13. übersandten Promemoria. Zu demselben gab
Se. Majestät der Kaiser die mündlichen Erläuterungen,
daß zunächst ein Fürstencongreß sich am 16. d. M. in
Frankfurt a. M. versammele, daß an der Spitze des Bundes
ein Directorium von fünf Fürsten stehen, daß der Bundestag fortfahren solle, die laufenden Geschäfte zu verhandeln;

daß aber aus sämmtlichen Souveränen des Bundes ein zeitweise zusammentretendes Oberhaus, und aus Delegirten der Landtage der einzelnen Staaten ein mit berathenden Attributionen versehenes Unterhaus gebildet werden solle.

Bei dieser und zwei an demselben Tage nachfolgenden Unterredungen sprach Se. Majestät der König die entgegenstehenden Bedenken in dem Sinne des anliegenden Promemoria aus und erklärte schließlich bei dem Abschied beider Monarchen, daß ein Fürstencongreß mit Nutzen für die ganze Angelegenheit der nothwendigen geschäftlichen Vorbereitungen wegen keinesfalls vor dem 1. October eingeleitet werden könne.

Nach dem Inhalt dieser Unterredungen war es für Se. Majestät den König überraschend, kurz nach der Abschiednahme von Sr. Majestät dem Kaiser, am 3. August Abends, durch einen Kaiserlichen Flügeladjutanten die officielle, vom 31. Juli datirte Kaiserliche Einladung zum 16. c. nach Frankfurt zu erhalten.

Das Einladungsschreiben ist Ew. Excellenz bekannt, ebenso die darauf am 4. d. M. von unserem Allergnädigsten Herrn an Se. Majestät den Kaiser erlassene amtliche Antwort.

Um dem Kaiserlichen Cabinet Gelegenheit zu geben, seine Entschließungen mit Kenntniß der diesseitigen zu treffen, richtete Se. Majestät noch am 4. ein Telegramm an Se. Majestät den Kaiser, in welchem die Ablehnung der Einladung zum 16. bestimmt ausgesprochen wurde. Dessen ungeachtet sind die österreichischen Einladungen an demselben Tage, und ohne die diesseitige Antwort auf das Kaiserliche Schreiben abzuwarten, unter dem Datum des 31. Juli erlassen worden.

Am 7. d. M. wurde durch einen Kaiserlichen Flügeladjutanten Sr. Majestät dem Könige eine erneute Einladung unter Beifügung des abschriftlich anliegenden Promemoria überbracht. Dasselbe enthielt mit Rücksicht

darauf, daß Sr. Majestät des Königs Badekur, wenn sie
regelmäßig beendet werden solle, Allerhöchst demselben
nicht gestatte, am 16. in Frankfurt anwesend zu sein, den
eventuellen Vorschlag, einen der Königlichen Prinzen in
Vollmacht zu dem Congresse zu entsenden. Se. Majestät
der König lehnte wiederholt in einem eigenhändigen Schrei=
ben vom 7. c. sowohl das eigene Erscheinen, als die Ent=
sendung eines Königlichen Prinzen ab.

Hierauf beschränkt sich der in der Sache stattgehabte
Schriftwechsel. Mir scheint es, daß Vorschläge, welche
tief in die gemeinsamen Interessen sämmtlicher Bundes=.
staaten einzugreifen bestimmt sind, wenn sie Erfolg haben
sollen, nicht von Einer der Bundesregierungen einseitig
vorbereitet und in einer für die anderen überraschenden
Weise, bis zu dem Stadium schleuniger Beschlußnahme
durch die Souveräne selbst gefördert werden können. Ich
halte es der Würde des Königs, meines allergnädigsten
Herrn, nicht entsprechend, sich nach Frankfurt zur Entgegen=
nahme von Vorschlägen in Bundesangelegenheiten zu be=
geben, über welche der Rath Preußens nicht vorher gehört
ist und deren volle Tragweite Sr. Majestät erst in Frank=
furt eröffnet werden soll. Um solche Fragen zur persön=
lichen Entscheidung der Monarchen reif zu machen, war
es unerläßlich, sie vorher in diplomatischen Verhandlungen
oder Ministerialconferenzen zu erörtern. Ich weiß nicht,
auf welche Erfahrungen die Kaiserliche Regierung den in
dem zweiten Promemoria enthaltenen Ausspruch stützt, daß
der Weg bloßer ministerieller Conferenzen sich noch jedesmal
als unpraktisch erprobt habe, und daß das schon so oft
gescheiterte Experiment weitaus sehender Berathungen be=
greiflicher Weise nicht wiederholt werde. Unseres Wissens
ist die Bundesreformfrage seit den Dresdener Conferenzen
einer derartigen Berathung nicht unterzogen worden. Eine
Allerhöchste Meinungserklärung über die beabsichtigten

Reformvorschläge zu erbitten, liegt für mich keine Veran=
lassung vor, so lange uns über den Inhalt und die Trag=
weite derselben nur allgemeine und unvollkommene An=
deutungen zugekommen sind.

Ew. Excellenz werden zu Ihrer eigenen Kenntniß
aus dem anliegenden Memoire, in welches der König
Allerhöchst Seine eigenen Aeußerungen gegen den Kaiser
verzeichnete, und welches am 4. nach Wien geschickt wurde,
das Nöthige entnehmen.

Die Königliche Regierung hat ihrerseits den Moment
zur Ergreifung der Initiative von Reformvorschlägen nicht
geeignet gehalten, wenn sie aber veranlaßt wird, sich auf
diesem Gebiete auszusprechen, so kann ich, unter Bezug=
nahme auf die Ew. Excellenz bekannten, in unserer Ab=
stimmung in der Delegirtenfrage in der Sitzung vom
22. Januar d. J. niedergelegten Motive, lediglich die
Meinung wiederholen, daß ich nur in einer nach dem
Verhältniß der Volkszahl der einzelnen Staaten aus di=
recten Wahlen hervorgehenden Vertretung des deutschen
Volkes mit Befugniß zu beschließender Mitwirkung in
Bundesangelegenheiten, die Grundlage von solchen Bundes=
institutionen erkenne, zu deren Gunsten die preußische Re=
gierung ihrer Selbständigkeit in irgend welchem erheb=
lichen Umfang entsagen könnte, ohne die Interessen der
eigenen Unterthanen und die politische Stellung des Preußi=
schen Staates wesentlich zu benachtheiligen.

An seine Gemahlin.

Baden, 28. August 1863.

Ich habe eine rechte Sehnsucht, einmal einen faulen
Tag in Eurer Mitte zu verleben; hier werde ich
auch bei dem reizendsten Wetter die Tinte nicht von den

fingern los. Gestern bin ich bei wundervollem Mondschein
bis Mitternacht in den Feldern spazieren gegangen, kann
aber doch die Geschäfte nicht aus dem Kopf los werden.
Die Gesellschaft hat auch nichts Ausruhendes an sich. Die
R. R. ist reizend anzusehen, spricht mir aber zu viel Politik, ** natürlich auch immer auf Berichtfuß; die **, die
mir sonst sehr angenehm ist, hat Leute um sich, die mein
Behagen mit ihr stören, und neue Bekanntschaften sind
sehr angreifend. Bequem ist mir eigentlich unser A. Mit
ihm und E., der auf 2 Tage hier ist, dinirte ich gestern
auf meinem Zimmer. Der König ist wohl, aber von
Intriguen umlagert; heute speise ich bei Ihrer Majestät
der Königin. Schleinitz ist hier, Hohenzollern wird erwartet,
Goltz nach Paris abgereist. Ich denke, der König wird
spätestens Sonntag von hier aufbrechen; einige Tage später
muß ich in Berlin sein; vielleicht gewinne ich dazwischen
Zeit zu einem Abstecher nach Spa, wo ich O. treffe, vielleicht muß ich auch mit zur Königin von England, die der
König auf der Rückreise in Rosenau bei Coburg besuchen
will. Jedenfalls hoffe ich, mich im September einige Tage
frei zu machen für Pommern. Ich wollte, irgend eine
Intrigue setzte ein anderes Ministerium durch, daß ich mit
Ehren diesem ununterbrochenen Tintenstrom den Rücken
drehen und still auf dem Lande leben könnte; die Ruhe-
losigkeit der Existenz ist unerträglich, seit 10 Wochen im
Wirthshause Schreiberdienste und in Berlin wieder; es ist
kein Leben für einen rechtschaffenen Landedelmann, und
ich sehe einen Wohlthäter in Jedem, der mich zu stürzen sucht.

An dieselbe.

Berlin, 4. September 1863.

Endlich finde ich einen Augenblick Zeit, Dir zu schreiben. Ich hatte gehofft, auf einige Tage mich in Kröchlen= dorf wenigstens zu erholen, aber es ist wieder ganz die alte Tretmühle, gestern Nachts bis 1 Uhr Arbeit, und dann goß ich Tinte statt Sand darüber, daß sie mir auf die Kniee floß. Heut um 9 Uhr schon die Minister hier, um 1 zum zweiten Mal und mit ihnen der König. Das Ergebniß aller Berathung ist die Auflösung der Kammer gewesen, zu der ich kein Herz hatte. Aber es ging nicht anders; Gott weiß, wozu es gut ist. Nun geht der Wahl= schwindel los. Gesund bin ich dabei mit Gottes Hilfe; aber es gehört ein demüthiges Vertrauen auf Gott dazu, um an der Zukunft unseres Landes nicht zu verzweifeln. Möge er vor allem dem Könige Gesundheit schenken!

An dieselbe.

Babelsberg, 1. November 1863.

Ich benutze einen Augenblick, wo ich hier den König erwarte, der in Sanssouci speist, um Dir zwei Worte zu schreiben, wie sonst wohl aus Zarskoje oder Peterhof. Nur um zu sagen, daß ich wohl bin und mich herzlich freue, Dich nun bald wieder in den leeren Berliner Räumen schalten zu sehen. Am 9. kommt der Landtag mit seiner Quälerei, doch denk' ich, am Tage der Er= öffnung noch mit Sr. Majestät nach Letzlingen zu fahren und zwei Tage im Walde zu leben. Während der Zeit wirst Du hoffentlich mit dem Hämmern und Schleppen fertig, welches Deinen geliebten Einzug nothwendig begleitet, und bei der Rückkehr finde ich dann alles auf dem rechten Fleck.

Ich habe in diesen Tagen einsam und arbeitsam für mich gelebt; meist allein gegessen, und außer dem Reiten das Haus nicht verlassen, still und verdrießlich, gelegentlich ein Ministerrath. Diese Woche wird deren wohl mehrere haben, in Aussicht auf die lieben Kammern, und nachdem der König acht Tage in Stralsund und Blankenburg gewesen und viel aufgespeichert ist. — Eben höre ich seinen Wagen rollen und schließe mit herzlichsten Grüßen. —

Schon im Mai 1864 verlangte eine in den Herzogthümern verbreitete Adresse an König Wilhelm, daß ein gemeinsames Band des Schutzes und Trutzes gegen Dänemark und jeden anderen äußeren Feind das Land bis zur Königsau mit Preußen umschlingen möge, und die Adresse des Grafen von Arnim-Boitzenburg und Genossen sprach die Hoffnung aus, daß Preußen für die Opfer des Krieges mit Dänemark einen würdigen Lohn erhalten werde.

Adressat ungenannt.

Berlin, den 16. Mai 1864.

Ich begreife Ihre Bedenken gegen die Adresse, die aber dennoch, meiner Ansicht nach, gegenwärtig mit nützlichem Drucke in die diplomatische Lage eingreift. Ich kann mich darin allerdings täuschen; denn je länger ich in der Politik arbeite, desto geringer wird mein Glaube

an menschliches Rechnen, und wenn Sie ein inneres Widerstreben fühlen; so rede ich um so weniger zu, als ich gern
mit gutem Gewissen möchte behaupten können, daß es
keine von der Regierung gemachte Stimmung ist, die sich
darin wiederspiegelt. Die augenblickliche Lage ist aber so
geartet, daß es mir zweckdienlich scheint, gegen das Dänen-
thum auf der Konferenz alle Hunde loszulassen, welche
bellen wollen (verzeihen Sie diesen Jägervergleich); das
gesammte Geläut der Meute wirkt dahin zusammen, daß
die Unterwerfung der Herzogthümer unter Dänemark den
Ausländern unmöglich erscheint und daß letztere genöthigt
werden, Programme in Betracht zu ziehen, welche die
preußische Regierung ihnen nicht bringen kann. Ich rechne
in der letzteren Beziehung zu diesen Ausländern auch die
Holsteiner selbst, nebst dem Augustenburger und allen ewig
Ungedeelten bis zur Königsau. Die Herzogthümer haben
sich bisher an die Rolle des Geburtstagskindes in der deutschen Familie und an den Gedanken gewöhnt, daß wir
uns auf dem Altare ihrer Partikularinteressen willig zu
opfern und für jeden einzelnen Deutschen im Norden von
Schleswig die Existenz Preußens einzusetzen haben. Diesem
Schwindel namentlich wird die Adresse entgegenwirken;
einen so starken Effect, daß er uns Verlegenheit bereitet,
befürchte ich nicht. Würde bei uns die Ration so stark
von preußischem Ehrgeiz erfaßt, daß die Regierung
nicht mehr belebend, sondern mäßigend sich dazu zu stellen
hätte, so würde ich diesen Zustand durchaus nicht beklagen.

Sie sehen daraus, wie ich nach Menschenwitz die
Sache auffasse, im Uebrigen steigert sich bei mir das Ge-
fühl des Dankes für Gottes bisherigen Beistand zu dem
Vertrauen, daß der Herr auch unsere Irrthümer zu unserem
Besten zu wenden weiß; das erfahre ich täglich zu heil-
samer Demüthigung.

Zur Beleuchtung der Situation bemerke ich noch schließ=
lich, daß mir die preußische Annexion nicht der oberste und
nothwendige Zweck ist, wohl aber das angenehmste Resultat.
Mit herzlichen Grüßen an die verehrten Hausgenossen.
Der Ihrige
v. Bismarck.

☙

An seine Gemahlin.

Carlsbad, 20. Juli 1864.

Soeben ist der König nach Marienbad abgereist, Spaliere
von schönen Damen mit riesenhaften Bouquets,
die feinen Wagen überfüllten, R. mit dem größten, Hoch,
Hurrah, Rührung! Nun ist für mich einige Leere, alle
Bekannte mit fort. Morgen früh nach Wien, die Nacht
schlafen wir in Prag, vielleicht haben wir in 8 Tagen
Frieden mit den Dänen, vielleicht im Winter noch Krieg!
Ich werde meinen Aufenthalt in Wien so kurz wie
möglich machen, um nicht zu viel Bäder zu verlieren in
Gastein. Danach werde ich wohl noch einmal mit Sr.
Majestät nach Wien gehen, dann nach Baden, dann kommt
der Kaiser von Rußland nach Berlin, Anfangs September.
Vor dem keine Aussicht auf Ruhe; ob dann?

☙

An dieselbe.

Wien, 22. Juli 1864.

Ich bin mit ** und ** und noch zwei Leuten, die
mich durch ihre kalligraphischen Leistungen unterstützen,
gestern früh aus Karlsbad gefahren, zu Wagen bis Prag,
von dort heut den Dir bekannten Eisenbahnstrang hierher,

leider diesmal nicht um nach Linz zu schiffen, sondern um
mich und andere zu quälen. Ich wohne bei **, habe
einstweilen niemand als R. gesehen; zwei Stunden im
Volksgarten eingeregnet und Musik gehört, von den Leuten
betrachtet wie ein neues Nilpferd für den zoologischen
Garten, wofür ich Trost in sehr gutem Bier suchte. Wie
lange ich hier bleibe, sehe ich noch nicht vorher; morgen
viel Besuche zu machen, bei R. auf dem Lande essen,
dann womöglich Frieden mit Dänemark schließen und
schleunigst nach Gastein in die Berge fliehen. Ich wollte,
das alles wäre erst vorüber. Die zwei Reisetage haben
mich geistig etwas geruht, aber leiblich bin ich sehr müde
und sage Dir gute Nacht.

An dieselbe.

Wien, 27. Juli 1864.

Einen Brief von Dir habe ich hier erhalten und
sehne mich nach dem zweiten. Ich führe ein arbeitsames
Leben, täglich 4 Stunden mit zähen Dänen, und noch nicht
zum Schluß. Bis Sonntag muß es entschieden sein, ob
Krieg oder Frieden. Gestern aß ich bei M., sehr ange-
nehme Frau, nette Töchter. Wir tranken viel, waren sehr
lustig, was ihm bei dem Kummer, den Du kennst, nicht
oft passirt. Er ist grau geworden und hat sich die Haare
kurz geschnitten. Heute aß ich nach der Konferenz beim
Kaiser in Schönbrunn, promenirte mit R. und W. und
dachte an unsere Mondscheinexpedition. Eben war ich eine
Stunde im Volksgarten, leider nicht inkognito, wie damals
vor 17 Jahren, angestiert von aller Welt; diese Existenz

auf der Schaubühne ist recht unbehaglich, wenn man in
Ruhe „ein Bier" trinken will. Sonnabend hoffe ich nach
Gastein zu fahren; es mag Friede sein oder nicht. Hier
ist es mir zu heiß, besonders bei Nacht.

An dieselbe.

Gastein, 6. August 1864.

Es wird immer schlimmer mit dem Arbeiten, und
hier, wo ich des Morgens nach dem Bade nichts
thue, weiß ich gar nicht, wo ich die Zeit hernehmen soll. Seit
meiner Ankunft am 2., in einem Gewitter mit Hagel wie
Flintenkugeln, bin ich bei herrlichem Wetter eben zum
ersten Mal dazu gekommen, eine Stunde regelrecht zu
gehen. Zurückgekommen wollte ich die halbe Stunde
benutzen, Dir zu schreiben, gleich ist A. mit Concepten und
Telegrammen da, und ich muß nun zum König. Dabei
geht es mir noch Gottes Wunder wohl, 4 Bäder habe ich,
über 11 werde ich kaum bekommen, da der König am
15. reist. Ich wohne wenigstens seit gestern sehr nett,
da ein kühles, großes Eckzimmer mit reizender Fernsicht
vacant wurde, bis da war ich in einem sonnen-
blendigen Bratofen, bei Tage wenigstens; die Nächte sind
angenehm frisch. Der König geht von hier vermuthlich
nach Wien, in kleinen Tagereisen über Ischl, von dort
nach Baden. Ob ich letzteres mitmache, ist mir noch nicht
klar; ich hoffe immer, einige Tage für mein stilles Pommern
loszumachen; aber was sind alle Pläne, es kommt immer
etwas dazwischen. Ein Gewehr habe ich auch nicht mit
und alle Tage Gemsjagd, bisher allerdings auch keine

Zeit. Heut sind 17 geschossen, und ich war nicht dabei; es ist ein Leben wie Leporello, keine Ruh bei Tag und Nacht, nichts was mir Vergnügen macht.

An dieselbe.

Baden, 1. September 1864.

Der König ist heute von Mainau gekommen, wohl und munter, im Regen mit der Königin zum Pferderennen gefahren, A.'s geschäftige Hand schüttet stets einen neuen Segen von Concepten über mich aus, sobald ich die alten durchgearbeitet. Ich weiß nicht, von wo ich Dir zuletzt schrieb; ich bin von Wien bis hier nicht zur Besinnung gekommen, habe in Salzburg eine Nacht geschlafen, die zweite in München, viel und lang mit R. R. verhandelt, der mager geworden ist. Dann schlief ich in Augsburg, fuhr von dort über Stuttgart hierher in der Hoffnung, zwei Tage in träger Ruhe zu verbringen, konnte aber doch nur gestern früh zwei Stunden im Walde dämmern; Feldjäger, Tintenfaß, Audienzen und Besuche umschwirren mich ohne Unterlaß, auch ** ist hier; auf der Promenade mag ich mich gar nicht zeigen, kein Mensch läßt mich in Ruhe.

An dieselbe.

Frankfurt, 11. September 1864.

Von hier habe ich Dir recht lange nicht geschrieben, und von der Zeil noch nie. Wir sind im russischen Hof abgestiegen, der König ist zu Kaiser Alex nach Ingenheim gefahren, von dort aus besucht er Kaiserin Eugenie

in Schwalbach, und ich habe mir einen Tag frei gemacht,
den ich mit K. in Heidelberg zubringe. Ich begleite sie
bis Heidelberg, bin um 2 oder 3 wieder hier, zeitig genug, um mich dem Bunde zu widmen. Morgen früh
nach Berlin, von wo ich nach den nothdürftigsten Zänke-
reien gen Pommern aufbrechen werde.

⚓

An dieselbe.

Bordeaux, 6. October 1864.

Verzeihe diesen Wisch, aber ich habe kein Papier bei
der Hand und will Dir doch melden, daß ich bis
hier glücklich gelangt bin. Es scheint mir fast wie ein
Traum, daß ich wieder hier bin. Gestern früh fuhr ich
aus Baden, schlief sehr gut in Paris, brach heut gegen
11 auf und bin jetzt, um 11 Abends, hier, denke morgen
um 5 nach Bayonne zu fahren, um 2 in Biarritz zu sein.
In Paris war es noch kalt, in Baden gestern früh Reif,
diesseits der Loire wurde es besser, hier ist es entschieden
warm, so warm, wie noch keine Nacht in diesem Jahre.
Ich bin eigentlich jetzt schon sehr wohl, und wäre ganz
munter, wenn ich gewiß wäre, daß es mit Dir gut geht.
In Paris bekam ich stark Lust, dort wieder zu wohnen,
Goltz hat sich das Haus sehr nett eingerichtet, und es ist
doch ein Sträflingsleben, was ich in Berlin führe, wenn
ich an die unabhängige Zeit im Auslande denke. Wenn
es mir bekommt, so denke ich etwa 15 Bäder zu nehmen,
so daß ich den 21. oder 22. die Rückreise antrete; so Gott
will, bist Du dann auch oder schon etwas früher in
Berlin. Engel in seiner Sorgfalt hat mich eingeschlossen, keine Klingel, und der Brief verliert einen

Tag, weil er nicht zur Nacht auf die Post kommt. Es ist fo warm, daß ich die Fenster auf habe.

❦

An dieselbe.

Biarritz, 12. October 1864.

In fo behaglichen Zuständen habe ich mich klimatisch und geschäftlich lange nicht befunden, und doch hat die üble Gewohnheit des Arbeitens schon fo tiefe Wurzeln bei mir geschlagen, daß ich einige Gewissensunruhe über mein Nichtsthun fühle, fast Heimweh nach der Wilhelm-straße, wenigstens wenn die Meinen dort wären. „Monsieur, le diner est servi" meldet man eben.

❦

An den preußischen Gesandten, Freiherrn von Werther, in Wien.

Berlin, 22. Februar 1865.

Euerer Excellenz bin ich nunmehr in der Lage, in näherer Formulirung die Bedingungen anzugeben, unter welchen wir die Bildung eines neuen Staates Schleswig-Holstein nicht als eine Gefahr für die Interessen Preußens und Deutschlands ansehen dürften, und deren gesicherte Verbürgung das königliche Staatsministerium daher berechtigen würde, Seiner Majestät dem Könige die Uebertragung Seiner durch den Friedensschluß vom 30. Oktober erworbenen oder sonst Ihm zustehenden Rechte auf einen Anderen vorzuschlagen.

Sie finden dieselben in der Vorlage I. zusammengestellt. Zur Begründung und Erläuterung füge ich folgendes hinzu:

Daß Preußen bei der Constituirung des neuen Staates an denselben die Forderung eines festen und unauflöslichen Bündnisses stellen muß, ist selbstverständlich, es kann sich nicht einen eventuellen Gegner selbst schaffen wollen. Ebenso sehr und noch mehr bedarf der neue Staat selbst eines solchen Bündnisses zu seiner eigenen Sicherheit, welche zugleich die Sicherung Deutschlands gegen Norden in sich begreift. Die allgemeinen Verhältnisse sind in dieser Beziehung so klar, daß es hier keiner weiteren Ausführung bedarf.

Die Herzogthümer bilden einerseits vermöge ihrer geographischen Lage und der politischen Verhältnisse einen sehr exponirten Angriffs- und Vertheidigungspunkt für das gesammte Norddeutschland, und für Preußen insbesondere, andererseits würden sie in einer isolirten militärischen Stellung nicht im Stande sein, sich selbst zu schützen. Preußen wird daher immer ihren Schutz und ihre Vertheidigung übernehmen müssen, und wenn es so weitgehende Verpflichtungen und die dafür erforderlichen Opfer auf sich nehmen soll, so muß es auch die Mittel erhalten, diese Verpflichtungen in wirksamer Weise jederzeit erfüllen zu können.

Daß die Herzogthümer nicht im Stande sind, dem ersten, mit nachhaltiger Kraft geführten Stoße einer fremden Macht zu widerstehen, haben die Erfahrungen zu Anfang des Jahres 1848 und 1850 gezeigt. In ähnlicher Weise wird für Schleswig-Holstein, wenn es nur auf seine eigenen Kräfte angewiesen ist, immer die Gefahr bestehen, daß das Herzogthum Schleswig im ersten Anlaufe verloren gehe. Die Folge davon würde sein, daß der Feind dort sofort eine feste und sehr gefährliche Operationsbasis gewönne, und daß Preußen genöthigt wäre; das Land mit großen Opfern wieder zu erobern, wie dies im Jahre 1848, namentlich aber im vorigen Jahre geschehen ist. Dieser Gefahr, der wir uns nicht aussetzen dürfen, kann

nur vorgebeugt werden, wenn die in Schleswig vorhandenen Streitkräfte und militärischen Einrichtungen in einem
organischen Zusammenhang mit den preußischen sich befinden, wenn dieses Herzogthum in militärischer Beziehung
einen integrirenden Theil unseres eigenen Vertheidigungs-
syftems bildet und wir daher in der Lage sind, einem
erften Angriff schon dort nachhaltig zu widerstehen und
ein Festsetzen des Feindes daselbst zu verhindern.

Der Deutsche Bund kann seinen Schutz nicht auf das
Herzogthum Schleswig ausdehnen, welches nicht zu ihm
gehört. Auch hier können wir uns auf die Erfahrung
berufen, welche gezeigt hat, wie der Schutz des Bundes
auf Holstein nur insoweit Anwendung fand, als er auf
unsere und Oesterreichs Reserven gestützt war, an der
Eider aber ganz aufhörte.

Von der Sicherheit Schleswigs hängt die Sicherheit
Holsteins ab.

Letzteres ist Bundesland und der neue Souverän
muß in den Stand gesetzt werden, seine Verpflichtungen
gegen den Bund in militärischer wie in jeder anderen
Hinsicht zu erfüllen.

Holstein aber eine andere Militär - Organisation zu
geben, als Schleswig, würde zu einer neuen Schwächung
des staatlichen Zusammenhanges führen und das Ein-
schreiten Preußens in Kriegszeiten lähmen.

Es muß also ein Modus gefunden werden, um dem
neuen Staat eine einheitliche Militär-Organisation und zugleich die unumgängliche Verbindung mit dem preußischen
Militärsyftem zu geben.

In Betreff des Bundeslandes Holstein bietet hierzu
der Artikel VIII der Grundzüge der Bundes-Kriegsverfassung das Mittel dar. Derselbe lautet:

„Bei der Organisation der Kriegsmacht des Bundes
ist auf die aus besonderen Verhältnissen der einzelnen

Staaten hervorgehenden Interessen derselben insoweit
Rücksicht zu nehmen, als es mit den allgemeinen Zwecken
vereinbar anerkannt wird."

Der allgemeine Zweck ist die Wehrhaftigkeit im Kriege.
Diese erfordert, daß die holstein'sche Wehrkraft ebenso wie
die schleswig'sche in organischen Zusammenhang mit der
preußischen gesetzt, und ihre Ausbildung in derselben Tüchtigkeit und Vollzähligkeit, wie die der preußischen Armee,
sichergestellt werde. Um nicht ohne Roth eine Aenderung
der Bundes-Kriegsverfassung zu beantragen, sind wir bemüht, die erstrebten Garantien in Uebereinstimmung mit
derselben ins Leben zu führen.

Artikel 5 der Bundes-Kriegsverfassung bestimmt:

„Kein Bundesstaat, dessen Contingent ein oder
mehrere Armeecorps für sich allein bildet, darf Contin-
gente anderer Bundesstaaten mit dem seinigen in eine
Abtheilung vereinigen."

Das holsteinische Bundescontingent soll daher nicht
mit dem preußischen Bundescontingent in eine Abtheilung
verbunden werden, sondern fortfahren, einen Theil des
10. Bundes-Armeecorps zu bilden.

Für die Kriegsmarine der beiden Herzogthümer wird
dieselbe organische Verschmelzung mit der preußischen beabsichtigt. Da keine Marine des deutschen Bundes existirt
und die Streitkräfte Holsteins zur See für eine solche also
vertragsmäßig nicht in Anspruch genommen sind, so findet
auf diesem Gebiete keine Berührung mit der Bundes-
Kriegsverfassung statt. Die Bildung einer selbständigen
Marine Schleswig-Holsteins würde nach den Kräften dieses
Staates schwer zu verwirklichen sein und unzulänglich
bleiben, um die Kräfte, welche die Herzogthümer auf
diesem Gebiete darbieten, für Deutschlands Wehrkraft zur
See thätig zu machen.

Das sind die Grundsätze, welche uns bei der Entwerfung der anliegenden Formulirung geleitet haben, vollständige Wehrhaftmachung und Vertheidigung des neuen Staates und Erfüllung der Pflichten Holsteins gegen den deutschen Bund.

Ich erwähne nur flüchtig der in dem Entwurf ebenfalls ausgesprochenen Territorial=Abtretungen. Sie sind nach dem dringendsten Bedürfniß für die Befestigungen des Landes und die Erfordernisse der preußischen Marine möglichst eng abgemessen und enthalten keinen erheblichen Gebietszuwachs für Preußen. Sie können nicht einmal als ein Aequivalent für die von Preußen durch die Anlegung und Unterhaltung der erforderlichen Befestigungen, welche wesentlich der Sicherheit der Herzogthümer selbst zu Gute kommen, zu übernehmenden Lasten angesehen werden, sondern nur als die nothwendige Vorbedingung für die wirksame Vertheidigung des Landes, sie sind daher von Seiten des neuen Staates weniger ein Opfer, als eine in seinem eigenen Interesse liegende Zweckmäßigkeits= Maßregel.

Die Berechtigung zu solcher Abtretung ist für Holstein ebenso wie für Schleswig außer Zweifel, da nach Artikel 6 der Wiener Schlußacte die Abtretung der auf einem Bundesgebiet haftenden Souveränetätsrechte zu Gunsten eines Mitverbündeten nicht einmal der besonderen Zustimmung des Bundes bedarf. Selbstverständlich tritt Preußen, insofern dadurch die matrikularmäßige Stellung Holsteins berührt werden sollte, in die betreffenden Verpflichtungen ein.

Für die übrigen, außerhalb der militärischen Verhältnisse liegenden Bedingungen habe ich nur wenige Bemerkungen zu machen.

Die Bildung eines neuen isolirten Zollgebietes zwischen Norddeutschland und dem skandinavischen Norden würde unnatürlich sein, auf alle materiellen Interessen lähmend einwirken und die bisherigen Verkehrsbeziehungen Preußens zu Dänemark und Schweden wesentlich verschlechtern.

Die innere Selbständigkeit des neuen Staates und seiner Verwaltung bleibt uneingeschränkt. Nur soweit die Einrichtungen für die Aushebung des Militärs u. s. w. dabei in Betracht kommen, werden die inneren Verhältnisse den preußischen Einrichtungen angepaßt und den preußischen Militärbehörden die erforderliche Mitwirkung gesichert.

Außerdem muß die königliche Regierung sich in zwei Punkten einen bestimmenden Einfluß vorbehalten.

Der eine betrifft den Nord-Ostsee-Canal, über welchen, da er die Verbindungslinie für die preußische Marine in der Nord- und Ostsee bildet, Preußen ein Oberaufsichtsrecht nach den in dem Entwurf entwickelten Grundsätzen in Anspruch nimmt. Der zweite bezieht sich auf das Post- und Telegraphenwesen in den Herzogthümern.

Die Gesammtheit dieser Forderungen, wie sie in der Anlage I entwickelt sind, stehen auch für Holstein mit den Bundesverträgen laut Art. VI der Wiener Schlußacte nicht in Widerspruch.

Ohne eine vorgängige und bindende Regelung der Verhältnisse zu Preußen nach diesen Grundsätzen würden wir in der Bildung eines neuen Staates — wie ich im Eingang bereits angedeutet — eine positive Gefahr für Preußen erkennen. Wir müssen wenigstens in dieser Beziehung sicher gestellt sein, wenn wir auf die von einem großen Theil des preußischen Volkes gehegten weitergehenden Wünsche und auf die Vortheile verzichten sollen, welche der Mitbesitz der Herzogthümer für uns enthält, ja welche in demselben für beide Mächte und dadurch für Deutschland liegen. Sollen die Herzogthümer aus dem jetzt über ihnen waltenden Schutz Preußens und Oester reichs entlassen werden, so müssen sie in eine Lage gebracht werden, welche diesen Schutz für sie selbst, für Deutschland und für uns ersetzt. Nur unter dieser Voraussetzung können wir auch größeren Vortheilen, zu welchen uns die gebrachten Opfer berechtigen würden, entsagen und Rechte aufgeben, welche wir nach allen völkerrechtlichen Grundsätzen durch den Krieg erworben haben, und welche dadurch, daß wir sie mit Oesterreich theilen, nicht minder werthvoll für uns sind.

Ehe daher diese Verhältnisse nicht vollständig und in bindender Weise geregelt sind, können wir zu keiner Veränderung des status quo und namentlich zu keiner Einsetzung eines der Prätendenten als Regenten eines neuen, selbständigen Staates unsere Einwilligung geben.

Unter der Voraussetzung der geeigneten Bürgschaften für die Erfüllung dieser Bedingungen wird die Person des eventuell einzusetzenden Souveräns Gegenstand weiterer Verständigung mit dem Kaiserlichen Hofe sein. Es würde den Gesinnungen Seiner Majestät des Königs, unseres Allergnädigsten Herrn, nicht entsprechen, hierüber eine Entscheidung zu treffen, ehe Er die auf gründlicher Prüfung beruhende Ansicht Seiner juristischen Räthe, der Kronsyndici, welche Er zu einem Gutachten über die Rechtsfrage aufgefordert hat, gehört haben wird. Die materiellen Bedingungen bleiben aber dieselben, wie diese Entscheidung auch ausfallen möge, indem die Lebensbedingungen des eventuellen Staates und seine Beziehungen zu Preußen von der Person seines Regenten unabhängig sind. Sie beruhen auf der Natur der Dinge und auf den Pflichten, welche Preußen zu übernehmen haben wird.

Es ist daher auch selbstverständlich, daß die gegenwärtige Besetzung der Herzogthümer fortdauert, bis die neuen Einrichtungen in allen wesentlichen Stücken ausgeführt worden sind, da wir die Erfüllung unserer Forde-

rungen nicht von der Willkür oder von zufälligen Hinder-
niffen, auf welche fie nachträglich ftoßen könnten, abhängig machen können. Eine fpätere Nichterfüllung würde
alle unfere Rechte, welche wir nur unter diefer Bedingung
und mit dem beftimmten Vorbehalt des Rückfalles aufgeben können, wieder ins Leben treten laffen.

Ew. Excellenz erfuche ich ergebenft, unfere Vorfchläge
dem Herrn Grafen Mensdorff vorzulegen, und ermächtige
Sie auch, demfelben den gegenwärtigen Erlaß vollftändig
mitzutheilen.

Sollten unfere Vorfchläge auf Schwierigkeiten ftoßen,
fo müffen wir uns weitere Entfchließung vorbehalten.

☙

Die Februarbedingungen (Anlage der vorftehenden Depefche)
beruhten auf der Grundlage:

„Der neu zu gründende Staat Schleswig-Holftein fchließt
ein ewiges und unauflösliches Schutz- und Crutzbündniß mit
Preußen, vermöge deffen letzteres fich zum Schutze und zur Vertheidigung der Herzogthümer gegen jeden feindlichen Angriff
verpflichtet, Schleswig-Holftein dagegen Seiner Majeftät dem
Könige von Preußen die gefammte Wehrkraft beider Herzogthümer zur Verfügung ftellt, um fie innerhalb der preußifchen
Armee und Flotte zum Schutze beider Länder und ihrer Intereffen zu verwenden." Die Cerritorialabtretungen an Preußen
follten die Stadt Sonderburg, die Fefte Friedrichsort und die
Mündungen des Nord-Oftfee-Canals umfaffen.

Im Abgeordnetenhaufe, das die Herzogthümer dem Herzoge
Friedrich ausliefern wollte, fagte 1. Juni 1865 Herr v. Bismarck:
„Herzog von Schleswig-Holftein und Lauenburg find Se. Majeftät
der König von Preußen und Se. Majeftät der Kaifer von
Oefterreich. Die Landesherren beabfichtigen, die Stäude ihrer
Herzogthümer demnächft zu berufen, um mit ihnen zu unter-
handeln. Wir wollen fie nicht vergewaltigen, aber auch uns nicht
vergewaltigen laffen; wir wollen mit ihnen unterhandeln. Kommen

wir und Oesterreich mit ihnen zu friedlicher Verständigung in
der Sache, so wird dies ein allerseits und auch für Preußen
erwünschtes Resultat sein; gelingt es nicht, so werden keine Beschlüsse, keine Proklamationen der Stäude, kein einseitiges Vorgehen im Stande sein, Preußen aus den Herzogthümern heraus-
zumaßregeln."

Wenige Wochen darauf sagte Herr v. Bismarck in Carlsbad zu dem französischen Gesandten am Wiener Hofe, Herzog
von Gramont: „Er wünsche eine kriegerische Auseinandersetzung
mit Oesterreich, Preußen werde mit Güte oder Gewalt die
Suprematie in Deutschland erlangen."

❦

An seine Gemahlin.

Carlsbad, 12. Juli 1865.

Ich schäme mich, daß ich Dir zu Deinem Geburtstage nicht
geschrieben habe; aber es ist soviel Müssen in meinem
Leben, daß ich selten zum Wollen komme. Das Tretrad
geht Tag für Tag seinen Weg, und ich komme mir vor
wie der müde Gaul darauf, der es unter sich fortschiebt,
ohne von der Stelle zu gelangen. Einen um den andern
Tag kommt ein Feldjäger, einen um den andern geht einer,
dazwischen zusätzliche von Wien, München, Rom; die
Papierlast mehrt sich, die Minister sind versprengt, und ich
muß von diesem Centrum aus an jeden einzeln schreiben.

Das Manöver hoffe ich Euch abzuwenden; soviel ich
weiß, ist die direkte Eingabe noch gar nicht an den König
gelangt; ich habe die Sache aber vorgetragen und
S. Majestät hat Untersuchung der Futterzustände von
Mensch und Pferd versprochen. Ich werde morgen im
Militärkabinet nachfragen, wie weit die Schreiberei gediehen ist.

❦

An dieselbe.

Carlsbad, 13. Juli 1865.

Den ganzen Tag über habe ich geschrieben, diktirt, gelesen, den Berg herunter und wieder erstiegen wegen
Vortrag beim König. Nun schließt der Couriersack und
ich den Brief. Ueber den Tisch sehe ich aufs Erzgebirge,
die Tepl entlang ins Abendroth, recht schön, aber ich fühle
mich ledern und alt. Der König geht den 19. von hier,
in 5 Tagen nach Gastein, wo der Kaiser hinkommen will.
Unterwegs werde ich irgendwo in Bayern ** sehen. Keine
Ruh bei Tag und Nacht. Mit dem Frieden sieht es faul
aus; in Gastein muß es sich entscheiden.

☙

An dieselbe.

Gastein, 4. August 1865.

Ich fange an die Tage zu zählen, die ich in dieser
Nebelkammer abzusitzen habe. Wie die Sonne aussieht,
davon haben wir nur noch dunkle Erinnerungen aus
einer besseren Vergangenheit. Seit heut ist es wenigstens
kalt, bis dahin schwüle, feuchte Wärme, Abwechselung nur
in der Form des Regens, und immer Ungewißheit, ob man
von Regen oder Schweiß naß wird, wenn man die
Promenadentreppen auf- oder abwärts im Schmutze patscht.
Wie Leute ohne Geschäfte es hier aushalten, verstehe ich
nicht. Mir bleibt mit Baden, Arbeiten, Diner, Vortrag
und Thee bei Sr. Majestät kaum Zeit, mir die Scheuß-
lichkeiten der Situation klar zu machen. Seit drei Tagen
ist ein komisches Theater hier, aber man schämt sich fast
drin zu sein, und die meisten scheuen den Weg durch den
Regen. Ich befinde mich bei dem allen sehr wohl, be-

sonders seitdem wir Kaltenhäuser Bier hier haben. * und * tief niedergeschlagen, weil sie nicht wissen, was sie trinken sollen. Der Wirth giebt ihnen schlechtes Bier, damit sie den schlechteren Wein trinken sollen. Sonst läßt sich nichts Merkwürdiges aus dieser Dampfwaschküche melden, wenn ich nicht in Politik verfallen will.

An dieselbe.

Gastein, 14. August 1865.

Ich habe einige Tage lang nicht Muße gefunden, um Dir Nachricht zu geben. Graf Blome ist wieder hier, und wir arbeiten eifrig an Erhaltung des Friedens und Verklebung der Riffe im Bau. Vorgestern habe ich einen Tag der Jagd gewidmet; ich denke, daß ich Dir schrieb, wie erfolglos die erste war, diesmal habe ich wenigstens ein Kälbchen geschossen, mehr aber auch nicht gesehen während der 3 Stunden, wo ich mich regungslos den Experimenten der verschiedensten Insekten preisgab, und die geräuschvolle Thätigkeit des unter mir fließenden Wassersturzes mich die tiefe Begründung des Gefühls erkennen ließ, welches irgend jemandem vor mir den Wunsch entriß: Bächlein, laß dein Rauschen sein! Auch in meinem Zimmer hat dieser Wunsch Tag und Nacht seine Berechtigung; man athmet auf, wenn man einen Ort erreicht, wo man den brutalen Lärm des Wasserfalls nicht hört. Schließlich war es aber ein recht hübscher Schuß, quer über die Schlucht, todt unter Feuer und stürzte kopfüber in den Bach einige Kirchthurmlängen unter mir. Mit der Gesundheit geht es gut, und fühle ich mich viel kräftiger. Wir reisen am 19., also Sonnabend, nach Salzburg; dort wird wohl der Kaiser seinen Besuch machen und 1 bis

2 Tage, nebst Jschl, hingehen. Dann geht der König nach Hohenschwangau, ich nach München, und in Baden stoße ich wieder zu Sr. Majestät. Was dann weiter wird, hängt von der Politik ab. Bist Du noch in Homburg so lange, so hoffe ich von Baden her doch einen Abstecher zu Dir zu machen, um mich des Behagens der Häuslichkeit erfreuen zu können.

Am nämlichen Tage wurde von Bismarck und Blome die Convention von Gastein unterzeichnet, wonach, unbeschadet der Rechte beider Großmächte auf beide Herzogthümer, die Regierung Schleswigs an Preußen, die Holsteins an Oesterreich überlassen und Lauenburg gegen Bezahlung von 2½ Millionen dänischen Reichsthalern von Oesterreich an Preußen abgetreten werden sollte. Auf der Rückreise von Gastein hatten König Wilhelm und Bismarck in Salzburg und Jschl eine Zusammenkunft mit Kaiser Franz Joseph und dem Grafen Mensdorff. Zum Gouverneur von Schleswig ernannte König Wilhelm den General v. Manteuffel, zum Statthalter von Holstein Kaiser Franz Joseph den Feldmarschalllieutenant v. Gablenz. Bismarck wurde wegen seiner verdienstlichen Leitung der preußischen Politik am 16. September vom König in den Grafenstand erhoben. Bei der Erbhuldigung der Ritterschaft und Landschaft von Lauenburg am 26. September nahm er, als Minister für Lauenburg, den Huldigungseid entgegen. Von da reiste er über Paris nach Biarritz, wo um jene Zeit Kaiser Napoleon die Kur gebrauchte.

Die parlamentarischen Verhältnisse besserten sich trotz Düppel, Alsen, Wien (wo der Friede geschlossen wurde) keineswegs. Es kam so weit, daß der Abgeordnete Virchow dem Ministerpräsidenten Mangel an Wahrheit vorwarf, wofür dieser ihm eine Herausforderung zum Zweikampf zuschickte, der jedoch abgewandt wurde. Der hier folgende Brief nimmt hierauf Bezug, ebenso wie auf die Photographie, in welcher Herr von Bismarck sich neben der Lucca hatte darstellen lassen.

Lieber André!

Wenn auch meine Zeit knapp bemessen ist, so vermag ich doch nicht, mir die Beantwortung einer Juterpellation zu versagen, die mir in Berufung auf Christi Namen aus ehrlichem Herzen gestellt wird. Es ist mir herzlich leid, wenn ich gläubigen Christen Aergerniß gebe, aber gewiß bin ich, daß das in meinem Beruf nicht ausbleiben kann; ich will nicht davon reden, daß es in den Lagern, welche mir mit Nothwendigkeit politisch gegenüber stehen, ohne Zweifel zahlreiche Christen giebt, die mir auf dem Weg des Heils weit voraus sind, und mit denen ich doch vermöge dessen, was beiderseits irdisch ist, im Kampf zu leben habe; ich will mich nur darauf berufen, daß Sie selbst sagen: „Verborgen bleibt vom Thun und Lassen in weiten Kreisen nichts". Wo ist der Mann, der in solcher Lage nicht Aergerniß geben sollte, gerechtes oder ungerechtes? Ich gebe Ihnen mehr zu, denn Ihre Aeußerung vom Verborgenbleiben ist nicht richtig. Wollte Gott, daß ich außer dem, was der Welt bekannt wird, nicht andere Sünden auf meiner Seele hätte, für die ich nur im Vertrauen auf Christi Blut Vergebung hoffe! Als Staatsmann bin ich nicht einmal hinreichend rücksichtslos, meinem Gefühl nach eher feig, und das, weil es nicht leicht ist, in den Fragen, die an mich herantreten, immer die Klarheit zu gewinnen, auf deren Boden das Gottvertrauen wächst. Wer mich einen gewissenlosen Politiker schilt, thut mir Unrecht, er soll sein Gewissen auf diesem Kampfplatz erst selbst einmal versuchen. Was die Virchow'sche Sache anbelangt, so bin ich über die Jahre hinaus, wo man in dergleichen von Fleisch und Blut Rath annimmt; wenn ich mein Leben an eine Sache setze, so thue ich es in demjenigen Glauben, den ich mir in langem und schwerem Kampfe, aber in

ehrlichem und demüthigem Gebet vor Gott gestärkt habe
und den mir Menschenwort, auch das eines Freundes im
Herrn und eines Dieners seiner Kirche, nicht umstößt. Was
Kirchenbesuch anbelangt, so ist es unrichtig, daß ich nie=
mals ein Gotteshaus besuche. Ich bin seit fast 7 Monaten
entweder abwesend oder krank; wer also hat die Beobach=
tung gemacht? Ich gebe bereitwillig zu, daß es öfter ge=
schehen könnte, aber es ist nicht so sehr aus Zeitmangel,
als aus Rücksicht auf meine Gesundheit, daß es unter=
bleibt, namentlich im Winter, und denen, die sich in dieser
Beziehung zum Richter über mich berufen fühlen, will ich
gern genauere Auskunft darüber geben, Sie selbst werden
es mir ohne medizinische Details glauben. Ueber die
Lucca=Photographie würden auch Sie vermuthlich weniger
streng urtheilen, wenn Sie wüßten, welchen Zufälligkeiten
sie ihre Entstehung verdankt hat. Außerdem ist die jetzige
Frau von Rahden, wenn auch Sängerin, doch eine Dame,
der man ebenso wenig wie mir selbst jemals unerlaubte
Beziehungen nachgesagt hat. Dessen ungeachtet würde ich,
wenn ich in dem ruhigen Augenblick das Aergerniß er=
wogen hätte, welches viele und treue Freunde an diesem
Scherz genommen haben, aus dem Bereich des auf uns
gerichteten Glases zurückgetreten sein. Sie sehen aus der
Umständlichkeit, mit der ich Ihnen Auskunft gebe, daß
ich Ihr Schreiben als ein wohlgemeintes auffasse und
mich in keiner Weise des Urtheils derer, die mit mir den=
selben Glauben bekennen, zu überheben strebe. Von Ihrer
Freundschaft aber und von Ihrer eigenen christlichen Er=
kenntniß erwarte ich, daß Sie den Urtheilenden Vorsicht und
Milde bei künftigen Gelegenheiten empfehlen, wir be=
dürfen derer Alle. Wenn ich unter der Vollzahl der
Sünder, die des Ruhmes an Gott mangeln, hoffe, daß
seine Gnade auch mir in den Gefahren und Zweifeln
meines Berufes den Stab demüthigen Glaubens nicht

nehmen werde, an dem ich meinen Weg zu finden suche,
so soll mich dieses Vertrauen weder harthörig gegen ta-
delnde Freundesworte, noch zornig gegen liebloses und
hoffährtiges Urteil machen. In Eile Ihr

v. Bismarck.

An den Gesandten Herrn von Werther in Wien.

Berlin, 26. Januar 1866.

In meinem Erlaß vom 20. d. M. habe ich die Lage
der Dinge in Holstein, zu deren Kenntniß Ew. zc. in
meinen anderweitigen Mittheilungen ein reiches Material
zu Gebote stand, zusammenfassend besprochen und Sie ersucht, dem Herrn Grafen Mensdorff über die Rückwirkung
der Vorgänge in Holstein auf den Gesammtcharacter
unserer Beziehungen zu Oesterreich keinen Zweifel zu
lassen. Die neuerlichen Nachrichten aus Altona nöthigen
mich, darauf zurückzukommen. Man wird auch in Wien
fühlen, daß die dort stattgefundene Versammlung schleswig-
holsteinischer Kampfgenossen und Vereine nicht mehr blos
ein einzelnes Glied in der Kette scheinbar unbedeutender
Vorkommmnisse bildet, über welche wir uns seit Langem
zu beschweren gehabt, sondern daß sie eine entscheidende
Wendung bezeichnet, bei welcher sich herausstellen muß,
welchen Character das Wiener Cabinet seinen Beziehungen
zu uns geben will.

Diese Versammlung ist in der That eine Erscheinung,
auf deren Zulassung auf dem Gebiet des österreichischen
Regiments in Holstein wir selbst nach den bisherigen Vorgängen nicht gefaßt sein konnten. Eine Massendemon-
stration, bestimmt zur Agitation theils für Zwecke, welche
die Landesregierung kurz vorher in ausdrücklichem Auftrage des Statthalters abgelehnt hatte, theils ausdrücklich

und direct gegen Preußen; diese Demonstration, zuerst
polizeilich beanstandet, dann von der Landesregierung
nach Verständigung mit dem Vorstande in einer Weise
zugelassen, daß, wenn nur keine Resolutionen gefaßt
wurden, den aufregendsten Reden der weiteste Spielraum
gegönnt wurde; endlich die Versammlung von leitenden
Demokraten aus anderen deutschen Ländern besucht, ganz
in derselben Weise, wie die Versammlungen in Frankfurt,
und zu demselben Zwecke.

Der Plan zu dieser Versammlung zeigt, wie man im
Lande die Erklärungen der Landesregierung und des
Statthalters über die Agitation wegen Berufung der
Stände aufgefaßt und verstanden hatte, und die Zulassung
derselben hat leider bewiesen, daß dies ein richtiges Ver-
ständniß war.

Es erscheint fast unbegreiflich, daß es zu diesem
Punkte hat kommen können, wenn wir auf die Tage von
Gastein und Salzburg zurückblicken. Ich durfte damals
annehmen, daß Seine Majestät der Kaiser von Oesterreich und seine Minister ebenso klar wie wir über den
gemeinsamen Feind beider Mächte, die Revolution, sähen,
und wir glaubten, über die Nothwendigkeit und den Plan
des Kampfes gegen dieselbe einig zu sein. Auf diese
Ueberzeugung gestützt, machten wir in Wien den Vorschlag
des Vorgehens in Frankfurt, auf welchen das Kaiserliche
Cabinet einging, dem es aber bald die Spitze abzubrechen
suchte und dessen Wirkung dadurch in Nichts verlaufen
ist. Dieses Verhalten war wohl geeignet, uns bedenklich
zu machen, indessen konnten wir doch diese Lauheit und
Zurückhaltung noch einer gewissen Passivität und der
Nachwirkung früherer Traditionen zuschreiben. Wir durften
daher, wenn uns auch diese Erfahrung für die Zukunft
zur Vorsicht mahnte, uns doch enthalten, besorglichere
Folgerungen daraus zu ziehen.

Das gegenwärtige Verhalten der Kaiserlichen Regie=
rung in Holstein trägt einen anderen Character. Wir
müssen es geradezu als ein aggressives bezeichnen, und
die Kaiserliche Regierung steht nicht an, genau dieselben
Mittel der Agitation gegen uns ins Feld zu führen, welche
sie mit uns gemeinsam in Frankfurt hatte bekämpfen
wollen. Worin unterscheidet sich jene, durch den Zuzug
von Führern der Demokratie aus Hessen, Frankfurt, Bayern
illustrirte Massenversammlung von denjenigen Versamm=
lungen, über deren Zulassung Oesterreich selbst mit uns
in Frankfurt Beschwerde geführt hat? Höchstens dadurch,
daß der Kaiserlichen Statthalterschaft in den holsteinschen
Gesetzen wirksamere Gegenmittel zu Gebote gestanden,
als dem Frankfurter Senate, daß die Wühlerei in Hol=
stein einen bestimmteren und greifbareren Gegenstand hat
und noch unmittelbarer und feindlicher gegen Preußen
gerichtet ist. Durch den Gasteiner Vertrag ist jedes der
beiden Herzogthümer gleichsam als ein anvertrautes Pfand
der Treue und Gewissenhaftigkeit des einen der beiden
Mitbesitzer übergeben; wir hatten die Hoffnung, von da
aus zu einer weiteren Verständigung zu gelangen, und
wir haben das Recht zu fordern, daß bis zu dem Ein=
tritt dieser Verständigung jenes Pfand selber unverletzt
erhalten werde. Eine Beschädigung desselben, wie sie
durch diese Umtriebe bewirkt wird, können und wollen
wir uns nicht gefallen lassen. Das Preisgeben aller
Autorität, die Zulassung offenbarer Mißachtung und Ver=
höhnung selbstgegebener Bestimmungen, die grundsätzliche
Nichtanwendung bestehender Gesetze unter Anfechtung der
Gültigkeit derselben seitens der Kaiserlichen Regierung
sind erhebliche Beschädigungen der monarchischen Grund=
lagen, welche in den durch einen opfervollen Krieg
unserer Fürsorge gegebenen Ländern aufrecht zu erhalten
wir uns verpflichtet erachten.

Es bedarf keiner besonderen Auseinandersetzung, wel=
chen Eindruck ein solches Verfahren seines Bundesgenossen
im Kriege, jetzt im Frieden auf Seine Majestät den König,
unseren Allergnädigsten Herrn, machen, wie schmerzlich es
ihn berühren müsse, revolutionäre und jedem Thron feind=
liche Bestrebungen unter dem Schutze des österreichischen
Doppeladlers entfaltet zu sehen, und wie solche Eindrücke
dahin führen müssen, das von Seiner Majestät lange und
liebevoll gehegte Gefühl der Zusammengehörigkeit der
beiden deutschen Mächte zu erschüttern und zu schwächen!

Die Regierung Seiner Majestät des Königs bittet
demnach das Kaiserliche Cabinet im Namen der beider=
seitigen Interessen, den Schädigungen, welche die mon=
archischen Grundsätze, der Sinn für öffentliche Ordnung
und die Einigkeit beider Mächte durch das jetzt in Hol=
stein gehandhabte Verfahren leiden, ein Ziel zu setzen;
sie hält es für ein Leichtes, wenn die Gesetze des Landes,
an deren Bestehen kein ernster Zweifel obwalten kann,
zur Anwendung gebracht werden, den unwürdigen Schmäh=
ungen in Presse und Vereinen gegen seine Bundesgenossen
und Mitbesitzer ein Ende zu machen und die Einwendung
des sogenannten Kieler Hofes auf das Land, welche einen
fortwährenden Widerspruch und Angriff gegen fein wie
gegen unser Recht enthält, für die Zukunft unmöglich zu
machen. Wir verlangen kein nachgiebiges Zugeständniß,
kein Aufgeben irgend eines österreichischen Rechtes in den
Herzogthümern, sondern nur die Erhaltung des gemein=
samen Rechts; nichts Anderes, als was Oesterreich ebenso
sehr seiner eigenen, wie unserer Stellung schuldig ist; auch
nichts Anderes, als was die Kaiserliche Regierung jeden
Augenblick ohne irgend ein Opfer oder eine Schädigung
ihrer Interessen auszuführen in der Lage ist. Mag dies
gemeinsame Recht für Oesterreich von geringerem Werthe
sein, für Preußen ist die Feststellung und Durchführung

desselben eine von ihrer Gesammtpolitik untrennbare
Lebensfrage der jetzigen Regierung Seiner Majestät des
Königs.

Eine verneinende oder ausweichende Antwort auf
unsere Bitte würde uns die Ueberzeugung geben, daß die
Kaiserliche Regierung nicht den Willen habe, auf die
Dauer gemeinsame Wege mit uns zu gehen, sondern daß
die Preußen abgeneigten Tendenzen, daß ein, wie wir
hofften, überwundener traditioneller Antagonismus gegen
Preußen, welcher sich jetzt das Gebiet der Herzogthümer
zum Felde seiner Wirksamkeit ausersehen hat, in ihr mächtiger ist, als das Gefühl der Zusammengehörigkeit und
der gemeinsamen Interessen! Es würde dies für die
Königliche Regierung, es würde vor Allem für Seine
Majestät den König selbst eine schmerzliche Enttäuschung
sein, welche wir wünschen und hoffen, uns erspart zu
sehen. Aber es ist ein unabweisbares Bedürfniß für uns,
Klarheit in unsere Verhältnisse zu bringen. Wir müssen,
wenn die von uns aufrichtig angestrebte intime Gemein-
samkeit der Gesammtpolitik beider Mächte sich nicht verwirklichen läßt, für unsere ganze Politik volle Freiheit gewinnen, und von derselben den Gebrauch machen, welchen
wir den Interessen Preußens entsprechend halten.

Ich bitte Ew. 2c., hierüber dem Herrn Grafen
von Mensdorff keine Zweifel zu lassen. Der Augenblick
ist zu ernst, und die neuesten Vorgänge, welche auch in
Wien nicht mehr ignorirt werden können, und deren Auffassung und Behandlung auf die Haltung und die Absichten des Kaiserlichen Cabinets ein für uns entscheiden-
des Licht werfen muß, haben die Verhältnisse zu sehr auf
die Spitze getrieben, als daß eine weniger offene Sprache
an der Zeit wäre.

Die Antwort des Grafen Mensdorff vom 7. Februar wies diese Anklagen entschieden zurück. Die Situation war somit von der Art, daß man an einen baldigen Ausbruch des Krieges denken mußte. In Berlin wurde am 28. Februar unter dem Vorsitz des Königs Ministerrath gehalten, welchem auch der Gouverneur von Schleswig, der Chef des Generalstabs und der Gesandte in Paris beiwohnten. Vorschreiten auf dem bisher verfolgten Wege, selbst auf die Gefahr eines Krieges hin, war der einstimmige Beschluß. Der Marschallsrath in Wien, der unter Zuziehung des Feldzeugmeisters Benedek am 10. März gehalten wurde, war das Seitenstück dazu. Ansammlung von Truppen in Böhmen und Mähren wurde sofort angeordnet. Mensdorffs Rundschreiben an die deutschen Regierungen (außer Preußen) sprach den Plan aus, die Entscheidung der schleswig-holsteinischen Frage dem Bund zu übertragen und forderte zur Kriegsbereitschaft an der Seite Oesterreichs auf. An die nämliche Adresse richtete Bismarck sein Rundschreiben vom 24. März, nachdem er beim Empfang der Depesche vom 7. Februar dem Grafen Karolyi erklärt hatte, daß die Beziehungen Preußens zu Oesterreich nun, anstatt des intimen Charakters, den sie während der letzten Jahre angenommen, auf denselben Standpunkt zurückgeführt worden seien, auf dem sie vor dem dänischen Kriege gewesen, nicht besser, aber auch nicht schlimmer als zu jeder fremden Macht.

An die Schleswig-Holstein'sche Ritterschaft.

Berlin, 2. März 1866.

,Ew. — und den Herren, welche mit Ihnen das Schreiben vom 23. Januar d. J. an mich gerichtet haben, danke ich im Auftrage des Königs, meines Allergnädigsten Herrn, für das Vertrauen, welches Sie Allerhöchstdemselben durch den von Ihnen gethanen Schritt bewiesen haben.

Seine Majestät beklagt mit Ihnen, daß die Uebelstände, welche der gegenwärtige Uebergangs-Zustand mit

sich bringt, durch die aufregende Thätigkeit einer Partei
gesteigert werden, deren Ansprüche im Rechte nicht begründet und mit den Verträgen von Wien und Gastein
nicht vereinbar sind. Die Königliche Regierung hat sich
bemüht, durch Verhandlungen mit der Kaiserlich österreichischen den durch jene Verbindung geschaffenen Rechts-
zustand sicher zu stellen und jeder Beeinträchtigung des
inneren Friedens der Herzogthümer, jeder Gefährdung
ihrer Zukunft vorzubeugen. Ich hoffe, daß die Erreichung
dieses Zweckes der Weisheit der beiden Monarchen gelingen werde, in deren Hände der Wiener Friede die
Entscheidung über die Zukunft Schleswig - Holsteins
gelegt hat.

Ich habe schon früher Gelegenheit gehabt, mich
öffentlich darüber auszusprechen, daß unter den verschiedenen
Formen, in welchen die Rechte Preußens und die Interessen Deutschlands in den Herzogthümern gewahrt werden
können, die Vereinigung mit der Preußischen Monarchie
die für Schleswig-Holstein selbst vortheilhafteste sei. Das
Ansehen, dessen die Namen der Herren Unterzeichner in
Ihrer Heimath genießen, giebt der Thatsache, daß Sie
mit mir diese Ueberzeugung theilen, ein erhöhtes Gewicht
und ermuthigt die Königliche Regierung zu neuen Bestrebungen, die Zustimmung Oesterreichs zu dieser Lösung
der schwebenden Frage zu gewinnen und so die Preußischen von der Königlichen Regierung unter allen Umständen festzuhaltenden Ansprüche unter Bedingungen zu
befriedigen, welche gleichzeitig die Wiederherstellung ein-
heitlicher Verwaltung der Herzogthümer herbeiführen und
ihre Wohlfahrt ebenso wie ihre Sicherheit verbürgen
würden. ..."

An die Vertreter Preußens bei den deutschen Regierungen.

Berlin, 24. März 1866.

Als im August v. J. die Gasteiner Uebereinkunft geschlossen worden war, durften wir hoffen, eine Basis gewonnen zu haben, auf welcher die Lösung der schleswig-holsteinischen Frage ohne Nachtheil für das freundschaftliche Einvernehmen beider Mächte abgewartet werden könne. Aber schon bis zum Januar d. J. waren durch das Verhalten Oesterreichs in Holstein die Dinge so weit gediehen, daß wir uns in Depeschen an den Königlichen Gesandten, welche das Datum des 20. und 26. Januar trugen, mit ernsten Beschwerden an die Kaiserlich österreichische Regierung wenden mußten.

Wir hatten uns darüber zu beklagen, daß Oesterreich fortfuhr, sich in directen Widerspruch zu setzen mit den Basen, auf welchen der Wiener Frieden und demnächst die Gasteiner Convention beruhten. Denn während Oesterreich in diesem Frieden die Abtretung der Herzogthümer vom König Christian IX., welcher auf Grund der im Jahre 1853 eingeführten und von Oesterreich anerkannten Thronfolge im Besitz derselben war, mit uns gemeinschaftlich angenommen hatte, war jetzt die Thätigkeit der österreichischen Verwaltung in Holstein darauf gerichtet, dieses dem Könige, unserm allergnädigsten Herrn, in Gemeinschaft mit Seiner Majestät dem Kaiser von Oesterreich gehörige Land ohne Preußens Einwilligung dem Prinzen von Augustenburg thatsächlich zu überantworten, welcher kein Recht auf dasselbe hat, und dessen Ansprüche früher von Oesterreich selbst entschieden bestritten worden waren. Wir trugen diese Beschwerden der Kaiserlichen Regierung in einer eben so freundschaftlichen als klaren Sprache vor und baten sie im Interesse unserer intimen Beziehungen um Abstellung derselben und um ungefährdete Erhaltung des in Wien und Gastein stipulirten status quo. Wir fügten hinzu, daß, wenn unsere Bitte erfolglos bliebe, wir darin mit Bedauern ein Symptom der Gesinnung Oesterreichs gegen uns sehen müßten, welches uns das Vertrauen auf die Zuverlässigkeit unserer Allianz nehmen würde. In diesem unerwünschten Falle würden wir die Phase der seit zwei Jahren bestandenen intimen Be- ziehungen als abgeschlossen betrachten und gegen die ferneren Wirkungen des aus diesen und anderen Symp- tomen sich ergebenden Uebelwollens des österreichischen Cabinets gegen Preußen anderweite Sicherheit zu ge- winnen suchen.

Auf diese von den versöhnlichsten Gesinnungen ein- gegebene und in der Form freundschaftliche Mittheilung erhielten wir von Wien — in einer Depesche vom 7. Fe- bruar — eine ablehnende Antwort.

Wir haben es nicht für angemessen gehalten, nach derselben die Correspondenz fortzusetzen. Ueber die Be- deutung aber, die wir der Antwort Oesterreichs beilegten, habe ich mich dem Grafen Karolyi gegenüber auf sein Befragen bei der ersten Unterredung nach Empfang der Depesche vom 7. Februar dahin ausgesprochen, daß unsere Beziehungen zu Oesterreich nunmehr anstatt des intimen Charakters, den sie während der letzten Jahre angenommen, auf denselben Standpunkt zurückgeführt worden seien, auf dem sie vor dem dänischen Kriege gewesen, nicht besser, aber auch nicht schlimmer, als zu jeder fremden Macht. Vom Krieg ist dabei kein Wort gefallen; und jede Dro- hung mit Krieg lag uns damals eben so fern, wie jetzt.

Seit dieser Zeit, seit der Mittheilung der Depesche vom 7. Februar, haben beide Mächte gegen einander ge- schwiegen. Von unserer Seite ist nichts geschehen, um die Situation zu verändern, und dennoch sehen wir mit Er-

staunen Oesterreich plötzlich zu einem großen Kriege Vorbereitungen treffen und uns gleichzeitig den Vorwurf
machen, als ob wir es seien, die den frieden zu stören
beabsichtigen. Zahlreiche Mannschaften, nebst Artillerie
und anderem Kriegsmaterial, werden aus den östlichen
und südlichen Provinzen Oesterreichs nach Norden und
Westen gegen unsere Grenze dirigirt, die Regimenter in
Kriegsbereitschaft gesetzt, und bald wird eine starke Heeres-
macht an unserer vollkommen von allen Gegenmaßregeln
entblößten Grenze stehen.

In der Anlage finden Eure . . . . nähere Angaben
über diese Maßregeln. Was bezweckt Oesterreich mit
diesen Rüstungen? Will es uns mit Gewalt zwingen, sein
intimer Bundesgenosse zu bleiben, oder unser Schweigen
durch entgegenkommende Eröffnungen zu brechen? In
beiden Beziehungen werden wir unsere freiheit zu wahren
berechtigt sein, und wir können in der drohenden Haltung,
welche Oesterreich plötzlich gegen uns einnimmt, nur einen
neuen und überzeugenden Beweis einer Gesinnung gegen
uns erblicken, welche nur auf einen günstigen Augenblick
wartet, um ihren Ausdruck in Thaten zu finden. Bisher
haben wir auch nicht den entferntesten Anfang zu Gegen-
rüstungen gemacht, keinen Mann eingezogen, keine Truppen
dislocirt, keine Vorbereitungen getroffen. Aber wir werden,
Angesichts der österreichischen Aufstellungen, nun auch
unsererseits nicht länger zögern dürfen, damit die Situation
von 1850 sich nicht wiederhole, wo eine schlagfertige
österreichische Armee drohend an unserer Grenze stand,
bevor wir gerüstet waren. Die Behauptung, daß Oesterreichs jetzige Rüstung nur der Defensive gelte, kann uns
über ihren drohenden Charakter nicht beruhigen, da von uns
keine einzige Maßregel ergriffen war, welche Oesterreich
hätte veranlassen können, an seine Vertheidigung zu denken.
Wir befürchten, daß die Sprache Oesterreichs sich ändern

würde, sobald ein entscheidender Vorsprung in den Rüstungen ihm eine Ueberlegenheit gäbe. Wenn wir daher nunmehr auch Rüstungen anordnen müssen, so werden wir mit mehr Recht als Oesterreich behaupten können, daß sie einen rein defensiven Charakter tragen und nur durch Oesterreichs unerklärte Rüstungen hervorgerufen sind. Wenn durch dieses Gegenüberstehen von Kriegsheeren die Situation gespannter und die Gefahr eines Conflicts größer wird, so werden nicht wir es sein, welche deshalb ein Vorwurf treffen kann. Denn wir können nicht zugeben, daß Schlesien von Krakau bis zur sächsischen Grenze mit kriegsbereiten Truppen umstellt werde, ohne daß wir Maßregeln zum Schutze des Landes treffen.

Ew. . . . habe ich in dem gegenwärtigen Augenblick nicht unterlassen dürfen, diese Erläuterungen zu geben, und ich ersuche Sie ergebenst, Sich in demselben Sinne gegen die Regierung, bei welcher Sie beglaubigt zu sein die Ehre haben, auszusprechen, damit die Vorbereitungen, zu denen nun auch wir zu schreiten genöthigt sein werden, in richtigem Lichte aufgefaßt werden.

Aber Maßregeln zu unserer augenblicklichen Sicherung sind nicht das einzige, was die Situation gebieterisch von uns fordert. Die Erfahrung, welche wir wiederum über die Zuverlässigkeit eines österreichischen Bündnisses und über die wahren Gesinnungen des Wiener Cabinets gegen uns gemacht haben, nöthigen uns, auch die Zukunft ins Auge zu fassen und uns nach Garantien umzusehen, welche uns die Sicherheit gewähren können, die wir in dem Bunde mit der andern deutschen Großmacht nicht nur vergebens gesucht haben, sondern sogar durch dieselbe bedroht sehen. Preußen ist durch seine Stellung, seinen deutschen Charakter und durch die deutsche Gesinnung seiner Fürsten vor Allem zunächst darauf angewiesen, diese Garantien in Deutschland selbst zu suchen. Auf dem Boden der deutschen Nationalität und in einer Kräftigung der Bande, welche uns mit den übrigen deutschen Staaten verbinden, dürfen wir hoffen, und werden wir immer zuerst versuchen, die Sicherheit der nationalen Unabhängigkeit zu finden.

Aber so oft wir diesen Gedanken ins Auge fassen, drängt sich von Neuem die Erkenntniß auf, daß der Bund in seiner gegenwärtigen Gestalt für jenen Zweck und für die active Politik, welche große Krisen jeden Augenblick fordern können, nicht ausreichend ist. Seine Einrichtungen waren darauf berechnet, daß die beiden deutschen Großmächte stets einig seien; sie haben bestehen können, so lange dieser Zustand durch eine fortgesetzte Nachgiebigkeit Preußens gegen Oesterreich erhalten wurde, einen ernsthaften Antagonismus der beiden Mächte kön= nen sie nicht ertragen, einen drohenden Bruch und Con= flict nicht verhüten oder überwinden. Ja, wir haben die Erfahrung machen müssen, daß selbst da, wo die beiden Mächte einig waren, die Bundesinstitutionen nicht aus= reichten, um Deutschland an einer activen, nationalen und erfolgreichen Politik Theil nehmen zu lassen. Daß auch das Bundes=Militärwesen nicht in einer der Sicherheit Deutsch= lands genügenden Weise geordnet ist, haben wir wiederholt gegen unsere Genossen im Bunde ausgesprochen, und uns vergeblich bemüht, es innerhalb der alten Bundesverhält= nisse auf neuen angemessenen Grundlagen zu verbessern.

Wir vermögen in der jetzigen Lage der Dinge uns das Vertrauen auf eine wirksame Hülfe des Bundes, im Falle wir angegriffen würden, nicht zu bewahren. Bei jedem Angriffe, sei es von Oesterreich, sei es von andern Mächten, werden wir immer zunächst auf unsere eigenen Kräfte angewiesen sein, wenn nicht ein besonders guter Wille einzelner deutscher Regierungen zu unserer Unter= stützung Mittel in Bewegung setzte, welche auf dem ge= wöhnlichen bundesmäßigen Wege viel zu spät flüssig wer=

den würden, um noch von Werth für uns zu fein. Wir
find gegenwärtig, gegenüber den drohenden Rüstungen
Oesterreichs, in der Lage, an unsere Genossen im Bunde
die frage zu richten, ob und in welchem Maße wir auf
diesen guten Willen zählen dürfen? Aber auch der viel=
leicht bei einigen unserer Bundesgenossen augenblicklich
vorhandene gute Wille giebt uns für kommende Gefahren
keine Beruhigung, weil bei der gegenwärtigen Lage des
Bundes und dem Stande der Bundes=Militärverhältnisse
die rechtliche oder thatsächliche Möglichkeit, ihn zu bethä=
tigen, vielfach mangeln wird.

Diese Erwägung und die abnorme Lage, in welche
Preußen durch die feindselige Haltung der andern im
Bunde befindlichen Großmacht gebracht ist, drängt uns
die Nothwendigkeit auf, eine den realen Verhältnissen
Rechnung tragende Reform des Bundes in Anregung zu
bringen. Das Bedürfniß derselben wird sich für uns um
so dringlicher fühlbar machen, je weniger wir auf die
eben gestellte frage hinsichtlich des Beistandes, den wir
zu gewärtigen haben, eine befriedigende Auskunft er=
langen; abweisen aber können wir es in keinem falle,
und wir glauben in der That, daß wir dabei nicht nur
in unserem eigenen Interesse handeln. Schon durch die
geographische Lage wird das Interesse Preußens und
Deutschlands identisch — dies gilt zu unsern wie zu
Deutschlands Gunsten. Wenn wir Deutschlands nicht
sicher sind, ist unsere Stellung gerade wegen unserer geo=
graphischen Lage gefährdeter, als die der meisten andern
europäischen Staaten; das Schicksal Preußens aber wird
das Schicksal Deutschlands nach sich ziehen, und wir zwei=
feln nicht, daß, wenn Preußens Kraft einmal gebrochen
wäre, Deutschland an der Politik der europäischen Na=
tionen nur noch passiv betheiligt bleiben würde. Dies zu
verhüten, sollten alle deutschen Regierungen als eine hei=

lige Pflicht ansehen, und dazu mit Preußen zusammen=
wirken. Wenn der deutsche Bund in seiner jetzigen Ge=
stalt und mit seinen jetzigen politischen und militärischen
Einrichtungen den großen europäischen Krisen, die aus
mehr als einer Ursache jeden Augenblick auftauchen kön=
nen, entgegengehen soll, so ist nur zu sehr zu befürchten,
daß er seiner Aufgabe erliegen und Deutschland vor dem
Schicksale Polens nicht schützen werde.

Wir ersuchen die .... Regierung, auch ihrerseits
die Verhältnisse ernstlich und eingehend in Erwägung zu
ziehen, und behalten wir uns baldige weitere Eröffnungen
in dieser Richtung vor. Zunächst aber haben wir von
derselben eine Beantwortung der oben angedeuteten
Frage zu erbitten, ob und in welchem Maße wir auf ihre
Unterstützung in dem Falle zu rechnen haben, daß wir
von Oesterreich angegriffen oder durch unzweideutige
Drohungen zum Kriege genöthigt werden?

Ew...... ersuche ich ergebenst, diese Frage, be=
gleitet von den in gegenwärtigem Erlaß entwickelten Be=
trachtungen, welche Sie zu dem Ende vorzulesen ermäch=
tigt sind, dem Vertreter der dortigen Regierung mündlich,
aber amtlich vorzulegen.

Ueber die Aufnahme, welche die Eröffnung gefunden
haben wird, sehe ich Ihrem schleunigen Berichte ent=
gegen."

Marquis Wielopolski, Warschau.

Berlin, 14. Mai 1866.

(Dem Marquis Wielopolski, welcher Bismarck zu
seiner Errettung bei dem Blind'schen Attentat beglückwünscht
hatte, erwiderte er wie folgt:)

.... Trotz meiner Geschäfte, die mir Tag und Nacht
keinen Augenblick Ruhe lassen, kann ich mir nicht versagen,

Ihnen persönlich zu danken für die Gratulation und die
Wünsche, mit denen Sie so gütig waren, mich zu beehren.
Sie kennen aus Erfahrung, wie mein Leben beschaffen ist:
seine Gefahren, seinen Undank, seine Entbehrungen, die
Unzulänglichkeit der Zeit und Kräfte, wobei man nur den
einen Trost hat, seine Pflicht zu thun, dem Berufe zu entsprechen, den Gott uns gegeben hat. Sie haben dies auch
kennen gelernt, und ich bin Ihrer Sympathie sicher. Glauben Sie nicht, daß Entmuthigung mich so sprechen macht;
ich glaube an den Sieg, ohne zu wissen, ob ich ihn sehen
werde; aber manchmal überfällt mich eine Erschöpfung.

Preußen stellt am 9. April am Bundestag den Antrag auf
Einberufung einer aus directen Wahlen und allgemeinem Stimmrecht der ganzen Nation hervorgehenden Versammlung, welche
die Vorlagen der deutschen Regierungen über eine Reform der
Bundesverfassung entgegenzunehmen und zu berathen habe. Bei
der Constituirung der Bundesreform-Commission skizzirte die
Preußische Gesandtschaft die Reformvorschläge wie folgt:
a) Einführung einer periodisch einzuberufenden Nationalvertretung
in den Bundesorganismus. Durch Beschlußfassung der Nationalvertretung wird auf speciell bezeichneten Gebieten der künftigen
Bundesgesetzgebung die erforderliche Stimmeneinheit der Bundesglieder ersetzt. b) Zu den Gebieten der Bundesgesetzgebung, auf
die sich die Competenz des neugestalteten Bundesorgans zu erstrecken hat, gehören im Allgemeinen die in Art. 64 der Wiener
Schlußacte unter dem Namen „gemeinnützige Anordnungen" zu-
sammengefaßten Materien. c) Als neu tritt die im Artikel 19
der Bundesacte ins Auge gefaßte Regulirung des Verkehrs-
wesens hinzu. d) Entwickelung des Art. 18 der Bundesacte,
namentlich Freizügigkeit, allgemeines deutsches Heimathsrecht.
e) Allgemeine Zoll- und Handelsgesetzgebung, unter dem Gesichtspunkte einer regelmäßigen gemeinsamen Fortentwickelung.
f) Die Organisation eines gemeinsamen Schutzes des deutschen

Handels im Auslande, Regulirung der Consularvertretung Ge-
sammt-Deutschlands, gemeinschaftlicher Schutz der deutschen Schifffahrt und Seeflagge. g) Gründung einer deutschen Kriegsmarine
und der erforderlichen Kriegshäfen zur Küstenvertheidigung.
h) Revision der Bundeskriegsverfassung zum Zwecke der Conso-
lidirung der vorhandenen militärischen Kräfte in der Richtung
und aus dem Gesichtspunkte, daß durch bessere Zusammenfassung
der deutschen Wehrkräfte die Gesammtleistung erhöht, die Wirkung
gesteigert, die Leistung des Einzelnen möglichst erleichtert werde.
Bezüglich der Berufung des Parlaments ad hoc soll für das
active Wahlrecht das Princip directer Wahlen und des allgemeinen Stimmrechts maßgebend sein; ein Wahlbezirk von
80 bis 100 000 Seelen hätte einen Deputirten zu wählen. Bezüglich des passiven Wahlrechts erwartet Preußen die Vorschläge
des Ausschusses, bezeichnet aber schon jetzt die bezüglichen Bestimmungen des Reichswahlgesetzes vom Jahre 1849 für sich als
annehmbar. In diesem Sinne wäre sofort ein Wahlgesetz ad
hoc zu vereinbaren.

An die Vertreter bei den deutschen Regierungen.

Berlin, 27. Mai 1866.

Wenn wir in der jetzigen Gestaltung des Bundes einer
großen Krisis entgegengehen sollten, so ist eine vollständige revolutionäre Zerrüttung in Deutschland bei der
Haltlosigkeit der gegenwärtigen Zustände die wahrschein-
lichste Folge. Einer solchen Katastrophe kann man lediglich
durch eine rechtzeitige Reform von oben her vorbeugen.

Es ist nicht die Masse der unberechtigten Forderungen,
welche den revolutionären Bewegungen Kraft verleiht,
sondern gewöhnlich ist es der geringe Antheil der berechtigten Forderungen, welcher die wirksamsten Vorwände zur
Revolution bietet und den Bewegungen nachhaltige und
gefährliche Kraft verleiht.

Unbeſtreitbar iſt eine Anzahl berechtigter Bedürfniſſe des deutſchen Volkes nicht in dem Maße ſicher geſtellt, wie es jede große Ration beanſprucht. Die Befriedigung derſelben im geordneten Wege der Verſtändigung herbei= zuführen, iſt die Aufgabe der Bundesreform. Die letztere iſt recht eigentlich im Intereſſe des monarchiſchen Princips in Deutſchland nothwendig. Sie ſoll durch die Initiative der Regierungen den Uebelſtänden abhelfen, welche in be= wegten Zeiten die Quelle und der Vorwand für gewalt= ſame Selbſthülfe werden können. In dieſer Richtung be= wegen ſich die Reformvorſchläge der Preußiſchen Regierung. Sie werden ſich auf das Allernothwendigſte beſchränken und den Bundesgenoſſen auf das Bereitwilligſte mit den ihnen erwünſchten Modificationen entgegenkommen.

Das Ziel verlangt allerdings Opfer, aber nicht von Einzelnen, ſondern von Allen gleichmäßig.

Was Seine Majeſtät den König perſönlich anbetrifft, ſo liegt Allerhöchſt demſelben nichts ferner, als Seine Bundesgenoſſen, die deutſchen Fürſten, beeinträchtigen oder unterdrücken zu wollen. Allerhöchſtderſelbe will mit ihnen als Einer ihres Gleichen gemeinſam für die gemeinſame Sicherheit nach innen und außen ſorgen, aber beſſer als bisher. Wer dieſen ernſten Willen und das längſt auf dieſes Ziel gerichtete Beſtreben Seiner Majeſtät als Er= gebniß perſönlichen Ehrgeizes ſchildert, der entſtellt die Thatſachen, welche von Allerhöchſtdeſſen Handlungs= und Sinnesweiſe offenes Zeugniß ablegen. Seine Majeſtät der König ſind ſtets weit davon entfernt geweſen, einen Ehr= geiz zu hegen, der auf Koſten der Nachbarn und Bundes= genoſſen Befriedigung geſucht hätte, wenn Allerhöchſt= dieſelben auch nach mannigfachen Erfahrungen darauf verzichten müſſen, die Verleumdungen zum Schweigen zu bringen. Seine Majeſtät beabſichtigen auch jetzt mit der Bundesreform nicht, den deutſchen Fürſten Opfer anzuſinnen, welche Preußen nicht ebenso im Interesse der Gesammtheit zu bringen bereit wäre.

Die Verweigerung der in den Reformvorschlägen der königlichen Regierung aufgestellten verhältnißmäßig geringen und von allen Theilnehmern — Preußen nicht ausgeschlossen — gleichmäßig zu machenden Zugeständnisse, würde unserer Ansicht nach eine schwere Verantwortung für die Zukunft involviren.

Wir haben zunächst mit einzelnen Regierungen über unsere Vorschläge eine Verständigung versucht, sodann im Neunerausschuß in Frankfurt a. M. diese Vorschläge näher wie folgt, bezeichnet.

(Hier folgt die Angabe der einzelnen Punkte, dann fährt die Depesche fort:)

Auf diese bescheidenen Forderungen haben wir uns beschränken zu können geglaubt und zugleich die Versicherung gegeben, daß wir, um im friedlichen Wege zu einer Verständigung darüber zu gelangen, gern unseren Bundesgenossen in Modalitäten entgegenkommen würden.

Erst wenn Preußen auf dem Wege der Verständigung am Bunde und mit den Regierungen alle Mittel vergebens erschöpft haben wird, um auch nur die nothdürftigsten Zugeständnisse zu erlangen, werden wir unser enges Programm erweitern.

Die Depesche des österreichischen Ministers Mensdorff vom 28. April kam auf die Errichtung eines neuen Mittelstaates unter dem Augustenburger und auf die schließliche Entscheidung des deutschen Bundes zurück. Bismarcks Antwort vom 7. Mai hielt fest an den Verträgen von Wien und Gastein, welche dem Bunde kein Recht der Entscheidung über den Besitz des Herzogthums Holstein einräumten.

An die Vertreter Preußens an den fremden Höfen.

Berlin, 4. Juni 1866.

Ich habe Ew. Excellenz schon bei früherer Gelegenheit die Depesche mitgetheilt, welche ich am 7. des letzten Monats dem Königlichen Gesandten in Wien betreffs der Note des Grafen Mensdorff vom 28. April bezüglich der Frage der Elbherzogthümer übermittelt habe. Absichtlich wählte ich für diese Mittheilung die Form einer vertraulichen Darlegung, die nicht in Abschrift übergeben werden sollte, weil die Erfahrung mich gelehrt hatte, daß ein wirkliches Verständniß nicht durch den Austausch von Documenten gefördert wird, welche gewöhnlich unmittelbar Veröffentlichung zu erhalten pflegen, und weil es der vornehmlichste Wunsch der Königlichen Regierung war, dem Wiener Cabinet die Möglichkeit einer Annäherung darzubieten oder offen zu lassen. Wir hatten also zunächst Ursache, anzunehmen, daß dieser unser Schritt in Wien seine Würdigung finden werde, und Graf Mensdorff schien, nach seinen Bemerkungen an Baron von Werther zu urtheilen, in demselben eine solche Möglichkeit wahrgenommen zu haben. In Wahrheit, die Haltung unserer Mittheilung, wo sie immer bekannt wurde, ist als ein Symptom herzlicher Gefühle und wachsender Hoffnungen auf die Erhaltung des Friedens angesehen worden.

Vergebens haben wir auf eine Entgegnung oder selbst nur auf eine bloße Auslassung des Kaiserlichen Gesandten über diesen Gegenstand gewartet.

Im Gegentheil sind wir gezwungen, die Erklärung der österreichischen Regierung beim Bundestage zu Frankfurt a. M. am 1. Juni als die Antwort auf unsere versöhnlichen Eröffnungen zu betrachten. In dieser Erklärung übergiebt Oesterreich nach einer rückblickenden Darlegung, die mit den Thatsachen nicht übereinstimmt und

gegen Preußen beleidigend ist, dem Bundestage die Ent=
scheidung über die schleswig=holstein'sche Frage, und giebt
zugleich Kenntniß von einem Acte der Souveränetät in
Holstein — nämlich die Einberufung der Stäude —, welche
es für sich allein zu unternehmen von dem Augenblicke
an nicht berechtigt ist, wo es sich selbst durch die Verwei=
sung auf den Bundestag vom Gasteiner Vertrage entbindet
und dadurch an Stelle der jüngsten geographischen Thei=
lung das alte Verhältniß des Mitbesitzes setzt.

Wir haben schon in Wien gegen diesen nicht zu recht=
fertigenden und einseitigen Act, sowie auch gegen die
ebenso nicht zu rechtfertigende Verfügung über unsere
Rechte durch die Uebertragung derselben an den Bundes=
tag protestirt und behalten uns vor, — weitere Schritte
zu thun.

Doch vorab kann ich mich nicht enthalten, zu erklären,
daß wir nicht im Stande sind, in diesem Verfahren der
österreichischen Regierung etwas anderes wahrzunehmen,
als die Absicht einer directen Provocation und den Wunsch,
mit Gewalt einen Bruch und Krieg herbeizuführen.

Alle unsere Erkundigungen gestehen zu, daß der Ent=
schluß, gegen Preußen Krieg zu führen, in Wien fest ge=
faßt ist.

Ich kann Ew. Excellenz auf den Wunsch Sr. Majestät
vertraulich mittheilen, daß zu derselben Zeit, als wir die
oben erwähnte persönliche Mittheilung dem Hofe zu Wien
machten, der König, angetrieben von der Pflicht, den
Frieden so lange wie möglich zu erhalten, bereitwillig
einen Vorschlag zur directen Verständigung von einer un=
parteiischen Seite in Wien entgegennahm und Sr. Majestät
dem Kaiser von Oesterreich, ohne Betheiligung des Mi=
nisteriums, mittheilte, um sich zu vergewissern, ob Se. Ma=
jestät noch von dem Wunsche, den Frieden zu erhalten,
angetrieben werde. Der Vorschlag war, die Frage über

Schleswig-Holstein und die Bundesreform gemeinschaftlich zu verhandeln und durch diese Verbindung die Lösung beider zu erleichtern.

Die Verhandlungen, auf Seiten der Vermittler auf die friedlichsten Wünsche gestützt, haben, wie Se. Majestät mir mittheilt, nur erwiesen, daß ein entsprechendes Gefühl in Wien nicht mehr vorhanden ist. Sie haben, ungeachtet der theoretischen Friedensliebe des Kaisers, das Verlangen nach Krieg dargelegt, welches jede andere Erwägung in seinem ganzen Rathe beherrscht, selbst unter Jenen, welche nach unserem Wissen Anfangs gegen den Krieg und selbst gegen die Vorbereitungen und Rüstungen stimmten, und daß dieses Verlangen jetzt auch entscheidenden Einfluß auf den Kaiser selbst gewonnen hat. Nicht allein wurde dort der gänzliche Mangel aller und jeder Bereitwilligkeit bekundet, selbst in vertrauliche Verhandlungen einzutreten und die Möglichkeit einer Verständigung zu discutiren, sondern Auslassungen einflußreicher österreichischer Staatsmänner und Rathgeber des Kaisers, sind dem Könige aus einer authentischen Quelle mitgetheilt worden, welche keinen Zweifel lassen, daß die Kaiserlichen Minister Krieg um jeden Preis wünschen, theils in der Hoffnung auf Erfolg im Felde, theils um über innere Schwierigkeiten hinwegzukommen, ja selbst mit der ausgesprochenen Absicht, den österreichischen Finanzen durch preußische Contributionen oder durch einen „ehrenvollen" Bankerott Hülfe zu verschaffen.

Die Handlungen der österreichischen Regierung stimmen mit dieser Absicht nur zu genau überein.

Ich habe oben erwähnt, daß wir gezwungen sind, in der dem Bundestage abgegebenen Erklärung eine direkte Provocation zu erkennen.

Sie hat nur einen Sinn, wenn das Wiener Cabinet ihr unmittelbar den ausgesprochenen Bruch folgen zu

laffen beabsichtigt, denn es kann nicht erwartet haben, daß
wir uns gutmüthig diesem Angriffe auf unsere Rechte
unterwerfen sollten. In einer anderen Angelegenheit, der
Zwangsanleihe, die in Italien angeordnet worden und
welche den Umständen einen Stachel erhöhter Bitterkeit
aufdrückt, zeigt sich, daß Oesterreich auch gegen Italien
nur von den extremsten Mitteln Gebrauch machen will.
Damit stimmen die Vorbehalte überein, mit denen nach
hier erhaltenen Benachrichtigungen es seine Antwort auf
die Einladung zur Conferenz begleitete und welche, wie
wir hören, von allen drei Mächten einer Weigerung gleich
verstanden worden.

Nachdem die Form der Einladung durch Verhandlungen zwischen den einladenden Mächten eigens so abgefaßt worden war, daß Oesterreich anzunehmen im
Stande sein sollte, ohne sich selbst irgend etwas im voraus
zu vergeben und ohne gezwungen zu sein, Vorbehalte zu
machen, so ist es bestimmt das Wiener Cabinet, welches
alle diese Mühen fruchtlos macht.

Dahinter können wir nur die entschiedene Absicht
Oesterreichs sehen, Krieg mit Preußen zu erzwingen und
bei dem Eingehen in Verhandlungen über den Congreß
höchstens durch Aufschub Zeit für seine eigenen noch nicht
gänzlich vollendeten Anordnungen, besonders aber für die
seiner Verbündeten zu gewinnen. Der Krieg ist ein ab-
gemachter Beschluß in Wien; der einzig nächste Punkt
ist der, den günstigen Augenblick zu wählen, ihn zu
beginnen.

Diese Ueberzeugung ist uns mit gebieterischer Nothwendigkeit durch die meisten jüngsten Thatsachen aufge-
drungen worden, und wir sind der Meinung, daß nur eine
absichtliche, vorurtheilsvolle Ansicht zu einem entgegen-
gesetzten Schlusse kommen kann. Die Thatsachen sprechen
zu laut, als daß leeres Gerede über die Kriegsgelüste

Preußens, welches einzig auf Conjecturen, Combinationen, falsch ausgelegten Darstellungen und leeren Gerüchten fußt, bei einem Vergleiche nicht in Nichts zerfließen sollte. Vielleicht wird man uns zuletzt glauben, wenn wir feierlich gegen jeden Gedanken an den Wunsch, unsere Ansprüche an die Herzogthümer durch Gewalt und mit Mißachtung gegen die Rechte des Mitbesitzers geltend zu machen, protestiren. Jetzt wird es auch wahrscheinlich nicht schwer sein, die wirklichen Beweggründe zu den Rüstungen zu begreifen, durch welche Oesterreich die gegenwärtige Krisis herbeigeführt und deren Beseitigung auf dem Wege des Congresses unmöglich zu machen es sich weiter durch seine angenommene Haltung bemüht hat.

Wir vermögen mit ruhigem Gewissen an das Urtheil aller unparteiischen Staatsmänner zu appelliren, welcher Theil bis zu dem letzten Augenblicke Versöhnung und Friedensliebe entfaltet hat.

Ich ersuche Ew. Excellenz hochachtungsvoll, Sich im Sinne dieser Depesche gegen den Minister des Auswärtigen des Hofes, an dem Sie beglaubigt sind, auszusprechen."

Am 9. Juni ließ Bismarck durch den preußischen Gesandten in Frankfurt, v. Savigny, in der Bundesversammlung erklären, daß Preußen bereit sei, die schleswig-holsteinische Angelegenheit in Verbindung mit der Bundesreform zu behandeln, und legte am 10. Juni den deutschen Regierungen (außer Oesterreich) die Grundzüge einer neuen Bundesverfassung vor, welche die Errichtung eines neuen Bundes, von welchem Oesterreich ausgeschlossen blieb, bestimmte, den Oberbefehl über die Nordarmee dem Könige von Preußen, den über die Südarmee dem König von Bayern übertrug, eine Nationalvertretung anordnete und verschiedene Bestimmungen enthielt, welche nachher in die nord-

deutfche und in die Reichsverfaffung übergingen. Oefterreich bezeichnete am 11. Juni den Einmarfch der preußifchen Truppen in Holftein als einen Akt gewaltfamer Selbfthilfe und beantragte die fchleunige Mobilmachung fämmtlicher nicht zur preußifchen Armee gehörigen Armeecorps des Bundesheeres. Diefer Antrag wurde in der Bundesfitzung vom 14. Juni (vermöge einer un-richtigen Stimmenzählung) mit 9 gegen 6 Stimmen angenommen, worauf der preußifche Gefandte, welcher gegen die bundeswidrige Behandlung des Antrags proteftirt hatte, im Auftrag feiner Regierung den Bundesvertrag für gebrochen und erlofchen, feine Thätigkeit am Bund für beendigt erklärte, zugleich aber auch die Grundzüge einer neuen Einigung vorlegte und Preußens Bereit-willigkeit zum Abfchluß eines neuen Bundesvertrags konftatirte.

*

An die Vertreter Preußens im Auslande.

Berlin, 16. Juni 1866.

Wir hatten es vorausgefehen, daß die unvermutheten und nicht zu rechtfertigenden Rüftungen Oefterreichs eine verhängnißvolle Krifis herbeiführen würden. Diefe Krifis ift jetzt ausgebrochen.

Die drei neutralen Mächte haben die Gefahren der Situation zu befchwören gefucht, indem fie die Fragen, welche den Frieden Europas bedrohten, gemeinfchaftlichen Be-rathungen zu unterziehen verfuchten; aber ihre Bemühun-gen find an dem Widerftreben Oefterreichs gefcheitert.

Die Löfung der Elbherzogthümerfrage war durch die Verträge einer gemeinfamen Verftändigung zwifchen den beiden fouveränen Mächten vorbehalten worden. Da Oefterreich fich von feinen Verpflichtungen losfagte, um jene Löfung außerhalb der von ihm unterzeichneten Ver-träge zu fuchen, hat der König, unfer erhabener Herr, fich genöthigt gefehen, feine Truppen in Holftein einrücken zu laſſen, ohne indeſſen damit Oeſterreich das Recht ſtreitig zu machen, ſeine Truppen nach Schleswig rücken zu laſſen. Der Bruch des Gaſteiner Vertrages berechtigte Se. Ma= jeſtät zu dieſer Maßregel; die Pflicht, ſeine Rechte zu ver= theidigen, gebot ſie ihm.

Oeſterreich hat es vorgezogen, ſeine Truppen aus dem Herzogthum abziehen zu laſſen, und indem es beim Deutſchen Bunde eine willkürliche Klage auf Friedensbruch erhob, machte es dem Bundestage in Frankfurt eine Vor= lage, deren bloße Zulaſſung zur Berathung ſchon einen offenkundigen Bruch des Bundesvertrages bildet.

Der von Oeſterreich in der Sitzung des 11. Juni ge= ſtellte Antrag bezweckte nichts weniger, als die Decreti= rung des Bundeskrieges gegen eines der Bundesglieder, eine mit dem Buchſtaben und Geiſt der Verträge und dem Grundzwecke derſelben durchaus unvereinbare Maßnahme.

Dieſer Antrag wurde, ſtatt ohne Weiteres beſeitigt zu werden, in der Sitzung vom 14. d. M. mit Stimmenmehr= heit angenommen.

Dieſe Verletzung des Bundesvertrages ſchließt noth= wendig die Zerreißung des Bandes, welches die Mit= glieder des Deutſchen Bundes vereint, in ſich. Der Ge= ſandte des Königs war beauftragt, dies am Bundestage in derſelben Sitzung zu erklären. Dieſe Vorgänge haben die Regierung Sr. Majeſtät von allen Verpflichtungen be= freit, welche das Bundesverhältniß ihr bisher auferlegte, wie auch andererſeits die bisherigen Bundesmitglieder keinen Anſpruch mehr haben, Gerechtſame auszuüben, die ihnen nur in Gemeinſchaft mit Preußen zuſtanden, oder ohne Preußen noch als Vertreter des Bundes aufzu= treten.

So ſehen wir Bande zerriſſen, welche Preußen während der Dauer zweier Generationen um den Preis mancher Opfer aufrecht zu erhalten beſtrebt war, wenngleich es

erkennen mußte, daß dieselben nur fehr unvollkommen den
Anforderungen der Zeit entsprachen. Aber angesichts der
offenen Feindseligkeit, welche der Bundesbeschluß, die
Bundesmacht gegen Preußen zu mobilisiren, bekundete,
fah sich Se. Majestät in die Nothwendigkeit versetzt, auch
seinerseits jene Maßregeln zu treffen, welche die Sorge
für die eigene Vertheidigung und die Pflichten gegen sein
Volk gebieterisch von ihm forderten.

Die Regierung des Königs hat zu dem Ende den
norddeutschen Staaten, die an Preußen angrenzen, ein
neues Bündniß angetragen, dessen Annahme die Gefahren
beseitigen würde, die wir von der geographischen Lage
dieser Staaten mitten zwischen Theilen des Preußischen
Gebietes zu fürchten hatten. Sie hat sich bereit erklärt,
mit diesen Regierungen und mit einem deutschen Parla-
mente in Verhandlungen zu treten, um die Hauptpunkte
dieses Bündnisses festzustellen. Aber in Erwägung des
Standes der Krise, in welcher wir uns befinden, hat sie
dieselben ersuchen müssen, vor Allem ihre Truppen auf
den Friedensfuß zurück zu versetzen, oder auch sie mit den
unserigen zur Bekämpfung der gemeinsamen Gefahr zu
vereinigen und ihre Zustimmung zur Berufung eines deutschen Parlaments zu erklären. Die Regierung des Königs
ist sich bewußt, bei Formulirung dieser Forderungen sich
in so enge Grenzen geschlossen zu haben, als die Sorge
für ihre eigene Vertheidigung es ihr gestattete. Wenn so
mäßige Vorstellungen nicht angenommen werden, so wird
sie sich genöthigt sehen, sich auf ihre eigene Macht zu
stützen und gegen die Regierungen, die sich als ihre entschiedenen Gegner erkennen lassen, alle Mittel, über die sie
zu verfügen hat, zur Anwendung zu bringen. Die Verantwortlichkeit für die daraus entstehenden Folgen wird in
vollem Maße auf diejenigen zurückfallen, die durch ihre
feindlichen Antriebe diese Situation geschaffen und im letzten

Augenblicke die Hand, die Preußen ihnen geboten, zurück-
gestoßen haben werden.

Ich ersuche Sie, Herr . . . ., in diesem Sinne Sich
gegen die Regierung, bei der Sie beglaubigt sind, auszusprechen, und ich ermächtige Sie, von dieser Depesche Abschrift zu geben. Empfangen Sie 2c.

An seine Gemahlin.

Sichrow, 1. Juli 1866.

Wir begegnen überall Gefangenen, es sollen schon über
15 000 sein nach den hier vorliegenden Angaben.
Jitschin ist gestern von uns mit dem Bajonet genommen,
Frankfurter Division, General Tümpling an Hüfte schwer
verwundet, nicht tödtlich. Hitze furchtbar. Zufuhr von
Proviant schwer; unsere Truppen leiden vor Mattigkeit
und Hunger. Im Lande bis hier nicht viel Spuren des
Krieges, außer zertretenen Kornfeldern. Die Leute fürchten
sich nicht vor den Soldaten, stehen mit Frau und Kind im
Sonntagsstaat vor den Thüren und wundern sich.

An dieselbe.

Jitschin, 2. Juli 1866.

Eben von Sichrow her angekommen; auf dem Schlachtfelde hierher lag es noch voll von Leichen, Pferden,
Waffen. Unsere Siege sind viel größer, als wir glaubten;
es scheint, daß wir jetzt schon über 15 000 Gefangene haben,
und an Todten und Verwundeten wird der österreichische
Verlust noch höher, gegen 20 000 Mann, angegeben. Zwei

ihrer Corps sind ganz zersprengt, einige Regimenter bis
zum letzten Mann vernichtet. Ich habe bisher mehr österreichische Gefangene als preußische Soldaten zu sehen bekommen.

An dieselbe.

Hohenmauth, Montag 9. Juli 1866.

Uns geht es gut; wenn wir nicht übertrieben in unseren
Ansprüchen sind und nicht glauben, die Welt erobert
zu haben, so werden wir auch einen Frieden erlangen,
der der Mühe werth ist. Aber wir sind eben so schnell
berauscht, wie verzagt, und ich habe die undankbare Aufgabe, Wasser in den brausenden Wein zu gießen und
geltend zu machen, daß wir nicht allein in Europa leben,
sondern mit noch drei Nachbarn. Die Oesterreicher stehen
in Mähren, und wir sind schon so kühn, daß für morgen
unser Hauptquartier da angesagt wird, wo sie heute noch
stehen. Gefangene passiren noch immer ein, und Kanonen
seit dem 3. bis heut 180. Holen sie ihre Südarmee hervor,
so werden wir sie mit Gottes gnädigem Beistande auch
schlagen; das Vertrauen ist allgemein. Unsere Leute sind
zum Küssen, jeder so todesmuthig, ruhig, folgsam, gesittet,
mit leerem Magen, nassen Kleidern, nassem Lager, wenig
Schlaf, abfallenden Stiefelsohlen, freundlich gegen alle,
kein Plündern und Sengen, bezahlen, was sie können,
und essen verschimmeltes Brod. Es muß doch ein tiefer
Fond von Gottesfurcht im gemeinen Mann bei uns sitzen,
sonst könnte das alles nicht sein. Nachrichten über Bekannte sind schwer zu haben, man liegt meilenweit aus-
einander, keiner weiß, wo der andere, und niemand zu
schicken, Menschen wohl, aber keine Pferde. Der König
exponirte sich am 3. allerdings sehr, und es war sehr gut,

daß ich mit war, denn alle Mahnungen Anderer fruchteten
nicht, und Niemand hätte gewagt, fo zu reden, wie ich es
mir beim letzten Male, welches half, erlaubte, nachdem
ein Knäuel von 10 Kürassieren und 15 Pferden vom
6. Kürassier=Regiment neben uns sich blutend wälzte, und
die Granaten den Herrn in unangenehmster Nähe um=
schwirrten. Die schlimmste sprang zum Glücke nicht. Es
ist mir aber doch lieber fo, als wenn er die Vorsicht
übertriebe. Er war enthusiasmirt über seine Truppen
und mit Recht, fo daß er das Saufen und Einschlagen
neben sich gar nicht zu merken schien, ruhig und behaglich
wie am Kreuzberg, und fand immer wieder Bataillone,
denen er danken und guten Abend fagen mußte, bis wir
denn richtig wieder ins Feuer hineingerathen waren. Er
hat aber fo viel darüber hören müssen, daß er es künftig
laffen wird, und Du kannst beruhigt fein; ich glaube auch
kaum noch an eine wirkliche Schlacht.

An dieselbe.

Zwittau in Mähren, 11. Juli 1866.

Mir fehlt ein Tintenfaß, da alle besetzt, sonst geht es
mir gut, nachdem ich auf Feldbett und Luftmatratze
gut geschlafen und durch Brief von Dir um 8 geweckt.
Ich war um 11 zu Bett gegangen. Bei Königgrätz ritt
ich den großen Fuchs, 13 Stunden im Sattel ohne Futter.
Er hielt fehr gut aus, schrak weder vor Schüffen noch
vor Leichen, fraß Aehren und Pflaumenblätter mit Vor=
liebe in den schwierigsten Momenten und ging flott bis
ans Ende, wo ich müder schien als das Pferd. Mein
erstes Lager für die Racht war aber auf dem Straßen=
pflaster von Horic, ohne Stroh, mit Hilfe eines Wagen=

kissens. Es lag alles voll Verwundeter. Der Großherzog
von Mecklenburg entdeckte mich und theilte sein Zimmer
dann mit mir, R. und 2 Adjutanten, was mir des Regens
wegen sehr erwünscht kam. Was König und Granaten
anbelangt, schrieb ich Dir schon. Die Generäle hatten
alle den Aberglauben, sie als Soldaten dürften dem Könige
von Gefahr nicht reden, und schickten mich, der ich auch
Major bin, jedesmal an ihn ab.

An dieselbe.

3. August 1866.

Morgen denken wir in Berlin zu sein. Großer Zwist
über die Thronrede. Die Leutchen haben alle nicht
genug zu thuu, sehen nichts als ihre eigene Nase und üben
ihre Schwimmkunst auf der stürmischen Welle der Phrase.
Mit den Feinden wird man fertig, aber die Freunde! Sie
tragen fast alle Scheuklappen und sehen nur einen Fleck
von der Welt.

Brief von Fritz Reuter an Bismarck.

12. September 1866.

Es treibt mich, Ew. Excellenz, als dem Manne, der
die Träume meiner Jugend und die Hoffnungen des
gereiften Alters zur faßbaren und im Sonnenscheine
glänzenden Wahrheit verwirklicht hat, ich meine die
Einheit Deutschlands, meinen tiefgefühlten Dank zu
sagen. Nicht Autoreneitelkeit, sondern nur der lebhafte
Wunsch, für so viele schöne Realität, die Ew. Excellenz
dem Vaterlande geschenkt haben, auch etwas Reales zu

bieten, veranlaßt mich, diesem Danke den Inhalt des bei=
folgenden Packets beizufügen. Möchten Ew. Excellenz
diesen meinen etwas zudringlichen Kindern ein bescheidenes
Plätzchen in Ihrer Bibliothek gönnen und möchten die
dummen Jungen im Stande sein, mit ihren tollen Sprüngen
Sie auf Augenblicke die schweren Sorgen und harten
Mühen Ihres Lebens vergessen zu lassen. Gott segne
Sie für Ihr Thun! Sie haben sich mehr Herzen ge=
wonnen als Sie ahnen, so z. B. auch das

Ihres ergebensten Fritz Reuter, Dr.

Graf Bismarck antwortete (17. September):

Ew. Hochwohlgeboren sage ich meinen herzlichen Dank
für die freundliche Sendung, mit welcher Sie Ihre
inhaltsvolle Zuschrift vom 4. d. M. begleiteten. Als alte
Freunde habe ich die Schaar Ihrer Kinder begrüßt und
sie alle willkommen geheißen, die in frischen, mir heimath=
lich vertrauten Klängen von unseres Volkes Herzschlag
Kunde geben. Noch ist, was die Jugend erhoffte, nicht
Wirklichkeit geworden; mit der Gegenwart aber versöhnt
es, wenn der auserwählte Volksdichter in ihr die Zukunft
gesichert erschaut, der er Freiheit und Leben zu opfern
stets bereit war.

Herrn von Werther, Wien.

Berlin, 14. April 1867.

Der Graf Tauffkirchen hat mir, legitimirt durch ein
Schreiben des Fürsten Hohenlohe an mich, in dessen
Auftrage mit Genehmigung des Königs von Bayern er=
klärt, daß die bayerische Regierung wünsche, eine wechsel=

seitige Anlehnung zwischen Deutschland und Oesterreich
zum Zweck der Rückendeckung gegen Frankreich hergestellt
zu sehen. Ich habe ihm darauf im Wesentlichen Folgendes
erwidert: es sei seit der Wiederherstellung des Friedens
stets unser Wunsch gewesen, das freundschaftliche Ver=
hältniß mit Oesterreich zu gewinnen, welches den beider=
seitigen Interessen und der beiderseitigen Vergangenheit
entspreche. Zu den allgemeinen Gründen dieser unserer
Disposition habe sich in neuester Zeit das besondere Motiv
gesellt, den Frieden zu erhalten. Diesen Zweck würde
eine Defensivallianz Oesterreichs mit Preußen und seinen
deutschen Verbündeten erreichen, weil einer solchen gegen=
über Frankreich einen Angriff auf Deutschland nicht unter=
nehmen würde.

Ich habe die Gelegenheit benutzt, zugleich über die
Vortheile zu sprechen, welche wir Oesterreich bieten könnten,
und in dieser Beziehung folgenden Gedanken geäußert:

Wir können Oesterreich dasjenige gewähren, was ihm
früher der deutsche Bund gewährt habe, das heißt innere
und äußere Sicherheit; die letztere in zweifellos defensiver
Beschränkung entweder

a) für die ganze österreichische Monarchie auf Zeit,
etwa auf ein bis drei Jahre, oder

b) für den deutschen Theil durch ein dauerndes Bünd=
niß ohne bundestägliche Verfassung, rein als internationaler
Vertrag aufgefaßt.

Auch werde sich:

c) ein zeitweiliges Bündniß vervollständigen lassen
durch eine zeitweilige Abmachung über die türkische An=
gelegenheit. In eine solche Combination würden wir
aber auch Rußland hineinzuziehen müssen.

Ich sei nicht ohne Hoffnung, daß für einen beschränkten
Zeitraum Rußlands Zustimmung zu einer Aufrechthaltung
des status quo in den türkischen Grenzländern zu gewinnen

fei. Sollte sich Rußland nicht dazu verstehen, eine solche Zustimmung vertragsmäßig auszusprechen, so werde es für die Erhaltung des Friedens genügen, wenn Rußland, ohne eine Verbindlichkeit einzugehen, ein ihm bekanntes preußisch-österreichisches Engagement stillschweigend billige.

Auch bei einer solchen auf stillschweigende Billigung Rußlands berechneten Abmachung müßten unsere Karten für Rußland offen liegen.

Der Graf Taufkirchen nahm diese Aeußerungen anscheinend mit Befriedigung, wenn auch mit einer gewissen Behutsamkeit auf, und ließ erkennen, daß er daraus Hoffnung auf das Gelingen seiner Mission in Wien entnehme. Dort die Initiative zu ergreifen, muß ihm überlassen bleiben. Ew. Excellenz wollen aber gefälligst, sobald Ihnen die Gelegenheit dazu geboten wird, die bezeichneten Combinationen unterstützen und zu dem Zwecke einerseits die Geneigtheit Seiner Majestät des Königs, auf den Gedanken des Fürsten Hohenlohe einzugehen, constatiren, andererseits alle und jede Gerüchte über geheime Verträge, die wir mit irgend einer Macht eingegangen wären, auf das Bestimmteste dementiren.

Vom 18. bis 23. August 1867 hatten Kaiser Napoleon und seine Gemahlin mit dem habsburgischen Kaiserpaare eine Zusammenkunft in Salzburg, an welche sich Unterhandlungen zwischen Herrn von Beust und Herzog von Gramont knüpften.

An die Gesandten des Norddeutschen Bundes.

Berlin, 7. September 1867.

Euer 2c. habe ich bereits die Aeußerungen mitgetheilt, welche uns sowohl von kaiserlich österreichischer, wie von kaiserlich französischer Seite über die Bedeutung und den Charakter der Salzburger Zusammenkunft zugekommen sind, und welche wir nur mit Befriedigung haben entgegennehmen können. Es war vorauszusehen, daß es sehr schwer sein würde, die öffentliche Meinung zu überzeugen, daß eine Thatsache, wie die Zusammenkunft der beiden mächtigen Monarchen Angesichts der gegenwärtigen Lage der europäischen Politik, nicht eine tiefer liegende Bedeutung und weiter gehende Folgen habe, und die Anfangs mit einer gewissen Beflissenheit und dem Anscheine der Authenticität verbreiteten Nachrichten über beabsichtigte oder gefaßte Entschließungen auf dem politischen Gebiete waren nicht geeignet, die Zweifel über den Zweck der Zusammenkunft zu heben. Es gereicht uns umsomehr zur Genugthuung, aus den österreichischen und französischen Erklärungen die Versicherung zu entnehmen, daß der Besuch des Kaisers Napoleon lediglich aus einem Gefühl hervorgegangen ist, welches wir ehren und mit dem wir sympathisiren, und daß bei der Zusammenkunft beider Herrscher der Charakter dieses Motivs gewahrt geblieben ist. Danach sind innere Angelegenheiten Deutschlands nicht in der Weise, wie die ersten Nachrichten es voraussetzen ließen, Gegenstand der Besprechungen in Salzburg gewesen. Es ist dies um so erfreulicher, da die Aufnahme, welche jene Nachrichten und Voraussetzungen in ganz Deutschland fanden, von Neuem gezeigt hat, wie wenig das deutsche Nationalgefühl den Gedanken erträgt, die Entwickelung der Angelegenheiten der deutschen Nation unter die Vormundschaft fremder Einmischung gestellt oder

nach anderen Rückſichten geleitet zu ſehen, als nach den
durch die nationalen Intereſſen Deutſchlands gebotenen.
Wir haben es uns von Anfang an zur Aufgabe gemacht,
den Strom der nationalen Entwickelung Deutſchlands in
ein Bett zu leiten, in welchem er nicht zerſtörend, ſondern
befruchtend wirke. Wir haben Alles vermieden, was die
nationale Bewegung überſtürzen könnte, und haben nicht
aufzuregen, ſondern zu beruhigen geſucht. Dieſes Be=
ſtreben wird uns, wie wir hoffen dürfen, gelingen, wenn
auch von auswärtigen Mächten mit gleicher Sorgfalt
Alles vermieden wird, was bei dem deutſchen Volke eine
Beunruhigung hinſichtlich fremder Pläne, deren Gegen=
ſtand es ſein könnte, und in Folge deſſen eine gerechte
Erregung des Gefühls nationaler Würde und Unabhängig=
keit hervorrufen könnte. Wir begrüßen daher die be=
ſtimmte Verneinung jeder auf eine Einmiſchung in innere
Angelegenheiten Deutſchlands gerichteten Abſicht im Inter=
eſſe der ruhigen Entwickelung unſerer eigenen Angelegen=
heiten mit lebhafter Genugthuung. Die ſüddeutſchen Re=
gierungen ſelbſt werden uns bezeugen, daß wir uns jedes
Verſuches enthalten haben, einen moraliſchen Druck auf
ihre Entſchließungen zu üben, und daß wir vielmehr auf
die Handhabe, welche ſich uns zu dieſem Zwecke in der
Lage des Zollvereins bieten konnte, durch den Vertrag
vom 8. Juli dieſes Jahres rückhaltlos verzichtet haben.
Wir werden dieſer Haltung auch ferner treu bleiben.
Der Norddeutſche Bund wird jedem Bedürfniſſe der ſüd=
deutſchen Regierungen nach Erweiterung und Befeſtigung
der nationalen Beziehungen zwiſchen dem Süden und
Norden Deutſchlands auch in Zukunft bereitwillig entgegen=
kommen, aber wir werden die Beſtimmung des Maßes,
welches die gegenſeitige Annäherung inne zu halten hat,
jeder Zeit der Entſchließung unſerer ſüddeutſchen Ver=
bündeten überlaſſen. Dieſen Standpunkt glauben wir um

so ruhiger festhalten zu dürfen, als wir in den gegen=
wärtig bestehenden vertragsmäßigen Beziehungen zwischen
dem Norden und dem Süden Deutschlands, wie sie in
den abgeschlossenen Bündnissen und in der Vervollständi=
gung des Zollvereins sich darstellen, eine rechtlich und
thatsächlich gesicherte Grundlage für die selbständige Ent=
wickelung der nationalen Interessen des deutschen Volkes
erblicken. Euer 2c. ersuche ich, Sich in diesem Sinne
gegen die dortige Regierung auszusprechen, und ermächtige
Sie auch zur Vorlesung dieses Erlasses.

Ein florentiner Blatt, die „Epoca", brachte 1875 Acten=
stücke, die sich auf die Unterhandlungen, welche gegen Ende
1867 zwischen Mazzini und dem preußischen Gesandten in Florenz
stattgefunden haben sollen, beziehen. Diese Verhandlungen sollen
die Unterminirung eines angeblichen französisch = italienischen
Bündnisses zum Gegenstande gehabt haben. Der Gedanke sei
von Mazzini aufs Tapet gebracht und die bezüglichen Vorschläge
von ihm gemacht worden; die andere Seite habe das betreffende
Anerbieten zwar nicht ohne Weiteres von der Hand gewiesen,
aber es leuchte doch ihr Mißtrauen in die von Mazzini gemachten
Angaben aus der Erwiderung hervor, und sie verlange vor
Allem Eins: nämlich Beweise für die Existenz des angeblichen
preußenfeindlichen französisch=italienischen Abkommens.

Guiseppe Mazzini an den Grafen Usedom.

Lugano, 17. November 1867.

Ich setze voraus, daß die Absichten Louis Napoleons be=
züglich eines Krieges gegen Preußen bekannt sind. Ich
setze ebenfalls voraus, daß die formellen Vorschläge zu
einem Bündniß, wie sie unserer Regierung gemacht wurden,

bekannt sind. Diese Vorschläge bildeten den Gegenstand
einer gegen den 19. März 1867 nach Florenz gerichteten
Note, in welcher angedeutet wurde, welche Haltung man
einnehmen müsse, damit der Artikel V des Prager Friedens,
der Nordschleswig betrifft, den Vorwand liefern könnte,
um das preußisch = italienische Bündniß zu brechen. Die
Unterstützung, welche man von Italien verlangte, bestand
aus 63 000 Mann und einer ungeheuern Menge Artillerie.
Die Vorschläge erhielten die Beistimmung der hiesigen
Regierung. Es ist wahrscheinlich, daß man, um das
natürliche Widerstreben des Landes zu beseitigen, die
Zurückziehung der französischen Truppen zum offenen Kauf=
preise des Bündnisses machen werde.

Ich theile nicht die politischen Ziele des Grafen Bismarck.
Seine Methode der Unifikation hat nicht meine Sympathien;
aber ich bewundere seine Zähigkeit, seine Energie und seine
Unabhängigkeit gegenüber den fremden Mächten. Ich
glaube an die Einheit Deutschlands und wünsche sie herbei,
wie die meines eignen Vaterlandes. Ich verabscheue das
Kaiserthum und die Suprematie, welche Frankreich sich
über Europa anmaßt. Ja, ich glaube, daß ein Bündniß
Italiens mit Frankreich gegen Preußen, dessen Siegen wir
Venedig verdanken, ein Verbrechen wäre, welches unsere
junge Fahne unauslöschlich beflecken würde. Unter Auf=
rechterhaltung unserer beiderseitigen Unabhängigkeit für
die Zukunft glaube ich, man könnte wohl etwas ins Werk
setzen, was ich eine „strategische Allianz" zwischen der
preußischen Regierung und unserer Actionspartei „gegen
den gemeinsamen Feind" nennen würde. Die preußische
Regierung müßte uns eine Million Lire und 2000 Zünd=
nadelgewehre liefern. Ich würde meine Ehre dafür ein=
setzen, daß ich mich dieser Mittel zu keinem andern Zwecke
bedienen würde, als um jede Möglichkeit einer Allianz
zwischen Italien und dem Kaiserreiche zu vernichten und

die gegenwärtige Regierung — falls sie darauf bestände
— zu stürzen. Die nachfolgende Regierung müßte danu
eine deutsch-italienische Allianz gegen jede fremde Invasion
als Programm nehmen. Und da das Ziel jeder Bewegung in Italien nothwendigerweise Rom sein würde, so
müßte eine Collision zwischen Italien und Frankreich unvermeidlich werden.

Ich habe keine anderen Garantien zu bieten; mein
ganzes Leben und das Ziel, nach welchem ich sei 35 Jahren
strebe, bürgen für meine Treue gegenüber den Verpflichtungen, die ich übernehme.

Es ist einleuchtend, daß die materielle Unterstützung,
welche ich von der preußischen Regierung verlange, wenigstens theilweise vor der Verwirklichung der bonapartistischen
Anschläge gegen Deutschland geleistet werden müßte. Wir
müssen das Terrain für die Action vorbereiten, welche
übrigens an sich schon jede Gefahr für Preußen fernzu-
halten genügt. 500 000 Lire müßten sofort ausgezahlt
werden. Was die Gewehre betrifft, so würde ich, vor-
ausgesetzt, daß das Uebereinkommen acceptirt würde, die
Art und Weise angeben, wie man das Versprechen erfüllen könnte. Ich halte den Kampf gegen den Bonapartismus für eine Lebensfrage für uns, für Deutschland
und für ganz Europa. Und ich glaube, daß der Ausgangspunkt dafür sich in Italien finden läßt. Das
müßte dazu veranlassen, uns die obige Unterstützung zu
gewähren.

Graf Usedom an Mazzini.

Florenz, 19. November 1867.

1. Wenn im gegenwärtigen Augenblick Opportunität
vorläge, so könnten principiell Verhandlungen angeknüpft

werden auf Grund der gemachten Vorschläge. Die Existenz dieser Opportunität ist nicht einleuchtend. Jedoch ist dieses letztere nur ein persönlicher Eindruck Desjenigen, welcher antwortet.

2. Obwohl die französischen Versicherungen guter Absichten bezüglich Preußens wenig Vertrauen verdienen, so besteht doch äußerlich gutes Einvernehmen, und hoffentlich wird dasselbe von Dauer sein.

3. Es ist nicht verfehlt worden, dem Grafen Bismarck den Wortlaut des gemachten Vorschlages zu übermitteln; die betreffenden Bemerkungen sollen seiner Zeit mitgetheilt werden.

4. Man hält es nicht für passend im Augenblick, daß direct interessirte Personen nach Berlin gehen und dort Verhandlungen anknüpfen. Auch dies ist eine blos persönliche Ansicht Desjenigen, welcher antwortet.

5. Man darf nicht vergessen, daß, während auf der einen Seite die preußische Diplomatie fürchtet, daß Uebereinkommen zwischen der französischen und der italienischen Regierung bestehen, auf der anderen die französische Diplomatie Verständigungen zwischen Preußen und Italien argwöhnt. Die Consequenz davon ist klar: Abwarten.

✠

Antwort des Auswärtigen Amtes in Berlin.

Die Regierung fürchtet in der That, daß zwischen der königlichen (italienischen) Regierung und dem französischen Kaiser Abmachungen bestehen, die vielleicht mit dem, was der König von Preußen erwarten zu dürfen glaubt, im Widerspruch stehen möchten, aber sie hat keinen Beweis dafür, und diesen müßte sie erst haben; dann würde sie alsbald mit demjenigen in Beziehung treten, welcher

allein heutzutage der Tuilerienpolitik entgegentreten kann.
Sie fordert deshalb den Verfaſſer der Eingabe auf, ſich
den Beweis zu verſchaffen und dem preußiſchen Unter-
händler die nothwendigen, darauf bezüglichen Aufklärungen
zu geben, um zu einer directen Beſprechung mit dem Verfaſſer der Eingabe gelangen zu können. Um demſelben
den Weg zu erleichtern, wird ihm mitgetheilt, daß die
Generale Cialdini und Durando geſagt haben: ſie hätten
die zwiſchen der (italieniſchen) Regierung und dem Kaiſer
gewechſelten Depeſchen geleſen, in welchen die erſtere die
Verpflichtung auf ſich nehme, nicht nach Rom zu gehen
— Depeſchen, welche die Präliminarien zu einer italieniſch-
franzöſiſchen Verſtändigung zum Schaden Preußens geweſen ſind.

(Fortſetzung und Schluß der diplomatiſchen Enthül-
lungen conſtatiren, daß die Unterhandlungen, welche Mazzini anzuknüpfen geſucht hatte, ohne Reſultat blieben, ſo
ſehr, daß Mazzini der Einzige iſt, welcher in den beiden
Actenſtücken dieſes zweiten Theiles redend auftritt. Das
preußiſche Auswärtige Amt hat augenſcheinlich nichts von
ihm wiſſen wollen, obwohl es ihm immerhin der Mühe
werth erſchienen iſt, den alten Agitator auszuforſchen.)

Antwort Mazzinis vom 28. November 1867.

Ich halte mich vor der Hand nicht berechtigt, den
preußiſchen Officier (mit welchem M. in Turin verhandelt
haben wollte) zu nennen. Aber ſeine Eigenſchaft als
Preuße iſt u. A. Rüſtow bekannt, und nichts iſt von ihm
zu beſorgen. Ich bin natürlich bereit, perſönlich mit dem
Grafen Uſedom mich zu verſtändigen, oder mit einem be-
liebigen Abgeſandten ſeinerſeits. Jetzt zwei Worte über
die fragliche Angelegenheit.

Noch einmal versichere ich, daß der Krieg gegen Preußen virtuell von Louis Napoleon entschieden ist; alle Casernen in Frankreich kennen schon diese Parole. Ich versichere, daß die italienische Regierung sich mündlich verpflichtet hat, Italien an demselben theilnehmen zu lassen. Das kann ich nicht beweisen, aber die Nachrichten kommen mir von Agenten, auf welche ich mit Recht zähle, wie ich auch auf denjenigen zählen konnte, der mir die Convention von Plombières enthüllte.

Es ist wahrscheinlich, daß die Einmischung in Rom (Mazzini hat diejenige Einmischung im Auge, welche Mentana zur Folge hatte), wie ich schon in der ersten Note bemerkte, seitens Louis Napoleons den Zweck hat, ein Pfand für die Erfüllung der Obliegenheiten zu bilden, welche die italienische Regierung bezüglich Preußens auf sich genommen hat und zugleich im geeigneten Augenblicke den Widerstand Italiens einzuschläfern, indem Napoleon ihm dann ein beliebiges Zugeständniß bezüglich Roms macht. Ich sage „ein beliebiges" — denn Rom, einfach und an sich, d. h. die Abschaffung der weltlichen Herrschaft, kommt bei den Beiden gar nicht in Frage.

Das ist es aber gerade, was wir wollen; und wir können vermittelst der Revolution dazu kommen.

Ich weiß nicht — dies mag noch im Fluge berührt werden — ob die römische Frage für Preußen ein integrirendes Detail ist; aber abgesehen von der Wichtigkeit der religiösen und politischen Frage liegt für uns und wie ich glaube auch für Europa ein Gedanke höherer Art darin, welcher auch meinen Vorschlag veranlaßt hat: ein antibonapartistischer Gedanke. Ich betrachte den Bonapartismus als die permanente Gefahr für Europa. Dies zu erklären, halte ich für unnöthig. Wer es nicht einsieht, ist kein Politiker. Für diese Gefahr erblicke ich ein Heil-

mittel in einem herzlichen und ehrlichen Einvernehmen
zwischen Deutschland und Italien. Für dieses Einvernehmen
sind Pfänder nöthig; eine Unterstützung seitens des ersteren,
eine nationale Regierung unsererseits. Eine nationale italie=
nische Regierung würde zunächst um ihres Princips willen
und dann um Nizzas und Roms willen von Haufe aus dem
Bonapartismus feind fein. Was wir heutzutage haben,
ist nichts Anderes, als eine französische Präfectur.

Ich bin krank und kann nicht ausführlich schreiben.
Ich will nur wiederholen, daß die Hülfe, wenn man
sie zugestehen will, wenigstens zum Theil eine sofortige
fein müßte. Wir haben einige Zeit nöthig, um uns vor=
zubereiten, und binnen zwei Monaten sind wir dem
Frühling nahe.

(Damit hatten die Unterhandlungen ihr Ende erreicht.
Mazzinis Bemühungen waren ohne Erfolg geblieben.
Auf die obige Note erhielt er gar keine Antwort. Der
preußische Vertreter in Florenz, Graf v. Usedom, wurde
in der Zwischenzeit abberufen. Mazzini aber kam noch=
mals auf die berührten Punkte in einem Schreiben zurück,
welches gleichfalls von der „Epoca" veröffentlicht wurde
und an eine „preußische Persönlichkeit in Florenz" gerichtet
ist, welche autorisirt wird, feinen Inhalt „demjenigen mitzu=
theilen, welcher von der preußischen Gesandtschaft mit ihr in
Beziehung steht." Dieses letzte ausführliche Schreiben wieder=
holt die Prophezeihung eines Krieges zwischen Frankreich und
Deutschland und bedauert, daß Preußen, obwohl es unter
den bestehenden Verhältnissen höchstens auf die Neutralität
und mit Wahrscheinlichkeit nur auf die Gegnerschaft Ita=
liens bei einem solchen Kriege zählen könne, doch nicht
geneigt fei, auf die Vorschläge der „Actionspartei" ein=
zugehen. Aus alledem geht klar genug hervor, daß Maz=
zinis Vorschläge sämmtlich zurückgewiesen worden sind.
Daß er derartige Vorschläge, und zwar ohne Erfolg in

der angegebenen Zeit gemacht hatte, war in Berlin bekannt und ist auch in auswärtigen politischen Kreisen kein
Geheimniß geblieben.)

☙

General von Roeder, Bern.

Berlin, 23. März 1869.

Euere Excellenz haben mir in Ihrem gefälligen Bericht Nr. 18 vom 13. d. M. den Wunsch des schwei-
zerischen Bundesrathspräsidenten mitgetheilt, vertraulich
von der Auffassung der Königlichen Regierung über das
bevorstehende ökumenische Concil und von der Haltung,
welche wir demselben gegenüber einnehmen, unterrichtet zu
werden.

Wir haben bisher keine Veranlassung empfunden, uns
mit dem Gegenstande zu beschäftigen; ich bin daher nicht
in der Lage, die Anfrage eingehender zu beantworten.
Im Allgemeinen kann ich nur sagen, daß uns weder die
übermäßigen Hoffnungen noch die Befürchtungen, die man
von verschiedenen Seiten daran knüpft, begründet erscheinen.
Wir lassen es dahingestellt sein, ob die Interessen der Par-
ticular- und Nationalkirchen, welche dort vertreten sein
werden, oder die centralisirende Richtung, welche von Rom
zu erwarten ist, sich zur Geltung bringen werden. Gegen
eine etwa überwiegende extreme oder hierarchische Tendenz
glauben wir, daß das Heilmittel sich in der natürlichen
Reaction innerhalb der katholischen Welt finden werde.
Wir sehen daher ohne alle Beunruhigung auf den Zusammentritt des Concils, dessen Deliberationen unsere staatlichen Interessen wenig berühren. Die Theilnahme der
preußischen Bischöfe wird eine freiwillige und von uns
ungehinderte sein. Von einer Betheiligung der Regierung
als solcher kann nicht die Rede sein.

Wenn Ausschreitungen stattfinden sollten, welche in das
staatliche Gebiet übergreifen, so werden wir die Rechte
des Staates zu wahren wissen; aber wir sehen keine Veranlassung, im Voraus Fürsorge dagegen zu treffen.

gez. von Bismarck.

Herrn von Arnim, Rom.

Berlin, 26. Mai 1869.

(In dieser Depesche wird der Vorschlag des Gesandten, daß
Preußen den Versuch machen solle, nach dem Gebrauch bei
früheren Concilien sich durch einen besonderen Abgeordneten
oder Bevollmächtigten (Orator) in der kirchlichen Versammlung
vertreten zu lassen, erörtert und zurückgewiesen. Am Schluß der
Depesche wird der Standpunkt der Regierung dahin zusammen-
gefaßt:)

Für Preußen giebt es verfassungsmäßig wie politisch
nur einen Standpunkt, den der vollen Freiheit der
Kirche in kirchlichen Dingen und der entschiedenen Abwehr
jedes Uebergriffs auf das staatliche Gebiet. Zu der Ver-
mischung Beider selbst die Hand zu bieten, wie es durch
die Absendung von Oratoren geschehen würde, darf die
Staatsregierung sich nicht gestatten. Etwas ganz anderes
als müßige und nicht berücksichtigte Proteste sind die auf
dem Gefühl der eigenen Macht beruhenden Kundgebungen
der Regierungen, Uebergriffe nicht dulden zu wollen.
Diese können als heilsame Mahnungen und Warnungen
auch im Voraus dienen und ich bin mit Ew. 2c. vollkommen einverstanden, daß die bloße Thatsache der Existenz
einer kirchlich-politischen Commission für das Concil, das
factum: daß in Rom über das Verhältniß zwischen Staat
und Kirche mit dem Anspruch verhandelt wird, bindende
Normen aufzustellen, ohne den bei diesen Dingen inter-

essirten Staat als gleichberechtigten Factor zur Berathung
zu ziehen, den Regierungen hinreichenden Anlaß zu solchen
Mahnungen und Warnungen darbiete.

Se. Majestät der König haben mich demgemäß er=
mächtigt, mit der königlich bayerischen Regierung und mit
den übrigen süddeutschen Regierungen in vertrauliche
Unterhandlungen zu treten, um womöglich im Ramen des
gesammten Deutschlands, auf welches es uns zunächst hier
nur ankommen kann, gemeinsame Einwirkungen auf die
Curie zu versuchen, welche ihr die Gewißheit geben würden, daß sie bei etwa beabsichtigten Ausschreitungen einem
entschiedenen Widerstande der deutschen Regierungen be=
gegnen werde.

Wenn diese Verhandlungen zu einem Ergebniß geführt
haben, werde ich Ew. 2c. mit weiterer Instruction für die
zunächst vertraulichen und nach Umständen zu verstärkenden
Schritte in Rom versehen.

Im November 1869 stellte Graf zur Lippe im Herrenhause
den Antrag· 1. Das Herrenhaus möge die Ueberzeugung aus=
sprechen, daß die im vorigen Jahre erlassenen Bundesgesetze
über Errichtung eines obersten Handelsgerichtes und über die
Gewährung gegenseitiger Rechtshülfe Aenderungen der Bundesverfassung und gleichzeitig der preußischen Verfassung enthalten,
welche nicht ohne Zustimmung der preußischen Landesvertretung
hätten getroffen werden dürfen; 2. möge das Haus die Staats=
regierung ersuchen, dem entgegenzuwirken, daß in Zukunft
Aenderungen der Verfassung des Norddeutschen Bundes, soweit
durch dieselben zugleich Aenderungen der preußischen Ver-
fassungs=Urkunde herbeigeführt werden, ohne Zustimmung der
preußischen Landesvertretung vorgenommen werden.

An den Fürsten Puttbus, Rügen.

Varzin, den 17. November 1869.

Ich benutze den Anlaß, den mir das Denkmal für Arndt bietet, um ein Wort über den Lippe'schen Antrag im Herrenhaus einfließen zu laffen. Ich habe es für unmöglich gehalten, daß dieser Antrag in der Commission irgend welche Zustimmung, geschweige denn die Majorität, finden könne, und nun schreibt man mir, er werde fogar im Plenum angenommen werden. Wenn das Herrenhaus sich der Regierung entgegenstellen will, fo giebt es fo viele Gebiete innerhalb der preußischen Politik, auf denen dies nicht nur mit Nutzen für unsere Gesammtentwickelung, sondern auch mit praktischem Erfolg von unmittelbarer Anschaulichkeit und unter unabweislichem Hervortreten der Wirksamkeit des Herrenhauses geschehen kann. In der deutschen Politik aber sind der Regierung fo tiefe und feste Geleise vorgezeichnet, daß sie ohne schwere Schädigung des Staatswagens gar nicht aus denfelben heraus kann. Wir werden durch den Antrag an eine Wand gedrängt, die gar kein Ausweichen gestattet, und hinter dem drängenden preußischen Herrenhause stehen Frankreich und Oesterreich, die sächsischen und süddeutschen Particularisten, die Ultramontanen und die Republikaner, Hietzing und Stuttgart. Die Regierung, wenn sie nicht die Politik von 1866 aufgeben will, kann nicht weichen, sie muß den Handschuh aufnehmen, und jedes Ministerium, welches dem jetzigen folgt, muß dies in verstärktem Maße thun. Außerdem ist der Beschluß ein Schlag ins Wasser, an den der Bund sich nicht kehren wird, der aber die Regierung und die gesammte Bundespolitik gezwungener Weise in Opposition mit dem Herrenhause bringt und zwischen beiden Häusern des Landtags einen Conflict erzeugt, in welchem Fluth und Wind mit der ganzen Kraft deutschen Nationalgefühls zu Gunsten des Hauses der Abgeordneten und gegen das Herrenhaus laufen. Wenn Sie auf mein politisches Urtheil irgend welchen Werth legen, so bitte ich Sie, thun Sie, was Sie können, um die Annahme des Lippe'schen Antrags zu hindern; sprechen Sie darüber mit Graf Stolberg und zeigen Sie ihm, wenn Sie die Güte haben wollen, diesen Brief, sowie überhaupt jedem der Collegen, dem daran liegen kann, meine und der Regierung Ansicht über die Sache zu kennen. Wenn es dem Grafen Lippe gelänge, seine Ansicht in dieser die ganze Situation beherrschenden Principienfrage zur maßgebenden zu machen, so müßte er auch bereit sein, unsere Politik im Sinne dieses Antrags weiter zu führen. Kann und will er das nicht, so treibt der Antragsteller und die, welche mit ihm stimmen, mit den höchsten Interessen des Landes ein strafbares und leichtfertiges Spiel.

Herrn von Arnim, Rom.

Berlin, 5. Januar 1870.

Wir könnten durch ein voreiliges Eingreifen möglicherweise der Entwickelung eine uns unerwartete Richtung geben und Elemente, auf welche wir gern zählen, nach der anderen Seite hinüberbringen. Was sich von wirklich lebenskräftiger Thätigkeit der freieren, geistigen Elemente entwickeln soll, muß sich aus sich selbst heraus entwickeln; und an uns kann die Aufforderung zum Handeln erst herantreten, wenn eine solche Thätigkeit eine bestimmte Gestalt und einen festeren Boden gewonnen hat. Die abwartende Stellung wird uns um so leichter, weil gerade wir, was auch schließlich das Ergebniß sein möge, keine Ursache zur Besorgniß vor wirklichen Gefahren haben,

die unferem Staatsleben drohen möchten. Ich habe
Ew. 2c. schon früher bemerklich gemacht — und ich bitte
Sie vor Allem, sich dies immer gegenwärtig zu halten —
daß wir vom Standpunkte der Regierung aus keinerlei
Befürchtung Raum geben, weil wir die Gewißheit haben,
auf dem Felde der Gesetzgebung, unterstützt von der Macht
der öffentlichen Meinung und dem ausgebildeten staatlichen
Bewußtsein der Nation, die Mittel zu finden, um jede
Krisis zu überwinden und die gegnerischen Ansprüche auf
das zurückzuführen, welches sich mit unferem Staatsleben
verträgt. Wir sind in Norddeutschland des nationalen
und politischen Bewußtseins, auch der katholischen Bevölkerung in ihrer Mehrheit sicher und haben in der über-
wiegenden Majorität der evangelischen Kirche einen Stütz-
punkt, welcher den Regierungen rein, oder wesentlich katholischer Länder fehlt. Es bedarf für uns der Versicherung des Papstes, daß durch die Ergebnisse des Concils
die hergebrachten oder festgestellten Beziehungen der Curie
zu den Regierungen nicht geändert werden sollten, in
keiner Weise. Jeder Versuch, dieselben umzugestalten,
würde schließlich nicht zu unferem Nachtheil ausfallen.

Ungeachtet dieser Zuversicht sind wir natürlich weit
davon entfernt, zu wünschen, daß die Sachen auf die
Spitze getrieben werden. Im Interesse der katholischen
Unterthanen Sr. Majestät des Königs und einer friedlichen
Weiterentwickelung des nationalen Lebens können wir nur
wünschen, daß der Organismus der katholischen Kirche,
auf deffem Grunde sich bisher gedeihliche Beziehungen
zwischen Staat und Kirche gebildet haben, nicht gestört
oder unterbrochen werde. Wir haben ein lebhaftes Intereffe daran, daß die Elemente des religiösen Lebens,
verbunden mit geistiger Freiheit und wissenschaftlichem
Streben, welche der katholischen Kirche in Deutschland
eigenthümlich sind, auch in Rom auf dem Concil im Ge-

genſat gegen die fremden Elemente zur Geltung kommen und nicht durch numeriſche Majorität unterdrückt und vergewaltigt werden. Aber wie dieſer Wunſch nicht aus dem ſtaatlichen Intereſſe der Regierung, ſondern aus der Sympathie für das religiöſe Leben unſerer katholiſchen Bevölkerung hervorgeht, ſo kann er auch nicht in einer von der Regierung ausgehenden Action ſeinen Ausdruck finden, ſondern wir müſſen erwarten, daß die Action von dem deutſchen Elemente auf dem Concil ſelbſt ausgehe; und wir unſererſeits müßten uns darauf beſchränken, dem deutſchen Episkopat die Gewißheit unſerer Sympathie und, wenn der Fall des Bedürfniſſes eintreten und von dem Episkopat erkannt werden ſollte, unſere Unterſtützung zu geben.

☙

An denſelben.

Berlin, 13. März 1870.

(Dieſe Depeſche knüpft an die Vorſtellungen an, welche die deutſch-öſterreichiſchen Biſchöfe gegen die geſammte Geſchäftsbehandlung auf dem Concil, als im Widerſpruche mit allem kirchlichen Herkommen ſtehend, erhoben hatten, und in welchem ſie Aenderungen der Geſchäftsordnung behufs Wahrung des wirklichen ökumeniſchen Charakters des Concils beantragten.)

.... Die Sprache dieſes Actenſtückes iſt eine ebenſo würdige als feſte. Es kommt nun allerdings darauf an, wie lange und wie weit die Biſchöfe den Muth haben, für dieſe ihre Ueberzeugungen einzuſtehen und für ihr Handeln die natürlichen Folgerungen daraus zu ziehen. Für uns iſt dieſe Frage der Cardinalpunkt in allen unſeren Entſchließungen in Bezug auf das Concil.

Wir, d. h. die Regierungen des Norddeutſchen Bundes, ſind nicht berufen, einen Kampf gegen das Concil und

die Curie zu beginnen, ſo lange die Fragen formal innerhalb des kirchlichen Gebietes diskutirt werden. Die
Biſchöfe ſind es vielmehr, welche ihre eigene Stellung
und die kirchlichen Intereſſen ihrer Diözeſen, die Gewiſſen
der ihrer Seelſorge anvertrauten Diözeſanen zu wahren
haben. Die Regierungen können die Fürſorge dafür nicht
übernehmen. Sie können dem Episkopat nur die Ver-
ſicherung geben, daß, wenn er ſelbſt ſeine eigenen Rechte
und die Rechte ſeiner Diözeſe wahren will, die Regierungen hinter ihm ſtehen und keine Vergewaltigung dulden
werden. Wie weit die Biſchöfe in dieſer Wahrung ihrer
Rechte gehen wollen oder können, das haben ſie mit
ihrem Gewiſſen abzumachen; die Regierungen können nur
gerade ſo weit darin gehen, wie die Biſchöfe ſelbſt.

Unſere Action kann erſt eintreten, wenn Folgen auf
dem äußerlichen Gebiete in Ausſicht ſtehen. Durch ein
vorzeitiges Einmiſchen würden wir die Gewiſſen verwirren
und die Stellung der Biſchöfe ſelbſt erſchweren. Wir wünſchen,
daß ihnen jede Ermuthigung zu Theil werde, woraus ſie
die Ueberzeugung ſchöpfen können, daß die Regierungen
ſie keinesfalls im Stich laſſen, ſondern ihnen jeden Schutz
gewähren werden, den die Umſtände fordern, ſo lange
und ſo weit ſie ſelbſt in der Wahrung ihrer Rechte und
ihrer Stellung gegenüber dem kirchlichen Abſolutismus
gehen wollen. Was die in Ihrem Bericht vom 4. d. M.
enthaltene Darſtellung der Sachlage und Vorſchläge zur
Abhülfe betrifft, ſo theile ich Ihre Befürchtungen über
die üblen Nachwirkungen des Concils allerdings nicht in
dem Maße, in welchem Sie dieſelben ausſprechen, und
glaube, daß dabei doch noch eine Anzahl anderer Factoren
in Rechnung zu bringen iſt. Die Gefahren ſind indeß
immer groß genug, um eine ernſte Erwägung der Frage,
ob ihnen noch vorgebeugt werden könne, zu fordern. Aber
ſelbſtändig vorzugehen ſehe ich nicht als unſern Beruf an,

und wenn die katholischen Regierungen nicht vorgehen
wollen, so bleibt für uns nichts anderes übrig, als dem
das deutsche Episkopat beseelenden Geiste zu vertrauen
und denselben in der oben angegebenen Weise durch die
Versicherung zu stärken, daß, so lange und so weit es
selbst wolle, es auf uns rechnen könne.

Herrn von Arnim, Rom.

Berlin, 20. Juli 1870.

... Enthalten Sie sich jeder ostensiblen Demonstration.
Die Infallibilität ist uns augenblicklich ohne Interesse....

An die Vertreter bei den deutschen und anderen Regierungen.

Berlin, 18. Juli 1870.

Das Auftreten der französischen Minister in den Sitzungen des Senats und des gesetzgebenden Körpers
am 15. d. M. und die dort mit dem feierlichen Charakter
amtlicher Erklärungen vorgebrachten Entstellungen der
Wahrheit haben den letzten Schleier von den Absichten
hinweggenommen, welche schon keinem Unbefangenen mehr
zweifelhaft sein konnten, seit das erstaunte Europa zwei
Tage zuvor aus dem Munde des französischen Ministers
der auswärtigen Angelegenheiten vernommen hatte, daß
Frankreich mit dem freiwilligen Verzicht des Erbprinzen
nicht befriedigt sei und noch mit Preußen Verhandlungen
zu führen habe.

Während die übrigen europäischen Mächte mit Erwägungen beschäftigt waren, wie sie dieser neuen und
unerwarteten Phase begegnen und vielleicht auf diese angeblichen Verhandlungen, deren Natur und Gegenstand
Niemand ahnen konnte, einen versöhnenden und vermittelnden Einfluß üben sollten, hat die französische Regierung es für gut befunden, durch eine öffentliche und feier-
liche Erklärung, welche den Drohungen vom 6. d. Mts.
unter Entstellungen bekannter Thatsachen neue Beleidi-
gungen hinzufügte, die Verhältnisse auf eine Spitze zu
treiben, wo jeder Ausgleich unmöglich werden und, indem
den befreundeten Mächten jede Handhabe der Einwirkung
entzogen wurde, der Bruch unvermeidlich werden sollte.

Schon seit einer Woche konnte es für uns keinem
Zweifel mehr unterworfen sein, daß der Kaiser Napoleon
rücksichtslos entschlossen sei, uns in eine Lage zu bringen,
in der uns nur die Wahl zwischen dem Kriege oder einer
Demüthigung bliebe, welche das Ehrgefühl keiner Nation
ertragen kann. Hätten wir noch Zweifel hegen können,
so hätte uns der Bericht des königlichen Botschafters
über seine erste Unterredung mit dem Herzog von Gramont und Herrn Ollivier nach seiner Rückkehr aus Ems,
in welcher ersterer den Verzicht des Erbprinzen als Neben-
sache bezeichnete, und beide Minister die Zumuthung aus-
sprachen, Seine Majestät der König solle einen entschuldi-
genden Brief an den Kaiser Napoleon schreiben, dessen
Publication die aufgeregten Gemüther in Frankreich be-
schwichtigen könne, belehren müssen. Abschrift dieses Be-
richts füge ich bei; es bedarf keines Commentars.

Der Hohn der französischen Regierungspresse anti-
cipirte den erstrebten Triumph; die Regierung scheint ge-
fürchtet zu haben, daß ihr der Krieg dennoch entgehen
könnte, und beeilte sich, durch ihre amtlichen Erklärungen
vom 15. d. M. die Sache auf ein Feld zu verlegen, auf

dem es keine Vermittelung mehr giebt, und uns und aller Welt zu beweisen, daß keine Nachgiebigkeit, welche innerhalb der Grenzen nationalen Ehrgefühls bliebe, ausreichend sein würde, um den Frieden zu erhalten.

Da aber Niemand in Zweifel darüber war und sein konnte, daß wir aufrichtig den Frieden wollten und wenig Tage zuvor keinen Krieg möglich hielten, da jeder Vorwand zum Krieg fehlte, und auch der letzte, künstlich und gewaltsam geschaffene Vorwand, wie er ohne unser Zuthuu erfunden, so auch von selbst wieder verschwunden war; da es somit gar keinen Grund zum Kriege gab, blieb den französischen Ministern, um sich vor dem eigenen, in der Mehrheit friedlich gesinnten und der Ruhe bedürftigen Volke scheinbar zu rechtfertigen, nur übrig, durch Entstellung und Erfindung von Thatsachen, deren Unwahrheit ihnen actenmäßig bekannt war, den beiden repräsentativen Körperschaften und durch sie dem Volke einzureden, es sei von Preußen beleidigt worden, um dadurch die Leidenschaften zu einem Ausbruch aufzustacheln, von dem sie sich selbst als fortgerissen darstellen konnten.

Es ist ein trauriges Geschäft, die Reihe dieser Unwahrheiten aufzudecken; glücklicherweise haben die französischen Minister diese Aufgabe abgekürzt, indem sie durch die Weigerung, die von einem Theil der Versammlung geforderte Vorlage der Note oder Depesche zu gewähren, die Welt darauf vorbereitet haben, zu erfahren, daß dieselbe gar nicht existire.

Dies ist in der That der Fall. Es existirt keine Note oder Depesche, durch welche die preußische Regierung den Cabinetten Europas eine Weigerung, den französischen Botschafter zu empfangen, angezeigt hätte. Es existirt nichts, als das aller Welt bekannte Zeitungs-Telegramm, welches den deutschen Regierungen und einigen unserer Vertreter bei außerdeutschen Regierungen nach dem Wort-

laute der Zeitungen mitgetheilt worden ist, um sie über
die Natur der französischen Forderungen und die Unmöglichkeit ihrer Annahme zu informiren, und welches über-
dies nichts Verletzendes für Frankreich enthält.

Der Text derselben erfolgt hierbei. Weitere Mittheilungen haben wir über den Incidenzfall an keine
Regierung gerichtet.

Was aber die Thatsache der Weigerung, den französischen Botschafter zu empfangen, betrifft, so bin ich, um
diese Behauptung in ihr rechtes Licht zu stellen, von Sr.
Majestät dem Könige ermächtigt worden, Euerer . . . mit
dem Ersuchen der Mittheilung an die Regierung, bei der
Sie beglaubigt zu sein die Ehre haben, die beiden anliegenden Actenstücke zu übersenden, von denen das erste eine
auf Befehl und unter unmittelbarer Approbation Sr. Majestät des Königs redigirte buchstäblich getreue Darstellung
der Vorgänge in Ems, der zweite den amtlichen Bericht
des Flügel-Adjutanten Sr. Majestät vom Dienst über die
Ausführung des ihm gewordenen Auftrages enthält.

Es wäre unnöthig, darauf hinzuweisen, daß die Festigkeit der Zurückweisung französischer Anmaßung in der
Sache zugleich in der Form mit aller rücksichtsvollen
Freundlichkeit umgeben gewesen ist, welche eben so sehr
den persönlichen Gewohnheiten Sr. Majestät des Königs,
wie den Grundsätzen internationaler Höflichkeit gegen die
Vertreter fremder Souveraine und Rationen entspricht.

In Bezug endlich auf die Abreise unseres Botschafters bemerke ich nur, wie es dem französischen Cabinet
amtlich bekannt war, daß diese keine Abberufung, sondern
ein von dem Botschafter aus persönlichen Rücksichten er-
betener Urlaub war, bei welchem der Letztere die Geschäfte dem ersten Botschaftsrath, der ihn schon öfter vertreten, übergab und dies, wie üblich, anzeigte. Auch die
Angabe ist unwahr, daß Se. Majestät der König mir,

dem unterzeichneten Bundeskanzler, von der Candidatur
des Prinzen Leopold Mittheilung gemacht habe. Ich
habe gelegentlich durch eine bei den Verhandlungen be-
theiligte Privatperson vertraulich Kenntniß von dem spanischen Anerbieten erhalten.

Wenn hiernach alle von den französischen Ministern
angeführten Gründe für die Unvermeidlichkeit des Krieges
in Nichts zerfallen und absolut aus der Luft gegriffen
erscheinen, so bleibt uns leider nur die traurige Roth-
wendigkeit, die wahren Motive in den schlechtesten und
seit einem halben Jahrhundert von den Völkern und Regierungen der civilisirten Welt gebrandmarkten Traditionen Ludwigs XIV. und des ersten Kaiserreichs zu
suchen, welche eine Partei in Frankreich noch immer auf
ihre Fahne schreibt und denen Napoleon III., wie wir
glauben, glücklich widerstanden hatte.

Als bewegende Ursachen dieser bedauerlichen Erscheinung können wir leider nur die schlechtesten Instincte des
Hasses und der Eifersucht auf die Selbstständigkeit und
Wohlfahrt Deutschlands erkennen, neben dem Bestreben,
die Freiheit im eigenen Lande durch Verwickelung desselben in auswärtige Kriege niederzuhalten.

Schmerzlich ist es zu denken, daß durch einen so
riesenhaften Kampf, wie ihn die nationale Erbitterung
und die Größe und Macht der beiden Länder in Aussicht
stellt, die friedliche Entwickelung der Civilisation und des
nationalen Wohlstandes, die in steigender Blüthe begriffen
war, auf viele Jahre gehemmt und zurückgedrängt wird.
Aber wir müssen vor Gott und Menschen die Verantwortung dafür denen überlassen, welche durch ihr frevelhaftes
Beginnen uns zwingen, um der nationalen Ehre und der
Freiheit Deutschlands willen den Kampf aufzunehmen;
und bei einer so gerechten Sache dürfen wir vertrauensvoll auf den Beistand Gottes hoffen; wie wir schon jetzt

des Beistandes der gesammten deutschen Nation durch die sich immer steigernden Zeichen der freudigen Opferwillig- keit sicher sind und auch die Zuversicht hegen dürfen, daß Frankreich für einen so muthwillig und so rechtslos heraufbeschworenen Krieg keinen Bundesgenossen finden werde.

☞

An dieselben.

Berlin, 19. Juli 1870.

Die kaiserlich französische Regierung hat durch ihren Geschäftsträger das in Abschrift anliegende Acten- stück — ihre Kriegserklärung enthaltend — übergeben lassen.

Es ist das die erste und einzige amtliche Mittheilung, welche wir in der ganzen, die Welt seit vierzehn Tagen beschäftigenden Angelegenheit von der kaiserlich französi- schen Regierung erhalten haben.

Als Motive für den Krieg, mit dem sie uns über- zieht, giebt sie darin an:

die Ablehnung Sr. Majestät des Königs, die Ver- sicherung zu geben, daß die Erhebung eines preu- ßischen Prinzen auf den spanischen Thron nicht mit seiner Zustimmung verwirklicht werden könne, und die angeblich den Cabinetten gemachte Notifi- cation von der Weigerung, den französischen Bot- schafter zu empfangen und mit ihm weiter zu ver- handeln.

Wir haben darauf kurz folgendes zu erwidern:

Se. Majestät der König, in voller Achtung vor der Selbstständigkeit und Unabhängigkeit der spanischen Nation und vor der Freiheit der Entschlüsse der Prinzen des fürstlich hohenzollernschen Hauses, hat niemals daran gedacht, den Erbprinzen auf den spanischen Thron erheben zu wollen. Die an Se. Majestät gestellten Forderungen von Zusagen für die Zukunft waren unberechtigt und anmaßend. Ihm einen Hintergedanken oder eine feindliche Absicht gegen Frankreich dabei zuzuschreiben, ist eine willkürliche Erfindung.

Die angebliche Notification an die Cabinette hat niemals stattgefunden, ebenso wenig wie eine Weigerung, mit dem Botschafter des Kaisers der Franzosen zu unterhandeln. Im Gegentheil hat der Botschafter amtliche Verhandlungen mit der königlichen Regierung niemals versucht, sondern nur mit Sr. Majestät dem König persönlich und privatim im Bade Ems die Frage besprochen.

Die deutsche Nation, innerhalb und außerhalb des Norddeutschen Bundes, hat erkannt, daß die Forderungen der französischen Regierung auf eine Demüthigung gerichtet waren, welche die Nation nicht erträgt, und daß der Krieg, welcher niemals in den Absichten Preußens liegen konnte, uns von Frankreich aufgezwungen wird.

Die gesammte civilisirte Welt wird erkennen, daß die Gründe, welche Frankreich anführt, nicht existiren, sondern erfundene Vorwände sind.

Der Norddeutsche Bund und die mit ihm verbündeten Regierungen von Süddeutschland protestiren gegen den nicht provocirten Ueberfall des deutschen Bundes und werden denselben mit allen Mitteln, die ihnen Gott verliehen hat, abwehren.

Ew. .... werden ersucht, von dieser Depesche und ihren Anlagen der Regierung, bei welcher Sie beglaubigt sind, Abschrift zu übergeben.

An dieselben.

29. Juli 1870.

Die Bestrebungen des französischen Gouvernements, feine begehrlichen Absichten auf Belgien und die Rheingrenzen mit preußischem Beistande durchzuführen, sind schon vor 1862, also vor meiner Uebernahme des Auswärtigen Amtes, an mich herangetreten. Ich kann es nicht als meine Aufgabe ansehen, solche Mittheilungen, die rein persönlicher Natur waren, in das Gebiet der internationalen Verhandlungen zu übertragen, und glaube die interessanten Beiträge, welche ich auf Grund von Privatgesprächen und Privatbriefen zur Beleuchtung dieser Angelegenheit geben könnte, zurückhalten zu sollen. Durch äußerliche Einwirkung auf die europäische Politik machten sich die erwähnten Tendenzen der französischen Regierung zunächst in der Haltung erkennbar, welche Frankreich in dem deutsch-dänischen Streite zu unsern Gunsten beobachtet hat. Die darauf folgende Verstimmung Frankreichs gegen uns über den Vertrag von Gastein hing mit der Besorg- niß zusammen, daß eine dauernde Befestigung des preußisch- österreichischen Bündnisses das Pariser Cabinet um die Früchte dieser seiner Haltung bringen könnte. — Frank- reich hatte schon 1865 auf den Ausbruch des Krieges zwischen uns und Oesterreich gerechnet, und näherte sich uns bereitwillig wieder, sobald unsere Beziehungen zu Wien sich zu trüben begannen. — Vor Ausbruch des österreichischen Krieges 1866 sind mir theils durch Ver- wandte Sr. Majestät des Kaisers der Franzosen, theils durch vertrauliche Agenten Vorschläge gemacht worden, welche jederzeit dahin gingen, kleinere oder größere Trans- actionen zum Behuf beiderseitiger Vergrößerung zu Stande zu bringen; es handelte sich bald um Luxemburg, oder um die Grenze von 1814 mit Landau und Saarlouis, bald um größere Objecte, von denen die französische Schweiz und die Frage, wo die Sprachgrenze in Piemont zu ziehen sei, nicht ausgeschlossen blieben. — Im Mai 1866 nahmen diese Zumuthungen die Gestalt des Vorschlages eines Offensiv- und Defensiv-Bündnisses an, von dessen Grundzügen folgender Auszug in meinen Händen blieb.

(Es folgen hierauf in dem Schreiben diese Grundzüge in französischer Sprache, welche dahin gehen, daß im Fall eines Congresses die beiden Alliirten die Abtretung Venetiens an Italien und Schleswig-Holsteins an Preußen erstreben sollten, und daß, im Fall der Congreß nicht zu Stande komme, Preußen an Oesterreich den Krieg erklären und Frankreich nach Ausbruch der Feindseligkeiten mit 300 000 Mann über Oesterreich herfallen solle. Als Siegespreis solle Preußen deutsche Gebiete nach beliebiger Wahl mit 7 bis 8 Millionen Bevölkerung und das Recht erhalten, die Bundesreform in seinem Sinne durchzuführen, Frankreich solle das linksrheinische Gebiet zwischen Mosel und Rhein, ohne Mainz und Koblenz, also einen Theil von Rheinpreußen, die bairische Rheinpfalz, Birkenfeld, Homburg und Rheinhessen bekommen. Das Schreiben fährt fort:)

Ein Jeder, welcher mit der intimeren diplomatischen und militärischen Geschichte des Jahres 1866 vertraut ist, wird durch diese Clauseln die Politik hindurchschimmern sehen, welche Frankreich gleichzeitig gegenüber Italien, mit dem es ebenfalls verhandelte, und später gegenüber Preußen und Italien befolgte. Nachdem wir im Juni 1866 ungeachtet mehrfacher, fast drohender Mahnungen zur Annahme obiges Allianzproject abgelehnt hatten, rechnete die französische Regierung nur noch auf den Sieg Oesterreichs über uns und auf unsere Ausbeutung für französischen Beistand nach unserer eventuellen Niederlage, mit deren diplomatischer Anbahnung die französische Politik

sich nunmehr nach Kräften beschäftigte. — Daß der in
dem vorstehenden Allianz-Entwurf gedachte und später
noch einmal vorgeschlagene Congreß die Wirkung gehabt
haben würde, unser nur auf drei Monate geschlossenes
Bündniß mit Italien ungenützt zum Ablauf zu bringen,
und wie Frankreich durch die weiteren Custozza betreffenden
Verabredungen bemüht war, unsere Lage zu benachtheiligen
und wo möglich unsere Niederlage herbeizuführen, ist
Ew. ... bekannt. Die „patriotischen Beklemmungen" des
Ministers Rouher liefern einen Commentar über den
weiteren Verlauf.

Von der Zeit an hat Frankreich nicht aufgehört, uns
durch Anerbietungen auf Kosten Deutschlands und Belgiens in Versuchung zu führen. Die Unmöglichkeit, auf
irgend welche Anerbietungen der Art einzugehen, war für
mich niemals zweifelhaft; wohl aber hielt ich es im Interesse des Friedens für nützlich, den französischen Staatsmännern die ihnen eigenthümlichen Illusionen so lange zu
belassen, als dieses, ohne ihnen irgendwelche auch nur
mündliche Zusage zu machen, möglich sein würde. Ich
vermuthete, daß die Vernichtung jeder französischen Hoffnung den Frieden, den zu erhalten Deutschlands und Europas Interesse war, gefährden würde.

Ich war nicht der Meinung derjenigen Politiker,
welche dazu riethen, dem Kriege mit Frankreich deshalb
nicht nach Kräften vorzubeugen, weil er doch unvermeidlich
sei. So sicher durchschaut Niemand die Absichten göttlicher
Vorsehung bezüglich der Zukunft, und ich betrachte auch
einen siegreichen Krieg an sich immer als ein Uebel, welches die Staatskunst den Völkern zu ersparen bemüht sein
muß. Ich durfte nicht ohne die Möglichkeit rechnen, daß
in Frankreichs Verfassung und Politik Veränderungen eintreten könnten, welche beide großen Nachbarvölker über
die Nothwendigkeit eines Krieges hinweggeführt hätten —

eine Hoffnung, welcher jeder Aufschub des Bruches zu
Gute kam. Aus diesem Grunde schwieg ich über die gemachten Zumuthungen und verhandelte dilatorisch über
dieselben, ohne meinerseits jemals auch nur ein Versprechen
zu machen. Nachdem die Verhandlung mit Sr. Majestät
dem Könige der Niederlande über den Ankauf von Luxemburg in bekannter Weise gescheitert war, wiederholten sich
mir gegenüber die erweiterten Vorschläge Frankreichs,
welche Belgien und Süddeutschland umfaßten.

In diese Conjunctur fällt die Mittheilung des Benedettischen Manuscripts. Daß der französische Botschafter
ohne Genehmigung seines Souverains mit eigener Hand
diese Vorschläge formulirt, sie mir überreicht und mit mir
wiederholt und unter Modificirung von Textstellen, die ich
monirte, verhandelt haben sollte, ist eben so unwahrschein-
lich, wie bei einer andern Gelegenheit die Behauptung
war, daß der Kaiser Napoleon der Forderung der Abtretung von Mainz nicht beigestimmt habe, welche mir im
August 1866 unter Androhung des Krieges im Falle der
Weigerung durch den kaiserlichen Botschafter amtlich gestellt wurde. Die verschiedenen Phasen französischer Verstimmung und Kriegeslust, welche wir von 1866—1869
durchgemacht haben, coincidirten ziemlich genau mit
der Neigung oder Abneigung, welche die französischen
Agenten bei mir für Verhandlungen der Art zu finden
glaubten.

Zur Zeit der Vorbereitung der belgischen Eisenbahn-
händel im März 1868 wurde mir von einer hochstehenden
Person, welche den früheren Unterhandlungen nicht fremd
war, mit Bezugnahme auf letztere angedeutet, daß für
den Fall einer französischen Occupation Belgiens „nous
trouverions bien notre Belgique ailleurs". Gleicherweise
wurde mir bei früheren Gelegenheiten zu erwägen gegeben, daß Frankreich bei einer Lösung der orientalischen

Frage seine Betheiligung nicht im fernen Osten, sondern nur unmittelbar an seiner Grenze suchen könne.

Ich habe den Eindruck, daß nur die definitive Ueberzeugung, es sei mit uns keine Grenz-Erweiterung Frankreichs zu erreichen, den Kaiser zu dem Entschlusse geführt hat, eine solche gegen uns zu erstreben. Ich habe sogar Grund, zu glauben, daß, wenn die fragliche Veröffentlichung unterblieben wäre, nach Vollendung der französischen und unserer Rüstungen uns von Frankreich das Anerbieten gemacht sein würde, gemeinsam an der Spitze einer Million gerüsteter Streiter dem bisher unbewaffneten Europa gegenüber die uns früher gemachten Vorschläge durchzuführen, d. h. vor oder nach der ersten Schlacht Frieden zu schließen, auf Grund der Benedettischen Vorschläge, auf Kosten Belgiens.

Ueber den Text dieser Vorschläge bemerke ich noch, daß der in unseren Händen befindliche Entwurf von Anfang bis zu Ende von der Hand des Grafen Benedetti und auf dem Papier des Kaiserlich französischen Botschafters geschrieben ist, und daß die hiesigen Botschafter resp. Gesandten von Oesterreich, Großbritannien, Rußland, Baden, Bayern, Belgien, Hessen, Italien, Sachsen, der Türkei, Württemberg, welche das Original gesehen, die Handschrift erkannt haben.

In dem Art. I. hat Graf Benedetti gleich bei der ersten Vorlesung auf den Schlußpassus verzichtet und ihn eingeklammert, nachdem ich ihm bemerkt hatte, daß derselbe eine Einmischung Frankreichs in die inneren Angelegenheiten Deutschlands voraussetzte, die ich auch in geheimen Actenstücken nicht einräumen könnte. Aus eigenem Antriebe hat er eine weniger bedeutende Correctur des Art. II. in meiner Gegenwart am Rande vorgenommen. Lord Aug. Loftus habe ich am 24. cr. von der Existenz des fraglichen Actenstückes mündlich unterrichtet und auf

seine Zweifel ihn zu persönlicher Einsicht desselben eingeladen. Er hat am 27. d. Mts. von demselben Kenntniß
genommen und sich dabei überzeugt, daß es von der
Handschrift seines früheren französischen Collegen ist.
Wenn das kaiserliche Cabinet Bestrebungen, für welche es
seit 1864, zwischen Versprechungen und Drohungen wech-
selnd, ohne Unterbrechung bemüht gewesen ist, uns zu gewinnen, heute ableugnet, so ist das angesichts der politischen Situation leicht erklärlich. — Ew. . . . wollen
gefälligst diesen Erlaß dem Herrn . . . vorlesen und in
Abschrift behändigen.

An den König.

Donchery, 3. September 1870.

Nachdem ich mich gestern Abend auf Ew. Königlichen
Majestät Befehl hierher begeben hatte, um an den
Verhandlungen der Capitulation theilzunehmen, wurden letztere bis etwa 1 Uhr Nachts durch die Bewilligung einer
Bedenkzeit unterbrochen, welche General Wimpffen erbeten, nachdem General von Moltke bestimmt erklärt
hatte, daß keine andere Bedingung als die Waffen-
streckung bewilligt werden und das Bombardement um
9 Uhr Morgens wieder beginnen würde, wenn bis dahin
die Capitulation nicht abgeschlossen wäre. Heute früh
gegen 6 Uhr wurde mir der General Reille angemeldet,
welcher mir mittheilte, daß der Kaiser mich zu sehen
wünsche und sich bereits auf dem Wege nach Sedan
hierher befinde. Der General kehrte sofort zurück, um
Sr. Majestät zu melden, daß ich ihm folgte, und ich befand mich kurz darauf etwa auf halbem Wege zwischen
hier und Sedan, in der Nähe von Frénois, dem Kaiser
gegenüber. Se. Majestät befand sich in einem offenen

Wagen mit drei höheren Offizieren und ebenso vielen zu
Pferde daneben. Persönlich bekannt waren mir von letzteren die Generale Castelnau, Reille und Moskowa, der
am Fuße verwundet schien, und Vaubert. Am Wagen
angekommen, stieg ich vom Pferde, trat an der Seite des
Kaisers an den Schlag und fragte nach den Befehlen
Sr. Majestät.

Der Kaiser drückte zunächst den Wunsch aus, Ew.
Königliche Majestät zu sehen, anscheinend in der Meinung, daß Allerhöchstdieselben sich ebenfalls in Donchery
befänden. Nachdem ich erwidert, daß Ew. Majestät
Hauptquartier augenblicklich drei Meilen entfernt, in
Vendresse, sei, fragte der Kaiser, ob Ew. Majestät einen
Ort bestimmt hätten, wohin er sich zunächst begeben solle,
und eventuell, welches meine Meinung darüber sei. Ich
entgegnete ihm, daß ich in vollständigster Dunkelheit hier-
hergekommen und die Gegend mir deshalb unbekannt sei,
und stellte ihm das in Donchery von mir bewohnte Haus
zur Verfügung, welches ich sofort räumen würde. Der
Kaiser nahm dies an und fuhr im Schritt gen Donchery,
hielt aber einige hundert Schritte von der in die Stadt
führenden Maasbrücke vor einem einsam gelegenen Ar-
beiterhause an und fragte mich, ob er nicht dort absteigen
köune. Ich ließ das Haus durch den Legationsrath
Grafen Bismarck-Bohlen, der mir inzwischen gefolgt war,
besichtigen; nachdem gemeldet, daß seine innere Beschaffenheit sehr dürftig und eng, das Haus aber von Verwundeten frei sei, stieg der Kaiser ab und forderte mich auf,
ihm in das Innere zu folgen. Hier hatte ich in einem
sehr kleinen, einen Tisch und zwei Stühle enthaltenden
Zimmer eine Unterredung von etwa einer Stunde mit
dem Kaiser. Se. Majestät betonte vorzugsweise den
Wunsch, günstigere Capitulationsbedingungen für die
Armee zu erhalten.

Ich lehnte von Hause aus ab, hierüber mit Seiner Majestät zu unterhandeln, indem diese rein militärische Frage zwischen dem General v. Moltke und dem General v. Wimpffen zu erledigen sei. Dagegen fragte ich den Kaiser, ob Se. Majestät zu Friedensverhandlungen geneigt sei. Der Kaiser erwiderte, daß er jetzt als Gefangener nicht in der Lage sei, und auf mein weiteres Befragen, durch wen seiner Ansicht nach die Staatsgewalt Frankreichs gegenwärtig vertreten werde, verwies mich Seine Majestät auf das in Paris bestehende Gouvernement. Nach Aufklärung dieses aus dem gestrigen Schreiben des Kaisers an Ew. Majestät nicht mit Sicherheit zu beurtheilenden Punktes erkannte ich, und verschwieg dies auch dem Kaiser nicht, daß die Situation noch heut wie gestern kein anderes praktisches Moment, als das militärische darbiete, und betonte die daraus für uns hervorgehende Nothwendigkeit, durch die Capitulation Sedans vor allen Dingen ein materielles Pfand für die Befestigung der gewonnenen militärischen Resultate in die Hand zu bekommen. Ich hatte schon gestern Abend mit dem General v. Moltke nach allen Seiten hin die Frage erwogen: ob es möglich sein würde, ohne Schädigung der deutschen Interessen dem militärischen Ehrgefühl einer Armee, die sich gut geschlagen hatte, günstigere Bedingungen als die festgestellten anzubieten. Nach pflichtmäßiger Erwägung mußten wir Beide in der Verneinung dieser Frage beharren. Wenn daher der General v. Moltke, der inzwischen aus der Stadt hinzugekommen war, sich zu Ew. Majestät begab, um Allerhöchstdenselben die Wünsche des Kaisers vorzulegen, so geschah dies, wie Ew. Majestät bekannt, nicht in der Absicht, dieselben zu befürworten.

Der Kaiser begab sich demnach ins Freie und lud mich ein, mich vor der Thür des Hauses neben ihn zu setzen. Se. Majestät stellte mir die Frage, ob es nicht thunlich sei, die französische Armee über die belgische Grenze gehen zu lassen, damit sie dort entwaffnet und internirt werde. Ich hatte auch diese Eventualität bereits am Abend zuvor mit General v. Moltke besprochen und ging unter Anführung der oben bereits angedeuteten Motive auch auf die Besprechung dieser Modalität nicht ein. In Berührung der politischen Situation nahm ich meinerseits keine Initiative, der Kaiser nur insoweit, daß er das Unglück des Krieges beklagte, und erklärte, daß er selbst den Krieg nicht gewollt habe, durch den Druck der öffentlichen Meinung Frankreichs aber dazu genöthigt worden sei.

Durch Erkundigungen in der Stadt und insbesondere durch Recognoscirungen der Offiziere vom Generalstabe war inzwischen, etwa zwischen 9 und 10 Uhr, festgestellt worden, daß das Schloß Bellevue bei Frésnois zur Aufnahme des Kaisers geeignet und auch noch nicht mit Verwundeten belegt sei. Ich meldete dies Sr. Majestät in der Form, daß ich Frésnois als den Ort bezeichnete, den ich Ew. Majestät zur Zusammenkunft in Vorschlag bringen würde, und deshalb dem Kaiser anheimstellte, ob Se. Majestät sich gleich dahin begeben wolle, da der Aufenthalt innerhalb des kleinen Arbeiterhauses unbequem sei, und der Kaiser vielleicht einiger Ruhe bedürfen würde. Se. Majestät ging darauf bereitwillig ein, und geleitete ich den Kaiser, dem eine Ehren-Eskorte von Ew. Majestät Leib-Cürassier-Regiment voranritt, nach dem Schlosse Bellevue, wo inzwischen das weitere Gefolge und die Equipagen des Kaisers, deren Ankunft aus der Stadt bis dahin für unsicher gehalten zu werden schien, von Sedan eingetroffen waren. Ebenso der General Wimpffen, mit welchem, in Erwartung der Rückkehr des Generals v. Moltke, die Besprechung der gestern abgebrochenen Capitulations-Verhandlungen durch den General v. Podbielski, im Beisein

des Oberst-Lieutenants v. Verdy und des Stabschefs des
Generals v. Wimpffen, welche beiden Offiziere das Protokoll führten, wieder aufgenommen wurde. Ich habe
nur an der Einleitung derselben durch die Darlegung der
politischen und rechtlichen Situation nach Maßgabe der
mir vom Kaiser selbst gewordenen Aufschlüsse theil-
genommen, indem ich unmittelbar darauf durch den Ritt-
meister Grafen v. Nostitz im Auftrage des Generals
v. Moltke die Meldung erhielt, daß Ew. Majestät den
Kaiser erst nach Abschluß der Capitulation der Armee
sehen wollten, — eine Meldung, nach welcher gegnerischer-
seits die Hoffnung, andere Bedingungen als die abgeschlossenen zu erhalten, aufgegeben wurde.

Ich ritt darauf in der Absicht, Ew. Majestät die
Lage der Dinge zu melden, Allerhöchstdenselben nach
Chéhery entgegen, traf unterwegs den General v. Moltke
mit dem von Ew. Majestät genehmigten Texte der Capitulation, welcher, nachdem wir mit ihm in Frésnois eingetroffen, nunmehr ohne Widerspruch angenommen und
unterzeichnet wurde. Das Verhalten des Generals
v. Wimpffen war, ebenso wie das der übrigen französischen Generale in der Nacht vorher, ein sehr würdiges,
und konnte dieser tapfere Offizier sich nicht enthalten, mir
gegenüber seinem tiefen Schmerze darüber Ausdruck zu
geben, daß gerade er berufen sein müsse, achtundvierzig
Stunden nach seiner Ankunft aus Afrika und einen halben
Tag nach Uebernahme des Commandos seinen Namen
unter eine für die französischen Waffen fo verhängnißvolle
Capitulation zu setzen; indessen der Mangel an Lebens-
mitteln und Munition und die absolute Unmöglichkeit jeder
weiteren Vertheidigung lege ihm als General die Pflicht
auf, seine persönlichen Gefühle schweigen zu lassen, da
weiteres Blutvergießen in der Situation nichts mehr ändern
könne. Die Bewilligung der Entlassung der Offiziere

auf ihr Ehrenwort wurde mit lebhaftem Danke entgegen-
genommen als ein Ausdruck der Intentionen Ew. Majestät,
den Gefühlen einer Truppe, welche sich tapfer geschlagen
hatte, nicht über die Linie hinaus zu nahe zu treten,
welche durch das Gebot unserer politisch-militärischen Interessen mit Nothwendigkeit gezogen war. Diesem Gefühle hatte der General v. Wimpffen auch nachträglich in
einem Schreiben Ausdruck gegeben, in welchem er dem
General v. Moltke seinen Dank für die rücksichtsvollen
Formen ausdrückt, in denen die Verhandlungen von Seiten
desselben geführt worden sind.

An die Gemahlin.

Vendresse, 3. September 1870.

Mein liebes Herz!

Vorgestern vor Tagesgrauen verließ ich mein hiesiges
Quartier, kehrte heute zurück und habe in der Zwischenzeit die große Schlacht von Sedan, am 1. September, erlebt, in der wir 30 000 Gefangene machten und den Rest
der französischen Armee, der wir seit Bar-le-duc nachjagten,
in die Festung warfen, wo sie sich mit dem Kaiser kriegsgefangen ergeben mußte. Gestern früh 5 Uhr, nachdem
ich bis 1 Uhr früh mit Moltke und den französischen Ge-
neralen über die abzuschließende Capitulation verhandelt
hatte, weckte mich der General Reille, den ich kenne, um
mir zu sagen, daß Napoleon mich zu sprechen wünschte.
Ich ritt ungewaschen und ungefrühstückt gegen Sedan,
fand den Kaiser im offenen Wagen mit drei Adjutanten
und drei zu Pferde daneben auf der Landstraße vor Sedan
haltend. Ich saß ab, grüßte ihn ebenso höflich wie in den

Tuilerien und fragte nach feinen Befehlen. Er wünschte den König zu fehen; ich fagte ihm der Wahrheit gemäß, daß Se. Majeftät drei Meilen davon, an dem Orte, wo ich jetzt fchreibe, fein Quartier habe. Auf Napoleons Frage, wohin er fich begeben folle, bot ich ihm, da ich der Gegend unkundig, mein Quartier in Donchery an, einem kleinen Orte an der Maas, dicht bei Sedan; er nahm es an und fuhr, von feinen fechs Franzofen, von mir und von Karl, der mir inzwifchen nachgeritten war, geleitet, durch den einfamen Morgen nach unfrer Seite zu. Vor dem Orte wurde es ihm leid wegen der möglichen Menfchen= menge, und er fragte mich, ob er in einem einfamen Ar= beiterhaufe am Wege abfteigen könne; ich ließ es befehen durch Karl, der meldete, es fei ärmlich und unrein. „Thut nichts!" meinte Napoleon, und ich ftieg mit ihm eine ge= brechliche, enge Stiege hinauf. In einer Kammer von zehn Fuß Gevierte, mit einem fichtenen Tifche und zwei Binfenftühlen faßen wir eine Stunde, die Anderen waren unten. Ein gewaltiger Contraft mit unferm letzten Bei= fammenfein in den Tuilerien 1867. Unfre Unterhaltung war fchwierig, wenn ich nicht Dinge berühren wollte, die den von Gottes gewaltiger Hand Niedergeworfenen fchmerzlich berühren mußten. Ich hatte durch Karl Offi= ziere aus der Stadt holen und Moltke bitten laffen, zu kommen. Wir fchickten dann einen der erfteren auf Re= cognoscirung und entdeckten eine halbe Meile davon in Fré= nois ein kleines Schloß mit Park. Dorthin geleitete ich ihn mit einer inzwifchen herangeholten Escorte vom Leib= Cüraffier-Regiment, und dort fchloffen wir mit dem fran= zöfifchen Obergeneral Wimpffen die Capitulation, vermöge dereu 40—60 000 Franzofen — genauer weiß ich es noch nicht — mit allem, was fie haben, unfre Gefangenen wurden. Der vor= und geftrige Tag koftet Frankreich 100 000 Mann und einen Kaifer. Heute früh ging letzterer mit allen feinen

Hofleuten, Pferden und Wagen nach Wilhelmshöhe bei Kassel ab. Es ist ein weltgeschichtliches Ereigniß, ein Sieg, für den wir Gott in Demuth danken wollen und der den Krieg entscheidet, wenn wir auch letzteren gegen das kaiserlose Frankreich noch fortführen müssen. Ich muß schließen. Mit herzlicher Freude ersah ich heute aus Deinen und Marias Briefen Herberts Eintreffen bei Euch. Bill sprach ich gestern, wie schon telegraphirt, und umarmte ihn angesichts Sr. Majestät vom Pferde herunter, während er stramm im Gliede stand. Er ist sehr gesund und vergnügt. Hans und Fritz Karl sah ich, beide Bülow bei 2. Garde-Dragonern, wohl und munter. Leb' wohl mein Herz; grüße die Kinder.   Dein

                                        v. B.

An die Vertreter des Norddeutschen Bundes bei den fremden Regierungen.

Rheims, 13. September 1870.

Durch die irrthümlichen Auffassungen über unser Verhältniß zu Frankreich, welche uns auch von befreundeten Seiten zukommen, bin ich veranlaßt, mich in folgendem über die von den verbündeten deutschen Regierungen getheilten Ansichten Sr. Majestät des Königs auszusprechen. Wir hatten in dem Plebiscit und den darauf folgenden scheinbar befriedigenden Zuständen in Frankreich die Bürgschaft des Friedens und den Ausdruck einer friedlichen Stimmung der französischen Nation zu sehen geglaubt. Die Ereignisse haben uns eines anderen belehrt, wenigstens haben sie gezeigt, wie leicht diese Stimmung bei der französischen Nation in ihr Gegentheil umschlägt. Die der Einstimmigkeit nahe Mehrheit der Volksvertreter, des Senates und der Organe der öffentlichen Meinung in der

Preſſe haben den Eroberungskrieg gegen uns ſo laut und
nachdrücklich gefordert, daß der Muth zum Widerſpruch
den iſolirten Freunden des Friedens fehlte, und daß der
Kaiſer Napoleon Sr. Majeſtät keine Unwahrheit geſagt
haben dürfte, wenn er noch heut behauptet, daß der
Stand der öffentlichen Meinung ihn zum Kriege gezwungen habe. Angeſichts dieſer Thatſachen dürfen wir unſere
Garantien nicht in franzöſiſchen Stimmungen ſuchen. Wir
dürfen uns nicht darüber täuſchen, daß wir uns in Folge
dieſes Krieges auf einen baldigen neuen Angriff von
Frankreich und nicht auf einen dauerhaften Frieden gefaßt
machen müſſen, und das ganz unabhängig von den Bedingungen, welche wir etwa an Frankreich ſtellen möchten.
Es iſt die Niederlage an ſich, es iſt unſere ſiegreiche Abwehr ihres frevelhaften Angriffs, welche die franzöſiſche
Nation uns nie verzeihen wird. Wenn wir jetzt, ohne
alle Gebietsabtretung, ohne jede Contribution, ohne irgend
welche Vortheile als den Ruhm unſerer Waffen aus Frankreich abzögen, ſo würde doch derſelbe Haß, dieſelbe Rach-
ſucht wegen der verletzten Eitelkeit und Herrſchſucht in der
franzöſiſchen Nation zurückbleiben, und ſie würde nur auf
den Tag warten, wo ſie hoffen dürfte, dieſe Gefühle mit
Erfolg zur That zu machen. Es war nicht der Zweifel
in die Gerechtigkeit unſerer Sache, und nicht Beſorgniß,
daß wir nicht ſtark genug ſein möchten, welche uns im
Jahre 1867 von dem uns ſchon damals nahe genug gelegten Kriege abhielt, ſondern die Scheu, gerade durch
unſere Siege jene Leidenſchaften aufzuregen und eine Aera
gegenſeitiger Erbitterung und immer erneuter Kriege her-
aufzubeſchwören, während wir hofften, durch längere Dauer
und aufmerkſame Pflege der friedlichen Beziehungen beider
Nationen eine feſte Grundlage für eine Aera des Friedens
und der Wohlfahrt beider zu gewinnen. Jetzt, nachdem
man uns zu dem Kriege, dem wir widerſtrebten, gezwungen

hat, müssen wir dahin streben, für unsere Vertheidigung
gegen den nächsten Angriff der Franzosen bessere Bürgschaften, als die ihres Wohlwollens, zu gewinnen. Die
Garantien, welche man nach dem Jahre 1815 gegen dieselben französischen Gelüste und für den europäischen Frieden
in der heiligen Allianz und anderen im europäischen Interesse getroffenen Einrichtungen gesucht hat, haben im Laufe
der Zeit ihre Wirksamkeit und Bedeutung verloren, so daß
Deutschland allein sich schließlich Frankreichs hat erwehren
müssen, nur auf seine eigene Kraft und seine eigenen
Hülfsmittel angewiesen. Eine solche Anstrengung, wie die
heutige, darf der deutschen Nation nicht dauernd von
Neuem angesonnen werden, und wir sind daher gezwungen,
materielle Bürgschaften für die Sicherheit Deutschlands
gegen Frankreichs künftige Angriffe zu erstreben, Bürgschaften zugleich für den europäischen Frieden, der von
Deutschland eine Störung nicht zu befürchten hat. Diese
Bürgschaften haben wir nicht von einer vorübergehenden
Regierung Frankreichs, sondern von der französischen Nation zu fordern, welche gezeigt hat, daß sie jeder Herrschaft in den Krieg gegen uns zu folgen bereit ist, wie
die Reihe der seit Jahrhunderten von Frankreich gegen
Deutschland geführten Angriffskriege unwiderleglich dar-
thut. Wir können deshalb unsere Forderungen für den
Frieden lediglich darauf richten, für Frankreich den nächsten
Angriff auf die deutsche und namentlich schutzlose süd-
deutsche Grenze dadurch zu erschweren, daß wir diese
Grenze und damit den Ausgangspunkt französischer Angriffe weiter zurückzulegen und die Festungen, mit denen
Frankreich uns bedroht, als defensive Bollwerke in die
Gewalt Deutschlands zu bringen suchen.

Euere pp. wollen Sich, wenn Sie befragt werden, in diesem
Sinne aussprechen.

An dieselben.

Meaux, 16. September 1870.

Euer pp. ist das Schriftstück bekannt, welches Herr Jules Favre im Namen der jetzigen Machthaber in Paris, welche sich selbst das Gouvernement de la défense nationale (Regierung der nationalen Vertheidigung) nennen, an die Vertreter Frankreichs im Auslande gerichtet hat. Gleichzeitig ist es zu meiner Kenntniß gekommen, daß Herr Thiers eine vertrauliche Mission an einige auswärtige Höfe übernommen hat, und ich darf voraussetzen, daß er es sich zur Aufgabe machen wird, einerseits den Glauben an die Friedensliebe der jetzigen Pariser Regierung zu erwecken, andererseits die Intervention der neutralen Mächte zu Gunsten eines Friedens zu erbitten, welcher Deutschland der Früchte seines Sieges berauben, und jeder Friedensbasis, welche eine Erschwerung des nächsten französischen Angriffs auf Deutschland enthalten könnte, vorbeugen soll. An die ernstliche Absicht der jetzigen Pariser Regierung, dem Kriege ein Ende zu machen, können wir nicht glauben, so lange dieselbe im Innern fortfährt, durch ihre Sprache und ihre Akte die Volksleidenschaft aufzustacheln, den Haß und die Erbitterung der durch die Leiden des Krieges an sich gereizten Bevölkerung zu steigern und jede für Deutschland annehmbare Basis als für Frankreich unannehmbar im Voraus zu verdammen. Sie macht sich dadurch selbst den Frieden unmöglich, auf den sie durch eine ruhige und dem Ernst der Situation Rechnung tragende Sprache das Volk vorbereiten müßte, wenn wir annehmen sollten, daß sie ehrliche Friedensverhandlungen mit uns beabsichtige. Die Zumuthung, daß wir jetzt einen Waffenstillstand ohne jede Sicherheit für unsere Friedensbedingungen abschließen sollten, könnte nur dann ernsthaft gemeint sein, wenn man bei uns Mangel an militärischem und politischem Urtheil,

oder Gleichgültigkeit gegen die Interessen Deutschlands vor-
aussetzt. Daneben besteht ein wesentliches Hinderniß für
die Franzosen, die Nothwendigkeit des Friedens mit Deutsch-
laud ernstlich ins Auge zu fassen, in der von den jetzigen
Machthabern genährten Hoffnung auf eine diplomatische
oder materielle Intervention der neutralen Mächte zu
Gunsten Frankreichs. Kommt die französische Ration zu
der Ueberzeugung, daß, wie sie allein willkürlich den Krieg
heraufbeschworen hat, und wie Deutschland ihn allein hat
auskämpfen müssen, so sie auch mit Deutschland allein ihre
Rechnung abschließen muß, so wird sie dem jetzt sicher nutz-
losen Widerstande bald ein Ende machen. Es ist eine
Grausamkeit der Neutralen gegen die französische Ration,
wenn sie zulassen, daß die Pariser Regierung im Volke
unerfüllbare Hoffnungen auf Intervention nähre und dadurch den Kampf verlängere. Wir sind fern von jeder
Neigung zur Einmischung in die inneren Verhältnisse Frankreichs. Was für eine Regierung sich die französische Ration
geben will, ist für uns gleichgültig. Formell ist die Regierung des Kaisers Napoleon bisher die allein von uns
anerkannte. Unsere Friedensbedingungen, mit welcher zur
Sache legitimirten Regierung wir dieselben auch mögen zu
verhandeln haben, sind ganz unabhängig von der Frage,
wie und von wem die französische Ration regiert wird,
sie sind uns durch die Natur der Dinge und das Gesetz
der Nothwehr gegen ein gewaltthätiges und friedloses
Nachbarvolk vorgeschrieben. Die einmüthige Stimme der
deutschen Regierungen und des deutschen Volkes verlangt,
daß Deutschland gegen die Bedrohungen und Vergewalti-
gungen, welche von allen französischen Regierungen seit
Jahrhunderten gegen uns geübt wurden, durch bessere
Grenzen als bisher geschützt werde. So lange Frankreich
im Besitz von Straßburg und Metz bleibt, ist seine Offensive strategisch stärker, als unsere Defensive bezüglich des

ganzen Südens und des linksrheinischen Nordens von
Deutschland. Straßburg ist im Besitze Frankreichs eine
stets offene Ausfallpforte gegen Süddeutschland. In deut-
schem Besitze gewinnen Straßburg und Metz dagegen einen
defensiven Charakter; wir sind in mehr als zwanzig Kriegen
niemals die Angreifer gegen Frankreich gewesen, und wir
haben von letzterem nichts zu begehren, als unsere von
ihm so oft gefährdete Sicherheit im eigenen Lande. Frankreich dagegen wird jeden jetzt zu schließenden Frieden nur
als einen Waffenstillstand ansehen, und uns, um Rache für
seine jetzige Niederlage zu nehmen, ebenso händelsüchtig
und ruhelos, wie in diesem Jahre, wiederum angreifen,
sobald es sich durch eigene Kraft oder fremde Bündnisse
stark genug dazu fühlt. Indem wir Frankreich, von dessen
Initiative allein jede bisherige Beunruhigung Europas
ausgegangen ist, das Eingreifen der Offensive erschweren,
handeln wir zugleich im europäischen Interesse, welches
das des Friedens ist. Von Deutschland ist keine Störung
des europäischen Friedens zu befürchten, nachdem uns der
Krieg, dem wir mit Sorgfalt und mit Ueberwindung
unseres durch Frankreich ohne Unterlaß herausgeforderten
nationalen Selbstgefühls vier Jahre lang aus dem Wege
gegangen sind, trotz unserer Friedensliebe, aufgezwungen
ist, wollen wir die zukünftige Sicherheit als den Preis der
gewaltigen Anstrengungen fordern, die wir zu unserer Vertheidigung haben machen müssen. Niemand wird uns
Mangel an Mäßigung vorwerfen können, wenn wir diese
gerechte und billige Forderung festhalten.

Euere pp. bitte ich, Sich von diesen Gedanken zu
durchdringen und dieselben in Ihren Besprechungen mit
zur Geltung zu bringen.

An dieselben.

Ferrières, 27. September 1870.

Der Bericht, welchen Herr Jules Favre über seine Unterredungen mit mir am 21. d. Mts. an seine Collegen gerichtet hat, veranlaßt mich, Ew. 2c. über die zwischen uns stattgefundenen Verhandlungen eine Mitthei- lung zugehen zu lassen, welche Sie in den Stand setzen wird, sich von dem Verlauf derselben ein richtiges Bild zu machen.

Im Allgemeinen läßt sich der Darstellung des Herrn Jules Favre die Anerkennung nicht versagen, daß er be- müht gewesen ist, den Hergang der Sache im Ganzen richtig wiederzugeben. Wenn ihm dies nicht überall ge- lungen ist, so ist dies bei der Dauer unserer Unterredun- gen und den Umständen, unter welchen sie stattfanden, erklärlich. Gegen die Gesammt-Tendenz seiner Darlegung kann ich aber nicht unterlassen zu erinnern, daß nicht die Frage des Friedensschlusses bei unserer Besprechung im Vordergrunde stand, sondern die des Waffenstillstandes, welcher jenem vorausgehen sollte. In Bezug auf unsere Forderungen für den späteren Abschluß des Friedens habe ich Hrn. Jules Favre gegenüber ausdrücklich constatirt, daß ich mich über die von uns beanspruchte Grenze erst dann erklären würde, wenn das Princip der Landabtretung von Frankreich überhaupt öffentlich anerkannt sein würde. Hieran anknüpfend ist die Bildung eines neuen Mosel- Departements mit den Arrondissements Saarburg, Château Salins, Saargemünd, Metz und Thionville als eine Orga- nisation von mir bezeichnet worden, welche mit unseren Absichten zusammenhänge, keineswegs aber habe ich dar- auf verzichtet, je nach den Opfern, welche die Fortsetzung des Krieges uns in der Folge auferlegen wird, ander- weitige Bedingungen für den Abschluß des Friedens zu stellen.

Straßburg, welches Herr Favre mich als den Schlüssel des
Hauses bezeichnen läßt, wobei es ungewiß bleibt, ob unter
letzterem Frankreich gemeint ist, wurde von mir ausdrücklich
als der Schlüssel unseres Hanfes bezeichnet, dessen Besitz wir
deshalb nicht in fremden Händen zu laffen wünschten.

Unsere erste Unterredung im Schlosse Haute-Maison
bei Montry hielt sich überhaupt in den Grenzen einer
academischen Beleuchtung von Gegenwart und Vergangen=
heit, deren sachlicher Kern sich auf die Erklärung des
Herrn J. Favre beschränkte, jede mögliche Geldsumme
(tout l'argent que nous avons) in Aussicht zu stellen, Land=
abtretungen dagegen ablehnen zu müssen. Nachdem ich
letztere als unentbehrlich bezeichnet hatte, erklärte er die
Friedensunterhandlungen als aussichtslos, wobei er von
der Ansicht ausging, daß Landabtretungen für Frankreich
erniedrigend, ja sogar entehrend sein würden.

Es gelang mir nicht, ihn zu überzeugen, daß Bedin=
gungen, deren Erfüllung Frankreich von Italien erlangt,
von Deutschland gefordert habe, ohne mit einem der
beiden Länder im Kriege gewesen zu sein, Bedingungen,
welche Frankreich ganz zweifellos uns auferlegt haben
würde, wenn wir besiegt worden wären, und welche das
Ergebniß fast jeden Krieges auch der neuesten Zeit ge=
wesen wären, für ein nach tapferer Gegenwehr besiegtes
Land an sich nichts Entehrendes haben könnten, und daß
die Ehre Frankreichs nicht von anderer Beschaffenheit sei,
als diejenige aller anderen Länder. Ebensowenig fand
ich bei Herrn Favre dafür ein Verständniß, daß die Rück=
gabe von Straßburg bezüglich des Ehrenpunktes keine
andere Bedeutung, als die von Landau oder Saarlouis
haben würde, und daß die gewaltthätigen Eroberungen
Ludwigs XIV. mit der Ehre Frankreichs nicht fester ver=
wachsen wären, als diejenigen der ersten Republik oder
des ersten Kaiserreichs.

Eine praktischere Wendung nahmen unsere Be=
sprechungen erst in Ferrières, wo sie sich mit der Frage
des Waffenstillstandes beschäftigten und durch diesen aus=
schließlichen Inhalt schon die Behauptung widerlegen, daß
ich erklärt hätte, einen Waffenstillstand unter keinen Um=
ständen zu wollen. Die Art, in welcher Herr Favre mir die
Ehre erzeigt, mich mit Bezug auf diese und andere Fragen
als selbstredend einzuführen („il faudrait un armistice, et
je n'en veux à aucun prix" und Aehnliches), nöthigt mich zu
der Berichtigung, daß ich in dergleichen Unterredungen
mich niemals der Wendung bedient habe oder bediene,· daß
ich persönlich etwas wollte oder versagte, oder bewilligte,
sondern stets nur von den Absichten und Forderungen der
Regierungen spreche, deren Geschäfte ich zu führen habe.

Als Motiv zum Abschluß eines Waffenstillstandes
wurde in dieser Unterredung beiderseits das Bedürfniß
anerkannt, der französischen Ration Gelegenheit zur Wahl
einer Vertretung zu geben, welche allein im Staude sein
würde, die Legitimation der gegenwärtigen Regierung so
weit zu ergänzen, daß ein völkerrechtlicher Abschluß des
Friedens mit ihr möglich würde. Ich machte darauf auf=
merksam, daß ein Waffenstillstand für eine im siegreichen
Fortschreiten begriffene Armee jederzeit militärische Nach=
theile mit sich bringe, in diesem Falle aber für die Ver=
theidigung Frankreichs und für die Reorganisation seiner
Armee einen sehr wichtigen Zeitgewinn darstelle, und daß
wir daher einen Waffenstillstand nicht ohne militärisches
Aequivalent gewähren könnten. Als ein solches bezeich=
nete ich die Uebergabe der Festungen, welche unsere Ver=
bindung mit Deutschland erschwerten, weil wir bei der
Verlängerung unserer Verpflegungsperiode durch einen
dazwischen tretenden Waffenstillstand eine Erleichterung
dieser Verpflegung als Vorbedingung desselben erlangen
müßten. Es handelte sich dabei um Straßburg, Toul und

einige kleinere Plätze. In Betreff Straßburgs machte ich
geltend, daß die Einnahme, nachdem die Krönung des
Glacis vollendet sei, in kurzer Zeit ohnehin bevorstehe,
und wir deshalb der militärischen Situation entsprechend
hielten, daß die Besatzung sich ergebe, während die der
übrigen Festungen freien Abzug erhalten würden. — Eine
weitere schwierige Frage betraf Paris. Nachdem wir
diese Stadt vollständig eingeschlossen, konnten wir in die
Oeffnung der Zufuhr nur dann willigen, wenn die dadurch
ermöglichte neue Verproviantirung des Platzes nicht unsere
eigene militärische Position schwächte und die demnächstige
Frist für das Aushungern des Platzes hinausrückte. Nach Be=
rathung mit den militärischen Autoritäten stellte ich daher
auf Allerhöchsten Befehl Sr. Majestät des Königs in Bezug
auf die Stadt Paris schließlich folgende Alternative auf:

Entweder die Position von Paris wird uns durch
Uebergabe eines dominirenden Theils der Festungswerke
eingeräumt; um diesen Preis sind wir bereit, den Ver=
kehr mit Paris vollständig preiszugeben und jede Ver=
proviantirung der Stadt zuzulassen.

Oder die Position von Paris wird uns nicht eingeräumt;
alsdann können wir auch in die Aufhebung der Absperrung
nicht willigen, sondern müssen die Beibehaltung des militäri=
schen status quo vor Paris dem Waffenstillstand zu Grunde
legen, weil sonst letzterer für uns lediglich die Folge hätte,
daß Paris uns nach Ablauf des Waffenstillstandes neu ver=
proviantirt und gerüstet gegenüberstehen werde.

Herr Favre lehnte die erste Alternative, die Ein=
räumung eines Theils der Befestigungen enthaltend, eben
so bestimmt ab, wie die Bedingung, daß die Besatzung
von Straßburg kriegsgefangen sein sollte. Dagegen ver=
sprach er, über die zweite Alternative, welche den militäri=
schen status quo vor Paris aufrechthalten sollte, die Mei=
nung seiner Collegen in Paris einzuholen.

Das Programm, welches Herr Favre als Ergebniß unserer Unterredungen nach Paris brachte, und welches dort verworfen worden ist, enthielt demnach über die künftigen Friedensbedingungen gar nichts, wohl aber die Bewilligung eines Waffenstillstandes von vierzehn Tagen bis drei Wochen zum Behuf·der Wahl einer Nationalversammlung unter folgenden Bedingungen:

1. In und vor Paris Aufrechterhaltung des militärischen status quo.

2. In und vor Metz Fortdauer der Feindseligkeiten innerhalb eines näher zu bestimmenden, um Metz gelegenen Umkreises.

3. Uebergabe von Straßburg mit Kriegsgefangenschaft der Besatzung; von Toul und Bitsch mit freiem Abzug derselben.

Ich glaube, unsere Ueberzeugung, daß wir damit ein sehr entgegenkommendes Anerbieten gemacht haben, wird von allen neutralen Cabinetten getheilt werden. Wenn die französische Regierung die ihr gebotene Gelegenheit zur Wahl einer Nationalversammlung auch innerhalb der von uns occupirten Theile Frankreichs nicht hat benutzen wollen, so bekundet sie damit ihren Entschluß, die Schwierigkeiten, in welchen sie sich einem völkerrechtlichen Abschluß des Friedens gegenüber befindet, aufrecht zu erhalten und die öffentliche Meinung des französischen Volkes nicht hören zu wollen. Daß allgemeine und freie Wahlen im Sinne des Friedens ausgefallen sein würden, ist ein Eindruck, der sich uns hier aufdrängt und auch den Machthabern in Paris nicht entgangen sein wird.

Ew. . . . . ersuche ich ergebenst, den gegenwärtigen Erlaß gefälligst zur Kenntniß der dortigen Regierung zu bringen.

An dieselben.

Den Zeitungen zufolge ist von Seiten der sich in Tours aufhaltenden Abtheilung der französischen Regierung eine amtliche Bekanntmachung erlassen, laut deren der Unterzeichnete dem Herrn Favre erklärt haben soll, „Preußen wolle den Krieg fortsetzen und Frankreich auf den Stand einer Macht zweiten Ranges zurückführen". Wenn auch eine solche Aeußerung nur in den Kreisen auf eine Wirkung berechnet sein kann, welche weder mit der üblichen Sprache internationaler Verhandlungen, noch mit der Geographie Frankreichs näher bekannt sind, so veranlaßt mich doch der Umstand, daß jene amtliche Bekanntmachung die Unterschrift der Herren Crémieux, Glais=Bizoin und Fourichon trägt, und daß diese Herren der jetzigen Regierung eines großen europäischen Reichs angehören, zu dem Ersuchen, daß Ew. . . . . dieselbe einer Beleuchtung in Ihren geschäftlichen Besprechungen unterziehen wollen.

In meinen Unterredungen mit Herrn Favre ist die Frage der Friedensbedingungen überhaupt nicht bis zur geschäftlichen Behandlung gediehen, und nur auf seinen wiederholten Wunsch habe ich dem französischen Minister dieselben Gedanken, welche den Hauptinhalt meines Rundschreibens d. d. Meaux, den 16. September, bilden, in allgemeinen Umrissen mitgetheilt, darüber hinausgehende Forderungen aber bisher nach keiner Richtung hin gestellt. Die danach von uns erstrebte Abtretung von Straßburg und Metz bedingt in ihrem territorialen Zusammenhange eine Verminderung des französischen Gebiets um einen Flächeninhalt, welcher der Vermehrung desselben durch Savoyen und Nizza ziemlich gleich kommt, die Bevölkerung dieser von Italien erworbenen Landes=

theile aber um etwa ³/₄ Millionen übertrifft. Wenn man sich nun vergegenwärtigt, daß Frankreich nach dem Census von 1866 ohne Algerien über 38 Millionen, und mit Algerien, welches gegenwärtig ja einen wesentlichen Theil der französischen Streitkräfte liefert, 42 Millionen Einwohner zählt, so liegt auf der Hand, daß eine Verminderung von ³/₄ Millionen der letzteren an der Bedeutung Frankreichs dem Auslande gegenüber nichts ändert, diesem großen Reiche vielmehr dieselben Elemente der Machtfülle läßt, durch deren Besitz es im orientalischen, wie im italienischen Kriege einen so entscheidenden Einfluß auf die Geschicke Europas auszuüben im Staude war.

Diese wenigen Andeutungen werden genügen, um den Uebertreibungen der Proclamation vom 24. d. Mts. die Logik der Thatsachen siegreich entgegenzustellen. Ich füge nur noch hinzu, daß ich auch Herrn Favre in unseren Besprechungen auf diese Gesichtspunkte ausdrücklich aufmerksam gemacht habe und daher, wie Ew. . . . . auch ohne meine Versicherung überzeugt sein werden, weit entfernt gewesen bin von jeder verletzenden Hindeutung auf die Folgen des gegenwärtigen Krieges für Frankreichs zukünftige Weltstellung.

An Herrn Kern, Minister des Schweizer Bundes, Paris.

Berlin, 20. October 1870.

Mein Herr!

Ich hatte die Ehre, den Brief vom 6. October zu empfangen, worin mir die noch in Paris weilenden Mitglieder des diplomatischen Corps haben anzeigen wollen, daß es ihnen unmöglich werde, die officiellen Beziehungen mit ihren respectiven Regierungen zu unterhalten, wenn die Bedingung, daß nur offene Depeschen an dieselben gerichtet werden können, festgehalten würde.

Als die Fortdauer der Belagerung von Paris durch die Verweigerung eines Waffenstillstandes von Seiten der französischen Regierung unausweichlich gemacht wurde, benachrichtigte die Regierung des Königs aus eigenem Antriebe durch eine Circularnote des Staatssecretärs von Chile vom 26. September die in Berlin accreditirten Agenten der neutralen Mächte, daß die Freiheit des Verkehrs mit Paris nur insoweit bestehe, als die militärischen Vorgänge es erlaubten. Am nämlichen Tage empfing ich in Ferrières eine Mittheilung des Herrn Ministers des Aeußern der Regierung der Nationalvertheidigung, die mir den vom diplomatischen Corps ausgedrückten Wunsch anzeigte, ermächtigt zu werden, jede Woche einen Courier mit Depeschen an ihre Regierungen abzusenden, und ich stand nicht an, in Uebereinstimmung mit den nach dem internationalen Recht aufgestellten Regeln eine Antwort zu geben, die von den Erfordernissen der militärischen Lage dictirt war. Die gegenwärtigen Inhaber der Gewalt haben es für angemessen gehalten, den Sitz ihrer Regierung innerhalb der Befestigungen von Paris aufzuschlagen und diese Stadt und ihre Umgebung zum Kriegsschauplatz zu wählen. Wenn Mitglieder des diplomatischen Corps bei der früheren Regierung sich entschlossen haben, mit der Regierung der Nationalvertheidigung die mit dem Aufenthalt in einer belagerten Festung unzertrennlichen Widerwärtigkeiten zu theilen, so fällt die Verantwortlichkeit hierfür nicht der Regierung des Königs zu.

Welches auch unser Vertrauen sei, daß die Unterzeichner des Briefes vom 6. October in den an ihre Regierungen gerichteten Mittheilungen sich persönlich den

Verbindlichkeiten zu unterziehen wissen werden, welche
ihre Gegenwart in einer belagerten Festung nach den
Regeln des Kriegsrechts diplomatischen Agenten auferlegen
kann, so muß man doch der Möglichkeit Rechnung tragen,
daß ihnen die Wichtigkeit gewisser Thatsachen vom militärischen Gesichtspunkte aus entgehen könnte. Es ist über-
dies klar, daß sie außer Staude seien, uns die nämliche
Garantie für die Boten zu geben, die sie verwenden
müßten, und die wir genöthigt wären, durch unsere Linien
hin- und hergehen zu lassen.

Es hat sich in Paris ein Zustand der Dinge gebildet,
zu dem die neuere Geschichte unter dem Gesichtspunkte
des internationalen Rechts keine zutreffende Analogie
bietet. Eine Regierung im Kriege mit einer Macht, welche
dieselbe noch nicht anerkannt hat, hat sich in eine belagerte
Festung eingeschlossen und sieht sich von einem Theile der
Diplomaten umgeben, die da bei der früheren Regierung
accreditirt waren, an deren Stelle sich die Regierung der
Nationalvertheidigung gesetzt hat. Angesichts einer so un-
regelmäßigen Lage wird es schwer sein, auf Grundlage
des Völkerrechts Regeln aufzustellen, die unter jedem Ge-
sichtspunkt als unbestreitbar erscheinen. Ich glaube hoffen
zu dürfen, daß J. Excellenz die Richtigkeit dieser Bemerkungen nicht verkennen und die Betrachtungen würdigen
werde, die mich zu meinem lebhaften Bedauern hindern,
dem in Ihrem Briefe vom 6. October ausgedrückten
Wunsche Folge zu geben.

Wenn übrigens die Unterzeichner die Richtigkeit nicht
glaubten zugeben zu können, so werden sich die Regierungen, die sie in Paris vertreten haben und denen ich unverzüglich von der mit Ihnen ausgetauschten Correspondenz Mittheilung machen werde, ihrerseits mit der Regierung des Königs in Verbindung setzen, um die Fragen
des Völkerrechts zu prüfen, die sich an die anormale Po-

sition knüpfen, welche die Ereignisse und die Maßregeln der Regierung der National-Vertheidigung in Paris geschaffen haben.

Wollen Sie u. s. w.

✤

An den Botschafter Graf Bernstorff in London.

Versailles, 28. October 1870.

Lord Granville hat die Gefälligkeit gehabt, Ew. Excellenz die Depesche mitzutheilen, welche er unter dem 20. d. M. an Lord Augustus Loftus gerichtet hat. Ew. ꝛc. sind daher mit dem Inhalt derselben bekannt.

Ich kann sofort zu der Versicherung übergehen, daß der lebhafte Wunsch nach einer Beendigung des zerstörenden Kampfes zweier großer Nationen und nach Vermeidung der äußersten, durch den völkerrechtlichen Kriegsgebrauch gebotenen Mittel, welcher sich darin ausspricht, von Sr. Majestät dem Könige nicht minder lebhaft getheilt, ja um so viel tiefer empfunden wird, als Deutschland durch die Opfer, die es selbst auch im siegreichen Kriege zu bringen hat, noch ganz anders dabei betheiligt ist, als ein neutrales Land, welches dem Kampfe mit den theilnehmenden Gefühlen der Menschlichkeit, deren reiche und edle Bethätigung wir anerkennen, zuschauen darf.

In diesem Sinne hat es Se. Majestät den König besonders angenehm berührt, aus der Depesche des Lord Granville zu erfahren, wie auch die Königlich Großbritannische Regierung unsere Ueberzeugung theilt, daß, um fruchtbare Friedensverhandlungen zu ermöglichen, es vor allen Dingen nöthig sei, dem französischen Volke die Wahl einer nationalen Vertretung zu gestatten. Wir sind von dieser Nothwendigkeit stets überzeugt gewesen von

dem Augenblicke an, wo uns die Pariser Ereignisse vom
4. September bekannt wurden; und wir haben dieser
Ueberzeugung bei jeder Gelegenheit, welche sich uns dar-
bot, Ausdruck gegeben.

Ich darf daran erinnern, daß auf den Vorschlag des
englischen Cabinets Se. Majestät der König mich schon
vor länger als einem Monate in Meaux ermächtigte, mit
Herrn Jules Favre über die Möglichkeit der Zusammen-
berufung einer constituirenden Versammlung in Verhandlung zu treten. Der Wunsch nach Herstellung einer legalen
Vertretung des französischen Volkes bestimmte Se. Majestät
den König, bei den Verhandlungen in Ferrières so günstige
Bedingungen für den Waffenstillstand zu stellen, daß dereu
Mäßigung allgemein anerkannt und durch den einige Tage
darauf erfolgenden Fall von Toul und Straßburg in
schlagender Weise bekundet wurde. Daß und wie sie
dennoch abgelehnt wurden, ist bekannt. Ebenso bekannt
ist, daß nichtsdestoweniger Se. Majestät der König bereit
war, die schon von der Regierung in Paris auf den
2. October ausgeschriebenen Wahlen im ganzen Bereich
der von den Deutschen occupirten Landestheile in voller
Freiheit zu gestatten und ihnen jede Erleichterung zu gewähren, obschon die Ausschreibung durch eine noch nicht
anerkannte Regierung erfolgt war. Unsere Verhandlungen
mit den französischen Local- und Departemental-Behörden,
von welchen die mit dem Maire von Versailles geführten
in öffentliche Blätter übergegangen sind, beweisen die
Bereitwilligkeit der deutschen Behörden, das Zustande-
kommen unabhängiger Wahlen zu fördern.

Wie wenig aber das Pariser Gouvernement die Absicht hatte, die Nation wirklich zur Wahl kommen zu lassen,
bewies dasselbe, indem es nicht nur die ursprünglich auf
den 2. d. M. angesetzt gewesenen Wahlen hinausschob,
sondern auch die von der Regierung in Tours ausge-

gangene neue Berufung derselben auf den 16. ej. aus=
drücklich annullirte. Das betreffende Decret ist durch die
Zeitungen bereits veröffentlicht; die Ausfertigung desselben
mit den Originalunterschriften der Regierungsmitglieder
ist in unsere Hände gefallen zugleich mit einem Schreiben
von Herrn Gambetta, von welchem ich mir nicht versagen
kann, Ew. 2c. in der Anlage Abschrift mitzutheilen, weil
es die in der Pariser Regierung herrschende Stimmung
kennzeichnet.

Diese Wahrnehmungen verhinderten uns nicht, an
neuen Versuchen der Pariser Regierung, wenn sie das
französische Volk zu Wahlen, zu Meinungsäußerungen und
zur Betheiligung an der Verantwortlichkeit der eigenmäch=
tig ergriffenen Landesregierung in den Staud setzen wollte,
unsere Mitwirkung zu diesem Zwecke in Aussicht zu
stellen.

Die freundlich dargebotene Vermittelung angesehener,
einer neutralen Ration angehörender Persönlichkeiten,
welche zum Behufe der Vermittelung nach Paris sich be=
gaben, gewährte die Gelegenheit, den dortigen Macht=
habern noch einmal das Mittel darzubieten, durch Vor=
nehmen der Wahlen Frankreich von der Anarchie zu be=
freien, welche Verhandlungen über den Frieden unmöglich
macht. Wir erklärten uns bereit zu einem Waffenstill=
stande von der zur Vornahme von Wahlen erforderlichen
Dauer, und boten zugleich an, entweder alle Deputirte
der Ration nach Paris hinein, oder die Pariser Depu=
tirten, falls ein anderer Versammlungsort beliebt werden
sollte, aus der Stadt ungehindert herauszulassen.

Diese Vorschläge, welche noch am 9. d. Mts. von
neutraler Seite mit unserer Zustimmung bei den Mitglie=
dern der Pariser Regierung befürwortet worden sind, be=
gegneten bei letzterer einer solchen Aufnahme, daß die
vermittelnden Persönlichkeiten selbst erklärten, nunmehr die

Hoffnungen aufgeben zu müssen, die sie gehegt haben. Unmittelbar nachher verließ Herr Gambetta Paris mittelst eines Luftballons, und sein erster Ruf, nachdem er den Erdboden wieder erreicht hatte, ist nach französischen Quellen ein Protest gegen die Vornahme von Volkswahlen gewesen. Die Erfahrung zeigt, daß es ihm gelungen ist, dieselben zu verhindern und die den Wahlen günstigen Bestrebungen von Crémieux wirkungslos zu machen.

Aus dieser Darlegung von Thatsachen geht hervor, daß zu dem Mittel, welches die königlich großbritannische Regierung mit Recht als den Weg zum Frieden empfiehlt, nämlich der Vornahme freier Wahlen zu einer constituirenden Versammlung nicht unsere, sondern die Zustimmung der Pariser Machthaber fehlt, und daß wir von Anfang an dazu bereit gewesen sind und wiederholt die Hand geboten haben, daß aber das Gouvernement der nationalen Vertheidigung diese Hand jederzeit zurückgewiesen hat.

Wir sind daher auch in unserem vollen Recht gewesen, wenn wir in der Mittheilung vom 11. d. Mts., auf welche der englische Herr Minister sich bezieht, jede Verantwortlichkeit für die traurigen Folgen von uns ablehnen, welche ein bis aufs Aeußerste fortgesetzter Widerstand der Festung Paris für die Bevölkerung dieser Stadt haben muß.

Es entspricht unserer Erwartung, daß diese Mittheilung ihren Eindruck auf das englische Cabinet nicht verfehlt hat. Wie sehr wir es beklagen würden, wenn die Machthaber von Paris den Widerstand bis zu dieser äußersten Katastrophe treiben sollten, haben wir eben dadurch bewiesen, daß wir die Oeffentlichkeit, und namentlich die neutralen Mächte rechtzeitig darauf aufmerksam gemacht haben, indem wir hofften, daß insbesondere die Vorstellungen der letzteren auf die Machthaber, welche das Vermögen und das Leben der Bevölkerung von Paris ihrem eigenen Ehrgeize opfern, nicht ohne Eindruck bleiben würden. Wir hatten dies um so mehr gehofft, als die Regierungen von Paris und von Tours die Leitung der Geschicke Frankreichs auf eigene Verantwortung und ohne andere Legitimation in die Hand genommen haben, als die, welche eigenmächtige und gewaltthätige Besitzergreifung bei fortgesetzter Weigerung, die Stimme der Nation zu hören, zu verleihen im Staude sind.

Wenn die königlich großbritannische Regierung den Versuch macht, dieses Gouvernement von dem gewaltthätigen und gefährlichen Wege, auf dem es sich befindet, abzuwenden und es Erwägungen zugänglich zu machen, welche Frankreich vor dem weiteren Fortschritte seiner politischen und socialen Zerrüttung und seine glänzende Hauptstadt vor den Zerstörungen der Belagerung bewahren, so können wir das nur dankbar anerkennen.

Wir können uns freilich der Befürchtung nicht verschließen, daß bei der Verblendung, in welcher die Pariser Regierung befangen zu sein scheint, die wohlwollende Intention des englischen Cabinets von derselben nur mißverstanden, und in der humanen Theilnahme, welche diese Einwirkung veranlaßt hat, die Illusion einer Unterstützung durch die neutralen Mächte und dadurch eine Ermuthigung zu weiterem Widerstande gefunden werde, welche gerade das Gegentheil von den Absichten Lord Granville's bewirken könnte.

Daß von unserer Seite nach den Erfahrungen, die wir gemacht haben, keine Initiative zu neuen Verhandlungen ergriffen werden kann, davon scheint auch Lord Granville nach dem Inhalte seiner Depesche überzeugt zu sein. Ich bitte Ew. 2c. aber, indem Sie ihm von dem ganzen Inhalt dieses Erlasses Kenntniß geben, ihm zugleich zu versichern, daß wir jeden von französischer Seite uns zugehenden, auf Anbahnung von Friedensverhandlungen gerichteten Vorschlag bereitwillig entgegennehmen und mit aufrichtigem Wunsche nach Wiederherstellung des Friedens prüfen werden. · Bismarck.

Herrn v. Schweinitz, Wien.

Versailles, den 14. December 1870.

Die Ew. ꝛc. bekannten Verträge des Norddeutschen Bundes mit deu süddeutschen Staaten, welche hier in Versailles mit Baiern, Baden und Heffen, in Berlin mit Württemberg unterzeichnet worden sind, haben durch die jetzigen Verhandlungen in Berlin, bei welchen diese sämmtlichen Staaten gegenseitig ihre Zustimmung ausgesprochen haben, ihren Abschluß soweit erhalten, daß sie den süddeutschen Landtagen vorgelegt werden können. Nicht allein die Rücksicht auf den Prager Frieden, in welchem Preußen und Oesterreich-Ungarn sich über ihre Auffassung von der damals erwarteten Gestaltung der deutschen Verhältnisse verständigt haben, sondern auch der Wunsch, mit dem mächtigen und befreundeten Nachbar-reiche Beziehungen zu pflegen, welche der gemeinsamen Vergangenheit ebenso, wie den Gesinnungen und Bedürf-nissen der beiderseitigen Bevölkerung entsprechen, ver-anlaßt mich,, der Kaiserlich und Königlich österreichisch-ungarischen Regierung den Standpunkt darzulegen, welchen die Regierung Sr. Majestät des Königs in Bezug auf diese Neugestaltung der deutschen Verhältnisse einnimmt. In dem Frieden vom 23. August 1866 ist der Voraus-setzung Ausdruck gegeben, daß die deutschen Regierungen südlich vom Main zu einem Bunde zusammentreten wür-den, welcher neben einer eigenen unabhängigen Stellung

zugleich zu dem Bunde der Norddeutschen Staaten in
engere nationale Beziehung treten würde. Die Verwirklichung dieser Voraussetzung blieb jenen Regierungen über-
laffen, da keiner der beiden kontrahirenden Theile durch
den Friedensschluß berechtigt oder verpflichtet werden
konnte, den souveränen süddeutschen Staaten über die Gestaltung ihrer Beziehungen zu einander Vorschriften zu
machen. Die süddeutschen Staaten haben es ihrerseits
unterlaffen, den Gedanken des Prager Friedens zu verwirklichen. Sie haben die Herstellung der in Aussicht genommenen nationalen Beziehungen zu Norddeutschland zunächst in Gestalt des Zollvereins und gegenseitiger Garantieverträge angestrebt. Es lag außerhalb menschlicher
Berechnung, daß diese Einrichtungen unter dem Drange
der mächtigen Entwickelung, zu welcher ein unerwarteter
französischer Angriff das deutsche Nationalgefühl aufrief,
ihren Abschluß in den jetzt vorliegenden Verfaffungsbünd-
niffen und in der Errichtung eines neuen Deutschen Bundes
finden follten. Es konnte nicht der Beruf Norddeutschlands
fein, diese nicht von uns herbeigeführte, sondern aus der
Geschichte und dem Geiste des deutschen Volks hervor-
gegangene Entwickelung zu hemmen oder abzuweisen.
Auch die Kaiserlich Königliche Regierung von Oesterreich-
Ungarn, davon sind wir durch Eurer Hochwohlgeboren
Berichterstattung versichert, erwartet und verlangt nicht,
daß die Bestimmungen des Prager Friedens die gedeihliche Entwickelung der deutschen Nachbarländer erschweren
sollen. Die Kaiserliche Regierung sieht der Neugestaltung,
in welcher die deutschen Verhältniffe begriffen sind, mit
dem berechtigten Vertrauen entgegen, daß alle Genoffen
des neuen Deutschen Bundes und insbesondere der König,
unser allergnädigster Herr, von dem Verlangen beseelt
sind, die freundschaftlichen Beziehungen Deutschlands zu
dem österreichisch-ungarischen Nachbarreiche zu erhalten

und zu fördern, auf welche beide durch die ihnen gemeinfamen Intereffen und die Wechfelwirkung ihres geiftigen
wie ihres materiellen Verkehrslebens angewiefen find.
Die verbündeten Regierungen hegen ihrerfeits die Zuver-
ficht, daß derfelbe Wunfch auch von der öfterreichifch-
ungarifchen Monarchie getheilt wird. Die bevorftehende
Befriedigung der nationalen Beftrebungen und Bedürfniffe
des deutfchen Volkes wird der weiteren Entwickelung
Deutfchlands eine Stätigkeit und Sicherheit verleihen,
welche von ganz Europa und befonders den Rach-
barländern Deutfchlands nicht allein ohne Beforgniß,
fondern mit Genugthuung wird begrüßt werden können.
Die ungehemmte Entfaltung der materiellen Intereffen,
welche die Länder und Völker mit fo mannigfaltigen Fäden
verbinden, wird auf unfere politifchen Beziehungen eine
wohlthätige Rückwirkung äußern. Deutfchland und Oefterreich-Ungarn, wir dürfen es zuverfichtlich hoffen, werden
mit den Gefühlen des gegenfeitigen Wohlwollens auf einander blicken und fich zur Förderung der Wohlfahrt und
des Gedeihens beider Länder die Haud reichen. Sobald
die Grundverträge des neuen Bundes die Ratifikation
allerfeits erhalten haben, werde ich Euere Hochwohlgeboren zu amtlicher Mittheilung derfelben an den Herrn
Reichskanzler in den Stand fetzen. Ich erfuche Euere
Hochwohlgeboren ergebenft, diefen Erlaß dem Herrn
Reichskanzler vorzulefen und ihm eine Abfchrift von demfelben zu übergeben. v. Bismarck.

Herrn Kern, Minifter des Schweizer Bundes, Paris.

Verfailles, 17. Januar 1871.

(Die Mitglieder des diplomatifchen Corps proteftirten
unter dem 13. Januar 1871 in der folgenden Weife gegen

das Unterlassen der Anzeige des Bombardements: „Herr Graf! Seit mehreren Tagen sind Bomben in großer Anzahl, welche aus den von den Belagerungstruppen besetzten Localitäten kamen, bis in das Innere der Stadt Paris gedrungen, Frauen, Kinder und Kranke wurden von denselben getroffen. Unter den Opfern gehören mehrere den neutralen Staaten an. Das Leben und das Eigenthum der in Paris ansässigen Personen aller Nationalitäten ist fortwährend in Gefahr. Diese Thatsachen haben sich ereignet, ohne daß die Unterzeichneten, die zum größten Theile nur die Mission haben, über die Sicherheit und die Interessen ihrer Landesangehörigen zu wachen, durch eine dem Bombardement vorausgehende Ankündigung in den Stand gesetzt wurden, diese gegen die Gefahren zu schützen, von denen sie bedroht sind, und denen sich zu entziehen, sie durch von ihrem Willen unabhängige Gründe, namentlich durch die Schwierigkeiten, welche die Kriegführenden ihrer Abreise entgegenstellten, verhindert wurden. Angesichts von Ereignissen, die einen so ernsten Charakter haben, erachteten die Mitglieder des diplomatischen Corps, denen sich in Abwesenheit ihrer resp. Botschafter und Legationen die unterzeichneten Mitglieder des Consular-Corps angeschlossen haben, es in dem Gefühle ihrer Pflichten gegen ihre Landesangehörigen für nöthig, sich über die zu nehmenden Beschlüsse zu verständigen. Diese Berathungen haben die Unterzeichneten zu dem einstimmigen Beschluß geführt, zu verlangen, daß den anerkannten Principien und Gebräuchen des Völkerrechtes gemäß Maßregeln ergriffen werden, welche ihren Landesangehörigen gestatten, sich und ihr Eigenthum in Schutz zu bringen. Indem die Unterzeichneten mit Vertrauen die Hoffnung ausdrücken, daß Ew. Excellenz bei der Militärbehörde im Sinne ihrer Forderung interveniren werde, wählen dieselben diese Gelegenheit, um Sie, Herr Graf,

zu bitten, die Versicherung ihrer Hochachtung zu ge=
nehmigen. Hierauf antwortete Graf Bismarck:)

Ich bedauere, mich nicht überzeugen zu können, daß
die Reclamationen, welche an mich zu richten die Herren
Unterzeichner mir die Ehre erwiesen haben, in dem Völker=
rechte ihre Begründung finden. Die ungewöhnliche, in der
neueren Geschichte einzig dastehende Maßregel, die Haupt=
stadt eines großen Landes in eine Festung und ihre Um=
gebung mit fast drei Millionen Bewohnern in ein ver=
schanztes Lager zu verwandeln, hat allerdings für die
letzteren ungewöhnliche und sehr bedauernswerthe Zustände
zur Folge gehabt. Dieselben sind von denen zu verant=
worten, welche diese Hauptstadt und ihre Umgebung zur
Festung und zum Schlachtfelde gewählt haben, in jeder
Festung aber von denen zu tragen, welche in einer solchen
freiwillig ihren Wohnsitz nehmen und im Kriege beibehalten.
Paris ist die wichtigste Festung des Landes und Frankreich
hat in derselben seine Haupttheere gesammelt; diese greifen
aus ihrer festen Stellung inmitten der Bevölkerung von
Paris durch Ausfälle und Geschützfeuer die deutschen Heere
an. Angesichts dieser Thatsachen kann den deutschen Heer=
führern nicht zugemuthet werden, auf den Angriff der
Festung Paris zu verzichten oder denselben in einer Weise zu
führen, welcher mit dem Zwecke jeder Belagerung unverträg=
lich wäre. Was geschehen kounte, um den unbewaffneten neu=
tralen Theil der Pariser Bevölkerung vor den Nachtheilen und
Gefahren der Belagerung zu bewahren, das ist von deutscher
Seite geschehen. Durch ein Circular des Staatssecretärs
Herrn von Thile vom 26. September v. J. wurden die in
Berlin beglaubigten Gesandten und durch mein Schreiben
vom 10. October wurden Seine Eminenz, der Päpstliche
Nuntius und die übrigen damals noch in Paris verweilenden
Mitglieder des diplomatischen Corps daran erinnert, daß
die Einwohner von Paris fortan dem Gange der mili=

tärischen Ereignisse unterworfen seien. In einem zweiten
Circular vom 4. October wurde auf die folgen hingewiesen,
welche für die Civilbevölkerung aus einem aufs Aeußerste
fortgesetzten Widerstande erwachsen müßten; und den Inhalt dieses Circulars habe ich unter dem 29. d. M. dem
Herrn Gesandten der Vereinigten Staaten in Paris mit
dem Ersuchen mitgetheilt, den übrigen Mitgliedern des
diplomatischen Corps davon Kenntniß zu geben. Es hat
also an vorgängiger Warnung, an Aufforderung, die belagerte Stadt zu verlassen, den Neutralen nicht gefehlt,
obwohl der Erlaß solcher Warnungen und die Gestattung
der Entfernung wohl von humanem Gefühl und von
Rücksicht auf die Angehörigen neutraler und befreun-
deter Staaten, aber keineswegs durch einen Satz des
Völkerrechts dictirt sind. Noch weniger ist durch Gesetz
oder Gewohnheit die Verpflichtung begründet, den Belagerten von den einzelnen militärischen Operationen, zu
denen die Belagerung fortschreitet, vorher Anzeige zu
machen, wie ich schon mit Bezug auf das Bombardement
in meinem an Herrn J. favre gerichteten Schreiben vom
26. September v. J. zu constatiren die Ehre gehabt habe.
Daß bei fortgesetztem Widerstande eine Beschießung der
Stadt erfolgen werde, darauf mußte man gefaßt sein.
Obwohl er kein Beispiel einer befestigten Stadt mit so
großen Heeren und Kriegsmitteln wie Paris vor Augen
hatte, bezeugte Vattel: Détruire une ville par les bombes
et les boulets rouges est une extrémité à laquelle on ne
se porte pas sans de grandes raisons. Mais elle est
autorisée cependant par les lois de la guerre, lorsqu'on
n'est pas en état de réduire autrement une place impor-
tante de laquelle peut dépendre le succès de la guerre
ou qui sert à nous porter des coups dangereux. Gegen
die Beschießung von Paris ist ein rechtsbegründeter Ein-
wand um so weniger zu erheben, als es nicht unsere

Absicht ist, die Stadt, wie Vattel es für zulässig hält, zu zer=
stören, sondern nur die feste centrale Stelle unhaltbar zu
machen, in welcher die französischen Armeen ihre Angriffe
auf die deutschen Truppen vorbereiten und nach deren
Ausführung Deckung finden. Ich erlaube mir endlich,
Ew. 2c. und die übrigen Herren Unterzeichner des geehrten
Schreibens vom 13. d. Mts. daran zu erinnern, daß nach
den oben erwähnten diesseitigen Ankündigungen und War=
nungen Monate lang alle Neutrale, die es wünschten,
ohne weitere Bedingung als die Feststellung ihrer Identität
und Rationalität durch unsere Linien gelassen wurden,
und daß bis zum heutigen Tage nicht allein den Mit=
gliedern des diplomatischen Corps, sondern auch anderen
Neutralen, wenn sie von ihren Regierungen, resp. Gesandten,
reclamirt wurden, Passirscheine bei unseren Vorposten zur
Verfügung gestellt worden sind. Viele der Herren Unter=
zeichner des Schreibens vom 13. sind seit Monaten von
uns benachrichtigt, daß sie unsere Linien passiren können,
und sie sind seit lange im Besitze der Erlaubniß ihrer
Regierungen, Paris zu verlassen. In analoger Lage be=
finden sich Hunderte von Angehörigen neutraler Staaten,
deren Herauslassung durch ihre Gesandten bei uns bean=
tragt wurde. Weshalb dieselben von der Ermächtigung,
die sie seit so langer Zeit besitzen, keinen Gebrauch machten,
darüber fehlen amtliche Nachrichten. Aus glaubwürdigen
Privatmittheilungen darf ich aber schließen, daß die fran=
zösischen Behörden seit längerer Zeit den Angehörigen
neutraler Staaten, auch den Diplomaten derselben, nicht
gestatten, Paris zu verlassen. Wenn dies der Fall ist, so
würde es sich empfehlen, daß die zum Verbleiben in Paris
Gezwungenen ihre Proteste bei den dortigen Machthabern
anbringen. In jedem Falle bin ich nach dem Vorstehenden
berechtigt, die Annahme in dem Schreiben vom 13. d. M.,
daß die Neutralen ont été empêchés de se soustraire au

danger par les difficultés opposées à leur départ pour les belligérants, rückſichtlich der deutſchen Heerführung zurück= zuweiſen. Die den Mitgliedern des diplomatiſchen Corps ertheilte Ermächtigung werden wir als eine Sache inter= nationaler Courtoiſie aufrecht erhalten, ſo ſchwierig und ſtörend auch die Ausführung in dem gegenwärtigen Stadium der Belagerung werden muß. Ihre zahlreichen Landsleute den von der Belagerung einer Feſtung unzer= trennlichen Gefahren zu entziehen, habe ich gegenwärtig zu meinem Bedauern kein anderes Mittel mehr, als die Uebergabe von Paris. Wir befinden uns in der traurigen Nothwendigkeit, die militäriſche Action nicht unſerem Mit= gefühl für die Leiden der Civilbevölkerung von Paris unterordnen zu können; unſer Verfahren iſt uns ſtreng vor= gezeichnet durch das Gebot des Krieges und die Pflicht, die deutſchen Heere gegen neue Angriffe der Pariſer Armee zu ſichern. Daß die deutſche Artillerie nicht abſichtlich auf Gebäude ſchießt, welche zum Aufenthalt von Frauen, Kindern und Kranken beſtimmt ſind, braucht kaum ver= ſichert zu werden, bei der Gewiſſenhaftigkeit, mit welcher unſererſeits die Genfer Convention auch unter den ſchwie= rigſten Verhältniſſen beobachtet worden iſt. Wegen der Bauart der Feſtung und der Entfernung, aus der die Batterien jetzt noch feuern, iſt eine zufällige Beſchädigung ſolcher Gebäude ſchwer zu verhüten, gleichwie die Ver= wundung und Tödtung nicht militäriſcher Perſonen, welche bei jeder Belagerung zu beklagen ſind. Daß die peinlichen und von uns lebhaft beklagten Vorfälle in einer Stadt wie Paris in größerem Maßſtabe als in anderen Feſtungen mit einer Belagerung verbunden ſein müſſen, hätte von der Befeſtigung oder von hartnäckiger Vertheidigung der= ſelben abhalten ſollen. Aber keiner Nation kann geſtattet werden, ihre Nachbarn mit Krieg zu überziehen und im Laufe deſſelben ihre Hauptfeſtung durch Bezugnahme auf

die dort wohnenden unbewaffneten und neutralen Einwohner und auf die vorhandenen Hospitäler schützen zu
wollen, in dereu Mitte die bewaffneten Heere nach jedem
Angriffe ihre Deckung suchen und sich zu neuen Angriffen
rüsten können.

$\maltese$

An den Fürsten Bismarck.

Rheingau, 18. April 1871.

Wir Bewohner des Rheingaus sind von jeher mehr als
andere deutsche Stämme von feindlicher Invasion
bedroht gewesen, und wir hätten, wäre Frankreich aus
seinem letzten Kriege siegreich hervorgegangen, die Schmach
und das Unglück zu erdulden gehabt, an unserem Rhein,
vor unseren Augen die französischen Grenzzeichen errichtet
zu sehen. Aber dieser in Frankreich lange und leidenschaft-
lich genährte Gedanke blieb nur ein Traum frevelhafter
Selbstüberschätzung, politischer und moralischer Verirrung.
Wir Rheinländer befinden uns heute weit von Deutschlands gesicherten Grenzen, im Herzen eines heiß ersehnten
und ruhmgekrönten Vaterlands. Die Befürchtung, von
deutschen Brüdern durch den deutschen Strom getrennt,
nicht mit ihnen durch ihn verbunden zu sein, ist — so Gott
will — für ewig aus unserer Seele verbannt. Daß diese
Gefahren von uns abgewandt wurden, und daß die höchsten
Güter eines Volks — Einigkeit, Kraft und Ehre — uns
zugefallen sind, daß in der großen Stunde der Entscheidung
der Kampf ein ehrlicher war — des einen Frankreichs
gegen das eine einheitliche Deutschland — verdanken wir
vor Allem Demjenigen, welcher — von der Vorsehung
dazu bestimmt, von dem verehrtesten und geliebtesten Monarchen erkannt und mit der höchsten Macht bekleidet, von

einem heldenmüthigen und aufopfernden Volke getragen
— Deutschlands guter Genius wurde.

Unsere Winzer können fortan voll Vertrauen und mit
neuer Liebe zur deutschen Erde auf den unentweihten Hü-
geln, die schon Karl des Großen Freude gewesen, weiter
bauen. Möge es unserem Rebensaft vergönnt sein, unter
dem Segen eines langen Friedens im ganzen Deutschen
Reiche überall, wohin er dringt — seine herrliche Mission
erfüllend — Lust und Freude zu verbreiten, den Müden
zu erquicken und Alle, die ihn lieben, für das Gute und
Schöne zu begeistern. Unser Wein, der edelste auf Erden,
ist das Beste, was wir bieten können. Darum haben die
unterzeichneten Gutsbesitzer des Rheingaus von ihren vor-
züglichsten Weinbergen und Jahrgängen einige Gewächse
gesammelt, und bitten Ew. Durchlaucht, diese kleine Sammlung als einen bescheidenen, aber wahrhaftigen Ausdruck
ihrer Verehrung und Bewunderung entgegenzunehmen.
Wir knüpfen an diese Sendung den Wunsch, daß es Ew.
Durchlaucht nicht verschmähen möge, durch einen Besuch
der Geburtsstätten unserer Sendlinge die Gefühle und Gesinnungen der Rheingauer besser kennen zu lernen, als
wir diese hier zu verdolmetschen im Stande sind! Mit
frohem und dankbarem Herzen Ew. Durchlaucht ehrfurchtsvoll ergebene. (Folgen die Unterschriften.)

Darauf wurde den Gebern von Frankfurt aus unter dem
6. Mai folgende Antwort des Reichskanzlers zu Theil:

Freudig überrascht durch die reiche Sendung, spreche
ich den Gutsbesitzern des Rheingaues meinen herzlichen
Dank für die köstliche Gabe und die schönen Worte aus,
welche sie begleiteten, und welche ich, wie den Wein selbst,
herzerfreuend nennen darf. Die Rheinländer sind mit
Recht stolz auf ihren deutschen Wein und dürfen es nicht
minder auf ihre deutsche Gesinnung sein. Ich habe beide

längſt zu ſchätzen gewußt und weiß, wie beide ſich be-
währen. Die Rheinlande haben tapfer dazu mitgeholfen,
daß ihr Strom und ſeine Weine deutſch geblieben ſind,
und die Erinnerung daran verleiht jedem Tropfen des
köſtlichen Tranks einen neuen Werth. Ich werde mich
ſehr freuen, wenn der Wunſch, den Sie mir am Schluß
ausſprechen, in Erfüllung geht, und ich an der Geburts-
ſtätte Ihrer Sendlinge mit Ihnen ſelbſt auf das Wohl
der Rheinlande und des Rheingaus trinken kann.

An den Geſchäftsträger Grafen v. Tauffkirchen.

Berlin, 17. April 1871.

Erwähnen Sie, ohne Initiative zu nehmen, in gelegent-
lichen Geſprächen, daß die wenig tactvolle Art, in
der die ungeſchickt conſtituirte katholiſche Reichstagsfraction
ihr aggreſſives Vorgehen gegen das neue Reich, ſeine
Regierung in Scene geſetzt hat, der antipäpſtlichen Bewegung die Sympathien auch ſolcher Kreiſe zuführt, denen
ſolche früher fremd waren.   gez. v. Bismarck.

An den Reichskanzler Fürſten v. Bismarck, Durchlaucht.

Rom, 21. April 1871.

Cardinal Antonelli erklärte mir, daß er die Haltung
der katholiſchen ſogenannten Centrumsfraction im
Reichstage als tactlos und unzeitgemäß mißbillige und
beklage.   gez. v. Tauffkirchen.

An denselben.

Rom, 10. Mai 1871.

Zur Ergänzung meiner am 21. v. M. telegraphisch berichteten Unterredung mit Cardinal Antonelli dient, daß mir Graf Kalnoky heute mitgetheilt hat, der Papst habe ihm gegenüber das Auftreten der Katholikenpartei im Reichstage als inopportun und unpraktisch bezeichnet und beklagt. Diese Mittheilung Kalnokys erfolgte, ohne daß ich ihm von meiner Unterredung mit Antonelli gesprochen, und es folgt hieraus, daß das „trop de zèle" der deutschen Ultramontanen hier nachträglich mißbilligt wird. gez. Graf Tauffkirchen.

Graf Frankenberg, Berlin.

Berlin, 19. Juni 1871.

Ew. Hochwohlgeboren beehre ich mich, auf die von Ihnen unter dem 12. d. M. an mich gerichtete gefällige Zuschrift zu erwidern, daß die von Ihnen angeführte Thatsache einer Unterredung des Grafen Tauffkirchen mit dem Cardinal-Staatssecretär und einer von Letzterem dabei ausgesprochenen Mißbilligung des Vorgehens der sogen. fraction des Centrums begründet ist. Diese Mißbilligung ist mir nicht unerwartet gewesen, da die Kundgebungen, welche Sr. Majestät dem Kaiser nach Herstellung des Deutschen Reiches von Sr. Heiligkeit dem Papste zugegangen waren, jederzeit den unzweideutigsten Ausdruck der Genugthuung und des Vertrauens enthalten hatten. Ich hatte deshalb gehofft, daß die fraction, welche sich im Reichstage unter dem Namen des Centrums bildete, in gleichem Sinne zunächst die Befestigung der

neuen Jnstitutionen und die Pflege des inneren Friedens,
auf dem sie beruht, sich zur Aufgabe stellen werde. Diese
Voraussetzung traf nicht zu, der parlamentarische Einfluß
der Fraction des Centrums fiel, welches auch die Ansichten der Führer der letzteren sein mögen, thatsächlich in
derselben Richtung ins Gewicht, wie die parlamentarische
Thätigkeit der Elemente, welche die von Sr. Heiligkeit
dem Papste mit Sympathie begrüßte Herstellung des Deutschen Reiches principiell anfechten und negiren. Jch habe
von dieser Wahrnehmung die Gesandtschaft des Deutschen
Reiches in Rom unterrichtet, damit sie Gelegenheit habe,
sich zu überzeugen, ob die Haltung dieser Partei, welche
sich selbst als den speciellen Vertheidiger des römischen
Stuhles bezeichnet, den Jntentionen Sr. Heiligkeit des
Papstes entspreche. Der Cardinal-Staatssecretär hat dem
Grafen Tauffkirchen darüber keinen Zweifel gelassen, daß
die Haltung der Partei an der höchsten geistlichen Stelle
der katholischen Kirche nicht gebilligt werde. — Den
Wortlaut der Aeußerungen Sr. Eminenz bin ich nicht berechtigt, ohne specielle Erlaubniß des Herrn Cardinals
wiederzugeben, ich darf aber hinzufügen, daß Aeußerungen
von Vertretern anderer Mächte in Rom mir die Bestäti-
gung geben, daß der Cardinal Antonelli in seiner gegen
den Grafen Tauffkirchen ausgesprochenen Mißbilligung der
Haltung der Centrumspartei auch den persönlichen Gesinnungen Sr. Heiligkeit Ausdruck gegeben habe.

An den Fürsten Bismarck.

Rom, 2l. Juni l87l.

Der Papst äußerte sich heute wieder gegen mich sehr
empfindlich in der Frage des Umzugs der Gesandtschaften, beifügend, daß die Mächte hierdurch möglicher-

weise bewirken könnten, was Italien nicht gelungen, nämlich ihn zur Abreise zu bewegen.

gez. Tauffkirchen.

☩

Fürst Bismarck an den Grafen Tauffkirchen.

Berlin, 22. Juni 1871.

Lassen Sie gegen die Quelle Ihrer Mittheilung durchblicken, daß auch wir sehr empfindlich in der Frage der clericalen Partei in Deutschland sind, welche durch ihre Bestrebungen, die Autorität der Regierung mit den Mitteln und dem Beistande der Revolutionsparteien zu untergraben, die deutsche Reichsregierung zu Vertheidigungsmaßregeln bewegen kann, die den diesseitigen Sympathien für die Person des Papstes zuwiderlaufen.

gez. v. Bismarck.

☩

Der Geschäftsträger an Fürst Bismarck.

Rom, den 23. Juni 1871.

Ich habe Telegramm Nr. 6 erhalten und mich heute entsprechend gegen Cardinal Antonelli geäußert, welcher jede Beziehung zu den betreffenden Bestrebungen leugnet und mit der Taktik der klerikalen Heißsporne nichts weniger als einverstanden scheint. Ich habe übrigens die Pflicht, den Ausdruck „empfindlich" im Telegramm Nr. 14 dahin zu erläutern, daß die Stimmung des Papstes bei beiden Audienzen keine gereizte, herausfordernde, sondern eine gedrückte, besorgnißvolle war.

gez. Tauffkirchen.

☩

An denselben.

Rom, den 23. Juni 1871.

Ich sprach heute Mittags mit dem Cardinal-Staats-secretär und äußerte, der Eindruck, welchen die clericalen Agitationen und Machinationen in Deutschland an maßgebender Stelle hervorrufen, fange an, mich bezüglich der Entschlüsse des Kaisers in der römischen Frage und namentlich in der Frage des Umzuges der Gesandtschaften von Florenz nach Rom bedenklich zu machen. — Der Cardinal, sei es, daß die öffentliche Polemik, welche nun wiederholt über bei ähnlichen Anlässen, nämlich zur Zeit der Abstimmung über die Versailler Verträge in München, und zur Zeit der letzten Adreßdebatte in Berlin, mir gegen-über gemachte Aeußerungen des Cardinals entstanden ist, denselben stutzig gemacht hat, sei es, daß ihm bereits der telegraphische Auszug aus der Kreuz-Zeitung vom 22. Juni, den die heutigen hiesigen Abendblätter, wie die Beilage zeigt, enthalten, bekannt war, genug der Cardinal war heute zurückhaltender mit seinem Urtheil über das Ver-fahren der clericalen Partei. Er antwortete mir, daß der Heilige Stuhl sich niemals in die politische Haltung der katholischen Unterthanen anderer Staaten gemischt habe, wozu ihm auch durchaus keine Befugniß zustehe. Er, An-tonelli, habe daher auch, so oft solche Aufforderungen an ihn gelangten, wie von England (durch Bulwer) wegen Irland, von Rußland wegen Polen, von Oesterreich wegen Ungarn, dieselben jedesmal abgelehnt. Es existire keine Zeile, welche irgend eine solche Einmischung von seiner Seite nachweisen könnte. So auch jetzt in Deutschland. Er habe weder das Recht noch die Absicht, den dortigen Katholiken bezüglich ihrer politischen Haltung Weisungen zu ertheilen.

Ich entgegnete, daß dies auch keineswegs der Zweck

meiner Eröffnungen gewesen sei. Da ich sehe, daß die
Sache des Heiligen Vaters durch Ungeschick und Ueber-
eifer seiner Anhänger in Deutschland Schaden zu leiden
drohe, hätte ich es für einen Dienst gehalten, Seine
Eminenz hierauf aufmerksam zu machen, ihr überlassend,
welche Folgen sie diesem Winke geben wolle. Im Ver-
laufe dieses Gesprächs brachte ich die von Euer Durchlaucht im Telegramm Nr. 6 gebrauchten Worte vollständig
zur Anwendung. Der Cardinal gab mir nun wiederholt
die bestimmte Versicherung, daß er an dem Gebahren
dieser Partei weder direct noch indirect Antheil habe, und
ich halte diese Versicherung auch für glaubwürdig. Antonelli hat zuviel Geist, er ist — gerade durch mich —
zu oft auf die Gefahr hingewiesen worden, um einen
so unrichtigen Weg zu gehen. Jene Vereinigung der
äußersten Rechten mit der äußersten Linken, der Schwärzesten
mit den Rothesten, die auch hier bemerkbar ist und von
mir in früheren Berichten signalisirt wurde, hat keinen
entschiedeneren Gegner als Antonelli, und ich glaube deshalb, daß er es auch in Deutschland an Rathschlägen und
Mahnungen zu größerer Mäßigung nicht fehlen läßt, daß
aber dort die aus dem Generalordenshause den Jesuiten
kommenden Weisungen oft schwerer wiegen mögen als die
des Vaticans.   J. V.
                                    gez. Tauffkirchen.

An denselben.

Rom, den 27. Juni 1871.

Der Brief Euerer Durchlaucht an den Grafen Frankenberg hat hier in clericalen wie in diplomatischen Kreisen
großes Aufsehen erregt und in ersteren nicht eben angenehm berührt. Man faßt denselben hier vielfach als eine

Entgegnung auf einen Brief auf, den Antonelli an Bischof
Ketteler geschrieben haben soll. Ich vermied es so lange,
den Gegenstand zu besprechen, bis mir der Text des
Briefes selbst vorlag. Dann begab ich mich gestern (26.)
zum Cardinal und brachte selbst das Gespräch auf diesen
Gegenstand. Der Cardinal sagte, daß, als er die Aeußerungen, welche dem Briefe Euerer Durchlaucht zu Grunde
liegen, gemacht, er nähere Berichte von den Vorgängen
im Reichstag nicht gehabt habe. Jetzt schiene ihm, daß
es sich weniger um einen directen Antrag auf Juter-
vention, als um Beseitigung eines das Princip der Nicht-
intervention proclamirenden Passus der Adresse gehandelt
habe. Ich suchte ihm darauf zu beweisen, daß, abgesehen
von der sonstigen Haltung der sogenannten Centrumspartei, nach der Art der Begründung des Antrages beides
ziemlich identisch gewesen sei und der Unterschied auf einen
Wortstreit hiauskomme. Er entgegnete hierauf nichts und
erklärte insbesondere nicht, daß er das damals mir gegenüber ausgesprochene Urtheil zurücknehme. Mit Bezug auf
unsere letzte Besprechung über das Gebahren dieser
Fraction erwähnte er nur noch, daß er inzwischen von
einem Mitglied derselben (angeblich Advokat Lingens) die
Versicherung erhalten habe, daß diese Partei mit der
revolutionären in keiner Beziehung stehe, wenn auch diese
zuweilen mit ihnen gestimmt habe.

Der Cardinal hat mich um den Wortlaut meines
Berichtes über die im Briefe Euerer Durchlaucht an-
gezogene Unterredung nicht gefragt, auch den Wunsch der
Veröffentlichung desselben nicht ausgesprochen. Nur wiederholte er, daß die Curie nicht die Absicht habe, directen
Einfluß auf die politische Haltung der Katholiken in Deutschland auszuüben.

Wenn in einer mir erst heute in der „Augsburger
Postzeitung“ zu Gesicht gekommenen, aus den „Breslauer

Hausblättern" entnommenen Erklärung behauptet ist, Cardinal Antonelli habe mir gegenüber erklärt, er „bewundere" die Centrumsfraction, oder er „billige" deren Haltung, so muß ich beides als grundlos bezeichnen. Ich würde solche Vorgänge zu berichten selbstverständlich nicht verfehlt haben.

(gez.) Tauffkirchen."

Graf Tauffkirchen, Rom.

Berlin, 30. Juni 1871.

Euer Hochgeboren erwähnen in dem gefälligen Bericht vom 11. Juni über Ihre Audienz bei Seiner Heiligkeit die Bemerkungen, welche der Papst Ihnen über die aus dem Communismus der Gesellschaft drohenden Gefahren gemacht hat. Wir sind nicht blind gegen diese Gefahren und erkennen die Aufgabe der Regierungen, ihnen entgegenzutreten; um so mehr aber müssen wir bedauern, daß wir darin nicht nur nicht unterstützt werden von der katholischen Kirche und ihren Organen, sondern daß gerade diejenige Partei, welche sich vorzugsweise als die kirchliche und päpstliche bezeichnet und deren Abgeordnete durchgehends unter der entscheidenden Mitwirkung der Geistlichen gewählt worden sind, nur dazu beiträgt, diese Gefahren zu steigern und den Regierungen ihre Aufgabe zu erschweren.

Wenn die Regierungen früher hoffen mochten, wenigstens an den besseren Elementen dieser Partei, welche sich conservativ nannten und sich als Vertheidiger der socialen Ordnung gerirten, eine Unterstützung zu finden, so hat das Auftreten derselben in der letzten Zeit in den einzelnen Ländern sowohl wie im Reichstage, in der ganz von der Geistlichkeit beherrschten Fraction des Centrums ihnen die

Augen darüber öffnen müssen, daß sie innerhalb derselben keine aufrichtigen Freunde und keine Bundesgenossen suchen dürfen. Ich will über die Motive und Gesinnungen der Einzelnen nicht urtheilen, als Ganzes aber hat das Verhalten der Fraction nur dazu beigetragen, die subversiven, aller Autorität der Regierung feindlichen Tendenzen zu stärken und zu fördern. Ich muß es leider für vollkommen bedeutungslos erklären, wenn Eure Hochgeboren in Ihrem anderweiten Bericht vom 23. Juni sagen, daß der Cardinal Antonelli persönlich dem Bündniß der sogenannten Schwarzen mit den Rothen sich zuwider erkläre; denn ich fürchte, daß er nicht überall dieselbe Sprache spricht, sondern es mit keiner Partei verderben möchte; und wenn, wie Euer Hochgeboren eben dort bemerken, ein anderer Einfluß mächtiger ist, als der seine, so sind wir durch alle seine Erklärungen oder persönlichen Ansichten um nichts gebessert.

Dieser Einfluß wirkt überall dahin, die Autorität der Regierung zu untergraben. Wir begegnen diesem Einflusse überall als einem Gegner der Regierungen und namentlich in Preußen, wo nach dem oft wiederholten Zeugnisse des Papstes selbst die katholische Kirche eine freiere und bessere Stellung hat, als in irgend einem Lande der Welt, und nach eben diesem Zeugniß gerade die Dynastie nicht aufgehört hat, der Kirche und dem Papst selbst das freundlichste Wohlwollen zu beweisen. Ungeachtet dieses Anerkenntnisses geht die Tendenz jenes geistlichen Einflusses auf die unteren Volksschichten dahin, der Dynastie und der Regierung die Sympathien der katholischen Bevölkerung, welche durch die wohlthätige Fürsorge derselben in allen ihren kirchlichen und religiösen Interessen empfindet, zu entfremden. Es ist nicht anders in den übrigen deutschen Staaten, in denen der Clerus zum Theil in offene Opposition gegen die wohlwollenden Regierungen tritt, und

Hand in Hand geht damit eine nicht minder tendenziöfe Oppofition gegen die nationale Sache, welche fich bald mit den particulariftifchen, bald mit den demokratifchen, aller nationalen Politik feindlichen Elementen und Tendenzen verbindet.

Wenn diefer Einfluß mächtiger ift, als die perfönlichen Gefinnungen des Cardinals und des Papftes felbft, welcher Letztere wiederholt Sympathien für die nationale Sache des Deutfchen Reiches kundgegeben hat, wird er doch im Ramen des Papftes geübt, und fo ift es diefer Einfluß, mit dem wir zu rechnen und nach welchem wir unfere Stellung zu der Kirche und ihren Organen, welche unter ihm ftehen, zu richten haben. Wenn die Partei die Kirche beherrfcht, fo ift es eben nicht anders möglich, als daß die Kirche darunter leidet.

Wir fehen in dem Gebahren diefer Partei die Gefahr für die Kirche und den Papft felbft; das Bündniß der fchwarzen mit der rothen Partei, welches der Cardinal Antonelli mißbilligt, hat fich an diefen Punkten als eine vollendete Thatfache gezeigt; ift es doch felbft im Reichstage durch den Verfuch der Einführung der Grundrechte offen zu Tage getreten. Daß gerade in diefem Bündniß für die Kirche felbft eine Gefahr liegt und was fie von folchen Bundesgenoffen zu erwarten hat, darüber hätten ihr die neueften Ereigniffe in Paris die Augen öffnen können. Aber man fcheint fich in Rom darüber zu täufchen, fonft hätte man wohl kaum Anftand genommen, die Mißbilligung, welche der Cardinal Ihnen gegenüber ausgefprochen hat, auch öffentlich kund werden zu laffen. Daß die Einwirkungen der fanatifchen Partei in Rom nicht auf einen unfruchtbaren Boden fallen, zeigt dasjenige, was Euer Hochgeboren felbft über die refervirtere Haltung des Cardinals Antonelli Ihnen gegenüber fagen; ich kann diefelbe, wie ich Ihnen bereits telegraphifch angedeutet habe, nur der Einwirkung der Partei zuschreiben, welche den Fürsten von Löwenstein-Heubach nach Rom gesandt hat, um dort sich selbst zu rechtfertigen und vermuthlich dem Vatican mit den Folgen einer Desavouirung geradezu zu drohen.

Diese aggressive Tendenz der die Kirche beherrschenden Partei nöthigt uns zur Abwehr, in welcher wir nur unsere eigene Vertheidigung suchen, die wir aber mit allem Ernst mit den uns zu Gebote stehenden Mitteln durchführen müssen. Kann man sich im Vatican entschließen, mit der regierungsfeindlichen Partei zu brechen und ihre Angriffe auf uns zu verhindern, so wird uns das nur erwünscht sein, kann oder will man das nicht, so lehnen wir die Verantwortung für die Folgen ab.

(gez.) von Bismarck.

Der Geschäftsträger an Herrn von Thile.

Rom, den 22. Juli 1871.

Den Erlaß Nr. 8 vom 30. Juni habe ich durch Feldjäger erhalten.

Auf meine Aufforderung im Sinne des letzten Satzes antwortete Cardinal Antonelli entschieden ablehnend und wiederholte die bestimmte Versicherung, daß die Curie Einfluß auf die politische Haltung der clericalen Partei in Deutschland niemals geübt habe und niemals üben werde.

gez. von Tauffkirchen.

An den Reichskanzler Fürsten von Bismarck, Durchlaucht.

Rom, den 22. Juli 1871.

Wie Eurer Durchlaucht bereits durch Telegramm Nr. 18 vom 22. Juli angezeigt, ist mir der hohe Erlaß Nr. 8 vom 30. Juni erst am 18. Juli Abends eingehändigt worden. Ich versuchte, dem Cardinal die ganze Sachlage nochmals darzulegen und denselben zu bestimmter Antwort bezüglich der Stellung der Curie zur Centrumspartei zu drängen.

Ich benutzte als Ausgangspunkt den Bericht der Germania aus Rom über meine beiden Unterredungen mit dem Cardinal; ein Bericht, der dadurch Bedeutung gewinnt, daß er die Worte, welche der Cardinal über die Sendung Bulwers bezüglich der irischen Wahlen mir gegenüber gebraucht hat, genau wiedergiebt.

In diesem Berichte, dessen Haltlosigkeit übrigens sehr einfach durch Bekanntgabe des wirklichen Datums beider Unterredungen dargelegt werden könnte, ist gesagt: „Antonelli habe offen ausgesprochen, das ganze „Manöver" des deutschen Diplomaten (d. i. meine Wenigkeit) scheine ihm darauf angelegt zu sein, einen Streitfall zwischen der römischen Curie und dem deutschen Cabinet zu schaffen, damit letzteres Veranlassung habe, bei Uebersiedelung des Königs Victor Emanuel nach Rom dem Grafen Brassier sans gène den Auftrag geben zu können, dem König nach Rom zu folgen."

Hieran hatte ich anzuknüpfen um so mehr Anlaß, als der Cardinal bei unserer Unterredung vom 28. Juni denselben Gedanken, wenn nicht ausgesprochen, doch angedeutet hat.

Es liegt mir, sagte ich gestern zu Antonelli, sowohl der Sache als meiner Person wegen daran, recht klar zu stellen, daß das Verhalten der „päpstlichen" Partei in

Deutschland kein prétexte, sondern daß dasselbe die wahre und entscheidende Ursache der Haltung der Kaiserlichen Regierung in der römischen Frage sei. Ausgehend von dem Auftreten der patriotisch-clericalen Partei in Baiern in den Jahren 1866 – 1870 und von dem Einfluß, den dieses Auftreten auf die kriegerischen Entschlüsse Frankreichs gehabt hat, — übergehend auf die parlamentaren Kämpfe in Baiern während des Krieges, besprach ich die Theil-nahme der katholischen Geistlichkeit an den Reichstags-wahlen, zeigte, wie die verschiedenen Zweige der Partei einen mehr und mehr confessionellen Charakter annahmen und sich zu dem Zwecke vereinigten, die „protestantische Spitze" in Deutschland zu bekämpfen.

Die Erlasse Euerer Durchlaucht vom 22. Juni Nr. 6 und vom 30. Juni Nr. 8 boten mir Material, um die Mittel, welche man sich nicht scheut zur Erreichung dieses Zweckes zu ergreifen, sowie den untrennbaren Zusammen-hang darzulegen, der zwischen dieser Partei und den den Papst und das Papstthum berührenden Fragen besteht.

Zum Schluß legte ich dem Cardinal jenen Artikel der Germania vor, welcher die sehr unverblümte Drohung des Landesverraths enthält.

Ich glaube, daß es mir gelungen ist, den Cardinal zu überzeugen, daß diese Parteiumtriebe allerdings nicht den Vorwand, sondern die wahre und wesentliche Ursache der Entschließungen Seiner Majestät des Kaisers und Königs in der römischen sowohl, als in der inneren reli-giösen Frage sei. Hierauf jedoch beschränkt sich mein Erfolg.

Der Cardinal bestritt mit Betheuerungen, die sonst nicht in seiner Gewohnheit liegen, daß irgend durch den Papst auf die Entschlüsse der Partei gewirkt worden sei.

gez. von Tauffkirchen.

Graf Arnim, Paris.

Berlin, 7. December 1871.

(Der Reichskanzler richtet in Folge der muthwilligen Tödtung deutscher Soldaten und der Freisprechung der Mörder durch französische Schwurgerichte als Verwarnung für Frankreich eine sehr energische Depesche an den Grafen Arnim, den Vertreter des Deutschen Reiches bei der französischen Regierung, zur Mittheilung an diese, und zwar in deutscher Sprache:)

... Wenn Verbrechen, wie vorbedachter Mord, ungesühnt bleiben, so liegt es dem verletzten öffentlichen Gefühle nahe, weil Gerechtigkeit nicht zu erlangen ist, nach Repressalien zu verlangen. Wäre es für uns möglich, uns auf den Standpunkt der Rechtspflege von Paris und Melun zu stellen, so würde das Jus talionis dahin führen, daß auch unsererseits die Tödtung von Franzosen, wenn sie im Bereiche unserer Gerichtsbarkeit vorkommt, eine Strafe nicht mehr nach sich zöge. Der Grad der sittlichen Bildung und das ehrliebende Rechtsgefühl, welche dem deutschen Volk eigen sind, schließen eine solche Möglichkeit aus. Wohl aber wird es nach jenen Vorkommnissen schwierig sein, die öffentliche Meinung in Deutschland, wenn ähnliche Verbrechen wieder verübt werden sollten, mit dem Hinweise auf die französische Rechtspflege zu befriedigen. Als Maßregel unmittelbarer Abwehr haben deshalb unsere Truppen-Befehlshaber im Bezirke der Occupation durch Erklärung des Belagerungszustandes die Militärgerichtsbarkeit für Verbrechen gegen die Truppen sichern müssen. Die Fälle, in welchen die sofortige Verhaftung des Thäters thunlich ist, werden deshalb zu internationalen Schwierigkeiten keinen Anlaß mehr geben. Aber jedes Verlangen nach Auslieferung, welches wir zu stellen genöthigt sein könnten, wird die öffentliche Meinung in Frankreich erregen und verstimmen. Wir

haben deshalb, nachdem die durch uns verlangte Auslieferung Tonnelets und Bertins abgelehnt worden war,
im Vertrauen auf die Rechtspflege Frankreichs damals
nicht auf unserer Forderung bestanden. In Zukunft aber
würden wir der Entrüstung der deutschen Bevölkerung
gegenüber eine ähnliche Zurückhaltung nicht beobachten
können, sondern wir würden bei Verweigerung einer derartigen Auslieferung genöthigt sein, durch Ergreifung
und Wegführung französischer Geißeln, äußersten Falls
auch durch weitergehende Maßregeln auf Erfüllung
unseres Verlangens hinzuwirken — eine Eventualität, der
überhoben zu sein wir auf das lebhafteste wünschen.
Abgesehen von den Gefahren für unsere gegenseitigen
Beziehungen, welche wir in dieser Richtung besorgen
müssen, geben die Vorgänge von Melun und Paris uns
ein Zeugniß von der Stimmung auch der gebildeteren
und wohlhabenderen Volksklassen gegen Deutschland,
welches auf unser künftiges Verhalten im Interesse unserer
eigenen Sicherheit nicht ohne Einfluß bleiben kann. Wir
müssen uns sagen, daß, obschon wir im vorigen Jahre
von Frankreich ohne jede Provocation angegriffen wurden,
doch die Erbitterung darüber, daß wir uns siegreich vertheidigt haben, bis in die Kreise hinauf, denen die Geschworenen, die Beamten der Staatsanwaltschaft, die Ad-
vocaten und die Richter entstammen, eine so leidenschaftliche
ist, daß wir in den Verhandlungen, welche uns mit Frankreich noch bevorstehen, nicht blos die Sicherstellung der Ausführung der Friedensbedingungen, sondern auch die defensive
Stärke unserer Stellung innerhalb der von uns noch besetzten Departements werden in Erwägung ziehen müssen.

Euer Hochgeboren erinnern sich, daß die letzten Verhandlungen mit Herrn Pouyer-Quertier in dem Vertrauen
geführt wurden, daß auch die Beseitigung des letzten
Restes unserer Occupation in einer kürzeren als der im

Frieden vorgesehenen Frist durch gegenseitiges Uebereinkommen werde herbeigeführt werden können. Das Licht,
welches die Vorgänge in Melun und Paris auf die Stimmung und die Absichten auch der gebildeteren Franzosen
gegen uns werfen, hat dies Vertrauen verscheuchen müssen,
um so mehr als die Freunde des Rechtes und der Ordnung in der Presse Frankreichs sich nicht stark genug ge-
fühlt haben, das Verhalten der Geschworenen, der rechts-
kundigen Personen und des Beifall spendenden Publicums
öffentlich zu verurtheilen. Die wenigen Stimmen, welche
sich zu einer schüchternen Mißbilligung ermuthigt haben,
begründen dieselbe nur mit der Nützlichkeitsrücksicht, daß
die Deutschen durch ihre Occupation jetzt noch im Stande
feien, Frankreich Schaden zu thun, keineswegs aber mit
der Erklärung, daß die Art der Rechtsprechung, wie sie
stattgefunden, mit den ewigen Grundsätzen der Gerechtigkeit, der staatlichen Ordnung, und mit dem Stande der
heutigen Civilisation unverträglich fei. Es scheint also,
daß auch diese schwachen Zeugnisse für das Recht ver-
stummen würden, sobald unsere Occupation beseitigt wäre.
Euer Hochgeboren wollen gefälligst diese Betrachtungen
Herrn v. Remusat vortragen, ohne, wie ich wiederhole,
denselben irgendwie eine Wendung zu geben, welche eine
diesseitige Verstimmung gegen die Regierung der Republik vermuthen lassen könnte. Euer Hochgeboren wollen
vielmehr vorzugsweise Gewicht auf das Bedauern und
die Enttäuschung legen, welche wir darüber empfinden,
daß unmittelbar, nachdem wir in den letzten Verhandlungen die unzweideutigsten Beweise von Entgegenkommen
gegeben hatten, Erscheinungen zu Tage treten konnten,
angesichts deren ich unsere Hoffnungen auf Wiederbelebung des gegenseitigen Vertrauens leider als verfrüht
bezeichnen muß.

An denſelben.

Ew. p. p. bemerken in Ihrem gefälligen Berichte vom 6. d. M., daß Sie vergeblich nach einer Aeußerung geſucht hätten, welche die Befürchtung rechtfertigte, daß Sie über die Verhältniſſe der heimiſchen Preſſe nicht hin- reichend orientirt ſeien. Wenn Ew. p. p. ſich den ganzen Inhalt Ihres Berichtes vom 24. v. Mts. vergegenwärtigen und den Eindruck erwägen, welchen die Art der Erwäh- nung der Kreuzzeitung hervorbringen mußte, ſo werden Sie dieſe Befürchtung begreiflich finden, und ich muß hinzufügen, daß auch Ihr eingangs angezogener Bericht dieſelbe noch nicht hat verſchwinden machen. Die Kreuz- zeitung iſt nicht allein ein privilegirtes Blatt, ſondern ſie hat ſchon ſeit längerer Zeit ſich in eine Oppoſitions- Stellung gegen die Regierung begeben und iſt den Ein- wirkungen der letzteren gar nicht mehr zugänglich. Wäre dies Ew. p. p. ſo vollſtändig bekannt geweſen, wie ein aufmerkſames Verfolgen der heimiſchen Preſſe es ermög- lichen konnte, ſo hätte ich in Ihrem Berichte eine Er- wähnung erwarten dürfen, daß Sie den Präſidenten oder die Kreiſe, welche Verſtimmung und Aerger über die Artikel des Blattes zeigten, ſofort auf die wahre Bedeutung deſſelben aufmerkſam gemacht hätten. Der Mangel einer Andeutung darüber, und das Gewicht, welches Sie ſelbſt der Haltung der Kreuzzeitung beilegten, zeigte mir, daß Ew. p. p. über die wahre Bedeutung derſelben nicht voll- ſtändig orientirt waren, und ließ mir eine Aufklärung nicht überflüſſig erſcheinen, welche, wie ich glaube, Ihnen ſelbſt willkommen ſein würde, ohne Ihnen Anlaß zu weiterer Erörterung zu bieten. Ich bitte Ew. p. p., freundliche Rückſicht auf die Geſchäfts-Ueberhäufung zu nehmen, welche in der That hier größer iſt, als es in

Paris erscheinen mag, und welche mir zur Aufnahme solcher Erörterungen wenig Muße läßt.

Ich kann daher auch nur meine Bitte wiederholen, daß Ew. p. p. meine Warnung wegen des Correspondenten der Kreuzzeitung berücksichtigen wollen. Ein Urtheil über die Bedeutung dieser Person ist bei der Pariser Polizei nicht vorauszusetzen; die Thatsache seiner Beziehungen zur Kreuzzeitung ist ihr dagegen bekannt; und da nicht daran zu zweifeln ist, daß jeder Besuch, den er auf der Botschaft macht, bemerkt und notirt wird, so bitte ich ausdrücklich, daß Ew. p. p. denselben nicht mehr empfangen.

Ich erlaube mir, bei dieser Gelegenheit Ew. p. p. wiederholt auf die unzweifelhafte polizeiliche Beaufsichtigung Ihres Hauses aufmerksam zu machen, an den bei dem Grafen Goltz vorgekommenen Diebstahl einer Kassette mit Briefschaften zu erinnern und um Vorsicht in Betreff der Dienerschaft zu bitten, von welcher wenigstens Einer regelmäßig im Solde der französischen Polizei zu stehen pflegt.

⚜

An denselben.

28. April 1872.

Ew. p. p. benachrichtige ich vertraulich, daß Se. Maj. der Kaiser und König beschlossen hat, den Cardinal Fürsten Hohenlohe-Waldenburg-Schillingsfürst zum Botschafter des Deutschen Reiches am Päpstlichen Stuhle zu ernennen.

Diese Wahl wird einen neuen Beweis liefern, daß die Regierung Sr. Majestät, so viel an ihr liegt, den Frieden mit der Römischen Kirche zu pflegen bemüht ist, da jedem Unbefangenen einleuchten wird, daß ein Cardinal kein brauchbares Werkzeug zur Vertretung feindlicher Tendenzen gegen den Papst sein würde.

Ihre defensive Stellung gegen staatsfeindliche Uebergriffe einzelner Personen oder Parteien innerhalb der katholischen Kirche wird die Regierung um so sicherer zu
wahren in der Lage sein.

Die Persönlichkeit des Cardinals Fürsten Hohenlohe
macht ihn im besonderen Grade geeignet, diesen Beweis
des Allerhöchsten Vertrauens zu empfangen.

Es ist bekannt, daß er in seiner Stellung als deutscher
und katholischer Kirchenfürst sich immer treu geblieben ist
und den Strömungen, die eine so bedauerliche Richtung
genommen haben, sich niemals hingegeben hat. Er hatte
seinen Wohnsitz in Rom aufgegeben und lebte seit dem
Concil in Deutschland. Bei seiner durch Familienverhält-
nisse herbeigeführten Anwesenheit in Berlin hat er sich
bereit erklärt, der an ihn ergangenen Aufforderung zu
entsprechen, und habe ich den Cardinal Antonelli durch
die in Rom noch bestehende Gesandtschaft des Norddeutschen Bundes von der Wahl, die Se. Majestät der
Kaiser zur Vertretung des Deutschen Reiches am Päpstlichen Stuhle getroffen hat, amtlich benachrichtigt.

Der Cardinal Fürst Hohenlohe tritt seine Reise nach
Rom behufs Uebergabe seines Creditivs in diesen Tagen
an und hat sich mit Rücksicht auf seine priesterliche Stellung vorbehalten, eine Erklärung des Papstes über die
Frage, ob seine Person als Botschafter Seiner Heiligkeit
genehm sei, selbst zu erbitten.

Bis dies geschehen, bitte ich Ew. p. p., diese Mittheilung nur als eine vertrauliche anzusehen, die Sie in den
Stand setzen soll, irrigen Auffassungen über die Absichten
der Regierung Sr. Majestät entgegenzutreten und unsere
Stellung im rechten Lichte darzustellen.

An den Kaiser.

Varzin, 5. December 1872.

Indem ich Ew. Majeſtät die Anlage ehrfurchtsvoll über-
reiche und um huldreiche Erlaubniß bitte, dieſelbe
durch mündlichen Vortrag in ſpäteſtens 14 Tagen vervoll-
ſtändigen zu dürfen, erlaube ich mir nur eine Bemerkung
allerunterthänigſt hinzuzufügen, die ich nicht durch fremde
Handſchrift gehen laſſe. Ew. Majeſtät wollen Sich aller-
gnädigſt erinnern, daß die Leichtigkeit, mit welcher Graf
Arnim ſeinen perſönlichen Eindrücken die Herrſchaft über
ſein politiſches Urtheil einräumt, ein weſentliches Bedenken
gegen ſeine Ernennung zum Botſchafter in Paris bei Ew.
Majeſtät hervorrief. Ich habe allerdings nicht darauf gerechnet, daß auch in Paris ſein politiſches Urtheil in dem
Maße der Befangenheit unterliegen würde, wie ſeine durchweg tendenziöſen und ſachlich widerſpruchsvollen Darſtellungen es ergeben. Ich hatte gehofft, daß die Wichtigkeit der Stellung und der Ernſt der Lage ihm ſchwerer
ins Gewicht fallen würden. Ich wage einſtweilen nur
Ew. Majeſtät auf Grund des bisher meinem Urtheil in
dieſen Angelegenheiten ſeit ſo langen Jahren huldreich
gewährten Vertrauens ehrfurchtsvoll zu bitten, den Berichten des Grafen Arnim nicht das Gewicht beilegen zu
wollen, welches objective und gewiſſenhafte Darſtellungen
zu beanſpruchen haben würden.

von Bismarck.

An
Se. Majeſtät den Kaiſer und König.

An den Grafen Arnim in Paris.

Berlin, 20. December 1872.

Die Lage der Dinge in Frankreich ist ohne Zweifel eine solche, daß es für jeden, auch den gewiegtesten Diplomaten eine schwierige, vielleicht eine unmögliche Aufgabe ist, sich ein sicheres Ziel über den Zustand des Landes, über das Gewicht der einzelnen politischen Parteien und Personen und namentlich über die Wahrscheinlichkeit der nächsten Zukunft zu bilden. Diese Schwierigkeit wird erhöht durch die unberechenbare Leidenschaftlichkeit, welche dem französischen Charakter eigenthümlich ist, und von welcher auch die gereifteren französischen Staatsmänner weniger frei sind, als die Mehrzahl der deutschen und englischen. Ebenso groß, wie die Schwierigkeit der Beurtheilung, ist aber zugleich die Wichtigkeit, welche es für die deutsche Reichsregierung hat, nicht zu einer unrichtigen Beurtheilung der Sachlage in Frankreich und ihren Consequenzen zu gelangen, nicht falsche Prämissen als richtige und als sichere Lehre der eigenen Politik anzunehmen. In einer solchen Situation ist es meines Erachtens für den amtlichen Vertreter des Deutschen Reiches die Aufgabe, die Eindrücke, welche er empfängt, bevor er sie meldet, einer sorgfältigen Prüfung und Sichtung zu unterwerfen. Denn bei der verhängnißvollen Bedeutung, welche jede Entschließung Sr. Majestät in der auswärtigen Politik für die Zukunft des Deutschen Reiches und Europas haben kann, wäre es eine große Gefahr für beide, wenn wesentliche Voraussetzungen der Allerh. Entschließungen sich als irrthümlich ergeben, nachdem sie von der Kaiserlichen Botschaft als zweifellos angesehen und gemeldet wären.

Wenn Ew. Excellenz die Güte haben wollen, Ihre Berichte seit Ihrer ersten Rückkehr nach Paris bis jetzt, die Meinungen, welche Sie darin über die Lage und die nächste Zukunft, über die Stellung und die Behandlung der einzelnen Staatsmänner und über die Aufgaben unserer Politik ausgesprochen haben, einer vergleichenden Prüfung zu unterziehen, so glaube ich, werden Sie selbst die Größe der Schwierigkeiten würdigen, die es hat, in einem solchen Lande und in einer solchen Lage sich ein Urtheil zu bilden, welches man mit derjenigen Sicherheit aussprechen kann, auf die Se. Majestät der König in so folgenschweren Fragen bei Actenstücken den Anspruch hat. Meine dienst-liche Stellung legt mir die Verpflichtung auf, die Vertreter Sr. Majestät, wenn ich den Eindruck habe, daß ihre Be-richterstattung auf irrthümlichen Voraussetzungen beruht, darauf aufmerksam zu machen und die Wahrheit entweder durch gemeinsame Erörterung zur Feststellung zu bringen, oder in Fällen, wo es sich um Wahrscheinlichkeitsberech-nungen für die Zukunft handelt und ein Einverständniß in Bezug auf dieselben nicht zu erreichen ist, die Ansicht festzustellen, welche der Politik, zu der ich Sr. Majestät rathe, zu Grunde liegt, und gegen welche ein Gesandter daher seine abweichende Ansicht so lange zurücktreten laffen muß, als Se. Majestät der Kaiser und König mir die Leitung der auswärtigen Politik Deutschlands anvertraut. Kein Reffort verträgt weniger, als das der auswärtigen Politik, eine zwiespaltige Behandlung, eine solche würde für mich in derselben Kategorie der Gefährlichkeit stehen, wie etwa im Kriege das Verfahren eines Brigadiers und feines Divisionärs nach einander widersprechenden Opera-tionsplänen.

Die Erkenntniß dieser Gefahr legt mir die Ver-pflichtung auf, Ew. Excellenz zu sagen, daß ich die von Ihnen mit Zuversicht ausgesprochene Ueberzeugung, als wären unsere rückständigen Forderungen unter jeder Re-gierung Frankreichs unbedingt gesichert, für eine irrthüm-liche, und jede Versicherung, die Ew. Excellenz darüber

geben, für eine fehr gewagte halte. Sie nehmen dadurch
eine Bürgschaft auf sich, die niemand übernehmen kann,
und die deshalb in einem amtlichen Berichte, auf Grund
dessen Se. Majestät Entschließungen fassen können, nicht
gegeben werden sollte. Ich halte für wahrscheinlich, daß
die Zahlungen erfolgen, wenn Thiers am Ruder bleibt
oder die gouvernementalen Verhältnisse in einer regelmäßigen, legalen Entwickelung bleiben; ich befürchte dagegen, daß wir zur Befriedigung unserer Forderungen
von neuem das Schwert würden ziehen müssen, wenn
durch gewaltsame Umwälzung eine Republik mit einer
anderen Gattung von Führern ans Ruder käme. Schon
wegen dieser Möglichkeit liegt es in unserem Interesse,
das jetzige Gouvernement mindestens unsererseits nicht zu
schwächen, oder zu feinem Sturze beizutragen. Anders,
aber auch nicht in einer für uns erwünschten Weise würde
sich, wie ich glaube, die Sache entwickeln, wenn vor der
Zahlung und der Räumung einer der monarchischen Prätendenten sich der Gewalt bemächtigte. Wir würden dann
in freundschaftlicher Weise gebeten werden, das Gedeihen
des jungen monarchischen Keimes dadurch zu fördern,
daß wir der Monarchie in Bezug auf Zahlung und
Räumung Concessionen machten, die wir der Republik
versagt hätten. Wir könnten das allerdings abschlagen,
aber ich fürchte, daß dies nicht thunlich sein würde, ohne
daß andere Cabinette, und namentlich nur mehr befreun-
dete, auch ihrerseits eine Berücksichtigung des monarchischen
Elements in Frankreich uns mehr oder weniger dringend
empfehlen würden. Wenn man auch in London, Petersburg und Wien zu klug ist, um zu glauben, daß ein mon-
archisches Frankreich uns weniger gefährlich sei, als die
gelegentliche Herrschaft der republikanischen Fractionen
in Frankreich, so ist doch die Behauptung, eine solche Ansicht zu haben, ein zu brauchbarer Deckmantel zur Er-

strebung anderer Zwecke, als daß man nicht die Verstimmung über unsere Stellung und wegen der allerdings
für alle außer für uns unbequemen Uebertragung der
Milliarden aus Frankreich nach Deutschland unter dieser
Marke zur Geltung bringen sollte. Es würde auf diese
Weise sich eine für uns recht unbequeme europäische
Gruppirung in kurzer Zeit herausbilden können, welche
einen zunächst freundschaftlichen Druck auf uns üben
würde, um uns zum Verzicht auf einen Theil der errun-
genen Vortheile zu bestimmen. Analoge Erscheinungen
werden ohnehin vielleicht später nicht ausbleiben, aber
unsere Aufgabe ist es gewiß nicht, Frankreich durch Con-
solidirung seiner inneren Verhältnisse und durch Herstellung
einer geordneten Monarchie mächtig und bündnißfähig
für unsere bisherigen Freunde zu machen. Frankreichs
Feindschaft zwingt uns, zu wünschen, daß es schwach sei,
und wir handeln sehr uneigennützig, wenn wir uns der Herstellung consolidirter monarchischer Institutionen, so lange
der Frankfurter Friede nicht vollständig ausgeführt ist,
nicht mit Entschlossenheit und Gewalt widersetzen. Aber
wenn unsere auswärtige Politik bewußter Weise dazu
beiträgt, den Feind, mit welchem wir den nächsten Krieg
zu befürchten haben, durch seine innige Einigung zu
stärken und durch eine monarchische Spitze bündnißfähig
zu machen, so würde man solchen Vorgang nicht sorgfältig
genug verheimlichen können, wenn man nicht eine berechtigte und zornige Unzufriedenheit in Deutschland erregen,
ja möglicherweise den verantwortlichen Minister, der eine
so landesfeindliche Politik getrieben, einem strafrechtlichen
Verfahren ausgesetzt sehen will.

Diese Erörterungen stehen in Verbindung mit einem
anderen schon angedeuteten Irrthum, welcher Excellenz
zu unrichtigen politischen Schlußfolgerungen verleitet.
Ew. Excellenz glauben und haben dies auch mündlich

Sr. Majestät dem Kaiser ausgesprochen, daß die einst-
weilige Fortdauer republikanischer Institutionen in Deutschland gefährlich sei. Ich vermuthe, daß Ew. Excellenz
auf diese Befürchtungen nicht gekommen sein würden,
wenn nicht ausländische Verhältnisse in den letzten Jahren
nothwendig Ihre Aufmerksamkeit vorwiegend in Anspruch
genommen hätten, und wenn ein längerer Aufenthalt in
Deutschland und im Centrum der deutschen Geschäfte Sie
in die Lage versetzt hätte, sich ein sachkundiges Urtheil zu
bilden. Ew. Excellenz führen in Ihrem jüngsten Berichte
an, daß Verbindungen der französischen Demokratie mit
Süddeutschland stattfänden. Diese Wahrnehmung kann
für Ew. Excellenz so wenig neu sein, wie für uns
hier; seit vierzig Jahren enthalten die Archive der inneren
und auswärtigen Behörden, namentlich, wie ich annehmen
darf, das Ew. Excellenz zur Hand befindliche der Pariser
Botschaft, voluminöse und gründliche Aufschlüsse darüber. Die Verbindungen der französischen Demokratie
bestehen seit der Julirevolution und länger, nicht nur mit
Süddeutschland, sondern sehr viel lebhafter und entwickelter
mit der Schweiz und Belgien, mit England und Italien,
Spanien, Dänemark und Ungarn und namentlich Polen.
Die Intensität derselben hat im Ganzen ziemlich genau
Schritt gehalten mit dem Ansehen Frankreichs in Europa,
denn keine monarchische Regierung in Frankreich ver-
schmäht es, auch wenn sie mit dem größten Nachdruck die
französische Demokratie verfolgt, dieses Uebel den übrigen
Staaten, und namentlich Deutschland gegenüber wirksam
zu erhalten. Es wird sich hierin aber immer dasselbe
Spiel wiederholen, wie bei der Unterdrückung der Pro-
testanten in Frankreich und ihrer Unterstützung in Deutschland, und wie bei der türkenfreundlichen Politik des aller-
heiligsten Königs Ludwig XIV. Ich bin überzeugt, daß
kein Franzose jemals auf den Gedanken kommen würde,

uns wieder zu den Wohlthaten einer Monarchie zu verhelfen, wenn Gott über uns das Elend einer republikanischen Monarchie verhängt hätte. Die Bethätigung derartiger wohlwollender Theilnahme für die Geschicke feindlicher Nachbarländer ist eine wesentliche deutsche Eigen-
thümlichkeit. Die Regierung Sr. Majestät des Kaisers hat
aber um so weniger Anlaß, dieser unpraktischen Neigung
Rechnung zu tragen, als es keinem aufmerksamen Beobachter hat entgehen können, wie stark und massenhaft in
Deutschland die Bekehrung gewesen ist und noch ist, von
rothen zu gemäßigt liberalen, von gemäßigt liberalen zu
conservativen Gesinnungen, von doctrinärer Opposition zu
dem Gefühle des Interesses am Staate und der Verantwortlichkeit für denselben, seit dem experimentum in cor-
pore vili, welches mit der Commune vor den Augen Europas gemacht wurde. Frankreich dient mit Nutzen als
abschreckendes Beispiel. Wenn Frankreich noch einen Act
des unterbrochenen Dramas der Commune vor Europa
aufführte, was ich aus menschlichem Interesse nicht wünschen will, so würde es nur um so stärker zur Klar-
machung der Wohlthaten monarchischer Verfassung und
zur Anhänglichkeit an monarchische Institutionen in Deutschland beitragen.

Unser Bedürfniß ist, von Frankreich in Ruhe gelassen
zu werden und zu verhüten, daß Frankreich, wenn es uns
den Frieden nicht halten will, Bundesgenossen finde. So
lange es solche nicht hat, ist uns Frankreich nicht gefährlich. Dagegen wird eine französische Republik aber sehr
schwer einen monarchischen Bundesgenossen gegen uns
finden. Diese meine Ueberzeugung macht es mir unmöglich, Sr. Majestät dem Kaiser zu einer Aufmunterung der
monarchistischen Rechte in Frankreich zu rathen, welche
zugleich eine Kräftigung des uns feindlichen ultramontanen
Elementes involviren würde.

Indem ich die Meinungsverschiedenheit, in der ich mich über fundamentale Grundsätze unserer Politik mit Ew. Excellenz befinde, lebhaft bedaure, habe ich mich der Pflicht nicht entziehen können, dieselbe unumwunden zu Ihrer Kenntniß zu bringen. Ich bin überzeugt, daß die Meinungsverschiedenheiten sich wesentlich zwischen uns vermindern werden, wenn Ew. Excellenz auf meine eingangs ausgesprochene Bitte eingehen wollen, die Zuverlässigkeit Ihrer Eindrücke von französischen und deutschen Verhältnissen einer sorgfältigen und längeren Prüfung zu unterwerfen, bevor Sie dieselben einem amtlichen Berichte einverleiben wollen, den ich Sr. Majestät dem Kaiser vorzulegen habe und der als pièce justificative unserer Politik auch parlamentarisch oder anderen Cabinetten gegenüber unter Umständen benutzt werden muß. Es wird sich auf diese Weise auch eine gesicherte Uebereinstimmung des Inhalts Ihrer Berichterstattung in sich selbst insoweit herbeiführen lassen, wie es für mich erforderlich ist, um selbst einen festen und dauernden Eindruck des Gesammtinhalts der Berichterstattung und der Anträge Ew. Excellenz behufs meiner Vorträge bei Sr. Majestät dem Kaiser zu erhalten. Mehr aus formalen Rücksichten erlaube ich mir noch die nachstehende Bemerkung. Sie erwähnen in Ihrem Berichte vom 18. d. Mts., daß „man" an indirecte Beziehungen zwischen der deutschen Regierung und Gambetta glaube. Wenn Ew. Excellenz sich vergegenwärtigen, daß die deutsche Regierung durch Se. Majestät den Kaiser in erster Linie geführt wird, so kennen Ew. Excellenz die Denkungsweise unseres Allergnädigsten Herrn, um darüber nicht im Zweifel zu sein, daß eine solche Behauptung eine Sr. Majestät dem Kaiser persönlich empfindliche Kränkung enthält. Wenn Sie aber eine solche im dienstlichen Interesse Ihrem amtlichen Berichte glauben einverleiben zu müssen, so wäre es dabei meines Erachtens indicirt, die

Quelle einer solchen Meinung etwas genauer als durch das unbestimmte Pronomen „man" zu substantiiren und die geschäftliche Nützlichkeit einer solchen Insinuation näher zu begründen, als hier geschehen. Ew. Excellenz selbst würden es gewiß und mit Recht nicht für angemessen halten, wenn ich Ihnen in einem amtlichen Erlasse ohne ein nachweisliches Motiv und unter der anonymen Bezeichnung des Pronomen „man" Mittheilung von Gerüchten machen wollte, die etwa über die Verbindungen der Kaiserlichen Botschaft in Paris in analoger Weile existiren könnten, wie das von Ihnen angeführte Gerücht einer Verbindung der Kaiserlichen Regierung mit Gambetta. Es müßten gewiß sehr glaubwürdige Autoritäten und ein dienstlicher Zweck vorhanden sein, ehe ich dergleichen Andeutungen in einem amtlichen Erlasse machte.

An denselben.

2. Februar 1873.

Ew. p. p. haben in dem gefälligen Berichte vom 22. v. M. die socialen Verhältnisse in Paris geschildert, insofern die dort lebenden Deutschen und die Mitglieder der Botschaft davon betroffen werden, und sind von der Voraussetzung ausgegangen, daß diese Verhältnisse und die Schwierigkeiten, welche für Ew. p. p. daraus sowohl in Bezug auf den Schutz unserer Landsleute als auf die eigene gesellige Stellung hervorgehen, hier nicht die volle Würdigung finden. Diese Voraussetzung ist unbegründet, Ew. p. p. wollen vielmehr überzeugt sein, daß die peinliche Lage der Deutschen in Frankreich vollständig bekannt ist, und Se. Majestät der Kaiser nicht daran zweifelt, daß Ew. p. p. sich nicht in der Lage befinden, denselben einen bis in das Privatleben wirksamen Schutz gegen den fran-

zöſiſchen Haß zu gewähren, noch auch in Bezug auf Ihre
geſellige Stellung eine Beſſerung herbeizuführen, die nur
von der Zeit — und vielleicht nicht einmal von dieſer —
erwartet werden kann. Wenn ſich auch nicht verkennen
läßt, daß die geſellige Ausſchließung, welche den Mit=
gliedern der Botſchaft gegenüber in Anwendung gebracht
wird, für dieſelben manche Entbehrungen mit ſich führt,
die ihnen in allen anderen Ländern erſpart bleiben wür=
den, ſo hat andererſeits der ſo wenig verhüllte Haß der
Franzoſen zur Folge, daß die Aufgaben Ihrer Stellung
in mancher Hinſicht weſentlich vereinfacht und erleichtert
werden. Während jeder Vertreter Sr. Majeſtät im Aus=
lande es ſich zur Pflicht zu machen hat, in amtlicher und
geſelliger Hinſicht vielfache Verbindungen anzuknüpfen,
über die Stimmung des Landes fortdauernd informirt zu
ſein, auf dieſe Stimmung Einfluß zu gewinnen, gutes Ein=
vernehmen zu fördern, deſſen Störung ſogleich zu ver=
hüten, ſo haben die Verhältniſſe ſich ſeit dem Kriege in
Frankreich ſo geſtaltet, daß der Vertreter Sr. Majeſtät
des Kaiſers auf die Löſung dieſer Aufgabe verzichten muß,
weil ſie vollſtändig nicht möglich iſt und partiell oder
ſporadiſch ohne Nutzen ſein würde. Die Offenheit, mit
welcher ſeit dem Friedensſchluß in Frankreich der National=
haß gegen die Deutſchen von allen Parteien geſchürt und
proklamirt wird, läßt uns darüber keinen Zweifel, daß
jede Regierung, welcher Partei ſie auch angehören möge,
die Revanche als ihre Hauptaufgabe betrachten wird. Es
kann ſich nur darum handeln, welche Zeit die Franzoſen
brauchen werden, um ihre Armee oder ihre Bedürfniſſe
ſo weit zu reorganiſiren, daß ſie ihrer Anſicht nach fähig
iſt, den Kampf wieder aufzunehmen. Sobald dieſer Augen=
blick gekommen iſt, wird jede franzöſiſche Regierung dazu
gedrängt werden, uns den Krieg zu erklären. Wir ſind
darauf vollſtändig gefaßt und unſere Vertretung in Paris

trifft kein Vorwurf, wenn sie die gallische Kampflust nicht
zu zügeln vermag. Wenn es richtig ist, daß Ihre Majestät die Kaiserin den Rath des Herrn Guizot darüber
erbeten hat, wie der Haß der Franzosen gegen uns zu
mildern sei, so würde solchem Schritte ein für weibliche
Empfindungsweise natürliches Gefühl zu Grunde liegen.
Die Besänftigung des ungerechten Zornes unserer Nachbarn liegt aber nicht in den Aufgaben Ew. Excellenz, so
lange jedes Streben nach dieser Richtung hin ebenso erfolglos als mit unserer nationalen Würde unverträglich
sein würde. Wir haben den Krieg nicht gewollt, sind aber
stets bereit, ihn nochmals zu führen, sobald neue Ueber-
hebungen Frankreichs uns dazu nöthigen werden. Oderint
dum metuant. Die klare Erkenntniß dieser Sachlage über-
hebt den diesseitigen Vertreter in Frankreich des größten
Theils der schweren Aufgabe, die ihm unter normalen
Verhältnissen zufallen würde. Es kann uns wenig Interesse bieten, über die Aeußerungen dieses oder jenes französischen Staatsmannes oder Deputirten informirt zu sein,
da Alle im Wesentlichen denselben uns feindlichen Zweck
verfolgen. Es erscheint deshalb auch als ein vergebliches
Bemühen, gesellige Beziehungen aufzusuchen, die sich nicht
von selbst darbieten, oder in einzelnen Dingen eine Einwirkung ausüben zu wollen, welche die Gesammtentwickelung der Dinge weder aufhalten noch modificiren kann.
In geselliger Hinsicht kann ich daher Ew. p. p. Auffassung
nur vollständig theilen, daß es nicht Ihre Aufgabe ist,
Leuten nachzulaufen, die Ihnen nicht auf halbem Wege
entgegenkommen, oder die es in irgend einer Beziehung
an der Ihrer Stellung schuldigen Höflichkeit fehlen lassen.
Im Allgemeinen wird es den Verhältnissen am meisten
entsprechen, wenn Ew. p. p. wie bisher in ruhiger Würde
und Zurückhaltung die geselligen Beziehungen abwarten,
die sich in Folge besonderer Veranlassungen darbieten.

Ich brauche nicht hinzuzufügen, daß Ew. p. p. die einer
solchen Haltung zum Grunde liegende Absicht den Franzosen um so deutlicher machen und damit auch den Intentionen Sr. Majestät entsprechen werden, wenn Sie in
den Fällen, wo ein Entgegenkommen von Seiten einzelner
Franzosen sich ausnahmsweise zeigt, diesen Ausnahmen
gegenüber die unverkürzte Erwiderung der Artigkeit eintreten lassen, wie sie unter gewöhnlichen Verhältnissen
üblich ist. In Bezug auf die Uebelstände, unter welchen
die in Paris lebenden Deutschen in ihrer geschäftlichen
Existenz durch den Haß der Franzosen zu leiden haben,
sind wir, wie Ew. p. p. mit Recht hervorheben, nicht in der
Lage, eine Abwehr zu schaffen, so lange nicht in den einzelnen Fällen eine Ungesetzlichkeit nachgewiesen werden
kann. Den Deutschen, welche nach dem Krieg nach Frankreich gegangen sind, um dort ihren Lebensunterhalt zu
suchen, waren die Gefühle der Bevölkerung bekannt, sie
mußten auf Verfolgungen und Demüthigung gefaßt sein
und sich persönlich eine erhebliche Befähigung zutrauen,
solche Erlebnisse für Geld zu ertragen. Sie würden, wenn
sie auf achtungsvolle Behandlung in erster Linie Werth
legten, besser gethan haben, ihre Talente oder ihre Arbeitskraft dem eigenen Lande zur Verfügung zu stellen,
wo beides jederzeit die gebührende Anerkennung und eine
befriedigende Verwerthung gefunden hätte. Wenn ich es
auch bei jeder Gelegenheit als Pflicht der Regierung Sr.
Majestät des Kaisers betrachte, deren Erfüllung ich mich
niemals entziehe, den nachbarlichen Verkehrsinteressen
unserer Landsleute vollen Schutz zu gewähren, so kann ich
doch mit dem Pariser deutschen Ursprungs, der nur insoweit deutsch bleibt, als er Schutz und Unterstützung
beansprucht, nicht sympathisiren.

An den Kaiser.

Varzin, den 14. April 1873.

Ew. Majestät zeige ich ehrfurchtsvoll an, daß ich das Schreiben des Grafen Arnim vom 8. nach Maß= gabe der Acten zu beleuchten mir vorbehalte, sobald mir letztere wieder zugänglich sind.

Einstweilen bemerke ich nur ehrfurchtsvoll, daß Graf Arnim unvollständig referirt hat, indem er meine entschei= denden Telegramme bei Beginn der Verhandlung, vor dem 5., verschweigt, und danu feine Mittheilung vom 5. an Thiers für eine diesen Telegrammen entsprechende vollständige Mittheilung unseres Conventionsentwurfes Ew. Majestät gegenüber ausgiebt. In der Alternative, die Graf Arnim stellt, daß Thiers oder er die Unwahr= heit gesagt haben müsse, liegt, wie ich fürchte, das größere Maß von Glaubwürdigkeit auf der Seite von Thiers und des Ew. Majestät bekannten amtlichen Tele= gramms des Präsidenten an Graf St. Vallier. Ew. Majestät wollen Sich huldreichst erinnern, wie ich bei Er= nennung des Grafen Arnim zu seinem jetzigen Posten in einem von hier aus an Ew. Majestät gerichteten ehr= furchtsvollen Schreiben mich dahin äußerte, daß nur die volle Zuversicht auf Ew. Majestät Vertrauen zu mir mich ermuthigen könne, mit einem Botschafter von so unsicherem und wenig glaubwürdigen Charakter einen Versuch zu gemeinsamem politischen Wirken zu machen und vielleicht die Kämpfe zu erneuern, die ich Jahre lang mit dem Grafen Goltz zu bestehen hatte. Diese Kämpfe begannen schon im Herbst vorigen Jahres, wo Graf Arnim bei Ew. Majestät bezüglich des Herrn Thiers eine der meinen entgegengesetzte Politik befürwortete, die ich in Immediat= berichten und eigenhändigen Schreiben von hier aus be=

kämpfte; und der Erfolg hat mir, wie ich glaube, Recht
gegeben. Es ist aber in der Politik niemals möglich,
mathematische Beweise zu geben. Das Vertrauen auf
das Urtheil des einen oder des anderen unter den Rath-
gebern und Berichterstattern Ew. Majestät entscheidet
schließlich. Es ist leicht, einem Bericht, wie dem des
Grafen Arnim vom 8. cr., der drei Wochen voll sich täglich verschiebender Situationen umfaßt, eine Färbung zu
geben, welche wahr scheint, ohne es zu sein.

Die Acten, dereu Vorlage ich dem Auswärtigen
Amte heute aufgabe, gewähren ein abweichendes Bild.
Bis zur erneuten Zusammenstellung des Inhalts derselben
erlaube ich mir, nur über das formale Verfahren des
Botschafters eine ehrfurchtsvolle Bemerkung. Die Disciplin ist im diplomatischen Dienste gewiß ebenso unentbehrlich, aber viel schwerer zu halten, als im militärischen,
und sie geht verloren, sobald die Formen derselben fallen.
Aus diesem Grunde bitte ich Ew. Majestät allerunter-
thänigst um die Gnade, den Kaiserlichen Botschafter zunächst anweisen zu wollen, daß er seine amtliche Beschwerde über seinen Vorgesetzten durch diesen an Ew.
Majestät einreicht, damit ich sie Allerhöchstderselben dienst-
lich vortrage. Geschieht dies nicht, so stehe ich mit meinen
Untergebenen auf der gleichen Linie zweier streitenden
Parteien. Es würde für mich nach dem Stande meiner
Kräfte nicht möglich sein, neben den Kämpfen im Landtage und im Reichstage, im Ministerium und mit fremden
Cabinetten, gegen sociale Einflüsse und diejenigen der Presse
auch noch die dienstliche Autorität, dereu ich zur Führung der
Geschäfte bedarf, im Wege der schriftlichen Discussion mir
zu erkämpfen. So gern ich Ew. Majestät Dienst auch
den Rest meiner Kräfte noch widme, so kann ich mir doch
nicht verhehlen, daß derselbe sehr schnell verbraucht sein
wird, wenn ich unter dem schmerzlichen Gefühle leide,

mit einem Manne, wie Graf Arnim, um Ew. Majeſtät
Dertrauen ringen zu ſollen, nachdem ich daſſelbe ſo lange
Jahre ungeſchmälert beſeſſen, und meines Wiſſens niemals getäuſcht habe. Ich habe Ew. Majeſtät meine un-
vorgreifliche Meinung über die Perſönlichkeit des Grafen
Arnim ſeit Jahren niemals verhehlt. Ich hatte gehofft,
daß dieſe hohe und für das Vaterland ſo bedeutſame
Stellung in Paris ihn über kleinliche Intriguen vielleicht
erheben würde, ſonſt hätte ich Ew. Majeſtät, in Anknüpfung an die römiſchen Erfahrungen, dringender
bitten müſſen, ihm trotz aller Befähigung den Poſten nicht
anzuvertrauen. Ich habe, und nicht ich allein, den Verdacht, daß er ſeine geſchäftliche Thätigkeit gelegentlich
ſeinen perſönlichen Intereſſen unterordnet, und es iſt
ſchwer, mit einem ſolchen Verdacht im Herzen für die
Art verantwortlich zu bleiben, wie dieſer hohe Beamte
ſeine Inſtructionen ausführt. Ich habe mir erlaubt,
Ew. Majeſtät meinen Verdacht mitzutheilen, und Aller-
höchſtdieſelben wiſſen, wie gering mein Vertrauen auf
die Objectivität ſeiner Berichte iſt; um Ew. Majeſtät
nicht Verdruß zu machen, habe ich es vermieden, meinen
amtlichen Gewiſſensbedenken amtlichen Ausdruck zu geben.
Der Schritt des Grafen Arnim, zu dem er von Berlin
aus ermuthigt worden, und der dort ſchon in der vorigen Woche erwartet wurde, läßt mir keine Wahl
mehr. Ew. Majeſtät wollen Sich huldreichſt erinnern,
daß ich von dem Verſuche ſprach, die Gefahren, die
Arnims Charakter in Paris bedingt, durch ſeine Ver-
ſetzung nach London abzuſchwächen, daß aber von dort
aus bei der erſten Anfühlung der heftigſte Proteſt wegen
der Neigung Arnims zur Intrigue und zur Unwahrheit
eingelegt wurde; „man würde kein Wort glauben, was
er ſagen könnte." Gegen die Anklagen eines Mannes
von dieſem Rufe geht meine ehrfurchtsvolle Bitte zunächſt

nur dahin, daß Ew. Majestät ihn Allergnädigst anweisen
wollen, seine dienstliche Beschwerde auch auf dienstlichem
Wege einzureichen.

C. U. Regnier an Fürst Bismarck.

London, 22. September 1873.

Mein Fürst!

Als ich das letzte Mal die Ehre hatte, mit Sr. Excellenz
dem Grafen Bismarck zusammen zu kommen, sprach
ich infolge eines bei einer früheren Gelegenheit stattge=
gefundenen Mißverständnisses folgende Worte zu ihm:
„Ich habe Ihnen, wie Sie leicht begreifen werden, Vieles
verbergen müssen, aber ich bitte Sie, mir zu sagen, ob
ich je Etwas gesprochen, was Sie als falsch erkannt haben,
oder in „Quel est Votre nom, N ou M?" eine Zeile ge=
schrieben habe, welche nicht die vollkommene Wahrheit
ausgedrückt hat." Excellenz erwiderten mir darauf:
„M. Regnier, ich bezeuge gern, daß Sie immer mit der
größten Freimüthigkeit gesprochen und geschrieben haben,
nur erlaube ich mir, Ihnen hinsichtlich der Broschüren,
welche Sie veröffentlicht haben, zu sagen, daß Sie zu viel
schreiben." Zu Anfang und am Ende der Zusammen=
kunft erwies Excellenz mir die Ehre, mir die Hand zu
reichen. Mein Fürst! Ein französisches Kriegsgericht will
mich als deutschen Spion zum Tode verurtheilen. Wenn
irgend ein Mensch in der Welt von meiner Unschuld
überzeugt wäre, so würde der Graf Bismarck es sein:
er würde seine Hand keinem Spion gereicht haben; ein
Wort aus seiner Feder würde bei allen Leuten, die mir
irgend einen Zufluchtsort bieten könnten, jeden schlechten
Eindruck, den ein solcher Urtheilsspruch gegen mich hervor=

zubringen im Staude ift, verwischen. Schon das natürliche Gefühl bewirkt, daß außerhalb von der Politik jede
erhabene Seele eine ungerechte Unterdrückung des
Schwachen nicht sehen kann, ohne ihm zu Hülfe zu kommen;
er würde gewiß das versöhnende Wort gesprochen haben,
welches jeden Anschein einer Ehrenrührigkeit beseitigt
hätte. Mein fürst! Sie, der Sie die ruhmreiche Erbschaft
des Grafen angetreten haben, verweigern Sie mir das
nicht, was er mir bewilligt hat. Er mußte fo gut, wie
ich und meine familie es wissen, daß das Interesse meines
Landes das einzige Motiv meines Handelns gewesen ift,
fein Zeugniß würde bei Allen den Eindruck, den dies
Urtheil, welches ich nicht nennen will, hervorgebracht,
verwischen. Ich zweisle nicht, mein fürst, daß Sie ebenso,
wie er es gethan hat, das Gefühl verstehen, welches
mich fo kühn macht, anstatt an die fo blinde Parteilichkeit
meiner Landsleute, die ich mit meiner Person und meiner
Habe vertheidigte, an den Edelmuth eines feindes zu
appelliren, den ich ehrlich bekämpft habe.

C. V. Regnier.

Hierauf antwortete fürst Bismarck:

Varzin, 2. October 1873.

Mein Herr!

Angesichts des Urtheils, welches ein französisches Kriegsgericht über Sie aussprechen will, haben Sie sich mit
der Bitte an mich gewandt, das zu wiederholen, was ich
bei unserer letzten Zusammenkunft hinsichtlich meiner Meinung über Ihr Verhalten gesagt habe. Ich glaube nicht,
daß mein Zeugniß Ihnen den Nutzen bringen wird,
welchen Sie sich davon versprechen; die Erregung der
Gemüther ist noch zu heftig und die große Zahl derjenigen
Ihrer Landsleute, welche mich verunglimpfen und mich

mit Unrecht als Feind Frankreichs betrachten, wird Ihnen
aus dem, was ich zu Ihren Gunsten sagen könnte, einen
Vorwurf machen. Nichtsdestoweniger zögere ich nicht,
Ihnen zu wiederholen, daß Ihr Benehmen mir nie durch
ein anderes Motiv veranlaßt erschienen ist, als durch
muthige Aufopferung für die Interessen Ihres Vaterlandes, die nach Ihrer Meinung mit denjenigen der
kaiserlichen Dynastie identisch waren. Ich habe die Ausführung Ihrer Projecte begünstigt in dem Glauben, daß
dieselben im Falle der Verwirklichung den Friedensschluß beschleunigen würden, dadurch, daß die kaiserliche
Regierung, die einzige, welche wir damals noch anerkannten, mit der Armee in Metz, die derselben noch treu
geblieben zu sein schien, in Beziehung gesetzt wurde.
Wären diese Beziehungen hergestellt und befestigt, so
würden wir uns einer genügend starken Regierung gegenüber befunden haben, mit welcher wir hätten verhandeln
und im Namen Frankreichs Frieden schließen können. Ich
kann auf Ehre versichern, daß Sie von unserer Seite einen
Vortheil weder empfangen, noch verlangt haben, und daß
ich dadurch, daß ich Sie nach Metz hineinließ, Ihnen eine
patriotische und zugleich den Friedensschluß herbeiführende
That zu erleichtern gesucht habe. Empfangen Sie, mein
Herr, die Versicherung meiner vollkommenen Hochachtung.

Herrn Regnier, London, 45 Carey Street W.-C.

✠

Graf Arnim, Paris.

23. December 1873.

Von den, in Ew. p. p. gef. Berichte vom 18. d. M. näher
erwähnten Absichten, die französischen Vertreter in
München oder Dresden zu Gesandten zu befördern, ist

mir anderweitig noch nichts bekannt geworden. Auffällig
ist mir in Ihrem Berichte vorzugsweise die Annahme ge=
wesen, daß ein ehrgeiziger und befähigter Diplomat, wie
Herr Lefebre, die bedeutende Gesandtschaft in Washington
abgelehnt haben könnte, um in München zu bleiben, es
würde dies ein redender Beweis für die Bedeutung sein,
welche die französische Diplomatie noch immer diesem
Posten beilegt. Ob Herr Lefebre dabei die Compensation
durch eine höhere Stufe in der Hierarchie in's Auge ge=
faßt, mag dahingestellt bleiben; vielleicht besitzt derselbe
ausreichende Hingebung für den Dienst seines Landes, um
mehr an die Sache, als an die Form oder seine eigene
Person gedacht zu haben.

Daß diese Form uns nicht gleichgültig sein, vielmehr
die in der Beglaubigung französischer Gesandten an den
deutschen Höfen liegende Demonstration uns ein untrüg=
liches Maß für den Werth gewähren würde, welchen die
französische Regierung auf gute Beziehungen zu Deutsch=
land setzt: das liegt so klar zu Tage, daß kein Franzose
darüber zweifelhaft und eine besondere Betonung unserer
Empfindung kaum nöthig sein wird. Letztere ist in der
Verfassung und in dem Wesen des Reichs begründet, und
wenn diese Verfassung oder die Verhandlungen des Reichs=
tages über Conservirung des Gesandtschaftsrechts in Paris
unbekannt sein sollten, so wird doch die deutsche Presse es
nicht sein, welche seit fast drei Jahren, wie ich glaube,
Niemand einen Zweifel darüber gelassen hat, welcher
Auffassung in der deutschen Nation und in der Politik
ihrer Regierung solche Velleitäten begegnen würden.
Eben darum können wir aber auch darauf vertrauen,
daß der Anstoß zu einer solchen Erweiterung der diplo=
matischen Beziehungen zwischen deutschen Einzelstaaten und
Frankreich nicht leicht von Ersteren ausgehen werde; und
wenn es sich nur um Formen handelte, würde die Wir=

kung kaum den Interessen der betreffenden Höfe nützlich
sein. Ew. p. p. sind mit den Bestimmungen der Reichsverfassung über das Gesandtschaftsrecht, sowie namentlich
mit den Bayern im Schlußprotokoll vom 23. November
1870 gewahrten Rechten vollständig bekannt.

Durch diese Bestimmungen motivirt sich, daß wir
unsere Auffassung den Franzosen gegenüber nur mit Vorsicht hervortreten lassen; dieselben würden im entgegen-
gesetzten Falle schwerlich unterlassen, in München und anderen Residenzen zu insinuiren, daß wir etwa eine Ver-
kürzung der in der Reichsverfassung gewahrten Rechte
der Einzelstaaten erstrebten. Sollte jedoch der Duc Decazes
Ew. 2c. eine Frage nach unseren, ihm schwerlich zweifel-
haften Wünschen auf diesem Gebiete, wie Sie solche zu
meiner Ueberraschung als möglich andeuten, wirklich
stellen, so würde Ihnen nicht schwer fallen, zu verstehen
zu geben, daß die Eindrücke, die jeder Agent Frankreichs
in Deutschland und jeder Zeitungsleser von dem Gewicht
haben muß, welches die deutsche Nation auf ihre einheitliche
Erscheinung dem Auslande gegenüber legt, der französischen
Regierung bekannt sein würden, und daß Ew. p. p. nicht den
Beruf haben, dieselben durch eine diplomatische Erläuterung
abzuschwächen. Ew. p. p. würden dabei beiläufig erwähnen
können, daß von den befreundeten Mächten sich England auf
Geschäftsträger beschränkt, einige andere theils aus Familien-
beziehungen, theils in Continuität früherer Verhältnisse Gesandte an einzelnen Höfen haben, meistens aber die Vertretung mit der beim Deutschen Reich vereinigt worden ist.

Was Frankreich speciell angeht, so wird man sich in
Paris schwerlich verhehlen, daß Frankreich mehr als andere Staaten ein berechtigtes Mißtrauen Deutschlands zu
schonen hat, und daß schon die, wie es neuerdings den
Anschein hat, systematische Ernennung von jüngeren de-
classirten Diplomaten zu Consuln in Deutschland, nament-

lich am Rhein, von uns nicht unbemerkt geblieben fein
könne. Ew. p. p. wollen dem Duc Decazes gelegentlich
bemerken, daß wir darauf zu achten berechtigt feien, ob
diefe Confuln fich ausfchließlich konfularifchen Gefchäften
widmen, oder, wie folches z. B. bei dem französifchen
Conful in Stuttgart der fall, den Hof und das Ministerium
durch Arrogiren einer politifchen Stellung und Thätigkeit
in Verlegenheit zu bringen die Dreistigkeit haben.

Wenn Ew. p. p. in Ihrem Bericht fchließlich bemerken, daß „die Stellung" der Kaiferlichen Botfchaft „fehr
leiden" würde, wenn die deutfchen Königreiche fich durch
wirkliche Gefandte in Paris vertreten laffen follten, fo ift
mir diefe Betrachtung nicht ganz verftändlich. Das
Deutfche Reich ift ein zu gewichtiger Körper, als daß
die Stellung feiner Botfchaft in Paris, foweit Deutfchland
der letzteren bedarf, unter dem Erfcheinen einiger diplo-
matifcher figuranten in partibus wirklich leiden könnte,
vorausgefetzt, daß die „Stellung" von der Botfchaft felbft
richtig genommen wird. für die Botfchaft des Deutfchen
Reiches handelt es fich nur um Erfüllung Ihrer dienstlichen Aufträge und Aufgaben, und ich vermag nicht ab-
zufehen, was ein kleinstaatlicher Diplomat Ew. p. p. bei
denfelben wirkfam in den Weg legen könnte. In diefer
Hinficht wollen Ew. p. p. fich übrigens gegenwärtig halten,
daß derfelbe Artikel der Reichsverfaffung, welcher den
Bundesstaaten das active und paffive Gefandtfchaftsrecht
nicht entzieht, die völkerrechtliche Vertretung des Reiches
ausfchließlich in die Hände Sr. Majeftät des Kaifers gelegt
hat. In Anlaß der Nachfchrift zu Ew. p. p. mehrerwähnten
Bericht erfordere ich heute vom Grafen Wesdehlen noch eine
nähere Erläuterung.

An Carlyle, England.

Berlin, 2. December 1875.

Hochgeehrter Herr!

Die Feier Ihres achtzigsten Geburtstages geht auch Deutschland an, und Ihnen darf ich das ja in meiner Muttersprache sagen. Wie Sie bei Ihren Landsleuten Schiller eingeführt, so haben Sie den Deutschen unsern großen Preußenkönig in seiner vollen Gestalt, wie eine lebende Bildsäule, hingestellt. Was Sie vor langen Jahren von dem „heldenhaften" Schriftsteller gesagt, er stehe unter dem edeln Zwange, wahr sein zu müssen, hat sich an Ihnen selbst erfüllt; aber glücklicher als diejenigen, über welche Sie damals sprachen, freuen Sie sich des Geschaffenen und schaffen weiter in reicher Kraft, die Ihnen Gott noch lange erhalten wolle. Empfangen Sie mit meinem herzlichsten Glückwunsch die Versicherung meiner aufrichtigen Hochachtung.

Carlyles Antwort lautet in deutscher Uebersetzung:

Sir!

Samstag morgens, an meinem achtzigsten und höchstwahrscheinlich meinem letzten Geburtstage (Carlyle lebte aber noch bis zum Februar 1881), wurde ich durch einen Brief geehrt, der bei weitem der merkwürdigste, am wenigsten erwartete und der erfreulichste war von allen, die mich bei der Gelegenheit erreichten. Es ist dies der edle, weise, aufrichtige und großherzige Brief, den Sie die Güte hatten, mir zu schreiben, und den ich mit großer Ueberraschung und großer und bleibender Freude gelesen habe. Erlauben Sie mir, zu sagen, daß mir keine Ehre hätte widerfahren können, die ich höher geschätzt, oder die länger und freundlicher in meiner Erinnerung gelebt haben würde, so lange mir in dieser Welt noch zu leben vergönnt ist. Was Sie von meiner bescheidenen Geschichte Ihres großen Königs Friedrich zu sagen belieben, scheint mir die schmeichelhafteste Aeußerung zu sein, die ich noch irgendwo über diesen Gegenstand vernommen, und sie macht mich aus dem Munde eines solchen Mannes wahrhaft stolz. Ich danke Ihnen auf's Herzlichste und Aufrichtigste für Ihre Freundlichkeit, und ich werde fortfahren, Ihnen, wie seit lange, alles Glück und Gedeihen auf Ihrem großen und edeln Lebenswege zu wünschen. Möge Gott Ihnen Jahre und Kraft verleihen, das großartige und gedeihliche Unternehmen, in welchem Sie vor den Augen der ganzen Welt bereits so Großes erreicht haben, zu vollenden und wider alle Stürme sicher zu befestigen! Euer Durchlaucht unterthänigster und gehorsamer Diener

Th. Carlyle.

☙

Herrn Staatsminister von Bülow.

Varzin, 15. December 1877.

Neben der Steuerreform und der Fertigstellung der im militärischen Interesse erforderlichen Eisenbahnen, gehört die Verwirklichung der Reichsverfassung bezüglich des Eisenbahnwesens zu denjenigen Fragen, von deren Lösung ich meinen dauernden Wiedereintritt in die Geschäfte abhängig machen muß. Wenn die Ausführung des auf diesen Gebieten für nothwendig Erkannten nicht durch ausreichende und spontane Mitwirkung aller in Preußen dazu competenten Organe sichergestellt werden kann, so werde ich zwar, wenn meine Gesundheit es irgend gestattet, zum nächsten Reichstage erscheinen, aber nur um die Gründe meines definitiven Rücktritts öffentlich darlegen zu können. Ich werde nicht verschweigen können, daß ich keine Aussicht zu haben glaube, für die Behandlung der oben erwähnten Fragen in Preußen das Maß freiwilliger Mitwirkung zu finden, ohne welches ihre Lösung nicht möglich ist, und daß ich deshalb bei geschwächten Kräften die fernere Mitarbeit an den Geschäften ablehne, weil ich mich unvermögend fühle, sie bezüglich wichtigerer Fragen in die Wege zu leiten, auf denen ich die Verantwortlich= keit für die Gesammtleitung zu tragen bereit wäre. Euer Excellenz ersuche ich ganz ergebenst, von vorstehenden An= deutungen auch mit Sr. Majestät gelegentlich sprechen zu wollen, namentlich um die von der Kreuzzeitung gebrachte Lüge zu widerlegen, als ob ich die Entlassung von Hof= beamten Sr. Majestät je zugemuthet hätte. Ich habe Feinde am Hofe, aber deshalb werde ich die Ehrerbietung gegen meinen allergnädigsten Herrn nicht verletzen. Die Hauptsache für mich ist, daß ich im Staatsministerium Collegen finde, welche die Maßregeln, die für die Sicher= heit und die Interessen Preußens und des Reiches noth= wendig sind, energisch und freiwillig fördern. Diese För= derung durch Bitten und Ueberreden zu gewinnen, dazu reichen meine Kräfte nicht aus, und wenn ich Beschlüsse in dem erstrebten Sinne erreiche, so unterbleibt die Aus= führung. Mit meinem Namen aber für das Gegentheil meiner Bestrebungen öffentlich einzustehen, kann von mir nicht verlangt werden.

An demselben Tage schreibt der Reichskanzler in einem zweiten Briefe:

Ich gebe Ihnen das beigehende Material der Auf= fassung meiner Zukunft hin, indem ich von Ihrer freund= lichen Gesinnung hoffe, daß Sie es mit Vorsicht verwerthen werden. Unter Vorsicht meine ich, daß es mir nicht lieb sein würde, die Sache zu einer Krisis, etwa mit Camp= hausens Abschiedsgesuch, zu treiben, ich würde es über=

haupt lieber sehen, wenn die Verwirklichung der ge=
wünschten Reformen von den jetzigen Collegen in Angriff
genommen werden würde; mir liegt nicht am Personen=
wechsel, sondern an der Sache, — wenn diese aber nicht
ausführbar ist, so will ich gehen.

An denselben.

Varzin, 21. December 1877.

Mit verbindlichem Danke habe ich Ihre Mittheilungen
vom 18. und 19. d. M. erhalten und Sie werden
den Fluch der guten That daran erkennen, daß sie fort=
dauernd Bitten und Zumuthungen gebiert. Camphausen
klagt über Last des Vice ohne das Beneficium des Ein=
flusses; hat denn nicht ein preußischer Finanzminister an
sich mehr Einfluß, als ein Ministerpräsident? Letzterer
hat die Last der Geschäfte und in keinem Ressort etwas
zu sagen, nur zu bitten, — kein Anstellungsrecht — kaum
für Kanzleidiener. — Einfluß habe ich höchstens im Aus=
lande, wo Camphausen ihn nicht erstrebt; wenn letzterer
zugiebt, daß er sich durch sieben Jahre meines Vertrauens
erfreut habe, so ist das richtig; ich habe das seinige nicht
immer besessen. In Bezug auf Falk bin ich ganz derselben
Ansicht wie Camphausen, aber es bleibt immer eine Cala=
mität, wenn Falk nervös gemacht wird. Ein neuer Han=
delsminister wird kaum nöthig sein, wenn man das Ressort
theilt und zunächst ein selbstständiges preußisches Eisenbahn=
ministerium schafft.

Der kritische Punkt der Gegenwart ist die Frage des
Finanzprogramms. Da ist es eine vollständige Umkehr der
Begriffe, wenn der Finanzminister von dem Präsidenten
ein Programm für das Finanzressort erwartet, nach dessen

Prüfung er sich die Kritik vorbehalten will; umgekehrt liegt die positive Leistung, die Herstellung eines discutir= baren Programms, dem Ressortminister ob. Ich bin als Präsident nicht berufen, Finanzprogramme zu erfinden oder zu vertreten, sondern nur dafür verantwortlich, daß der Posten des Finanzministers in einer der Gesammtpolitik des Ministeriums entsprechenden Weise besetzt sei und versehen werde. Der Beruf, Finanzprogramme selbst zu entwerfen und auf ihre Ausführung zu verzichten oder zurückzutreten, wenn der Finanzminister ihnen nicht zu= stimmt, liegt mir nicht ob. Die preußischen Minister fühlen sich zu gut, um selbst im Bundesrathe mitzuarbeiten; die Präsenzlisten geben ein betrübendes Zeugniß dafür; sie lassen lieber die Reichseinrichtung in Verfall gerathen und ziehen die „schöne und unabhängige Stellung" eines preu= ßischen Ressortministers so ausschließlich in Betracht, daß die nationale deutsche Sache daneben nicht zur Erwägung kommt. Warum geht es mit der Doppelstellung des preußischen Kriegsministers so gut und so glatt? Sachlich erscheint sie mir schwieriger noch, als die anderen Ressorts, und Roon war auch kein leicht zu lenkender Charakter. Sollte die nationale Gesinnung unserer Generale schärfer ausgeprägt sein, als die unserer altconstitutionellen Mi= nister? Ich glaube, wenn Camphausen zugiebt, daß wir 50 Millionen Mark mehr brauchen, wie ich glaube auch wohl 100, was indessen nur er sachlich und amtlich be= urtheilen kann — so kann er darüber nicht zweifelhaft sein, daß es seine Aufgabe und nicht meine ist, ein Finanz= reformprogramm vorzulegen und dasselbe verantwortlich zu vertreten; daß ich ihm dabei, wenn ich gesund bin, nach Kräften assistiren werde, ist selbstverständlich, und um so mehr, wenn ich ihn bei etwa collegialischer Verhandlung über seine Absichten zu Modificationen seiner Vorschläge bewogen hätte. Sobald ich seine Reformpläne kenne,

wird mein Votum über dieselben von dem Entgegenkommen geleitet sein, welches seine Sachkunde und mein col-
legialisches Gefühl bedingen. Wenn aber ein solches Programm gar nicht oder nicht rechtzeitig zur Vorlage kommen sollte, so werde ich entweder den Ablauf meines
Urlaubs ohne Betheiligung am Reichstage abwarten oder
mich vor dem Reichstage unter Darlegung meiner vorstehenden Auffassungen auf die Rolle beschränken, die
Artikel 70 dem Reichskanzler zuweist.

(Einem Schreiben des Ministers von Bülow an den Reichskanzler vom 26. December 1877 entnehmen wir noch das
Folgende:

Ew. ꝛc. verfehle ich nicht, den Empfang der geneigten
Zuschrift vom 24. d. Mts. dankend zu bestätigen. In Ge-
mäßheit derselben habe ich vorgestern eine zweite Unterredung mit dem Finanzminister gehabt. Derselbe nahm
meine Auseinandersetzungen mit Interesse — und ich sollte
meinen, auch mit Befriedigung — auf und sagte zu, seinerseits ein Finanzprogramm zur Vorlage und zur Discussion
zu bringen. Verständigung darüber und namentlich Durch-
bringen beim Reichstag würden immerhin schwierig sein;
er wolle aber das Beste hoffen und nehme Eurer Durchlaucht Zusage: wenn eine Verständigung erreicht sei, col-
legialisch dafür eintreten zu wollen, dankbar an.)

An Fürst Bismarck.

Berlin, 19. October 1878.

In dem freien wirthschaftlichen Vereine des Reichstages
ist der Gedanke angeregt worden, durch eine Inter-
pellation eine officielle Kundgebung der Reichsregierung

über das von ihr beabsichtigte Vorgehen auf dem Gebiete der Zoll- und Handelsgesetzgebung zu veranlassen.

Es wurde jedoch erkannt, daß eine solche Inter- pellation der parlamentarischen Geschäftslage nicht ent- sprechen würde. Da aber der Wunsch, über die Absichten der Reichsregierung einigermaßen aufgeklärt zu werden, ein allgemeiner und in den wirthschaftlichen Verhältnissen Deutschlands begründeter ist, so wollen Ew. Durchlaucht es mir gestatten, Hochdenselben auf diesem Wege die Frage zu unterbreiten, ob es die Absicht ist, dem Reichstage bei seiner nächsten Session den Entwurf eines revidirten Zoll- tarifs vorzulegen, und ob die Reichsregierung, bevor dies geschehen, einen neuen Handelsvertrag mit Conventional- tarif nicht abschließen werde?

Ich benutze diesen Anlaß zu dem Ausdrucke meiner ausgezeichneten Hochachtung und verehrungsvollen Ge- sinnung, womit ich die Ehre habe zu sein

Euer Durchlaucht

ganz ergebener

Freiherr von Varnbüler.

Fürst Bismarck antwortete hierauf unter dem 25. October:

Die Fragen, welche Eure Excellenz mir in dem Schreiben vom 19. d. gestellt haben, würde ich amtlich nur dann beantworten können, wenn die verbündeten Regierungen über unsere zukünftige Zollpolitik bereits Beschlüsse gefaßt hätten.

In Ermangelung solcher vermag ich Eurer Excellenz nur meine persönlichen Ansichten mitzutheilen. So weit es mir gelingen wird, letztere zur Geltung zu bringen, liegt es allerdings in meiner Absicht, eine umfassende Revision unseres Zolltarifs herbeizuführen und die dazu erforderlichen Anträge zunächst der Prüfung der verbündeten Regierungen zu unterbreiten. Die Vorarbeiten hierfür sind bereits in Angriff genommen.

Den Abschluß neuer Handelsverträge mit Conventionaltarifen vermag ich so lange nicht zu befürworten, als die Frage der Revision unseres Tarifs nicht ihre Erledigung gefunden hat.

⚓

An den Bundesrath, Berlin.

Friedrichsruh, 15. December 1878.

Nachdem der Bundesrath auf Grund der Vorlage vom 12. November 1878 die Einsetzung einer Commission zur Revision des Zolltarifs beschlossen hat, beehre ich mich, nachstehend die Gesichtspunkte darzulegen und zur geneigten Erwägung zu stellen, welche mir bei dieser Revision als leitende vorschweben, und in deren Richtung ich amtlich zu wirken bestrebt bin.

In erster Linie steht für mich das Interesse der financiellen Reform: Verminderung der directen Steuerlast durch Vermehrung der auf indirecten Abgaben beruhenden Einnahmen des Reichs.

Wie weit Deutschland in der financiellen Entwickelung seines Zollwesens hinter anderen Staaten zurückgeblieben ist, zeigt die unter 1 anliegende Uebersicht. Das hier dargestellte Verhältniß würde sich noch ungünstiger für Deutschland gestalten, wenn zu den für Oesterreich-Ungarn, Frankreich und Italien aufgeführten Beträgen der Einnahme an Grenzzöllen die Summen hinzugefügt würden, welche diese Staaten an Stelle des Zolls von ausländischem Taback in der Form des Monopolertrags beziehen und welche zu Gunsten der Gemeinden als Octroi erhoben werden.

Es beruht nicht auf Zufall, daß andere Großstaaten, zumal solche mit weit vorgeschrittener politischer und wirth-

schaftlicher Entwickelung, die Deckung ihrer Ausgaben vorzugsweise in dem Ertrag der Zölle und indirecten Steuern
suchen.

Die directe Steuer, welche in einem für jeden einzelnen Steuerpflichtigen im Voraus festgestellten Betrage
dem einzelnen Besteuerten abgefordert und nöthigen falls
durch Zwang von ihm beigefordert wird, wirkt ihrer Natur
nach drückender als jede indirecte Abgabe, die in ihrem
Betrage sowohl der Gesammtheit, als dem Einzelnen
gegenüber an den Umfang des Verbrauchs besteuerter
Gegenstände sich anschließt und, soweit sie den einzelnen
Consumenten trifft, von diesem in der Regel nicht besonders,
sondern in und mit dem Preise der Waaren entrichtet
wird. In dem größten Theile Deutschlands haben die
directen Steuern einschließlich der Communalabgaben eine
Höhe erreicht, welche drückend ist und wirthschaftlich nicht
gerechtfertigt erscheint. Am meisten leiden unter derselben
gegenwärtig diejenigen Mittelclassen, deren Einkommen
sich etwa in der Grenze bis zu 6000 Mark bewegt und
welche durch executorisch beigetriebene oder über ihre
Kräfte gezahlte directe Steuern noch häufiger als die Angehörigen der untersten Steuerklassen in ihrem wirthschaftlichen Bestande untergraben werden. Soll die Steuerreform, wie ich es für erforderlich halte, in ihren Erleichterungen bis zu diesen Grenzen reichen, so muß sie
bei der Revision des Zolltarifs auf einer möglichst breiten
Grundlage beginnen. Je ergiebiger man das Zollsystem
in financieller Hinsicht gestaltet, um so größer werden die
Erleichterungen auf dem Gebiete der directen Steuern sein
können und sein müssen.

Denn es versteht sich von selbst, daß mit der Ver-
mehrung der indirecten Einnahmen des Reichs nicht eine
Erhöhung der Gesammtsteuerlast bezweckt werden kann.
Das Maß der Gesammtsteuerlast ist nicht durch die Höhe

der Einnahmen, sondern durch die Höhe des Bedarfs bedingt, durch die Höhe der Ausgaben, welche im Einverständniß zwischen Regierung und Volksvertretung als dem
Bedürfniß des Reichs oder Staats entsprechend festgestellt
wird. Höhere Einnahmen zu erzielen, als zur Bestreitung
dieses Bedürfnisses unbedingt erforderlich sind, kann niemals in der Absicht der Regierungen liegen. Dieselben
haben nur dahin zu streben, daß das Erforderliche auf die
relativ leichteste und erfahrungsmäßig minder drückende
Weise aufgebracht werde. Jede Steigerung der indirecten
Einnahmen des Reichs muß deshalb die nothwendige
Folge haben, daß von den directen Steuern oder von
solchen indirecten Steuern, deren Erhebung von Staats-
wegen etwa aus besonderen Gründen nicht mehr wünschenswerth erscheint, soviel erlassen oder an Communalver-
bände überwiesen wird, als für die Deckung der im Einverständniß mit der Volksvertretung festgesetzten Staats-
ausgaben entbehrlich wird.

Nicht in Vermehrung der für die Zwecke des Reichs
und der Staaten nothwendigen Lasten, sondern in der
Uebertragung eines größeren Theils der unvermeidlichen
Lasten auf die weniger drückenden indirecten Steuern besteht das Wesen der Finanzreform, zu deren Verwirklichung
auch die Zolltarif-Revision dienen soll.

Um eine dieser Rücksicht entsprechende Grundlage für
die Revision zu gewinnen, empfiehlt es sich meines Erachtens, nicht bloß einzelne Artikel, welche sich dazu besonders eignen, mit höheren Zöllen zu belegen, sondern
zu dem Prinzip der Zollpflichtigkeit aller über die Grenze
eingehenden Gegenstände, welche in der preußischen Zoll-
Gesetzgebung vom Jahre 1818 an als Regel aufgestellt
war und später in der allgemeinen Eingangsabgabe des
Vereins-Zolltarifs bis zum Jahre 1865 feinen Ausdruck
fand, zurückzukehren.

Von dieser allgemeinen Zollpflicht würden diejenigen für die Industrie unentbehrlichen Rohstoffe auszunehmen fein, welche in Deutschland gar nicht (wie z. B. Baumwolle), und nach Befinden auch die, welche nur in einer ungenügenden Quantität oder Qualität erzeugt werden können.

Alle nicht besonders ausgenommenen Gegenstände sollten mit einer Eingangsabgabe belegt fein, die nach dem Werthe der Waaren, und zwar unter Zugrunde= legung verschiedener Procentsätze, je nach dem Bedarf der einheimischen Production, abzustufen wäre. Die hiernach zu bemessenden Zollsätze würden auf Gewichtseinheiten, wie dies in dem bestehenden Zolltarif die Regel ist, zurück= zuführen und danach zu erheben fein, soweit nicht nach der Natur des Gegenstandes eine Erhebung des Zolls per Stück (wie bei dem Vieh) oder unmittelbar nach dem Werth (wie bei Eisenbahnfahrzeugen, eisernen Flußschiffen) sich mehr empfiehlt.

Nach den Veröffentlichungen des Kaiserlichen Statisti= schen Amts (Statistik des Deutschen Reichs, Band XXXII. S. II. 93) betrug im Jahre 1877 der geschätzte Werth der Waareneinfuhr (Eingang in den freien Verkehr) rund 3877 Millionen Mark. Hiervon fallen laut Anlage 2 auf bisher zollfreie Artikel rund 2853 Millionen Mark.

In dieser Summe ist der Werth einer Reihe von Artikeln enthalten, welche auch in Zukunft zollfrei zu lassen fein werden, weil sie unter die oben bezeichnete Kategorie der für die Industrie unentbehrlichen Rohstoffe fremder Herkunft fallen, oder weil sie, wie gemünztes Metall, sich ihrer Natur nach nicht zu einem Gegenstande der Ver= zollung eignen. Außerdem würden die Positionen in Ab= zug zu bringen fein, für welche etwa auch in Zukunft die Freiheit der Durchfuhr andern Ländern vertragsmäßig gewährleistet oder im Interesse des inländischen Verkehrs gesetzlich zugelassen werden soll. Es kommt ferner in Betracht, daß die Belegung jetzt zollfreier Artikel, auch mit einer mäßigen Eingangsabgabe, doch Einfluß auf den Verbrauch dieser Artikel üben kaum.

Welcher Betrag hiernach an der obigen Summe von 2853 Millionen Mark abzusetzen wäre, um den Gesammt= werth der jetzt zollfreien, nach meinem Vorschlag künftig der Zollpflicht unterliegenden Gegenstände zu ermitteln, — dies läßt sich mit irgend welcher Zuverlässigkeit nicht berechnen. Wollte man indessen auch annehmen, daß selbst die Hälfte der obengenannten Summe — was ohne Zweifel zu hoch gegriffen ist — als Werth auch künftig zollfreier Ein= und Durchfuhr in Abzug kommen müßte, so bliebe immerhin noch eine, jetzt zollfreie, künftig und nach den ursprünglichen bis 1865 gültigen Grundsätzen Preußens und des Zollvereins zollpflichtige Einfuhr im Werthe von etwa 1400 Millionen Mark. Wird ferner angenommen, daß die hiervon künftig zu erhebenden Ein= gangsabgaben auch nur durchschnittlich 5 pCt. des Werths betrugen, so würde sich die Vermehrung der jährlichen Zolleinnahmen auf 70 Millionen Mark belaufen.

Dieser Vermehrung der Zolleinnahme würde eine wesentliche Erhöhung der Zollerhebungs= und Verwal= tungskosten nicht gegenüberstehen, da eine wenn auch nur summarische Revision der die Zollgrenze passirenden zoll= freien Güter jetzt ebenfalls stattfindet. Die bestehenden Einrichtungen an der Zollgrenze und im Innern würden voraussichtlich auch zur Verzollung aller jetzt zollfreien, künftig zollpflichtigen Gegenstände ausreichen oder doch nicht in sehr erheblichem Maße zu erweitern sein, sie würden durch Vermehrung der zollpflichtigen Artikel viel= fach nur noch besser ausgenützt und einträglicher gemacht werden, als es jetzt der Fall ist.

Wenn hiernach vom finanziellen Gesichtspunkte aus,

auf welchen ich das Hauptgewicht lege, die von mir be=
fürwortete Wiederherstellung der Regel allgemeiner Zoll=
pflicht sich empfiehlt, ſo läßt ein ſolches Syſtem ſich meines
Erachtens auch in volfswirthſchaftlicher Beziehung nicht
anfechten.

Ich laſſe dahingeſtellt, ob ein Zuſtand vollfommener,
gegenſeitiger Freiheit des internationalen Derkehrs, wie
ihn die Theorie des Freihandels als Ziel vor Augen hat,
dem Intereſſe Deutſchlands entſprechen würde. So lange
aber die meiſten der Länder, auf welche wir mit unſerm
Derkehr angewieſen ſind, ſich mit Zollſchranken umgeben
und die Tendenz zur Erhöhung derſelben noch im Steigen
begriffen iſt, erſcheint es mir gerechtfertigt und im wirth=
ſchaftlichen Intereſſe der Ration geboten, uns in der Be=
friedigung unſerer finanziellen Bedürfniſſe nicht durch die
Beſorgniß einſchränken zu laſſen, daß durch dieſelben
deutſche Producte eine geringe Bevorzugung vor aus=
ländiſchen erfahren.

Der jetzt beſtehende Dereinszolltarif enthält neben
den reinen Finanzzöllen eine Reihe von mäßigen Schutz=
zöllen für beſtimmte Induſtriezweige. Eine Beſeitigung
der Derminderung dieſer Zölle wird, zumal bei der gegen=
wärtigen Lage der Induſtrie, nicht rathſam erſcheinen;
vielleicht wird ſogar bei manchen Artikeln im Intereſſe
einzelner beſonders leidender Zweige der heimiſchen In=
duſtrie, je nach dem Ergebniß der im Gange befindlichen
Enqueten, eine Wiederherſtellung höherer oder Erhöhung
der gegenwärtigen Zollſätze ſich empfehlen.

Schutzzölle für einzelne Induſtriezweige aber wirken,
zumal wenn ſie das durch die Rückſicht auf den financiellen
Ertrag gebotene Maß überſchreiten, wie ein Privilegium
und begegnen auf Seiten der Dertreter der nicht geſchützten
Zweige der Erwerbsthätigfeit der Abneigung, welcher
jedes Privilegium ausgeſetzt iſt. Dieſer Abneigung wird

ein Zollsystem nicht begegnen können, welches innerhalb
der durch das financielle Interesse gezogenen Schranken
der gesammten inländischen Production einen Vorzug vor
der ausländischen Production auf dem einheimischen Markt
gewährt. Ein solches System wird nach keiner Seite hin
drückend erscheinen können, weil seine Wirkungen sich über
alle producirenden Kreise der Nation gleichmäßiger ver=
theilen, als es bei einem System von Schutzzöllen für
einzelne Industriezweige der Fall ist. Die Minderheit der
Bevölkerung, welche überhaupt nicht producirt, sondern
ausschließlich consumirt, wird durch ein die gesammte
nationale Production begünstigendes Zollsystem scheinbar
benachtheiligt. Wenn indessen durch ein solches System
die Gesammtsumme der im Inlande erzeugten Werthe
vermehrt und dadurch der Volkswohlstand im Ganzen ge=
hoben wird, so wird dies schließlich auch für die nicht
producirenden Theile der Bevölkerung und namentlich für
die auf festes Geldeinkommen angewiesenen Staats= und
Gemeindebeamten von Nutzen sein; denn es werden der
Gesammtheit dann die Mittel zur Ausgleichung von Härten
zu Gebote stehen, falls sich in der That eine Erhöhung
der Preise der Lebensbedürfnisse aus der Ausdehnung
der Zollpflichtigkeit auf die Gesammteinfuhr ergeben sollte.
Eine solche Erhöhung wird jedoch in dem Maße, in
welchem sie von den Consumenten befürchtet zu werden
pflegt, bei geringen Zöllen voraussichtlich nicht eintreten,
wie ja auch umgekehrt nach Aufhebung der Mahl= und
Schlachtsteuer die Brot= und Fleischpreise in den früher
davon betroffenen Gemeinden nicht in einer bemerkbaren
Weise zurückgegangen sind.

Eigentliche Finanzzölle, welche auf Gegenstände ge=
legt sind, die im Inlande nicht vorkommen und deren Ein=
fuhr unentbehrlich ist, werden zum Theil den Inländer
allein treffen. Bei Artikeln dagegen, welche das Inland

in einer für den einheimischen Verbrauch ausreichenden
Menge und Beschaffenheit zu erzeugen im Stande ist, wird
der ausländische Producent den Zoll allein zu tragen
haben, um auf dem deutschen Markte noch concurriren
zu können. In solchen Fällen endlich, in denen ein Theil
des inländischen Bedarfs durch auswärtige Zufuhr gedeckt
werden muß, wird der ausländische Concurrent meist genöthigt sein, wenigstens einen Theil und oft das Ganze
des Zolls zu übernehmen, um seinen bisherigen Gewinn
um diesen Betrag zu vermindern. Daß Grenzzölle auf solche
Gegenstände, welche auch im Inlande erzeugt werden, den
ausländischen Producenten für das financielle Ergebniß mit
heranziehen, geht aus dem Interesse hervor, welches überall
das Ausland gegen Einführung und Erhöhung derartiger
Grenzzölle in irgend einem Gebiet an den Tag legt. Wenn
im praktischen Leben wirklich der inländische Consument es
wäre, dem der erhöhte Zoll zur Last fällt, so würde die Erhöhung dem ausländischen Producenten gleichgültiger sein.

Soweit hiernach der Zoll dem inländischen Consumenten überhaupt zur Last fällt, tritt er hinter den
sonstigen Verhältnissen, welche auf die Höhe der Waaren-
preise von Einfluß sind, in der Regel weit zurück. Gegenüber den Preisschwankungen, welche bei bestimmten Waaren-
gattungen durch den Wechsel im Verhältniß von Angebot
und Nachfrage oft binnen kurzer Zeit und bei geringer
örtlicher Entfernung der Marktplätze von einander bedingt
werden, kann ein Zoll, der etwa 5 bis 10 Procent vom
Werth der Waare beträgt, nur einen verhältnißmäßig
geringen Einfluß auf den Kaufpreis üben. Andere Momente, wie die Ungleichheiten der Frachtsätze bei den
Differentialtarifen der Eisenbahnen, wirken in dieser Beziehung viel einschneidender vermöge der Einfuhrprämie,
die sie dem Auslande, oft zum vielfachen Betrage jedes vom
Reich aufzulegenden Zolls, auf Kosten der deutschen Pro-

duction gewähren. Ich bin deshalb auch der Ueberzeugung, daß mit der Revision der Grenzzölle eine Revision der Eisenbahntarife nothwendig Hand in Hand gehen muß. Es kann auf die Dauer den einzelnen Staats- und Privat-Eisenbahnverwaltungen nicht die Berechtigung verbleiben, der wirthschaftlichen Gesetzgebung des Reichs nach eigenem Ermessen Concurrenz zu machen, die Handelspolitik der verbündeten Regierungen und des Reichstags nach Willkür zu neutralisiren und das wirthschaftliche Leben der Nation den Schwankungen auszusetzen, welche im Gefolge hoher und wechselnder Einfuhrprämien für einzelne Gegenstände nothwendig eintreten.

Die Rückkehr zu dem Princip der allgemeinen Zollpflicht entspricht der jetzigen Lage unserer handelspolitischen Verhältnisse. Nachdem der Versuch, mit Oesterreich-Ungarn einen neuen Tarifvertrag zu vereinbaren, respective den bisherigen zu prolongiren, gescheitert ist, sind wir (abgesehen von den in den Verträgen mit Belgien und der Schweiz enthaltenen Tarifbestimmungen) in das Recht selbständiger Gestaltung unseres Zolltarifs wieder eingetreten. Bei der bevorstehenden Revision des Zolltarifs kann nur unser eigenes Interesse maßgebend sein. Dieses Interesse wird vielleicht demnächst zu neuen Verhandlungen über Tarifverträge mit dem Ausland führen. Sollen aber solche Verhandlungen mit der Aussicht auf einen für Deutschland glücklichen Erfolg begonnen werden, so ist es nöthig, vorher auf dem autonomen Wege ein Zollsystem zu schaffen, welches die gesammte inländische Production der ausländischen gegenüber in die möglichst günstige Lage bringt.

Dem Bundesrath stelle ich ergebenst anheim, die vorstehenden Bemerkungen der Commission, welche behufs Revision des Zolltarifs, zufolge des Beschlusses vom 12. d. M., eingesetzt wird, zur Erwägung gefälligst überweisen zu wollen.

An den Geheimen Commissionsrath Günther, Berlin.

Friedrichsruh, 19. Dezember 1878.

Mit der im Schreiben vom 16. d. M. ausgesprochenen Ansicht, daß die deutsche Industrie auf den deutschen Markt das erste und natürlichste Anrecht besitze, und daß sie des Schutzes bedürfe gegen die Concurrenz solcher Länder, welche in Folge günstiger Vorbedingungen unsere bestehende Production überflügeln und schließlich unterdrücken können, bin ich einverstanden. Ich bin deshalb auch bereit, soweit mein persönlicher Einfluß reicht, die Wünsche des Centralverbandes der deutschen Lederindustriellen zu befürworten. Einstweilen wird schon die Commission, welche demnächst zur Revision des Zolltarifs zusammentritt, in der Lage sein, sich auch mit den von Ihnen angeregten Fragen, sei es direct, sei es durch einen Antrag auf eine besondere Enquete über die Lage der Lederbereitung, zu beschäftigen. Um Ihre speciellen Wünsche und Anträge der Commission als Material für ihre Arbeiten überweisen zu können, bitte ich um schriftliche Formulirung derselben. Ein mündlicher Vortrag würde den Eindruck der Thatsachen und der schriftlichen Vorstellung nicht steigern können; für mich aber würde eine Abweichung von der durch meinen Gesundheitszustand gebotenen einstweiligen Enthaltung von geschäftlichem Verkehr von weitgehenden Folgen sein. Ich bitte deshalb auch ohne Besprechung mir das Vertrauen zu schenken, daß ich die nationalen Interessen auch auf dem Gebiete der Handelspolitik nach Kräften zu vertreten bemüht bin.

Herrn v. Pfretzschner, München.

Friedrichsruh, 2. Januar 1879.

Ich beabsichtige beim Reiche die Frage anzuregen, ob nicht das Tarifwesen der Eisenbahnen unabhängig von dem intendirten Reichseisenbahngesetz der reichsgesetzlichen Regelung durch ein Tarifgesetz bedarf. Wenn es in Preußen unmöglich ist, ohne Allerhöchste Ermächtigung eine Aenderung in geringem Wegegeld oder Brückenzoll-Erhebungen herbeizuführen, so steht damit die Rechtlosigkeit, in welcher die Bevölkerung sich gegenüber den sehr viel wichtigeren Eisenbahntarifen befindet, in einem auffälligen Widerspruch. Wenn strenge darauf gehalten wird, daß die Post ihre Tarife nur auf der Grundlage gesetzlicher Bestimmungen regeln kann, wenn es für ein unabweisliches öffentliches Bedürfniß erkannt wurde, daß der letzte Rest von Privat-Posteinrichtungen in Gestalt der Taxis'schen Privilegien durch Expropriation beseitigt wurde, so ist es schwer erklärlich, wie der sehr viel größere und wichtigere Interessenkreis im Vergleich mit der Post, welcher von den Eisenbahntarifen abhängig ist, der Ausbeutung im Privatinteresse durch lokale Behörden ohne gesetzliche Controle für die Dauer überlassen werden konnte. Dabei hat der Postverkehr seine Concurrenz und Controle durch jede Privatspedition, während die Eisenbahnen in bestimmten Bezirken den Verkehr monopolistisch beherrschen, jede Concurrenz vermöge des staatlichen Privilegiums, auf dem sie beruhen, unmöglich ist und da, wo zwei und mehrere Eisenbahnen concurriren könnten, eine Verständigung zwischen ihnen in der Regel gefunden wird. Der Umstand, daß so große öffentliche Interessen, wie das Eisenbahn-Transportwesen, Privatgesellschaften und einzelnen Verwaltungen ohne gesetzliche Controle zur Aus-

beutung für Privatintereſſen überlaſſen ſind, findet in der
Geſchichte des wirthſchaftlichen Lebens der modernen
Staaten ſeine Analogie wohl nur in den früheren General=
pächtern finanzieller Abgaben. Wenn nach denſelben
Modalitäten, wie die Eiſenbahnen ein Verkehrsregal aus=
üben, man die Erhebung der Claſſen= und Einkommenſteuer
einer Provinz oder die Erhebung der Grenzzölle auf be=
ſtimmten Abſchnitten unſerer Grenze Privat=Actiengeſell=
ſchaften zur Ausbeutung überlaſſen würde, ſo wären die=
ſelben doch immer durch die Schranken geſetzlich feſtſtehender
Abgabenſätze gebunden, während heute bei uns für die
Eiſenbahntarife die Bürgſchaft geſetzlicher Regelung unſerem
Verkehrsleben fehlt. Dieſen Erwägungen gegenüber glaube
ich nicht umhin zu können, im Wege der Reichsgeſetz=
gebung eine vorbereitende Prüfung der Frage zu veran=
laſſen, ob und auf welchem Wege es thunlich ſein wird,
in Anknüpfung an die Beſtimmung der Reichsverfaſſung
eine geſetzliche und, ſoweit es möglich iſt, einheitliche Rege=
lung des deutſchen Tarifweſens herbeizuführen. Wenn
es gelingt, dies Ziel zu erreichen, ſo werden dann auch
die Ausnahmetarife nur auf Grund der Geſetzgebung ein=
geführt oder beibehalten werden.

Herrn Jaacks in Pöls.

Friedrichsruh, 5. Januar 1879.

Ihr Schreiben vom 3. d. M. habe ich ſowohl als Ihr
Kreisgenoſſe, wie auch ſeines Inhalts wegen mit
Intereſſe geleſen und halte Ihre Klagen über die Lage
unſerer Landwirthſchaft in weſentlichen Theilen für be=
gründet. Für meine Bemühungen, denſelben im Wege der
Geſetzgebung abzuhelfen, hoffe ich auf Erfolg, ſoweit die

Zustimmung der gesetzgebenden Körperschaften ihnen zu Theil werden wird.

In der Hand der Landwirthe selbst liegt es, bei den Wahlen zum Landtag wie zum Reichstag für Vertreter zu stimmen, welche Interesse und Verständniß für die Landwirthschaft und ihre heutige Lage in Deutschland haben und bethätigen. An solchen kann es in der hiesigen Gegend, mit einer vorwiegend landwirthschaftlichen Be= völkerung sicher nicht fehlen.

☙

An das Stadtverordneten=Collegium, Barmen.

Friedrichsruh, 20. Januar 1879.

Das gefällige Schreiben vom 21. d. M. habe ich mit Dank erhalten und bin mit Ihnen der Ansicht, daß unsere Industrie mit Rücksicht auf die Halbfabrikate, deren sie bedarf, auf Schonung ihres Besitzstandes Anspruch hat, sobald ihr mit entsprechendem erhöhten Schutze des vollen Fabrikats nicht geholfen werden kann. Der Land= wirthschaft aber schuldet der Staat die gleiche Beachtung, wie der Industrie, und wenn beide nicht Hand in Hand gehen, wird keine ohne die andere stark genug sein, sich zu helfen.

☙

An die Aeltesten der Magdeburger Kaufmannschaft.

Berlin, April 1879.

Das Schreiben der Aeltesten der Kaufmannschaft vom 8. d. M. habe ich nebst deren Denkschrift erhalten. Ich bedauere, daß die Herren der beantragten Zollreform nicht beistimmen, indem ich von derselben auch für Ihre

Interessen Nachtheile nicht befürchte. Aber selbst wenn
einzelne Erwerbszweige durch die Ausführung der Reform
leiden sollten, was ich nicht glaube, so würden die verbündeten Regierungen bei auseinandergehenden Interessen
doch diejenigen der Mehrheit der Bevölkerung im Auge
behalten müssen.

⁊

Freiherrn von Thüngen, Roßbach.

Berlin, 16. April 1879.

Ew. Hochwohlgeboren bitte ich, den Unterzeichnern der
Zustimmungsadresse zu unserem Zollprogramm vom
15. December v. J., welche Sie mir mit Ihrem Schreiben
vom 12. d. M. zu übersenden die Güte hatten, meinen
verbindlichsten Dank zu übermitteln. Ihr Schreiben habe
ich mit großem Interesse gelesen, ich theile Ihre darin
ausgesprochene Ansicht, daß die Getreidezölle als Schutz
der Landwirthschaft nach Verhältniß zu den directen Lasten,
welche sie trägt, ungenügend sind; sie werden vielleicht
nur die gute Folge haben, daß Ordnung und Uebersicht in
die Korneinfuhr kommt und daß namentlich die Ueberfüllung
Deutschlands mit unverkauftem Korn sich vermindert. Ich
habe aber in den Verhandlungen mit den Regierungen
und der Tarifcommission mehr nicht erreichen und namentlich den Ministerien der größeren Bundesstaaten gegenüber das Erreichte nur mit großer Anstrengung festhalten
können.

Der Widerstand der meisten süd- und mitteldeutschen
Ministerien und der Antrag der württembergischen Regierung, die 50 Pf. durchweg auf 30 herunterzusetzen,
wird Ihnen bekannt sein.

Ein noch größeres Gewicht indessen, als auf den Zoll,

lege ich auf die Eisenbahntarife, durch welche Einfuhr=
prämien gegeben werden, welche nicht selten das Vier=
und fünffache des 50=Pfennigzolles erreichen. Wenn es
gelingt, diese Ungerechtigkeit zu beseitigen, so verspreche
ich mir davon eine größere Wirkung, als von der Ver=
doppelung oder selbst Vervierfachung der jetzt beantragten
Zölle; doch in dieser Beziehung habe ich bisher kaum
Hoffnung, die Eisenbahnminister der größeren Bundes=
staaten für den Zweck zu gewinnen und zu überein=
stimmendem Verfahren zu bewegen. Die bayerischen Bahn=
tarife und deren Wirkung werden Ihnen und allen
bayerischen Landwirthen aus eigener Erfahrung fühlbar
sein. Mir fehlt darauf jeder Einfluß.

Wenn in dem Zolltarif = Entwurfe eine Verbesserung
noch gewonnen werden soll, so werden vor Allem die
Vertreter der Landwirthschaft im Reichstag sich rühren,
sich vereinigen und Anträge stellen müssen. Auch der
Inhalt Ihres Briefes wäre mir lieber in der Oeffentlich=
keit, als in meinen Akten; denn was mich betrifft, so kann
ich nur sagen: „vous prêchez à un converti" und ich
thue ohnehin, was ich kann. Ich habe auf die Tarif=
kommission, so viel ich konnte, eingewirkt, um die Land=
wirthschaft pari passu mit der Industrie zu halten, in
dieser Beziehung aber eher noch Anklang bei den In=
dustriellen gefunden, als bei den Ministerien, nach deren
Instruktion die Commissionsmitglieder abstimmten. Ich
verharre in diesem Streben, bedarf aber auf dem amt=
lichen und publicistischen Gebiet einer stärkeren, aber prak=
tischeren Unterstützung, als ich sie bisher erfahren habe.
Von Ihrer Seite darf ich darauf rechnen und werde für
jedes Maß davon sehr dankbar sein.

Herrn Oberbürgermeister Becker, Cöln.

Berlin, 17. April 1879.

Euer Hochwohlgeboren danke ich verbindlichst für Ihre gütige Anzeige von der Enthüllung meines Denkmals. Es ist mir ein erhebendes Bewußtsein, in der altberühmten Stadt, der ich schon durch die Ehre des Bürgerrechts angehöre, wenigstens im Bilde eine feste Stellung gewonnen zu haben, und ich betrachte es als ein günstiges Wahrzeichen, daß dies bei heiterem Wetter geschehen ist.

⚜

Herrn Oberbürgermeister Hache in Essen.

Kissingen, 1. August 1879.

Die Anerkennung, welche meine Reformbestrebungen auf wirthschaftlichem Gebiete von einer für letzteres so bedeutsamen Gemeinde, wie Essen, erfahren, befestigt mich in der Ueberzeugung, daß die von mir vertretene Politik der verbündeten Regierungen in dem deutschen Bürgerstande auch der größeren Städte dieselbe Zustimmung, wie bei der Mehrzahl der Gesammtbevölkerung des Reichs findet. Ich hoffe zuversichtlich, daß die Gesetzgebung, welche sich den Schutz deutscher Arbeit und die Verminderung der directen Steuern zur Aufgabe gestellt hat, in den weiteren parlamentarischen Kämpfen gegen die ohne Zweifel bevorstehenden Angriffe von Seiten der Mehrheit der Volksvertretung wirksam vertheidigt werden wird.

⚜

Sr. Durchlaucht dem Fürsten von Bismarck, Reichskanzler ꝛc., Berlin.

Berlin, 29. Februar 1880.

Ew. Durchlaucht
wollen anliegenden, wenn auch politisch vielleicht verfehlten, aber menschlich gut gemeinten Antrag nicht mit Mißfallen aufnehmen. Auf dem Schlachtfelde von Gravelotte, wo ich in der Nähe Euer Durchlaucht mitten unter Leichen stand, schwur ich, was an mir ist, beizutragen, um das Elend des Krieges zu verhindern. Möchten Euer Durchlaucht damals ähnliche Eindrücke empfangen und hochherzige Entschlüsse zum Wohle der Menschheit gefaßt haben. In tiefster Ehrfurcht

Euer Durchlaucht

gehorsamster

v. Bühler (Oehringen).

Hierauf antwortete Fürst Bismarck unter dem 2. März:

Ew. Hochwohlgeboren danke ich ergebenst für die Mittheilung Ihres Abrüstungsantrages. Ich bin leider durch die praktischen und dringlichen Geschäfte der Gegenwart so in Anspruch genommen, daß ich mich mit der Möglichkeit einer Zukunft nicht befassen kann, die, wie ich fürchte, wir beide nicht erleben werden. Erst nachdem es Ew. Hochwohlgeboren gelungen sein wird, unsere Nachbarn für Ihre Pläne zu gewinnen, könnte ich oder ein anderer deutscher Kanzler für unser stets defensives Vaterland die Verantwortlichkeit für analoge Anregungen übernehmen. Aber auch danu fürchte ich, daß die gegenseitige Controle der Völker über den Rüstungszustand der

Nachbarn schwierig und unsicher bleiben, und daß ein
Forum, welches sie wirksam handhaben könnte, schwer zu
beschaffen sein wird.

Herr von Bühler schrieb darauf unter dem 5. März:

Durchlauchtigster Fürst!
Hochgebietender Herr Reichskanzler!

Das hohe Schreiben, mit welchem Eure Durchlaucht mich
würdigten, ist für die von mir verfochtene Sache von
unschätzbarem Werthe. Indem Ew. Durchlaucht in demselben dem Gedanken der Möglichkeit einer allgemeinen
Entwaffnung in der Zukunft Raum geben, ist schon für
die Gegenwart ein fester Boden gewonnen. Die Ab-
rüstung soll die immense auf Ihren Schultern ruhende Last
nicht vermehren, sondern erleichtern. Dieselbe würde nicht
nur die an Ihren Fersen hängende Finanznoth sofort beseitigen, sondern alsbald auch einen sehr erheblichen Theil
der politischen und sozialen Verwickelungen lösen. Die
Vornahme der Entwaffnung würde der beunruhigten
Welt die tröstliche Gewißheit geben, daß in Europa noch
ein fester vernünftiger Wille und nicht der Zufall herr-
schen soll.

Der Weisung Ew. Durchlaucht, mich mit meinen
Plänen zunächst an andere Mächte zu wenden, möchte ich
um so eher nachzukommen mich getrauen, weil sie nicht
nur eine Art Vollmacht für mich, sondern selbst eine gewisse Garantie in sich schließt, daß Ew. Durchlaucht für
den Fall des Einverständnisses anderer Mächte analoge
Anregungen auch für Deutschland zu übernehmen gewillt
sind; ferner, weil die Königin von England auf die im
Jahre 1873 gestellte Bitte des Hauses der Gemeinen,
„ihren ersten Staatssecretair des Auswärtigen zu beauf-
tragen, mit auswärtigen Mächten zur Verhinderung von

Kriegen wegen Begründung eines permanenten internationalen Schiedsgerichtsystems in Verbindung zu treten",
eine zustimmende Antwort ertheilte; endlich weil die K. K.
österreichisch-ungarische Regierung in der Begründung zur
jüngsten Wehrgesetzvorlage officiell erklärte:

„Daß sie es für eine patriotische Pflicht ansehen würde,
eine Herabsetzung der Kriegsstärke des Heeres und der
Kriegsmarine, sowie auch die Einschränkung des Wehr-
systems überhaupt vorzunehmen, wenn unter den Mächten
eine von der Regierung gewiß ebenso wie vom Reichstage ersehnte Verständigung über eine Verminderung der
Wehrkräfte erzielt werden sollte."

An solche reale Kundgebungen anzuknüpfen, däucht
mich nicht gänzlich unpraktisch und aussichtslos, und ich
übernehme daraufhin unbedenklich die Gefahr der Lächer-
lichkeit und Zurückweisung.

Die von Euer Durchlaucht hervorgehobenen Schwierigkeiten sind groß, ja unüberwindlich, wofern es am ernst-
lichen Willen der Mächte fehlt; klein, wenn solcher vorhanden ist. Es wird deshalb vor Allem darauf ankommen,
diesen Willen zu erkunden.

Möge es, wie ich im Reichstage auszusprechen mir
erlaubte, Euer Durchlaucht gefallen, das höchste politische
Gut der Gegenwart und Zukunft, den Frieden auf Erden,
zum letzten hehren Ziele Ihres ruhmreichen Lebens zu
machen.

In Ehrfurcht verharre ich
Euer Durchlaucht
gehorsamster

v. Bühler,
Mitglied des Reichstages.

Herrn v. Bausznern, Peft.

(Der ungarifche Reichstagsabgeordnete Guido von Bausznern
hatte wegen Herftellung einer Zollunion zwifchen Deutfchland und
Oefterreich fich an den Fürften Bismarck gewendet.)

Berlin, 5. März 1880.

Ew. Hochwohlgeboren haben mir mit gefälligem Schreiben vom 2. d. M. eine Denkfchrift überfandt, in
welcher Sie fich über Vorzüge eines Zollvereins zwifchen
Deutfchland und Oefterreich-Ungarn ausfprechen. Ich
habe von dem Inhalt diefer darin niedergelegten An-
fchauungen, infofern als ich eine die beiden Reiche um-
faffende Zolleinigung als ideales Ziel betrachte, welches
unferen handelspolitifchen Transactionen ihre Richtung
anweift, gern Kenntniß genommen. Ich weiß nicht, ob
wir daffelbe erreichen, aber je näher wir ihm kommen,
um fo mehr werden unfere wirthfchaftlichen Beziehungen
zum dauernden Ausdruck der Uebereinftimmung unferer
politifchen Intereffen werden. Zur Zeit beftehen jedoch
in der wirthfchaftlichen Lage eines jeden der beiden Reiche
noch Gegenfätze, deren Ausgleichung fich nur allmälig
herbeiführen läßt; auch haben beide Reiche ihre Zolltarif-
Gefetzgebung erft in jüngfter Zeit revidirt, und die hierdurch
neuangebahnte Entwickelung ihrer wirtfchaftlichen Intereffen wird einftweilen vor folchen Schwankungen zu bewahren fein, welche das Vertrauen zur Thätigkeit derfelben im eigenen Lande erfchüttern könnten. Unfere
Zollverhandlungen mit Oefterreich-Ungarn haben fich deshalb für jetzt auf die Wahrung der zwifchen uns beftehenden Beziehungen befchränken müffen.

Ein Schreiben des Papstes Leo XIII. an den abgesetzten
Erzbischof von Köln vom 24. Februar 1880 schien dem seit 1872
entbrannten kirchlichen Conflict (Culturkampf) seine Spitze abzubrechen. Darin erklärte er, daß er, um das gute Einvernehmen
zwischen Curie und Regierung zu beschleunigen, zulassen werde,
daß der preußischen Staatsregierung vor der canonischen Justi-
tution die Namen der zu ernennenden Priester angezeigt würden.
Das preußische Ministerium begrüßte das päpstliche Schreiben
als ein Zeichen friedlicher Gesinnung, wenn es auch die förmliche
Anordnung der Anzeigepflicht noch vermißte und jener Erklärung
nur einen theoretischen Werth beimessen konnte und zunächst
abwarten wollte, ob der Erklärung auch praktische Folgen gegeben
würden. Das Ministerium beschloß daher am 17. März, sobald
diese Folgen an den Tag treten würden, wolle es sich vom
Landtag bezüglich der Durchführung der Kirchengesetze discretionäre Vollmachten übertragen lassen, um die von der katholischen
Kirche als Härten empfundenen Vorschriften und Anordnungen
zu mildern und zu beseitigen. Von diesem Beschluß wurde dem
Pronuntius Jacobini durch die deutsche Botschaft in Wien
Mittheilung gemacht. Statt der erwarteten praktischen Folgen
lief in Berlin die Meldung von Ninas Depesche vom 23. März
ein, worauf der Papst die Landtagsvorlage, welche nur ein
facultatives Vorgehen bezweckte, mißbilligte und die in seinem
Schreiben vom 24. Februar gemachte Concession zurückzog.

✝

Dem Kaiserlichen Botschafter Prinzen Heinrich VII. Reuß, Wien.

Berlin, den 20. April 1880.

Daß in unseren Unterhandlungen Rückschläge, wie der
in den Berichten Eurer Durchlaucht vom 15. und
16. d. M. gemeldete, früher oder später eintreten würden,
darauf war ich durch die Haltung des Centrums vorbereitet. Wir müssen auch ferner darauf gefaßt sein, daß

man von römischer Seite jedes Mittel der Diplomatie er-
schöpfen wird, bevor wir zu einem erträglichen modus
vivendi gelangen, und wir werden noch mehr Phasen, wie
die gegenwärtige, durchzumachen haben, da die römischen
Prälaten durch ihre mangelhafte Einsicht in die preußischen
Verhältnisse stets verleitet werden, übertriebene Erwartungen zu hegen und ihre Ziele zu hoch stecken. Wenn
man geglaubt hat, daß wir nicht bloß abrüsten, sondern
unsere Waffen im Wege der Gesetzgebung vernichten
wollten, so hat man uns eine große Thorheit zugetraut,
wozu ich durch keine meiner Aeußerungen Anlaß gegeben
habe. Auf der anderen Seite ist der Pronuntius im Unrecht, wenn er der preußischen Regierung einen Vorwurf
daraus machen will, daß der Staatsministerial-Beschluß
vom 17. v. M. die Wiener Besprechungen mit Schweigen
übergeht und dieses Schweigen so deutet, daß man es
nicht der Mühe werth halte, sich über seine und seiner
Techniker Erklärungen auszusprechen. Dieser Beschluß
nimmt in der That eine sehr wesentliche Modification der
Maigesetze in Aussicht, wenn er für die Regierung die
Befugniß erstrebt, die Ausführung derselben im Interesse
des Friedens zu unterlassen. Bis jetzt ist die Regierung
verpflichtet, sie streng durchzuführen; wird sie von dieser
Verpflichtung entbunden, so kommt sie in die Lage, die
Gesammtheit der betreffenden Gesetze friedlich, freundlich
und entgegenkommend handhaben zu können, so bald und
so lange eine ähnliche Politik von der Curie beobachtet
wird. Sich mit den einzelnen Ergebnissen der Wiener
Besprechungen eingehend zu befassen, wird für uns an
der Zeit sein, sobald wir die entsprechenden Facultäten
von dem Landtage erhalten haben und das Maß ihrer
Ausübung erwägen werden. Die Befürchtung Jacobini's,
was dann werden solle, wenn etwa die Regierung wechselte,
ist eine gegenseitige. Was kann uns nicht bedrohen, wenn

die Regierung im Vatikan wechselt und wieder ein kämpfen-
der Papst wie Pius IX. den Stuhl besteigt? Wir müssen
also auf beiden Seiten in der Lage sein, daß ein Schwert
das andere in der Scheide hält. Daß wir das unserige
zerbrechen sollen, während die Curie ihre Politik friedlich
aber feindlich einrichten kann nach dem Willen des je-
weiligen Papstes und seiner Rathgeber, ist von uns nicht
zu verlangen. Wenn der Pronuntius Klarheit in dem
Staatsministerialbeschlusse vermißt, so muß er sich fragen,
was denn auf römischer Seite bisher klar ist. Wir haben
erhebliche praktische Concessionen, soweit wir das nach der
bisherigen Gesetzgebung konnten, seit dem Amtsantritt des
Ministers von Puttkamer gemacht; von dem Papste haben
wir weiter nichts als eine unbestimmte theoretische Andeutung ohne rechtsverbindliche Verpflichtung, daß er ein
unvollkommen definirtes Anzeigesystem werde dulden können,
aber wie der Pronuntius sich ausdrückt, es ist uns eine
entgegenkommende Action „in Aussicht gestellt", während
eine solche unsererseits bereits erfolgt ist. Diese „Aussicht"
wird uns bis zum Gefühl des Mißtrauens getrübt durch
die Haltung der Centrumspartei im preußischen Landtage
und im Reichstage, in der wir eine praktische Erläuterung,
eine Interpretation der päpstlichen Instructionen erblicken.
Was hilft uns die theoretische Parteinahme des römischen
Stuhles gegen die Socialisten, wenn die katholische Fraction
im Lande, unter lauter Bekenntniß ihrer Ergebung in den
Willen des Papstes, in allen ihren Abstimmungen den
Socialisten wie jeder anderen subversiven Tendenz öffentlich Beistand leistet? Unter Betheuerung guter Absichten,
welche niemals zur Ausführung gelangen, und unter dem
Vorwande, daß man gerade so, wie die Regierung es
betreibe, die Socialisten nicht bekämpfen wolle, im Uebrigen
aber sie verurtheile, stimmt das Centrum stets mit den
Socialisten; und wählte die Regierung andere Wege, so

würden auch gerade diese wieder für das Centrum nicht die annehmbaren sein. Als vor einem Jahre die katholische Partei in der Zollfrage uns ihre Unterstützung lieh, glaubte ich an den Ernst des päpstlichen Entgegenkommens und fand in diesem Glauben die Ermuthigung zu den stattgehabten Unterhandlungen. Seitdem hat die katholische Partei, die sich speciell zum Dienste des Papstes öffentlich bekennt, im Landtage die Regierung auf allen Gebieten, der Eisenbahnfrage, bei dem Schanksteuergesetz, bei dem Feldpolizeigesetz, in der polnischen Frage, angegriffen. Ebenso in der Reichspolitik und gerade in Existenzfragen, wie der Militäretat, das Socialistengesetz und die Steuer=vorlagen, steht die katholische Partei wie ein Mann ge=schlossen uns gegenüber und nimmt jede reichsfeindliche Bestrebung unter ihren Schutz. Mag eine solche von den Socialisten, von den Polen oder von der welfischen Fronde ausgehen, das System bleibt constant dasselbe, die Regie=rung des Kaisers nachdrücklich zu bekämpfen. Wenn man nun sagt, daß diese Fraction irregeleitet werde durch einige Führer, welche vom Kampfe leben und bei dem Frieden fürchten überflüssig zu werden, so ist mir das nicht glaublich angesichts der Thatsache, daß so viel Geistliche, hohe und niedere, unmittelbare Mitglieder dieser regierungsfeindlichen Fraction sind, und daß deren Politik, den Socialisten Bei=stand zu leisten, von den Mitgliedern des reichsten und vornehmsten Adels unterstützt wird, bei dem kein anderes Motiv denkbar ist, als die Einwirkung der Beichtväter auf Männer und noch mehr auf Frauen. Ein Wort von dem Papst oder von den Bischöfen, auch nur der discretesten Abmahnung, würde diesem unnatürlichen Bunde des katho=lischen Adels und der Priester mit den Socialisten ein Ende machen. So lange statt dessen die Regierung in den Basen ihrer Existenz durch die römisch=katholische Fraction bekämpft wird, ist eine Nachgiebigkeit für die

erstere ganz unmöglich. Die Regierung kann friedlichen
Bestrebungen friedlich entgegenkommen; läßt sie sich aber
durch Kampf und Drohungen die Hand zwingen, so hat
sie als Regierung abdicirt. Wenn nun dazu kommt, daß
auch der Papst, oder wenigstens der Pronuntius Ew.
Durchlaucht gegenüber von einer drohenden Sprache Nutzen
für die Verhandlungen zu erwarten scheint, so sehe ich
daraus mit Bedauern, wie fern man dort jedem hier annehmbaren Gedanken an einen modus vivendi steht. Die
Andeutung von definitiven oder sonstigen Beschlüssen, wie
Abbruch der Verhandlungen und jede andere Drohung
macht uns keinen Eindruck. Die katholische Partei hat in
Bezug auf Agitation im Lande ihr Pulver zu früh ver-
schossen; die Wühlereien der Geistlichen und ihre wohl-
feilen Blätter haben in den ersten Jahren des Conflicts
Alles versucht, was möglich war, um die Regierung des
Königs in den Augen seiner Unterthanen herabzusetzen und
ihre Thätigkeit zu hemmen; die klerikale Presse hat darin
mehr geleistet, als die socialistische und ist in der Wahl
der Mittel ebensowenig scrupulös gewesen wie diese. Was
auf diesem Wege uns Unangenehmes und Gefährliches
bereitet werden konnte, haben wir bereits erduldet und
müssen das fernere erdulden, wenn die Geistlichkeit diese
Rolle fortsetzt, welche sie dem Staate und der Bevölkerung
mehr und mehr entfremdet. Die Verminderung der Geistlichen, das Verschwinden der Bischöfe, der Verfall der
Seelsorge flößen uns die lebhafteste Sympathie mit unseren
katholischen Mitbürgern ein, die auf diese Weise von ihren
Geistlichen verlassen werden, weil die Priester aus politischen, dem Laien schwer verständlichen Motiven die Seelsorge verweigern. Es ist Sache der Kirche und des
Papstes, dies zu verantworten. Zu anderen Zeiten und
in anderen Ländern haben wir gesehen, daß die katholische
Geistlichkeit unter sehr härteren Bedingungen, ja unter

großen Gefahren und Demüthigungen, dennoch die Gläubigen, die ihrer bedurften, nicht unbefriedigt ließ, sondern
das tolerari posse fehr viel weiter trieb, als es nöthig
sein würde, um in Preußen Seelsorge zu üben, ohne mit
den Maigesetzen in Conflict zu kommen. Wenn die heutige
Hierarchie ihr Ziel und ihre Ansprüche fehr viel höher
schraubt und lieber den Gläubigen die Wohlthaten der
Kirche versagt, als daß sie den weltlichen Gesetzen sich
fügt, fo werden Kirche und Staat die Folgen tragen
müssen, welche Gott und die Geschichte über sie verhängen.
Bis jetzt sind wir es, die praktisch entgegengekommen
sind; die polizeilichen, die gerichtlichen Verfolgungen sind
sistirt, soweit das Gesetz es uns erlaubt; wir haben den
Staatsanwälten und der Polizei, soweit wir können,
Schweigen und Enthaltung auferlegt und beabsichtigen,
Gesetze vorzulegen, die uns das in größerem Maßstabe
noch gestatten sollen. Die Kirche aber läßt ihre Anwälte
im Reichstag und Landtag und in der Presse den großen
und kleinen Krieg in etwas milderen Formen, aber mit
derselben sachlichen Entschiedenheit fortsetzen wie früher.
In Bezug auf die Gleichheit der Concessionen, das Vorgehen pari passu in denselben, ist unser staatliches non
possumus ebenso zwingend wie das kirchliche. Ich habe
weder zu Masella noch zu Jacobini jemals eine Silbe
gesagt, die dahin hätte gedeutet werden können, daß wir
in eine Revision, beziehungsweise Abschaffung der Maigesetze nach Maßgabe der klerikalen Forderungen willigen
würden. Eine friedliche Praxis, ein erträglicher modus
vivendi auf der Basis beiderseitiger Verträglichkeit ist alles,
was mir jemals erreichbar schien. Ich habe die Rückkehr
zu der Gesetzgebung von vor 1840 im Princip für annehmbar erklärt, die Rückkehr zu dem von 1840 bis 1870
erwachsenen Zustande aber stets mit großer Bestimmtheit
abgelehnt bei den drei oder vier Gelegenheiten, wo die-

felbe von uns verlangt wurde. Diese Ablehnung war nicht ein Mangel von Gefälligkeit, der durch die Wahrnehmung „peinlicher Eindrücke" beseitigt werden könnte, sondern sie war unabweisbare politische Nothwendigkeit. Wenn die Wiederherstellung diplomatischer Beziehungen für Rom keinen Vortheil bildet, für den ein Preis gezahlt werden würde, so werden wir darauf verzichten, dieselbe nochmals anzubieten und darauf nicht wieder zurückkommen.

☙

An den Herausgeber der Kyffhäuser-Zeitung.

(Der Herausgeber der Kyffhäuser-Zeitung der Deutschen Studenten, Dr. Richard Hamel (Rostock) hatte dem Fürsten Bismarck die beiden ersten (im Verlage von Wilh. Werther, Rostock) erschienenen Nummern überreicht mit einem Schreiben, worin er Deutschlands größten Sohn der Dankbarkeit und Treue der deutschen Jugend versicherte. Sie empfände lebhaft die Schmach, die von den ärgsten Feinden unseres deutschen Volkslebens dem großen Kanzler angethan sei und täglich noch angethan werde, würde aber nach ihrem bisherigen Wahlspruche leben und handeln: Für Kaiser, Kanzler und Reich. Hierauf ging dem Dr. Hamel folgendes Schreiben des Fürsten zu:)

Varzin, 17. September 1881.

Ich danke Ihnen verbindlichst für die Uebersendung der von Ihnen herausgegebenen Blätter und für die freundlichen Zeilen, mit welchen Sie dieselben begleitet haben.

Ich habe mich gefreut, auch in dieser Kundgebung den patriotischen Geist wiederzufinden, dessen Pflege sich die deutsche Jugend unter Ihrem Wahlspruche „für Kaiser und Reich" angelegen sein läßt, welcher der schönste Aus-

druck unserer gemeinschaftlichen Bestrebungen ist. Dieser
Ausdruck wird meines Erachtens durch Hinzufügung des
Kanzlers, so schmeichelhaft dieselbe auch für mich ist, ab-
geschwächt, da der Kanzler nur der Diener des Kaisers
und in dessen Namen einbegriffen ist; ich möchte daher
empfehlen, den Wahlspruch in seiner alten Einfachheit
aufrecht zu erhalten.

※

Herrn Hugo Oberhummer, Kaufmann, München.

Berlin, den 3. Januar 1882.

Es hat mir zur besonderen Freude gereicht, aus
Ihrem Telegramm vom 31. v. M. zu ersehen, daß auch
dort Anzeichen einer Wiederbelebung der wirthschaftlichen
Thätigkeit wahrnehmbar sind. Die Befestigung dieser Erfolge unserer Zollpolitik und die fortgesetzte öffentliche
Discussion derselben werden mit der Zeit dahin führen,
die Absichten, welche die verbündeten Regierungen bei
ihren wirthschaftlichen Reformen leiten, in das richtige
Licht zu stellen. Auf diesem Wege hoffe ich, daß vielleicht
langsam, aber sicher die Wahrheit sich durch ihr eigenes
Gewicht soweit Bahn brechen wird, daß Verleumdungen
und Lügen, wie sie bezüglich der Reformbestrebungen
der verbündeten Regierungen bei den Wahlen in vielen
Kreisen verbreitet worden sind, künftig keinen Glauben
mehr finden werden.

Eurer Wohlgeboren und allen an dem Telegramm
vom 31. v. M. betheiligten Herren danke ich verbindlichst.

※

An Leopold v. Ranke.

Berlin, 13. Februar 1882.

Wenn der heutige Tag einen Anlaß zu Glückwünschen giebt, so sind dieselben nicht so sehr an Ew. Excellenz, als an Ihre Leser und Freunde zu richten, welche den Vorzug gehabt haben, einen berühmten und verehrten Zeitgenossen bis heute nicht allein zu besitzen, sondern fort und fort in jugendlicher Rüstigkeit schaffen zu sehen.

Mir persönlich gereicht es zur besonderen Freude, mit Ew. Excellenz seit vierzig Jahren in freundschaftlichem Verkehr zu stehen, und ich hoffe, daß es uns vergönnt sein möge, unseren größten Geschichtsforscher noch lange unter uns, und in der Vollendung Ihrer Weltgeschichte ein weiteres unvergängliches Monument deutscher Geschichte erstehen zu sehen.

Zu der heute Ew. Excellenz zu Theil gewordenen Allerhöchsten Anerkennung wollen Sie meinen herzlichen Glückwunsch entgegennehmen.

✠

An den Vorsitzenden des Samstag-Abend-Kränzchens in Oberstedten bei Bad Homburg,

Berlin, 13. April 1882.

Die von dem konservativen Verein in Oberstedten an mich gerichtete Adresse habe ich empfangen und freue mich des in derselben ausgesprochenen Einver= ständnisses mit der Wirthschaftspolitik des Reichs. Mit Ihnen kann ich bei einem Rückblick auf die Ent= wickelung unserer Gesetzgebung mich dem Eindruck nicht verschließen, daß der Grundbesitz eine ungünstigere Be= handlung erfahren hat, als der bewegliche Besitz. Der

Grundbeſitz iſt nicht nur prägravirt durch die auf ihm neben der Einkommenſteuer laſtende Grund- und Häuſer-ſteuer, ſondern auch durch indirecte, insbeſondere durch übertriebene Stempelabgaben.

Hierzu kommt, daß die Preiſe der landwirthſchaft-lichen Producte während der letzten 30 Jahre zurück-gegangen ſind oder doch günſtigen falls ſich auf der früheren Höhe erhalten haben, während die Preiſe aller übrigen Erzeugniſſe während eben jenes Zeitraumes auf das Doppelte und Dreifache geſtiegen ſind. Auf dieſe Weiſe hat ſich ſeit 1848 allmälig eine Verſchiebung der Gleichheit vor dem Geſetz zum Nachtheil der grund-beſitzenden und insbeſondere der landwirthſchaftlichen Be-völkerung vollzogen. Eine gleiche Verſchiebung hat in den letzten 20 Jahren zu Ungunſten der Induſtrie und der Gewerbe ſtattgefunden. Auch dieſen gegenüber hat ſich der vorwiegende Einfluß des materiell unproductiven Theils unſerer Mitbürger auf die Geſetzgebung ſchädlich erwieſen. Die Erkenntniß der angedeuteten Mißſtände hat der Regierung die Pflicht nahe gelegt, Abhilfe zu er-ſtreben. Mit Rückſicht darauf, daß die ländliche Bevöl-kerung 28, die ſtädtiſche nur 17 Millionen beträgt, und daß das numeriſche Verhältniß der producirenden und unproductiven Bevölkerung ſich für die erſtere noch be-deutend günſtiger ſtellt, wenn man denen, die von der Landwirthſchaft leben, die Zahl der Induſtriellen und Gewerbetreibenden zuzählt, glaubte die Regierung hoffen zu dürfen, daß ſie bei der Durchführung ihrer Reform-pläne die Unterſtützung der Mehrheit der Nation finden werde, welche durch den bisherigen Gang der Geſetz-gebung benachtheiligt wurde. Bei den letzten Wahlen (1881) hat es ſich indeß gezeigt, daß die Erkenntniß der Nützlichkeit dieſer Reformen nicht weit genug verbreitet iſt, um den politiſchen Agitationen der Oppoſitionspar-

teien das Gleichgewicht halten zu können. Nachdem bei
den Wahlen ein großer Theil der landwirthschaftlichen
wie der industriellen Bevölkerung Mißtrauen gegen die
Einsicht und gegen die Aufrichtigkeit der Regierung kundgegeben hat, bleibt der Regierung nichts übrig, als sich
ihren guten Willen zu bewahren und abzuwarten, ob sie
in Zukunft eine ausreichende Unterstützung seitens der
parlamentarischen Körperschaften finden wird.

An den Altenburgischen Bauernverein.

Berlin, April 1882.

Es hat mich gefreut, aus Ihrem Telegramm zu ersehen, daß die Altenburger Bauern und Handwerker ihre Interessen selbst in die Hand nehmen, um sich
von der Vormundschaft unberufener Fürsprecher zu be-
freien, deren Bedürfnisse, Leiden und Freuden wesentlich
andere als die der arbeitenden Productivstände sind.

An den Vorsitzenden des Westfälischen Handwerkervereins, Bäckermeister Scheffer, Münster.

Varzin, 22. Juli 1882.

Euer Wohlgeboren und allen Mitunterzeichnern der
Adresse vom 1. d. M danke ich verbindlichst für die
m derselben ausgesprochene Zustimmung. Ich begrüße in
Ihrer Ansprache eine neue und erfreuliche Kundgebung
des Geistes, welcher den deutschen Handwerkerstand mehr

und mehr zu der Ueberzeugung einigen wird, daß seine
Glieder nur mit vereinten Kräften im Stande sein werden,
ihre berechtigten Ansprüche im Kampf der Interessen und
Parteien zur Geltung zu bringen. Die Botschaft Seiner
Majestät des Kaisers vom 17. November v. J. knüpft die
Hoffnung einer gedeihlichen Entwickelung der wirthschaftlichen Politik Deutschlands an das Zusammenfassen der
realen Kräfte des christlichen Volkslebens in der Form
corporativer Genossenschaften. Unter solchen Genossenschaften haben die Innungen der Handwerker einen histo-
rischen Ehrenplatz im deutschen Vaterlande, und die Neu-
belebung derselben liegt im Sinne der kaiserlichen Botschaft. Ich werde an den Bestrebungen zur Verwirklichung der in derselben entwickelten kaiserlichen Politik
festhalten, wenn ich auch kaum hoffen darf, daß noch
während meiner Amtsführung ein Abschluß dieser Politik
erreicht werden wird, da zur Durchführung des kaiserlichen Programms die Zustimmung der Volksvertretung
erforderlich ist, und ich eine solche bei der gegenwärtigen
Zusammensetzung des Reichstages und bei den sich kreuzen-
den Parteibestrebungen nicht erwarten darf. Für mich
genügt die Zuversicht, daß die von Sr. Majestät dem
Kaiser in Aussicht genommenen Reformen, weil sie auf
richtigen Gedanken beruhen, auch ohne mich ihren Zielen
im Laufe der Zeit näher kommen werden. In dieser
Ueberzeugung sehe ich es als meine Pflicht an, meine
Arbeit im Dienste des Kaisers fortzusetzen, so lange meine
Kräfte dazu ausreichen, und den Erfolg Gott anheim-
zustellen.

An den conservativen Provinzialverein Neumünster.

(Ein Telegramm, welches der conservative Provinzialverein für Schleswig-Holstein nach seiner Constituirung von Neumünster aus an den Reichskanzler richtete, beantwortete dieser durch folgendes Schreiben:)

Varzin, 12. September 1882.

Das durch Euer Wohlgeboren mir übermittelte Telegramm des conservativen Provinzialvereins für Schleswig-Holstein habe ich mit verbindlichstem Danke erhalten. Ich freue mich, daß in dieser Mittheilung gerade die Treue zu Sr. Majestät dem Kaiser und Könige und zur kaiserlichen Botschaft in den Vordergrund gestellt wird; denn für die Zukunft des Reiches und der deutschen Staaten ist die Wahrung und Handhabung der monarchischen Regierungsrechte nach Maßgabe der preußischen und deutschen Verfassung wichtiger als die Definitionen der Parteiunterschiede, durch welche die in verschiedenen Fractionen vertheilten Anhänger der Monarchie ihre Trennung documentiren und verschärfen.

An Gebrüder Carl und Adolf Müller, Cassel.

Varzin, 4. October 1882.

Ew. 2c. danke ich verbindlichst für die freundliche Uebersendung Ihres Werkes. Die fesselnde Schilderung und die naturgetreuen Abbildungen haben die Abneigung überwunden, welche mich sonst abhält, deutsche Bücher mit lateinischen Lettern zu lesen, weil ich mit der Zeit, welche Geschäfte und Gesundheit zu meiner Verfügung lassen, haushälterisch umgehen muß. Ich brauche erfahrungsmäßig 80 Minuten, um die Seitenzahl in lateinischer

Schrift zu lesen, die, more vernaculo gedruckt, eine Stunde erfordert. Französisch oder Englisch mit deutschen Lettern gedruckt, oder Deutsch mit griechischen, wird auf jeden Leser, auch den mit allen Alphabeten gleichmäßig vertrauten, die gleiche Schwierigkeit machen. Der gebildete Leser liest nicht Buchstabenzeichen, sondern Wortzeichen. Ein deutsches Wort in lateinischen Buchstaben ist ihm eine ebenso fremde Erscheinung, als Ihnen ein griechisches Wort in deutschen Buchstaben sein würde, und nöthigt zu langsamerem Lesen, gerade fo, wie die neuerdings eingeführte willkürliche Entstellung unserer hergebrachten Orthographie. Verzeihen Sie diesen Ausbruch verhaltenen Unbehagens eines einsamen Lesers und sehen Sie in demselben kein Symptom von Undankbarkeit für Ihre freundliche Gabe, bei deren ansprechender Lectüre ich die Nationalität der Typen gern vergesse.

¶

An die Osnabrücker Handelskammer.

(Die Osnabrücker Handelskammer hatte dem Fürsten Bismarck Vorschläge zur Reorganisation der Handelskammer im Sinne gemeinsamer Vertretungen von Handel, Industrie, Kleingewerbe und Landwirthschaft übersandt, darauf ging folgende Antwort ein.)

Berlin, 18. December 1882.

Es ist mir erfreulich gewesen, in Ihren, in dem Bericht vom 10. d. M. enthaltenen Vorschlägen zur Neubildung von Handels- und Gewerbekammern für die gemeinsamen Angelegenheiten des Handels, der Industrie, der Kleingewerbe und der Landwirthschaft in den einzelnen Bezirken des Landes meiner eigenen Ueberzeugung von der Nothwendigkeit einer einheitlichen Organisation der

wirthschaftlichen Interessen-Vertretung für sämmtliche Zweige
der gewerblichen Thätigkeit Ausdruck gegeben zu sehen.
Es liegt in meiner Absicht, nach dieser Richtung hin die
Erweiterung der vorhandenen, lediglich eine Vertretung
vereinzelter Erwerbsgruppen darstellenden Institutionen
auf dem Wege der Gesetzgebung herbeizuführen, und ich
habe die hierzu erforderlichen Vorarbeiten bereits eingeleitet. Bis es gelingt, die Angelegenheit auf diesem Wege
zum Abschluß zu bringen, werde ich darauf Bedacht
nehmen, soweit es nach den Gesetzen thunlich ist, auf dem
Verwaltungswege in den Regierungsbezirken Einrichtungen
ins Leben zu rufen, welche eine Vereinigung von Vertretern aller Zweige der wirthschaftlichen Thätigkeit zur
Wahrnehmung der ihnen gemeinsamen Interessen ermöglichen.

Der Minister für Handel und Gewerbe.
(gez.) v. Bismarck.

⚓

An den Bauer Harroß in Oberlind.

Friedrichsruh, 11. März 1884.

Ew. Wohlgeboren freundliche Begrüßung habe ich mit
verbindlichstem Danke erhalten. Die Ausbreitung
der bäuerlichen Kreise in allen Theilen des Reiches bildet
eines der wirksamsten Mittel zur Abwehr der Schädigung
und Ausbeutung, welcher die productive Arbeit im Vaterlande durch die unproductiven politischen Parteien und
deren gegenseitige Bekämpfung ausgesetzt ist. Die wirthschaftliche Wohlfahrt der Nation ist bei dem Kampfe der
politischen Parteien um die Herrschaft im Reichstage nicht
betheiligt, die Pflege dieser Wohlfahrt der Nation aber
die vorwiegende Sorge der verbündeten Regierungen,

welche in Kaiſerlichen Botſchaften ihren Ausdruck ge=
funden hat. Die Wohlfahrt der großen Mehrheit der
Bevölkerung des Deutſchen Reiches hängt aber unmittel=
bar von dem Gedeihen unſerer Landwirthſchaft ab; es
kommt nur darauf an, dieſe Gleichheit der Intereſſen der
Majorität des deutſchen Volkes zum Bewußtſein und dieſe
Mehrheit bei den Wahlen zum legalen Ausdruck zu bringen,
um unſere Geſetzgebung nach den Bedürfniſſen der Mehr=
heit des Volkes und den Beſtrebungen Sr. Majeſtät des
Kaiſers einzurichten. In dieſer Ueberzeugung begrüße
ich mit Freuden die wachſende Ausdehnung des Netzes
der bäuerlichen Vereine über das Reich, und jede Aeuße=
rung des Selbſtbewußtſeins, mit dem ſie die Vertretung
ihrer Intereſſen in eigene Hand nehmen.

An Graf Münſter, London.

10. Juni 1884.

Nachdem vermehrte Anfragen deutſcher Unterthanen,
namentlich hanſeatiſcher, ob ſie bei ihren afrikani=
ſchen Unternehmungen auf den Schutz des Reiches rechnen
könnten, zu Anfang des vorigen Jahres an mich herau=
getreten waren, iſt es zunächſt mein Beſtreben geweſen,
zu verhüten, daß wir bei pflichtmäßiger Leiſtung dieſes
Schutzes mit beſtehenden oder auch nur behaupteten Rechten
anderer Nationen in Colliſion geriethen. Es lag mir
daran, dies ſicher zu ſtellen, ohne unnöthiger Weiſe Be=
fürchtungen über unſere Intentionen oder die Neigung,
letzteren zuvorzukommen, hervorzurufen. Ich habe des=
halb die erſte Anfrage, welche durch die Kaiſerliche Bot=
ſchaft an die engliſche Regierung gerichtet wurde, in die
Form gekleidet: ob England in der Lage ſei, deutſchen

Ansiedlungen in Südafrika Schutz zu gewähren. Ich war
mir dabei bewußt, daß England, ohne neue, bisher noch
nicht vorhandene Einrichtungen zu treffen, in dieser Lage
nicht sei. Es war mir aber erwünscht, die eigene Erklärung Englands darüber bei den Acten zu haben. Diese
fiel, wie Eurer Excellenz bekannt, verneinend aus (Bericht
vom 26. februar 1883). Durch Krankheit verhindert, dieses
Geschäft im Auge zu behalten, bin ich erst im Herbst
vorigen Jahres durch erneute Mahnungen der betheiligten
Deutschen veranlaßt worden, auf der Basis jener ersten
von England erhaltenen Auskunft die Sondirungen darüber, ob wir bei Berücksichtigung der bremischen Wünsche
auf englischen Widerstand stoßen würden, in der schonen-
den form fortzusetzen, daß wir die englische Regierung
fragten, ob sie glaube, an den Küstenstrichen zwischen dem
Orangefluß und den portugiesischen Besitzungen, mit Ausnahme der Walfischbai, rechtliche Ansprüche zu haben,
worauf sich dieselben gründeten und welche Mittel event.
in jenen Landstrichen vorhanden wären, um deutschen
Ansiedlern Schutz daselbst zu gewähren. Es war uns
dabei nicht unbekannt, daß England über solche Mittel
auf jenen Küstenstrichen auch gegenwärtig nicht verfügt,
sogar nicht einmal in der Walfischbai, wo meines Wissens
nur drei Engländer im Auftrage der Regierung vorhanden sind.

Meine Absicht bei diesen Sondirungen war dahin
gerichtet, das amtliche Anerkenntniß, daß jene Küstenstriche in europäischem Sinne res nullius seien, von England zu erlangen, ohne daß irgend ein Schatten von
Mißtrauen oder Verletzung auf einer der beiden Seiten
entstände. Meine Absicht war, Gewißheit und Anerkenntniß von England darüber zu erhalten, daß England bisher keine nachweislichen Rechtsansprüche oder Besitztitel
in jenen Küstenstrichen hinter sich habe. Diese von uns

gestellte Frage konnte von England in acht Tagen und
ohne Rückfrage am Cap erschöpfend beantwortet werden;
es handelt sich nur um eine Erklärung über den dermaligen rechtlich nachweisbaren Besitzstand Englands.
Diese einfache Frage ist von England dadurch complicirt
worden, daß Lord Granville und insbesondere Lord
Derby sie so aufgefaßt haben, als hätten wir gefragt, ob
es England vielleicht convenire, jetzt und in Zukunft noch
etwas anderes als die Walfischbai auf jenen Küstenstrichen sich anzueignen. Eine Rückfrage bei der Cap-
Regierung und ein Abwarten der dortigen Ministerkrise
wurde für die britische Regierung nur ein Bedürfniß,
wenn sie sich darüber vergewissern wollte, ob England
oder dessen Provinz, die Capcolonie, vielleicht noch Lust
hätte, sich neue Küstenstriche in jener Gegend anzueignen.

Zur Beantwortung unserer Frage hätte eine einfache
Durchsicht der Register der früheren englischen Besitzergreifungen genügt; diese Register aber schließen nörd-
lich vom Orangefluß die ganze Küste, nach Abzug der
Walfischbai, aus.

Dies ist der Punkt, auf welchem wir, meinem Gefühl
nach, von England nicht auf dem Fuße der Gleichheit
behandelt worden sind. Dieses Gefühl wird verstärkt
durch die Erklärungen, welche verschiedene englische
Staatsmänner in dem Sinne abgegeben haben, daß einmal die Nähe der englischen Besitzungen England ein
legitimes Recht gebe, Ansiedlungen anderer Nationen zu
hindern, daß also England gegen die Nachbarschaft
anderer Nationen die Monroe-Doctrin in Afrika geltend
macht, und daß ferner die englische Regierung immer in
der Voraussetzung, daß jene Landstriche res nullius seien,
zwar der von England abhängigen Capcolonie das Recht der
Besitzergreifung dieser herrenlosen Länder einräumt, jeder
anderen Nation, und in specie uns, das Recht dazu bestreitet.

Ich habe gestern die gleiche Frage mit Lord Ampthill besprochen und ihm dabei gesagt, daß das Deutsche Reich seinen Angehörigen den Schutz ihrer Unternehmungen und Erwerbungen auch in Afrika nicht versagen könne, daß ich die Unternehmer, welche den Schutz des Reiches in überseeischen Ländern anrufen, auch nicht auf englischen Schutz anweisen könne, da, wo bisher englische Herrschaft nicht Platz gegriffen hat, und wo deutsche Kaufleute, in der Ueberzeugung, unter die Botmäßigkeit keiner anderen europäischen Macht zu treten, sich angesiedelt haben, ihnen nicht zumuthen könne, sich in Betreff ihrer Erwerbungen aus deutschen Unterthanen in englische zu verwandeln.

Meine Ansicht geht nach wie vor dahin, daß ein Colonialsystem nach Analogie des heutigen englischen mit Garnisonen, Gouverneurs und Beamten des Mutter= landes, für uns nicht angezeigt sei, aus Gründen, welche in unseren inneren Einrichtungen und Verhältnissen liegen, daß das Reich aber nicht umhin könne, seinen Schutz, so= weit seine Kräfte reichen, auch auf solche Handlungs= unternehmungen deutscher Unterthanen zu erstrecken, welche mit Landerwerb verbunden sind. Ich habe mich auf die Analogie der englisch=ostindischen Compagnie in ihren ersten Anfängen berufen. Die darauf von Lord Ampthill an mich gerichtete Frage, ob wir so weit gehen würden, den Betheiligten ein Royal Charter zu bewilligen, habe ich bejaht.

Ew. Excellenz wollen aus dem Vorstehenden die Richtung für Ihre Haltung in Besprechungen mit Lord Granville entnehmen. Unser Verhalten muß darauf gerichtet sein, in Deutschland den Eindruck zu verhüten, als ob wir dem in der That aufrichtig vorhandenen Wunsche des guten Einvernehmens mit England vitale Interessen Deutschlands opfern können.

An den französischen Botschafter in Berlin, Baron de Courcel.

Berlin, den 13. September 1884.

Nachdem ich Seiner Majestät dem Kaiser und König über unsere Unterredung in Varzin Bericht erstattet, fasse ich deren Inhalt in dieser Note zusammen, welche ich Eure Excellenz bitte, der Regierung der Republik mittheilen zu wollen.

Nachdem die jüngst erfolgten Besitzergreifungen an der Westküste von Afrika uns daselbst in nachbarliche Beziehungen zu den französischen Colonien und Niederlassungen gebracht haben, wünschen wir im Einvernehmen mit der französischen Regierung das Verhältniß zu regeln, welches sich aus den durch deutsche Commissare vorgenommenen Besitzergreifungen ergiebt. Sollten sich unter den letzteren solche befinden, die nicht mit den Rechten und der Politik Frankreichs in Einklang zu bringen wären, so haben wir nicht die Absicht, sie aufrecht zu erhalten. Die Ausdehnung unserer colonialen Besitzungen ist nicht Gegenstand unserer Politik; wir haben nur im Auge, dem deutschen Handel den Eingang nach Afrika an Punkten zu sichern, welche bis jetzt von der Herrschaft anderer europäischer Mächte unabhängig sind. Die amtlichen Berichte des Herrn Nachtigal und der französischen Colonialbehörden werden bald diejenigen Punkte aufklären, hinsichtlich deren der Mangel genauer Informationen über die jüngsten Veränderungen der Sachlage zu einer außerhalb unserer Absichten liegenden Concurrenz den Anlaß hat geben können.

Inzwischen bitte ich Eure Excellenz, bei der französischen Regierung der Befriedigung Ausdruck geben zu wollen, mit der wir das Einvernehmen der beiden Regierungen über die wichtigsten Grundsätze constatiren, welche

im beiderseitigen Interesse auf den afrikanischen Handel
anzuwenden und bei den anderen interessirten Nationen
zu befürworten sein möchten.

Ebenso wie Frankreich wird die deutsche Regierung
eine wohlwollende Haltung bezüglich der belgischen Unter=
nehmungen am Congo in Folge des Wunsches der beiden
Regierungen beobachten, ihren Angehörigen die Handels=
freiheit in dem ganzen Gebiete des zukünftigen Congo=
staates sowie in den Stellungen zu sichern, welche Frank=
reich an diesem Strome einnimmt und dem liberalen System,
welches man von dem zu gründenden Staate erwartet,
zu unterwerfen beabsichtigt. Diese Vortheile würden den
deutschen Angehörigen für den Fall verbleiben und ihnen
gewährleistet werden, daß Frankreich in die Lage kommen
sollte, das ihm seitens des Königs der Belgier eingeräumte
Vorzugsrecht im Falle einer Veräußerung der durch die
Congogesellschaft gemachten Erwerbungen auszuüben.

Der Meinungsaustausch, welchen ich mit Eurer Ex=
cellenz zu pflegen die Ehre hatte, beweist, daß die beiden
Regierungen in gleichem Maße wünschen, für die Schiff=
fahrt auf dem Congo und dem Niger die Grundsätze zur
Anwendung zu bringen, welche der Wiener Congreß an=
genommen hatte, um die Freiheit der Schifffahrt auf
einigen internationalen Flüssen zu sichern, und welche
später auf die Donau angewandt worden sind.

Um die naturgemäße Entwicklung des europäischen
Handels in Afrika zu sichern, würde es zugleich nützlich
sein, sich über die Formalitäten zu verständigen, deren
Beobachtung erforderlich wäre, damit neue Besitzergreifungen
an den Küsten Afrikas als effective betrachtet werden.

Ich bitte Eure Excellenz, der Regierung der Republik
vorschlagen zu wollen, daß die Identität unserer Ansichten
über diese Punkte durch einen Notenaustausch festgestellt und
eine Einladung an die anderen bei dem afrikanischen

Handel interessirten Cabinette, sich auf einer zu diesem
Ende einzuberufenden Conferenz über die zwischen den
beiden Mächten getroffenen Abreden zu äußern, ge=
richtet werde.

✠

An denselben.

friedrichsruh, den 30. September 1884.

Herr Botschafter!

Euer Excellenz gefällige Note vom 29. d. M. habe
ich zu erhalten die Ehre gehabt und constatire mit
Genugthuung die Uebereinstimmung der Ansichten zwischen
unseren Regierungen über die verschiedenen in meiner
Note vom 13. d. M. entwickelten Punkte. Nachdem auch
die Regierung der französischen Republik dem Gedanken,
eine Conferenz von Vertretern der an dem Handel mit
Afrika interessirten Cabinette nach Berlin einzuberufen,
beigetreten ist, so erscheint es zweckmäßig, unverzüglich die
Einladung an die letzteren ergehen zu lassen, damit die
Eröffnung der Conferenz im Laufe des Monats October
erfolgen kann. Als die zunächst am Handel mit Afrika
interessirten Mächte erlaube ich mir Großbritannien, die
Niederlande, Belgien, Spanien, Portugal und die Ver=
einigten Staaten von Amerika zu bezeichnen. Sollte die
Regierung der Republik es für angezeigt halten, die Ein=
ladung auch an andere Seemächte zu richten, deren Mit=
wirkung ihr wünschenswerth erschiene, so erkläre ich mich
Namens des Deutschen Reichs im Voraus hiermit ein=
verstanden. Um den Beschlüssen der Conferenz die all=
gemeine Zustimmung zu sichern, würde es sich vielleicht
empfehlen, später alle Großmächte und die skandinavischen
Staaten zur Theilnahme an den Berathungen einzuladen;

zum Zweck der Beschleunigung des Zusammentritts der Conferenz wird es indeß zweckmäßig sein, für den Augenblick die Einladung auf die zumeist betheiligten Mächte zu beschränken.

Ich würde Ihnen zu Dank verpflichtet sein, Herr Botschafter, wenn Sie Vorstehendes zur Kenntniß Ihrer Regierung bringen wollten, deren Antwort ich abwarten werde, um unverzüglich zur Einladung der Mächte zu schreiten.

⚜

An den evangelischen Arbeiterverein zu Herne.

Berlin, 4. November 1884.

Ihre freundliche Begrüßung und die Motive derselben sind mir ein erfreuliches Zeichen von dem Erfolge der Einwirkung unseres Kaisers und Königs auf die Versöhnung der verschiedenen Interessen, deren Widerstreit unsere wirthschaftliche und politische Entwickelung hemmt. Unsere vaterländische Geschichte liefert den Beweis, daß unsere Könige an dieser Aufgabe seit mehr als hundert Jahren erfolgreich arbeiten, indem sie, gegenüber dem System der Interessen des Staates das System der Pflichten verfochten haben. Ich hoffe, daß sich in immer weiteren Kreisen unserer Bevölkerung die Erkenntniß Bahn brechen wird, daß auch die von den Regierungen in Angriff genommene Socialreform, welche den Arbeiter gegen Wechselfälle des Schicksals zu sichern sucht, von diesem Geiste der Versöhnung und Ausgleichung der Klassen-Interessen geleitet wird. So weit meine Kräfte reichen, werde ich nicht ablassen, an der Durchführung dieser Reform mitzuarbeiten.

⚜

An die Fischereicompagnie Neuharlingersiel.

Der Fischercompagnie danke ich verbindlichst für die Sendung vom 15. d. M. Der Geschmack des mir unbekannten Fisches erinnert an die Goldbutte, nur ist er saftiger und nie habe ich die Goldbutte von der Größe gesehen. Es würde mich lebhaft interessiren, zu erfahren, unter welchem Ramen der Fisch dort gefangen wird und welche Bezeichnung ihm die Wissenschaft giebt. Indem ich meinen Dank für Ihre freundliche Aufmerksamkeit wiederhole, spreche ich meine Freude aus über das Gedeihen des Gewerbes der Uebersender und hoffe, nicht nur im Interesse der vaterländischen Fischerei, sondern auch in dem unserer Marine, daß dasselbe stets weiteren Aufschwung nehmen möge.

✄

An das Lehrercollegium des Berliner Gymnasiums zum Grauen Kloster.

Berlin, 25. December 1884.

Euer Hochwohlgeboren und Ihrer Herren Collegen Schreiben vom 18. d. M. habe ich erhalten. Wenn ich ungeachtet der Unmöglichkeit, die mir zugegangenen wohlwollenden und ehrenvollen Kundgebungen einzeln zu beantworten, dennoch das Bedürfniß empfinde, der Ihrigen gegenüber eine Ausnahme zu machen, so werde ich dabei von der Erinnerung geleitet, welche mich mit dem Gymnasium zum Grauen Kloster verbindet, aus einer Zeit, die mit Ostern 1832 abschloß und während welcher der Vater meines ebenfalls schon zu den Vätern versammelten Commilitonen, Ernst Köpke, Director, und der ältere Professor,

Bellermann, Ordinarius von Prima war. An das Gefühl meiner Dankbarkeit für die den Herren Unterzeichnern Ihres Schreibens vorangegangenen Lehrer = Generation knüpfe ich heute gern den Ausdruck meines Dankes für die sympathische Begrüßung, mit der die Nachfolger meiner Lehrer mich beehrt haben.

꧂

An die Lehrer des Stuttgarter Polytechnikums.

Berlin, 7. Februar 1885.

Die Adresse, mit welcher Euer Hochwohlgeboren und Ihre Herren Collegen mich beehrt haben, gereicht mir zu besonderer Freude. Von der Unterstützung unserer Wirthschaftspolitik seitens der technischen Hochschule ver= spreche ich mir besonderen Erfolg, weil ich weiß, wie be= stimmend der Einfluß derselben auf die Anschauungen und Bestrebungen der industriellen Kreise ist. Euer Hochwohl= geboren bitte ich ergebenst, den Ausdruck meines verbind= lichsten Dankes Ihren Herren Collegen übermitteln zu wollen.

꧂

Dankschreiben für die Glückwünsche zum siebzigsten Geburtstage.

Berlin, 3. April 1885.

Anläßlich meines siebzigsten Geburtstages und bevor= stehenden fünfzigjährigen Amtsjubiläums gingen mir so zahlreiche Kundgebungen des Wohlwollens in Gestalt von Glückwünschen und Festgaben zu, daß es mir leider nicht möglich ist, einzeln darauf zu erwidern. Ich bitte Alle, welche am 1. April meiner freundlich gedacht haben, meinen herzlichen Dank entgegenzunehmen und versichert zu sein, daß der freudige und tiefe Eindruck so vieler reichen Beweise der Liebe meiner Mitbürger in meinem Leben nicht erlöschen wird.

⁂

An Herzog Ernst von Sachsen-Coburg-Gotha.

(Von Nizza aus hatte Herzog Ernst von Sachsen-Coburg-Gotha dem Reichskanzler zu dessen 70. Geburtstag folgendes Glückwunschschreiben gesendet.)

Durchlauchtigster Fürst!

Es ist mir ein Bedürfniß, den Glückwünschen, die Minister von Seebach in meinem Namen Ihnen überbringt, auch noch ein eigenes Wort warmer Verehrung und dankbarer Huldigung hinzuzufügen.

Von Jugend auf hat kein höheres Ideal mich beseelt, als die Einheit und Macht und Größe unseres Vaterlandes. Darum sei mir vergönnt, an dem Jubeltage, den Millionen begeistert feiern, auch meinerseits Ew. Durchlaucht von ganzem Herzen Dank zu sagen. Ihre Weisheit hat, unter dem Schirm unseres kaiserlichen Herrn, weit über alles Hoffen hinaus meinem Leben, wie dem aller Deutschen, den tief und heiß ersehnten Inhalt gegeben! Erhalte Gott Sie noch lange für Kaiser und Reich. Ew. Durchlaucht treu ergebener Ernst.

Darauf richtete der Reichskanzler folgendes Dankschreiben an den Herzog:

Berlin, 4. April 1885.

Durchlauchtigster Herzog, Gnädigster Herr!

Euer Hoheit danke ich unterthänigst für den gnädigen Glückwunsch zum 1. April und für die huldreichen Worte der Anerkennung, mit denen Höchstdieselben ihn

begleitet haben, und deren Werth für mich dadurch erhöht wird, daß ihr durchlauchtigster Urheber selbst der
nationalen Sache Deutschlands von ihren ersten Anfängen
an zur Seite gestanden hat.

In tiefster Ehrerbietung verharre ich Eurer Hoheit
unterthänigster Diener

v. Bismarck.

An den Verein der Chriſtlich-Socialen in Bochum.

(Der Verein der Christlich-Socialen zu Bochum hatte gelegentlich seines Stiftungsfestes an den Reichskanzler ein Be-
grüßungstelegramm gerichtet, in welchem zugleich Wünsche in
Bezug auf volle gesetzliche Statuirung der Sonntagsruhe ausgesprochen waren. Die Antwort des Fürsten Bismarck lautete:)

Kiſſingen, 16. Juni 1885.

Ew. Wohlgeboren danke ich verbindlich für Ihr
Telegramm von vorgestern, die Herren Absender
können nicht lebhafter wie ich selbst wünschen, daß die
Sonntagsruhe jedem Arbeiter zu Theil werde, der sie
dem Lohnerwerb vorzieht. Bevor ich aber bei den
gesetzgebenden Körpern den Antrag stelle, das Arbeiten
an Sonntagen bei Strafe zu verbieten und den Arbeiter
auch gegen seinen Willen zum Verzicht auf Sonntags-
lohn zu zwingen, glaube ich die Auffassungen der Betheiligten und die muthmaßlichen Folgen eines derartigen
Eingriffes genauer, als bisher geschehen ist, ermitteln
zu sollen. Zu diesem Behufe habe ich bei den verbündeten Regierungen die erforderlichen Anträge gestellt, und zunächst um Ermitelung derjenigen Betriebe
gebeten, in welchen gegenwärtig Sonntagsarbeit statt-

findet, und um Entgegennahme der Ansichten der betheiligten Arbeiter und Unternehmer.

❦

(In dem Streite mit Spanien wegen der Souveränetät über die Inselgruppe der Karolinen hatte Fürst Bismarck den Papst als Schiedsrichter vorgeschlagen. Spanien ging darauf ein, verlangte aber, daß der Papst nicht als Schiedsrichter, sondern nur als Vermittler angenommen werde. Am 17. December 1885 wurde im Vatikan das auf Grund der Vermittelungsakte des Papstes vereinbarte Protokoll, das sich für Spanien entschied, von dem preußischen und spanischen Gesandten, Herrn von Schlözer und Marquis von Molins unterzeichnet. Leo XIII. verlieh dem Fürsten Bismarck den Christusorden in Brillanten, welchen noch kein Protestant erhalten hatte, und fügte das folgende Begleitschreiben bei:)

Sr. Durchlaucht dem Fürsten Otto v. Bismarck, dem Großkanzler des Deutschen Reichs, Gruß.

Nachdem man über die von Uns in Bezug auf die Karolinen - Angelegenheit vorgeschlagenen Bestimmungen glücklicherweise zu einem Einverständniß gelangt war, haben Wir die Befriedigung, welche Wir in Folge dessen empfanden, dem Durchlauchtigsten Kaiser von Deutschland aussprechen lassen.

Dieselben Gefühle möchten Wir aber auch Dir, erhabener Fürst, kundgeben, weil es Deiner Weisheit und Deiner Anregung zuzuschreiben ist, daß Uns jener Streitfall zur Entscheidung vorgelegt wurde.

Wir wollen ferner der Wahrheit gemäß offen erklären, daß, wenn es im Laufe der Verhandlungen darauf ankam, verschiedene Schwierigkeiten zu beseitigen, dies zum großen Theile dem Eifer und der Beharrlichkeit zuzuschreiben ist, mit der Du von Anfang bis zum Ende Unseren Bemühungen entgegenzukommen gesucht hast.

Wir bezengen Dir deshalb Unsere Anerkennung dafür, daß besonders auf Deinen Rath Uns die erwünschte Gelegenheit geboten worden ist, im Interesse des Friedens ein so ehrenvolles Amt zu übernehmen; in der Geschichte der Thaten des Apostolischen Stuhls ist dasselbe zwar nicht neu, seit langem ist dieser aber nicht mehr um die Uebernahme eines solchen Amtes angegangen worden, und doch giebt es wohl nichts, was so sehr dem Geiste und der Natur des römischen Pontificats entspräche. Du bist dabei in Unabhängigkeit Deinem Urtheil gefolgt, hast die ganze Angelegenheit mehr nach ihrem eigentlichen Wesen, als nach den Anschauungen anderer und nach dem herkömmlichen Brauche erwogen, und hast kein Be- denken getragen, Dich Unserem Gerechtigkeitsgefühle an- zuvertrauen. Wir glauben, daß Du in dieser Hinsicht sowohl die offene als auch stillschweigende Billigung vor- urtheilsfreier Männer für Dich hast; und vornehmlich freuen sich darüber die Katholiken der ganzen Welt, welche die ihrem Vater und Hirten erwiesene Ehre be- sonders befriedigen mußte.

Deiner Staatskunst ist es vor allem gelungen, das Deutsche Reich zu derjenigen Größe zu erheben, welche heute Jedermann anerkennt und einräumt. Jetzt richtest Du, was natürlich ist, Dein Augenmerk darauf, daß das Reich Bestand habe, daß es täglich mehr zur Blüthe ge- lange, daß es durch Macht und reiche Hülfsmittel für die Dauer gefestigt werde. Es entgeht aber Deiner Weisheit nicht, welch kräftiger Beitrag zur Sicherstellung der öffent- lichen Ordnung und des ganzen Staatswesens auf der- jenigen Gewalt beruht, welche sich in Unseren Händen befindet, sobald dieselbe, aller Hindernisse entledigt, in voller Freiheit wirken kann. Möge es Uns also gestattet

fein, im Geiſte die Zukunft ins Auge zu faſſen, und das,
was nun vollbracht iſt, als einen günſtigen Vorboten für
das Kommende zu betrachten.

Damit Du von Uns ſelbſt ein Erinnerungszeichen an
dieſen Vorgang und einen Beweis Unſerer Geſinnung
empfangeſt, ernennen Wir Dich hierdurch zum Ritter des
Chriſtus-Ordens, deſſen Inſignien Wir befohlen haben,
Dir zugleich mit dieſem Schreiben zu überſenden.

Schließlich erbitten Wir von Herzen alles Glück für
Dich.

Gegeben zu St. Peter am 31. December 1885 im
achten Jahre Unſeres Pontificats

(gez.) Papſt Leo XIII.

Antwort des Fürsten Bismarck.

Berlin, 13. Januar 1886.

Sire!

Das huldvolle Schreiben, mit dem Eure Heiligkeit mich
beehrt haben, und der hohe Orden, der es begleitete,
haben mir große Freude bereitet, und bitte ich Eure Heiligkeit, den Ausdruck meiner tiefen Dankbarkeit annehmen
zu wollen.

Jedes Beifallszeichen, das ſich an ein Friedenswerk
knüpft, an dem ich mitwirken konnte, iſt für mich um ſo
werthvoller wegen der Genugthuung, die es Sr. Majeſtät
dem Kaiſer, meinem hohen Herrn, gewährt.

Eure Heiligkeit ſagen in Ihrem Brief, daß nichts
mehr dem Geiſte und der Natur des römiſchen Pontificats
entſpricht, als die Ausübung von Friedenswerken.

Dieſer ſelbe Gedanke hat mich geleitet, Eure Heiligkeit zu bitten, das hohe Amt eines Schiedsrichters in dem

Streit Deutschlands und Spaniens anzunehmen, und der spanischen Regierung vorzuschlagen, unser beiderseits an das Urtheil Eurer Heiligkeit zu appelliren.

Das Bedenken, daß die beiden Nationen sich nicht in analoger Lage befinden in Rücksicht auf die Kirche, die in Eurer Heiligkeit ihr Oberhaupt verehrt, hat niemals mein festes Vertrauen in den weitblickenden Standpunkt Eurer Heiligkeit erschüttert, der mir die gerechte Unparteilichkeit Ihrer Entscheidung gewährleistete.

Die Beziehungen Deutschlands zu Spanien sind derart, daß der Frieden zwischen diesen Ländern nicht bedroht ist durch eine dauernde Divergenz ihrer Interessen, noch durch Streitigkeiten, die aus ihrer Vergangenheit resultiren, noch durch Eifersucht auf Grund der geographischen Lage. Ihre gewohnten guten Beziehungen können nur durch Zufälligkeiten oder Mißverhältnisse gestört werden.

Es ist deshalb Grund, zu hoffen, daß die Friedensstiftung Eurer Heiligkeit dauernde Wirkung haben werde. Zu diesen rechne ich in erster Linie die dankbare Erinnerung, welche beide Parteien gegen den erhabenen Vermittler bewahren werden.

Was mich betrifft, so werde ich immer und mit Eifer jede Gelegenheit, die mir die Erfüllung der mir obliegenden Pflichten gegen meinen Kaiser und Herrn und gegen mein Vaterland bietet, ergreifen, um Eurer Heiligkeit meinen lebhaften Dank und meine tiefe Ergebenheit zu beweisen.

Ich verbleibe mit der tiefsten Hochachtung, Sire, Eurer Heiligkeit ganz gehorsamster Diener

v. Bismarck.

An Pfarrer von Ranke.

Friedrichsruh, 27. Mai 1886.

Euer Hochehrwürden und Ihren Herrn Bruder bitte ich, den herzlichen Ausdruck meiner aufrichtigen Theilnahme an dem schweren Verluste entgegen zu nehmen, welcher Sie und mit Ihnen das ganze Vaterland betroffen hat. Ich bin mit Ihrem Herrn Vater aufs Innigste verbunden gewesen durch die Uebereinstimmung der politischen Gesinnungen und durch mehr als vierzigjährige, von stets gleichem Wohlwollen für mich und gleicher Liebenswürdigkeit des Verewigten getragene persönliche Beziehungen. Ich empfinde daher besonders schmerzlich die Lücke, welche sein Ausscheiden nicht nur in meinem politischen, sondern auch in meinem engeren persönlichen Gesichtskreise hinterläßt. Durch meine Abwesenheit an unmittelbarer Bethätigung meiner Theilnahme verhindert, bitte ich Sie, inmitten der Kundgebungen der Trauer, mit denen die ganze gebildete Welt Ihnen in diesen Tagen nahe tritt, den Ausdruck der dankbaren Erinnerung freundlich entgegen zu nehmen, welche für mich, so lange ich lebe, mit dem Andenken an Ihren Herrn Vater verbunden ist.

An den Bürgermeister Herrn Blüthgen, Hochwohlgeboren, Schönebeck.

Kissingen, 25. Juli 1886.

Den mir übersandten Ehrenbürgerbrief habe ich empfangen und bitte Sie, den städtischen Behörden meinen verbindlichsten Dank auszusprechen. Die Urkunde hat mich nicht nur durch ihren Inhalt erfreut, sondern auch

durch den Kunstwerth ihrer Ausstattung. Die auf ihr
dargestellten Bilder rufen in mir die Erinnerung an die
heimischen Elbufer wach, an denen ich geboren bin und
noch wohne. Es wäre mir sehr erfreulich gewesen, Ihnen
und der beabsichtigten Deputation meinen Dank mündlich
aussprechen zu können. Meine Gesundheit verbietet mir
aber leider, Präcedenzfälle zu schaffen, welche mir Verpflichtungen auferlegen würden, deren Erfüllung meine
Kräfte übersteigt. Ich habe mir deshalb die Freude versagen müssen, die Vertreter der städtischen Behörden persönlich zu begrüßen.

An Crispi, Rom.

6. März 1888.

Das gestrige Votum der italienischen Kammer in Betreff der Wiederherstellung der Gesundheit Sr. Kaiserlichen und Königlichen Hoheit des Kronprinzen und die
bei dieser Gelegenheit gesprochenen Worte Ew. Excellenz
werden überall in Deutschland einen tiefen, sympathischen
Eindruck hervorrufen. Diese edle Kundgebung, die in
unseren gegenwärtig von schmerzlichen Besorgnissen erfüll-
ten Herzen ein Echo findet, beweist zugleich, daß die
Freundschaft beider Länder, wenn sie auch aus der Ge-
meinsamkeit der Interessen der Regierungen hervorgeht,
doch auf der festen und dauerhaften Grundlage der Sympathie und der gegenseitigen Gesinnung beider Nationen
beruht, die in demselben großen Gedanken der Aufrechterhaltung der Ordnung und des Friedens sich geeinigt
haben. An Sie, den illustren Vertreter der befreundeten
Richtung, richte ich den lebhaften Dank, indem ich Gott
bitte, die von der Kammer ausgesprochenen Wünsche zu
erhören.

An Graf Solms, Botschafter in Rom.

6. März 1888.

Graf Launay hatte die Güte, mir ein Telegramm des Ministerpräsidenten Crispi mitzutheilen, das sich mit meinen direct an Crispi gerichteten Danksagungen für die hervorragende Kundgebung der italienischen Kammer kreuzte. Haben Sie die Güte, mündlich dem Ministerpräsidenten Crispi den Ausdruck der Dankbarkeit zu wiederholen, welche Se. Majestät der Kaiser und ganz Deutschland für dieses großartige Zeugniß der internationalen Sympathie und der gegenseitigen freundschaftlichen Gesinnungen der beiden Völker empfinden.

⚓

An Heinrich von Sybel.

Berlin, 28. April 1888.

(Unter den Gratulanten zum 50jährigen Doktorjubiläum des greisen Historikers Heinrich von Sybel fehlte auch der Reichskanzler nicht. Leider traf Fürst Bismarck den Jubilar nicht zu Haufe; derselbe befand sich in der Wohnung seines Sohnes, um dort im engeren Familienkreise zu speisen. Der Kanzler ließ sich die Wohnung und namentlich das Studirzimmer des Herrn von Sybel zeigen und schrieb dann auf einen Bogen Papier folgende Worte auf:)

Sie nicht zu Haufe treffend, bitte ich meinen herzlichen Glückwunsch in diesen Zeilen freundlich entgegenzunehmen, zugleich mit meinem Danke für Ihre langjährige Mitarbeit an dem gemeinsamen vaterländischen Werk.

v. Bismarck, Dr.

⚓

An das Komitee für die Emin Pascha-Expedition, zu Händen des Herrn Wißmann, Berlin.

Friedrichsruh, den 15. August 1888.

Euer Hochwohlgeboren danke ich verbindlichst für die in dem gefälligen Schreiben vom 20. enthaltenen interessanten Mittheilungen über die beabsichtigte Ausrüstung einer deutschen Expedition zum Entsatz von Emin Bei und wünsche, daß es den patriotischen Bemühungen des Komitees gelingen möge, dieses schwierige Unternehmen durchzuführen.

Eine Beihülfe aus Reichsmitteln für die geplante Expedition vermag ich zu meinem Bedauern nicht in Aussicht zu stellen, da über die Mittel, welche im laufenden Etatsjahre zur Förderung afrikanischer Unternehmungen überhaupt verwendet werden können, bereits im Interesse der Erschließung unserer Schutzgebiete verfügt worden, und die Verwendung oder Beantragung der Bewilligung von Reichsmitteln für einen hochherzigen, aber unseren Colonialinteressen fremden Zweck dem Reichstage gegenüber sich mit Erfolg nicht wird vertreten lassen. Die Kundgebung der Geneigtheit für derartige Verwendung von Reichsmitteln wird vielmehr die Wirkung haben, die Bereitwilligkeit zu Bewilligungen für Colonialzwecke abzuschwächen.

An den Grafen v. Hatzfeld, Botschafter in London.

Friedrichsruh, 21. October 1888.

Die von den Sclavenhändlern unterstützte Bewegung des mohamedanischen Araberthums, wie sie zuerst in dem Mahdiaufstande im egyptischen Sudan zum Ausdruck kam, hat seitdem an Ausdehnung gewonnen, und auch an anderen Punkten des afrikanischen Continents zu einem Zusammenstoß mit europäischen Unternehmungen geführt. Der Ueberfall einer italienischen Expedition durch den Emir von Harar im Jahre 1886, die Bedrohung der Stationen an der Ostgrenze des Congostaates durch die Araber, das Verhalten Tippo=Tips gegenüber dem Zuge Stanleys und seiner Begleiter, die Angriffe auf die eng= lischen Missionsstationen in Uganda und auf die Handels= niederlassungen am Njassa=See, die Unruhen an den unter deutscher und englischer Verwaltung stehenden Küstenge= bieten des Sultanats von Sansibar — alle diese Ereignisse machen den Eindruck, daß sie unter sich in einem Zu= sammenhange stehen, welcher Zeugniß giebt von einer langsam fortschreitenden, aber tief gehenden Bewegung innerhalb der mohamedanischen Bevölkerung, in der Rich= tung einer Reaction gegen christliche und civilisatorische Bestrebungen, namentlich auf dem Gebiete des Sclaven= handels. Alle an der Förderung christlicher Gesittung betheiligten Nationen haben ein gleiches Interesse daran, den Gefahren einer solchen Bewegung entgegenzutreten. Die steigende Bedeutung und Ausbreitung, welche während der letzten Jahre die mohamedanische Agitation in Afrika gewonnen hat, steht im Zusammenhange mit der steigenden Waffen= und Pulverausfuhr von Europa nach dem äqua= torialen Afrika.

Die reichliche Ausrüstung mit Waffen und Munition erleichtert mehr und mehr die Raubzüge der Sclaven= händler und die Versuche der Araber, die europäischen Gegner des Sclavenhandels mit Gewalt von weiterem Vordringen abzuhalten und aus ihren bisherigen Positionen zu vertreiben.

Es erscheint daher als gemeinsame Pflicht der an einer friedlichen Erschließung Afrikas arbeitenden Nationen Europas, einerseits den Waffenhandel und andererseits

die Sclavenausfuhr in jenen Gegenden mit größerem
Nachdruck zu hindern, als dies bisher geschehen ist. Ein
solches Ziel scheint nur erreichbar durch eine Blokade der
ganzen ostafrikanischen Küste, welche stark und streng genug
ist, die Ausfuhr von Sclaven und die Einfuhr von Waffen
und Munition wirksamer als bisher zu verhindern. Falls
die königlich großbritannische Regierung einem derartigen
Vorgehen zustimmt, sind wir bereit, mit allen anderen betheiligten Mächten behufs Erlangung ihres Einverständnisses in Verhandlung zu treten. Insbesondere würde
ich es für angezeigt halten, die Zustimmung Frankreichs
dahin zu gewinnen, daß die Dhaus arabischer Sclaven-
händler sich für den Betrieb ihres Gewerbes der französischen Flagge nicht mehr bedienen dürfen.

Eure Excellenz ersuche ich ergebenst, zu diesem Zweck
nach Maßgabe der vorstehenden Bemerkungen mit Lord
Salisbury Rücksprache zu nehmen und dessen Antwort mitzutheilen.

ᚠ

An denselben.

Friedrichsruh, den 22. October 1888.

Es ist zu wünschen, daß unsere Abmachung mit England
über die Bekämpfung der Sclavenausfuhr und Waffeneinfuhr in Afrika die Gestalt eines internationalen Abkommens annehme. Ein solches würde einmal der fortschreitenden Ausdehnung der mohamedanischen und sclaven-
händlerischen Bewegung durch den moralischen Eindruck
des Einverständnisses der beiden dort bisher einwirkenden
europäischen Mächte Schranken setzen, dann aber auch die
Mitwirkung der übrigen europäischen betheiligten Staaten
mit mehr Wahrscheinlichkeit herbeiführen. Ich möchte
daher einen Notenaustausch zwischen uns und England

vorschlagen mit der Tragweite, daß wir uns verpflichten,
unter Voraussetzung der gleichen Betheiligung Englands
zu demselben Zweck, die auf dem Continent von Afrika
in den letzten Jahren entstandene antichristliche und anti-
civilisatorische Bewegung, welche besonders von arabischen
Sclavenhändlern gefördert wird, zu bekämpfen, und als
das wirksamste Mittel zu diesem Zweck die Verhinderung
der Ausfuhr von Sclaven und der Einfuhr von Waffen
und Munition anzuerkennen, indem nur der Besitz von
Waffen und Munition überlegener Art die arabische und
mohamedanische Minorität im Innern des Landes in den
Stand setzt, die zur Gewinnung von Sclavenmaterial zur
Ausfuhr nöthigen Sclavenjagden und Kriege zu unternehmen und die Ueberlegenheit der eigenen Rasse im
Innern Afrikas zu unterhalten.

Der Sclavenhandel und die Initiative, welche gerade
England zur Verhinderung desselben ergriffen hat, sind
die Ursache und der Anstoß gewesen, welche eine Einigung
aller bei diesem Gewerbe interessirten Elemente herbeigeführt und ermöglicht haben, den mohamedanischen Fana-
tismus im Interesse der mehr als tausendjährigen Gewohnheit des afrikanischen Sclavenhandels ins Leben und
in den Kampf zu rufen. Die Wirkungen dieser Bewegung lassen sich im Großen sowie im Kleinen in der
Stellung des Mahdi, in der Stellung von Tippo-Tip und
in den sich mehrenden Ermordungen der Europäer im
Innern Afrikas erkennen. Das Christenthum und die
europäische Civilisation mit bewaffneter Hand auf das
Innere Afrikas zu übertragen, hindern die Ausdehnung
des Landes und sein Klima. Die Natur der eingeborenen
Bevölkerung würde empfänglich für die europäischen Bestrebungen sein, wenn sie nicht durch die Waffengewalt,
die höhere Intelligenz und das Zusammenhalten der arabischen Mohamedaner unterdrückt würde. Wir können

den letzteren nur beikommen, wenn wir die Quelle ihrer Ueberlegenheit, die bessere Bewaffnung und die Realisirung ihrer Gewinne durch Unterdrückung der Waffeneinfuhr und der Sclaveneinfuhr hindern.

Ich betrachte es deshalb als eine Aufgabe, von welcher sich keine der christlichen civilisirten Rationen zurückhalten sollte, die Infuhr von Waffen und Munition nach dem Innern Afrikas und die Ausfuhr von Sclaven nach Möglichkeit zu unterdrücken. Diese Aufgabe stellt sich in erster Linie den beiden im Sultanat von Sansibar vorzugsweise betheiligten Rationen von Deutschland und England; aber zu ihrer vollständigen Lösung wird es sich empfehlen, die demnächstige Mitwirkung der mit ihren Colonien benachbarten portugiesischen Regierung und die Seiner Majestät des Königs von Belgien für den Congostaat zu gewinnen. Ebenso wird es sich empfehlen, die französische Regierung in freundlicher Weise um ihre Mitwirkung zu ersuchen, damit sowohl die Waffeneinfuhr in das Congogebiet, als namentlich der Mißbrauch der französischen Flagge durch arabische Schiffe im Osten Afrikas verhütet werden.

Eure Excellenz wollen an Lord Salisbury das Ersuchen stellen, sein Einverständniß mit diesen Auffassungen durch eine Mittheilung an Sir Edward Malet zu bestätigen, um die englische Marine zur Herstellung der gemeinsamen Blokade an der Küste von Sansibar zu veranlassen und in gleicher Art wie wir, wenn auch ohne identisches Vorgehen, die vorbenannten mitinteressirten Regierungen um Anordnung entsprechender Maßregeln zu bitten.

7

An den Oberbürgermeister Georgi in Leipzig.

Euer Hochwohlgeboren freundliches Telegramm erneuert in mir das lebhafte Bedauern darüber, daß es mir nicht möglich gewesen ist, der Grundsteinlegung des Reichs-gerichts beizuwohnen. Leipzig und seine Universität sind län-ger als ein Jahrhundert hindurch die Heimath meiner mütter-lichen Vorfahren gewesen, und nicht nur als Reichskanzler, sondern auch als Ehrenbürger der Stadt habe ich der nationalen Feier in Leipzig mein volles Interesse ent-gegengebracht. Um so mehr erfreut es mich, daß Euer Hochwohlgeboren meiner in so liebenswürdiger Weise ge-dacht haben und bitte ich, dafür meinen verbindlichsten Dank aussprechen zu dürfen.   v. Bismarck.

An den Oberstaatsanwalt Hamm, Köln.

Euer Hochwohlgeboren danke ich verbindlichst für die mit dem gefälligen Schreiben vom 27. v. Mts. er-folgte Mittheilung der Beschlüsse, welche die unter Ihrem Vorsitz abgehaltene Versammlung in Köln im Sinne der Unterdrückung des Sklavenhandels und des Schutzes der deutschen Culturarbeit in Afrika gefaßt hat. Die Kaiser-liche Regierung ist schon länger bemüht, eine Verstän-digung der betheiligten Mächte zum Zweck der Ergrei-fung wirksamer Maßregeln gegen den Negerhandel vor-zubereiten und führt in diesem Sinne zunächst Verhand-lungen mit der Königlich großbritannischen Regierung. Ich darf hoffen, daß dieselben in Kurzem die Grundlage bieten werden, um demnächst mit den auf der Ostküste von Afrika betheiligten Regierungen von Italien und

Portugal und mit den an der Kongo-Acte betheiligten Mächten in Unterhandlung zu treten.

⚜

An den Decan der theologischen Facultät zu Gießen.

Friedrichsruh, 22. November 1888.

Die mir Seitens der Universität Gießen erwiesene hohe Ehre hat mich herzlich erfreut und bitte ich Euer Hochwohlgeboren den Ausdruck meines Dankes für diesen Beweis wohlwollender Anerkennung dem Herrn Rector, dem Senat und insbesondere auch den Herren Mitgliedern der theologischen Facultät übermitteln zu wollen.

Eingedenk des Geistes, in welchem die Universität Gießen von dem Landgrafen Ludwig gegründet wurde, ist sie stets eine Vertreterin der Duldsamkeit auf theologischem Gebiete gewesen, und einem Eintreten für duldsames und praktisches Christenthum verdanke ich die Auszeichnung, die mir zu Theil geworden ist.

Wer sich der eigenen Unzulänglichkeit bewußt ist, wird in dem Maße, in welchem Alter und Erfahrung seine Kenntniß der Menschen und der Dinge erweitern, duldsam für die Meinung Anderer.

⚜

An Raja Sir T. Madava Rau.

Berlin, 16. März 1889.

Geehrter Herr!

Ich habe die Ehre, den Empfang Ihres Briefes vom 9. v. M. nebst einem Exemplar der „Madras Times" zu bestätigen. Mit großem Interesse habe ich die von Ihnen für den Verkehr mit uncivilisirten Völkern nieder-

gelegten Regeln gelesen und bin überzeugt, daß, falls
diese Regeln von meinen Landsleuten befolgt und angewandt werden, sie ihre Beziehungen zu den afrikanischen
Volksstämmen, deren verschiedenartigen Charakter und
Sitten man in Deutschland noch nicht völlig versteht, be-
deutend bessern. Indem ich Ihnen aufrichtig danke für
das Interesse, welches Sie an dem Erfolge unserer Colo-
nisation in Afrika nehmen, habe ich die Ehre 2c.

☙

Dr. Hans Stiegel in Krems.

Berlin, 2. April 1889.

Ihre Begrüßung zu meinem Geburtstage erfreute mich
umsomehr, als auch ich der Meinung bin, daß Sie
Ihre deutschen Gesinnungen nicht wirksamer bethätigen
können, als durch festen Anschluß an Ihr dem Deutschen
Reiche und seinen Fürsten eng verbündetes und stamm-
verwandtes Kaiserhaus.

(Eine ähnliche Antwort erhielt der Wiener Antisemiten-
führer Abgeordneter Fiegl.)

☙

An Dr. Fabri.

Berlin, 5. Juni 1889.

Euer Wohlgeboren danke ich verbindlichst für die mit
dem gefälligen Schreiben vom 27. v. M. erfolgte
Zusendung Ihrer neuen Schrift über die deutsche Colo-
nialpolitik und hoffe, auf dem Lande bald Muße zu finden,
um mich mit dem Inhalt näher bekannt zu machen. Was
die coloniale Frage im Allgemeinen betrifft, so ist zu be-

dauern, daß dieselbe in Deutschland von Hause aus als
Parteisache aufgefaßt wurde, und daß im Reichstage
Geldbewilligungen für coloniale Zwecke immer noch wider-
strebend und mehr aus Gefälligkeit für die Regierung
oder unter Bedingungen eine Mehrheit finden. Die
kaiserliche Regierung kann über ihr ursprüngliches Programm bei Unterstützung überseeischer Unternehmungen
nicht aus eigenem Antriebe hinausgehen und kann nicht
die Verantwortung für Einrichtung und Bezahlung eigener
Verwaltung mit einem größeren Beamtenpersonal und
einer Militärtruppe übernehmen, so lange die Stimmung
im Reichstage ihr nicht helfend und treibend zur Seite
steht und so lange nicht die nationale Bedeutung überseeischer Colonien allseitig ausreichend gewürdigt wird
und durch Capital und kaufmännischen Unternehmungs-
geist die Förderung findet, welche zur Ergänzung der
staatlichen Mitwirkung unentbehrlich bleibt.

Nachtrag.

An Freiherrn v. Beust.

Berlin, 10. October 1862.

Hochwohlgeborener Freiherr!

Die Erinnerung an unsere vertraulichen Unterhaltungen in Paris hatte gleich bei der Uebernahme meiner jetzigen Stellung in mir das Bedürfniß geweckt, die persönlichen Beziehungen zu Eurer Excellenz durch Anknüpfung eines von amtlichen Formen nicht beengten schriftlichen Verkehrs lebendig zu erhalten. Der Drang ungewohnter Geschäfte hat mich bisher an der Ausführung des Vorhabens gehindert. Die amtlichen Stellungen, welche wir in zwei Nachbarländern einnehmen, die Erfolge, mit welchen Sie der Ihrigen eine erweiterte Bedeutung für die Gesammtverhältnisse Deutschlands geschaffen haben, bringen es mit sich, daß ich gleichzeitig eine dienstliche Pflicht erfülle, wenn ich dem eigenen Verlangen nach directen und vertrauensvollen Beziehungen zu Eurer Excellenz folge gebe. Ich würde die Zusicherung, daß Ihre Wünsche in dieser Richtung den meinigen entgegenkommen, mit dem lebhaftesten Danke empfangen.

Ich brauche Ihrer Kenntniß der Dinge und der Menschen gegenüber nicht zu versichern, daß ich allen abenteuerlichen Plänen fernstehe, welche mir von politischen Kindern und Gegnern in der Presse zugeschrieben werden. Die unwahren, entstellten und des Zusammenhanges entkleideten Veröffentlichungen angeblicher Aeußerungen von mir, durch welche man meine Urtheilskraft zu verdächtigen gesucht hat, werden von Ihnen mit allem Verständniß des

wahren Sachverhalts gewürdigt worden sein. Ich fühle
nicht den Beruf, Preußen in die Bahnen sardinischer Politik zu drängen, und wenn ihn Jemand in meiner Lage
fühlte, so würden ihm alle Unterlagen fehlen, um die
Theorie zur Praxis zu machen.

Im Hinblick auf die Pariser Bestrebungen glaube ich
mich in Betreff der für deutsche Reformbestrebungen er-
reichbaren Ziele in einem principiellen Gegensatz mit Eurer
Excellenz zu befinden; nur so lange, als die thatsächlich
bestehenden deutschen Particularinteressen sich nicht zu allseitig anerkannten Gesammtinteressen in der Art ver-
schmelzen, daß ihre Solidarität auf jede Gefahr hin ver-
bürgt erscheint, nehme ich für die auswärtigen Beziehungen
Preußens dieselbe Freiheit der Bewegung in Anspruch,
deren das Wiener Cabinet sich notorisch bedient. In Be-
nützung derselben habe ich keine vorgefaßte Meinung nach
irgend einer Richtung hin, wohl aber das Bedürfniß, dem
Vorurtheile entgegenzuwirken, als ob Preußen auswärtigen
Angriffen mehr ausgesetzt und deshalb fremden oder
landsmannschaftlichen Beistandes bedürftiger sei, als irgend
ein anderer Staat.

In Betreff unserer inneren Angelegenheiten ist es
meine nächste Absicht, gegen das wachsende Uebergewicht
das Haufes der Abgeordneten und des parlamentarischen
Beamtenthums die Schwerkraft der Krone zu wahren und
zu stärken. Ich halte diese Aufgabe für lösbar, ohne mit
positiven Bestimmungen der Verfassung zu brechen, und
werde dabei bemüht sein, konstitutionelle Empfindlichkeiten
soweit wie möglich zu schonen und die unbestrittene Heer-
straße des Verfassungslebens, sobald es geht, wieder zu
gewinnen, immer aber eingedenk sein, daß unser Ver-
fassungseid die „Treue dem König" voranstellt. In der
Gewißheit Ihres Einverständnisses mit dieser Auffassung
würde ich jede Mittheilung über die Eindrücke, welche

Ihnen die Vorgänge bei uns machen, und jeden guten Rath, den Ihre Erfahrung in ähnlichen Erlebnissen Ihnen eingiebt, mit verbindlichstem Dank entgegennehmen.

In Sachen des Handelsvertrages sind die Münchener Ergebnisse günstiger, als ich erwartet hatte; ich freue mich dessen als Anhänger des Zollvereins um fo mehr, als es für mich unzweifelhaft ist, daß wir keine andere Politik ein- schlagen können, als die des Festhaltens an dem Vertrage.

Gegen Ende der Woche denke ich nach Paris zu reisen, um meine Abberufung zu übergeben und meinen Umzug zu bewirken; bisher lebe ich für mich im Gast- haufe. Der König reist vielleicht gleichzeitig zur Ausstellung nach London.

Ich bitte Sie, die Versicherung zu genehmigen, mit der ich bin

Euer Excellenz

aufrichtig ergebener

v. Bismarck.

An John Lothrop Motley, London.

(Motley, amerikanischer Geschichtsschreiber, eine Zeit lang Gesandter in London, war von der Studienzeit her ein vertrauter Freund des jetzigen Reichskanzlers. Vgl. S. 124.)

Varzin, 19. September 1869.

„Lieber Motley! Ich höre aus Paris, daß man uns Bancroft nehmen will, weil er angeblich Amerika nicht mit Würde vertrete. Die Behauptung wird in Berlin Niemand theilen; Bancroft steht dort bei der ganzen intelligenten Bevölkerung, insbesondere bei der wissen- schaftlichen Welt, in der höchsten Achtung, ist am Hof und

in den Kreisen der Regierung geehrt und hat das volle
Vertrauen. Man weiß, daß er unser Freund ist, er hat
das niemals verschwiegen und sich deshalb die Feindschaft
aller in- und ausländischer Gegner des jetzigen Zustandes
Deutschlands zugezogen. Man hat für das Geld des
früheren Königs von Hannover, des Kurfürsten von Hessen,
und für Rechnungen fremder Regierungen gegen ihn
intriguirt in der Presse und voraussichtlich auch in Amerika.
Aber ich glaube kaum, daß irgend ein Freund Amerikas
und Deutschlands, irgend einer von allen denen, welche
die brüderlichen Beziehungen zweier freien Culturvölker
mit Vergnügen sehen, an diesen Intriguen betheiligt sein
kann. Bancroft ist eine der populärsten Erscheinungen in
Berlin, und wenn Du noch das alte Wohlwollen für die
Stadt hast, die Du aus dem Fenster des Logier'schen Hauses
kennst, so thue, was Du kannst, damit wir ihn behalten.
Nach den culturgeschichtlichen Auffassungen, die Du in der
Lecture, die Du mir vor einigen Monaten übersandtest, bekundet hast, gehen Deine politischen Bestrebungen mit denen,
die Bancroft bei uns vertritt, vollständig parallel, und
man würde bei uns glauben, daß die Staatenregierung
sich von diesen Auffassungen lossagte durch die Rückbe-
rufung eines Ministers, der als ihr Vertreter gilt, und
mit Recht gilt. Er vertritt praktisch denselben großen
Entwickelungsproceß, in welchem Moses, die christliche
Offenbarung, die Reformation als Etappen erscheinen,
und dem gegenüber die cäsarische Gewalt der alten und
der modernen Zeit, die klerikale und dynastische Ausbeutung
der Völker, jeden Hemmschuh anlegt, auch den, einen ehrlichen und idealen Gesandten wie Bancroft zu verleumden.
Verhindere, wenn Du kannst, daß man ihn opfert, er ist
besser als die meisten Europäer, die sein, Dein und mein
Gewerbe betreiben, wenn auch die glatten Lügner des
Gewerbes ebenso über ihn reden mögen, wie früher meine

intimen Feinde mich den Diplomaten in Holzschuhen nannten. Mir geht es sonst hier gut, ich schlafe allmählich besser, aber noch zu spät am Tage, um arbeitsfähig zu sein. Daß Du uns nicht besuchen kannst, thut mir über alles leid; meine Frau hatte sicher darauf gerechnet, im Winter aber in Berlin rechne auch ich darauf . . . Für uns haus= backene Deutsche bist Du nun schon zu vornehm geworden; behaglicher würdest Du bei uns leben als dort am Ocean vis-à-vis von zu Haus. Meine herzlichsten Empfehlungen an Deine Frau Gemahlin, und dieselben von meinen Damen.

Dein 2c.

An denselben.

(Dieser Brief ist in seinem ersten Theile englisch abgefaßt.)

Varzin, 10. October 1869.

Ich bin sehr stolz darauf, daß Deine Damen mich photographirt sehen wollen, und beeile mich, Dir zwei melancholische Civilisten und einen dicken, schwarzgalligen Herrn zu senden, der sich um den Verdruß, dem die Minister und das Parlamentsleben ausgesetzt sind, nicht im geringsten zu bekümmern scheint. Mit der Ehre, zu den Albums der Damen zugelassen zu werden, dürfte ich wohl vollständig zu= frieden sein; aber wenn Du die Güte haben wolltest, auf meine Sendung mit männlichen und weiblichen Bildnissen zu erwidern, so würde ein derartiger Beweis des Wohl= wollens meine häusliche Autorität ungemein vergrößern und verstärken. Ich bin Dir sehr verbunden für Dein unverzügliches Verfahren in der Bancroft=Angelegenheit. Man schreibt mir aus Berlin, daß er seine Stellung für

ungefährdet halte; es ist jedoch Thatsache, daß französischer
Einfluß gegen ihn im Werke war und daß man in Paris
ihn gestürzt zu haben glaubte. (Von nun an ist der Brief
deutsch.) Ich verliere so fehr die Gewohnheit, englisch
zu sprechen, da Loftus in Berlin der einzige Mensch ist,
der mir Gelegenheit dazu giebt, und schreiben könnte ich
es nie ohne Wörterbuch, da ich es nach dem Schall und
aus der Uebung erlernt hatte. Entschuldige obigen Versuch, den ich als Schülererercitium für mich ansehe. Ich
weiß nicht, ob ich bald nach Berlin gehe; vor dem I. December schwerlich. Ich möchte gern abwarten, ob mir
der Landtag nicht den Gefallen thut, einige meiner Collegen
zu erschlagen; wenn ich unter ihnen bin, so kommt die Schonung, die man mir gewährt, den anderen auch zu gut. Unsere
Verhältnisse sind so sonderbar, daß ich zu wunderlichen Mitteln
greifen muß, um Anbindungen zu lösen, die gewaltsam
zu zerreißen mir manche Rücksichten verbieten. Jedenfalls
hoffe ich, so bald ich wieder in der Stadt bin, Näheres
über Deinen Urlaub zu hören und Gewißheit über die
Zeit Deines Besuches zu bekommen; dann wollen wir uns
einander einmal wieder im Logier'schen Haufe an eine Schach-
partie setzen und darüber streiten, ob Byron und Goethe
in Vergleich zu stellen sind. Wir waren damals, glaube
ich, bessere Menschen in besseren Zeiten, d. h. jünger.

WS - #0042 - 031224 - C0 - 229/152/21 [23] - CB - 9780484253871 - Gloss Lamination